중등 필수 영문법 +
객관식·서술형 드릴 및
실전문제 풀이

핵심 영문법 복습 +
서술형 유형별/단계별
집중 훈련

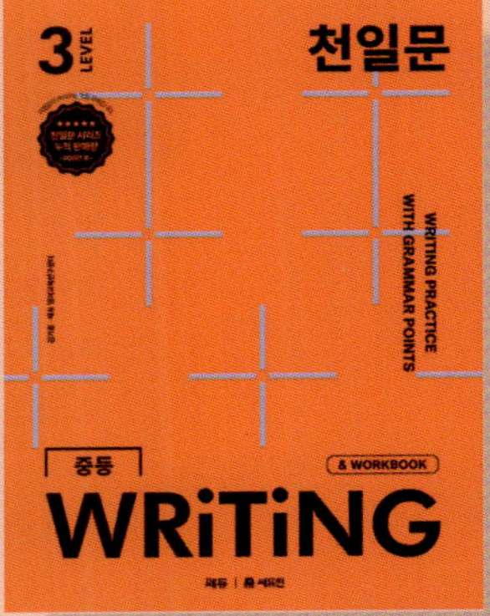

<천일문 중등 WRITING>은 <거침없이 Writing>의 개정 교재입니다.

✳ 연계 학습 예시 *뒷장의 Syllabus를 확인해 보세요.

천일문 중등 GRAMMAR LEVEL 3	POINT
Chapter 01 완료 시제	
Unit 1 현재완료, 현재완료진행	1~6
Unit 2 과거완료	7
Chapter 02 조동사	
Unit 1 can/may/will	1~3
Unit 2 must/have to/should	4~5

천일문 중등 WRITING LEVEL 3	POINT
Chapter 01 완료 시제	
Unit 1 현재완료	1
Unit 2 현재완료진행	2
Unit 3 과거완료	3
Chapter 02 조동사	
Unit 1 조동사의 기본 쓰임	1~2

• 권별 목차가 연계되어 있어 <천일문 중등 GRAMMAR> 학습 후 <천일문 중등 WRITING>으로 서술형 집중 훈련이 가능합니다.
• <천일문 중등 WRITING>은 서술형 내신 기출문제 분석에 초점을 맞춰 내용을 구성하여, <천일문 중등 GRAMMAR> 구성과는 약간의 차이가 있을 수 있습니다.

펴낸이	김기훈 김진희
펴낸곳	㈜쎄듀 / 서울시 강남구 논현로 305 (역삼동)
발행일	2024년 11월 1일 초판 1쇄
내용 문의	www.cedubook.com
구입 문의	콘텐츠 마케팅 사업본부
	Tel. 02-6241-2007
	Fax. 02-2058-0209
등록번호	제22-2472호
ISBN	978-89-6806-445-6
	978-89-6806-442-5(SET)

CEDU(쎄듀)는 **A C**omprehensive **E**nglish e**DU**cation(종합적 영어교육)의 약자입니다.

Chapter 01 | 완료 시제

Unit 01 현재완료

POINT 1 p.11

1 Jim has stayed in Korea for five years
2 My sister has taken my favorite clothes
3 The full moon has just risen above the mountain
4 Have you ever tried diving into the sea
5 Jade has seen the movie twice
6 My friend Suho has lost his dog.
7 Mark has not[hasn't] decided the lunch menu
8 How long have you known each other?
9 have you read the other books by the same author

9 A: 너는 이 소설을 읽어봐야 해. 그것은 정말 재미있어.
B: 아, 사실 나는 그것을 이미 읽어봤어.
A: 그러면, 너는 같은 작가의 다른 책들은 읽어봤니?
B: 아니, 읽어보지 않았어.
A: 너는 그것들을 시도해 봐야 해! 너도 그것들을 아주 좋아할 거야.

Unit 02 현재완료진행

POINT 2 p.13

1 The woman has been reading the newspaper
2 They have been talking on the phone for thirty minutes
3 I have not been feeling well since last night
4 has been looking for
5 have been working
6 Mrs. Baker has been teaching us for three years.
7 How long have you been playing the guitar?
8 Jimmy has been doing his homework for two hours.
9 The girl has been working on her science project since yesterday.

8 Jimmy는 두 시간 전에 그의 숙제를 하기 시작했다.
그는 여전히 그것을 하고 있다.
→ Jimmy는 두 시간 동안 그의 숙제를 해오고 있다.
9 그 여자아이는 어제 그녀의 과학 프로젝트를 하기 시작했다.
그녀는 계속 그것을 하고 있는 중이다.
→ 그 여자아이는 어제부터 그녀의 과학 프로젝트를 하고 있다.

Unit 03 과거완료

POINT 3 p.15

1 we visited Brian, he had already left the house
2 was happy that we had brought her favorite dessert

3 had run away, arrived
4 recommended, had visited
5 he had missed the bus, he walked to school
6 I met her, she had been sick for a week
7 my little brother got up, I had already called him
8 Nate forgot that he had borrowed a pencil from me.

8 〈보기〉 Amy는 새 컴퓨터를 주문했다. 이후에, 그녀는 그것을 내게 말해 주었다.
→ Amy는 그녀가 새 컴퓨터를 주문한 것을 내게 말해 주었다.
Nate는 내게서 연필 한 자루를 빌려 갔다. 이후에, 그는 그것을 잊어버렸다.
→ Nate는 내게서 연필 한 자루를 빌려 간 것을 잊어버렸다.

Chapter Test p.16

STAGE 1

1 They had cleaned the house
2 he had read it before
3 Nora has been practicing her speech for three hours
4 I have not recovered from my cold yet
5 has already gone to bed
6 had played games a lot
7 have been planning our trip
8 Have you (ever) been to Australia (before)?

3 어휘 speech 연설
4 어휘 recover (건강이) 회복되다
8 A: 너는 (전에) 호주에 가 본 적이 있니?
B: 응, 가 본 적 있어. 호주는 아름다운 자연으로 유명해.
A: 와, 나는 언젠가 그곳에 가고 싶어.
해설 경험을 나타내는 현재완료의 의문문 형태인 「Have you (ever) been to ~ (before)?」를 사용해서 묻는다.

STAGE 2

9 have been doing housework
10 has been snowing
11 has been working at the bookstore
12 has been looking for her necklace
13 The bus had left before my sister arrived
14 We ate the dishes after we had taken pictures
15 I have[I've] been decorating my room for three days.
16 had lost
17 has been writing
18 have donated
19 had broken
20 cleaned → cleaning
21 takes → had taken
22 know → have known
23 has → had

[9~12] 〈보기〉 우리는 어제 파티를 준비하기 시작했다.
　　　　　우리는 지금 여전히 그것을 준비하고 있다.
　　　　　→ 우리는 어제부터 파티를 준비해 오고 있다.

9 나는 오늘 아침에 집안일을 하기 시작했다.
　　나는 지금 여전히 그것을 하고 있다.
　　→ 나는 오늘 아침부터 집안일을 해오고 있다.

10 두 시간 전에 눈이 오기 시작했다. 지금 여전히 눈이 내리고 있다.
　　→ 두 시간 동안 눈이 내리고 있다.

11 나의 형은 지난달에 서점에서 일하기 시작했다.
　　그는 지금 여전히 그곳에서 일하고 있다.
　　→ 나의 형은 지난달부터 서점에서 일해오고 있다.

12 Suzy는 일주일 전에 그녀의 목걸이를 찾기 시작했다.
　　그녀는 지금 여전히 그것을 찾고 있다.
　　→ Suzy는 일주일 동안 그녀의 목걸이를 찾고 있다.
　　[어휘] look for ~을 찾다

13 그 버스는 떠났다. 나의 언니가 버스 정류장에 도착했다.
　　→ 그 버스는 나의 언니가 버스 정류장에 도착하기 전에 떠나버렸다.

14 우리는 음식 사진을 찍었다. 우리는 그 음식들을 먹었다.
　　→ 우리는 음식 사진을 찍은 후에 그것들을 먹었다.

15 Tom: 너는 네 방 꾸미는 것을 다 끝냈니?
　　Sara: 아직 아니야. 나는 3일 전부터 내 방을 꾸미기 시작했어.
　　　　　　그리고 나는 아직 그것을 하고 있어.
　　Tom: 와, 그것은 큰 프로젝트인가 보다.
　　Sara: 응. 하지만 다 하면 정말 멋져 보일 거야.
　　→ 나는 3일 동안 내 방을 꾸미고 있다.
　　[어휘] decorate 꾸미다, 장식하다

16 A: 내가 어젯밤에 너에게 전화했는데, 받지 않더라.
　　B: 아, 미안해. 그 전에 내가 전화기를 잃어버려서 받을 수 없었어.
　　A: 안됐구나.
　　[해설] 전화기를 잃어버린 것이 전화를 받지 못한 것보다 더 먼저 일어난 일이므로 과거완료인 had lost를 써야 한다.

17 A: Elena는 그녀가 열한 살 때 시를 쓰기 시작했어.
　　B: 그녀는 여전히 쓰니?
　　A: 응, 맞아. 그녀는 열한 살 때부터 시를 써오고 있어.
　　[해설] B가 시를 여전히 쓰고 있는지 묻고 있고 문장 끝에 since(이후로) 부사절이 있으므로 진행을 강조하는 현재완료진행 has been writing으로 쓰는 것이 적절하다.
　　[어휘] poem (한 편의) 시

18 A: 당신은 언제부터 크리스마스마다 가난한 아이들을 돕기 시작했나요?
　　B: 사실, 저는 지금까지 그들에게 다섯 번 기부했어요.
　　A: 그러면 5년 동안 매년 기부해 온 건가요?
　　B: 네, 맞아요.
　　[해설] five times로 보아 과거부터 지금까지의 경험을 나타내므로 현재완료 have donated를 써야 한다.
　　[어휘] donate 기부하다

19 A: 너는 어제 뭐 했니?
　　B: 나는 자전거 가게에 갔어. 누군가 나의 자전거를 고장 냈어.
　　A: 오, 너는 누가 그랬는지 알아내야만 해.
　　[해설] 자전거 가게에 간 것보다 자전거가 고장 난 것이 더 이전에 일어난 일이므로 과거완료 had broken을 쓴다.

20 나는 오전 11시부터 내 방을 청소하는 중이다.
　　[해설] 현재완료진행형은 「have[has] been+-ing」로 써야 한다.

21 Hailey는 누군가 전날에 그녀의 우산을 가져갔다는 것을 알아챘다.
　　[어휘] realize 깨닫다, 알아차리다

22 나는 3년 동안 Lina의 가족을 알고 지내왔다.
　　[해설] 3년 전부터 지금까지 알아 왔다는 의미이므로 현재완료형이 적절하다.

23 나의 남동생은 내가 샤워하는 것을 마치기 전에 이미 잠이 들었다.
　　[해설] 내가 샤워를 마친 것보다 남동생이 잠이 든 것이 더 먼저 일어난 일이므로 현재완료가 아닌 과거완료를 써야 한다.
　　[어휘] fall asleep 잠이 들다

24 일 년 전에 큰불이 숲의 절반을 파괴했다.
　　[어휘] destroy 파괴하다　　half of 절반의

25 〈7월 15일〉
　　15:00 그녀는 호텔에 체크인했다.
　　17:00 그녀는 현지 시장에 쇼핑하러 갔다.
　　→ 그녀는 호텔에 체크인한 후에 현지 시장에 쇼핑하러 갔다.
　　[어휘] check in 체크인하다, 탑승 수속을 밟다　　local 현지의, 지역의

26 (1) had gone to bed, broke into (Andy's house), stole everything expensive
　　(2) caught him, had broken into
27 (1) had studied　　　　(2) had gone
　　(3) came　　　　　　　(4) had bought
28 ⓐ → They have known each other for 10 years.
　　ⓑ → He couldn't drive the car because he left[had left] the key at home.
　　ⓓ → It has not been raining since two o'clock.

26

오전 12시	모두 자러 갔다.
오전 1시	한 남자가 Andy의 집에 침입했다. 그는 값비싼 모든 것을 훔쳤다.
오전 2시~4시	그 남자는 세 채의 집을 더 침입했다.
오전 4:30	Andy의 부모님이 잠에서 깼다.
오전 5:30	경찰은 그를 체포했다.

(1) 모두가 자러 간 후에, 한 남자가 Andy의 집에 침입했고 그의 집에서 값비싼 모든 것을 훔쳤다.
(2) 경찰이 그를 체포하기 전에, 그 남자는 모두 합쳐 집 네 채에 침입했었다.
　　[어휘] break into (건물에) 침입하다　　steal 훔치다　　in total 모두 합쳐

27 나의 누나와 집으로 가는 길에, 나는 작년에 내가 함께 공부했었던 나의 반 친구를 만났다. 오랫동안 대화를 나누고 난 후, 나는 나의 누나가 혼자서 집으로 가버렸다는 것을 깨달았다.
　　내가 집으로 돌아왔을 때, 나의 누나는 이미 그녀의 식사를 마쳤다. 내가 저녁을 먹으려고 했지만, 누나는 그녀가 지난주에 시장에서 샀었던 비누로 내가 손을 씻게 했다.

28 ⓐ 그들은 서로를 10년 동안 알아 왔다.
　　ⓑ 그는 집에 열쇠를 두고 나와서 운전을 할 수 없었다.
　　ⓒ 너는 얼마나 오래 스페인어를 공부해 오고 있니?
　　ⓓ 2시부터는 비가 오지 않고 있다.
　　ⓔ 나는 서울에 많이 가봤었기 때문에 서울을 잘 알고 있었다.
　　[해설] ⓐ know는 진행형으로 쓸 수 없는 동사이므로 현재완료진행형으로도 쓸 수 없다. 현재완료 have known으로 고쳐야 알맞다.
　　ⓑ 주절에 과거시제(couldn't drive)가 쓰였고 과거의 일이므로 현재완료는 쓸 수 없다. 과거시제 또는 과거완료형 모두 가능하며, 과거완료 had left를 쓰면 더 이전에 일어난 과거임을 강조한다.
　　ⓓ for 뒤에는 기간, since 뒤에는 시점을 나타내는 어구가 오는데, two o'clock은 시점을 나타내므로 since로 고쳐야 알맞다.

Chapter 02 | 조동사

Unit 01　조동사의 기본 쓰임

POINT 1　　　　　　　　　　　p.23

1　I'd like to change my order
2　Can you recommend some interesting novels
3　Hotel guests may not use the pool after 10 p.m.
4　We will be able to catch the bus
5　You can[may] come to my birthday party
6　Can[Could, Will, Would] you watch my bag
7　He may[might] move to a different city
8　You are not[You aren't, You're not] able to use the discount coupon
9　Can[May] I leave class early for an appointment
10　Everyone may[might] not believe the news about the accident.

POINT 2　　　　　　　　　　　p.25

1　You will have to finish your assignment
2　You had better not play loud music
3　You should separate plastic from other garbage
4　They had to cancel their picnic to the park
5　Your parents must be proud of your graduation.
6　Our team must[has to] train harder for the next game.
7　We don't[do not] have to book a table at the restaurant.
8　I had to hand in science homework by yesterday.
9　You had better wear sunscreen at the beach.

Unit 02　과거 사실·추측을 나타내는 조동사의 쓰임

POINT 3　　　　　　　　　　　p.27

1　There used to be a fountain
2　The children used to practice the guitar
3　We used to talk about our future dreams.
4　John used to take care of his younger sister.
5　My parents used to take a walk
6　There used to be a nice bakery
7　The mountain used to be very popular
8　Minji used to watch movies with her friends
9　(1) I used to write letters to my grandmother.
　　(2) Nate used to live in our town.

5　나의 부모님은 매일 아침 산책을 하셨지만, 더 이상 그렇지 않다.
　　→ 나의 부모님은 아침마다 산책하시곤 했다.
6　우리 학교 근처에 괜찮은 빵집이 있었지만, 지금은 없다.
　　→ 우리, 학교 근처에 괜찮은 빵집이 있었다.

7　그 산은 관광객들에게 매우 인기가 있었지만, 지금은 그렇지 않다.
　　→ 그 산은 관광객들에게 매우 인기가 있었다.
8　민지는 주말마다 그녀의 친구들과 영화를 봤지만, 더 이상 그렇지 않다.
　　→ 민지는 주말마다 그녀의 친구들과 영화를 보곤 했다.

POINT 4　　　　　　　　　　　p.29

1　You should have seen the TV drama
2　My sister can't have gone to the shopping mall
3　Jinsu's father might have been a famous actor
4　must have forgotten
5　could have been
6　Ian must have lost his cell phone.
7　I shouldn't[should not] have played computer games all day.
8　My older brother may[might] have forgotten about our appointment.
9　I shouldn't[should not] have lied to my mom.

9　〈보기〉 나는 공부를 열심히 하지 않았기 때문에 시험에 떨어졌다.
　　　　　→ 나는 열심히 공부했어야 했다.
　　나의 엄마는 내가 그녀에게 거짓말을 했기 때문에 화가 나셨다.
　　→ 나는 나의 엄마께 거짓말을 하지 말았어야 했다.

Chapter Test　　　　　　　　　　p.30

STAGE 1

1　must be angry about my mistake
2　had better eat your meal more slowly
3　can't have seen me there yesterday
4　may have received my letter last week
5　shouldn't[should not] watch this TV program
6　I used to go hiking with my family
7　Francis must have broken the mirror.
8　I shouldn't have eaten that spicy food last night

3　해설 '~했을 리가 없다'를 나타내는 can't have p.p.로 쓴다.
4　해설 '~했을지도 모른다'를 나타내는 may have p.p.로 쓴다.
　　어휘 receive 받다
6　해설 과거의 습관을 나타내는 조동사 used to 뒤에 동사원형을 쓴다.
7　어휘 mirror 거울
8　Kelly: Peter, 너는 왜 수업에 늦었니?
　　Peter: 나는 심한 복통이 있었어.
　　Kelly: 이런! 지금은 괜찮니?
　　Peter: 응. 나는 어젯밤에 그 매운 음식을 먹지 말았어야 했어.
　　어휘 stomachache 복통

STAGE 2

9　used to be a tower on the hill
10　used to be afraid of swimming in the sea

[9~11] 〈보기〉 수진이는 안경을 썼다.

어휘 past 과거

9 언덕 위에 탑이 하나 있었다.

10 Jason은 바다에서 수영하는 것을 두려워했었다.

11 Katie는 자전거를 타고 학교에 가곤 했다.

12 Jane은 학생이었을 때 일기를 쓰곤 했다.

어휘 keep a diary 일기를 쓰다

13 너는 더러운 손으로 너의 눈을 비비지 않는 게 좋다.

어휘 rub 문지르다, 비비다

14 Jake가 나의 쿠키를 모두 먹어버렸다. 그는 아주 배고팠던 게 틀림없다.

해설 문맥상 '~했음이 틀림없다'라는 과거에 대한 강한 추측을 나타내는 것이 자연스러우므로 조동사 must 뒤에 have p.p. 형태가 와야 한다.

15 우리는 식사를 다 끝내지 못했다. 우리는 그렇게 많이 주문하지 말았어야 했다.

해설 문맥상 '~하지 말았어야 했다 (하지만 했다)'라는 과거 사실에 대한 후회를 나타내는 것이 자연스러우므로 shouldn't have p.p.를 써야 한다.

16 A: 나의 새 이웃은 이번 주말에 그들의 파티에 나를 초대했어.

B: 재미있겠다!

A: 나는 그들을 위해 무언가 준비하고 싶어.

나에게 선물에 대한 조언을 좀 해줄 수 있니?

B: 집에서 만든 쿠키들 몇 개는 어때?

모두가 달콤한 간식을 아주 좋아해!

어휘 neighbor 이웃　prepare 준비하다　advice 충고, 조언

17 나의 가족은 여름마다 부산을 방문했지만, 지금은 그렇지 않다.

→ 나의 가족은 여름마다 부산을 방문하곤 했다.

18 나의 집 근처에 우체국이 하나 있었지만, 지금은 없다.

→ 나의 집 근처에 우체국이 하나 있었다.

19 나는 오늘의 시험을 위해 열심히 공부하지 않았다.

나는 그것을 후회한다.

→ 나는 오늘의 시험을 위해 열심히 공부했어야 했다.

어휘 regret 후회하다

20 나는 수업 시간에 나의 선생님께 무례했다.

나는 그것을 후회한다.

→ 나는 수업 시간에 나의 선생님께 무례하게 굴지 말았어야 했다.

어휘 rude 무례한, 버릇없는

21 나는 어제 아이스크림을 너무 많이 먹었다.

나는 그것을 후회한다.

→ 나는 어제 아이스크림을 그렇게 많이 먹지 말았어야 했다.

22 그들은 집에 없다.

나는 그들이 영화를 보러 갔다고 확신한다.

→ 그들은 집에 없다. 그들은 영화를 보러 간 것이 틀림없다.

23 내가 가장 좋아하는 재킷이 없어졌다.

나는 나의 언니가 오늘 아침에 그것을 가져갔다고 확신한다.

→ 내가 가장 좋아하는 재킷이 없어졌다. 나의 언니가 오늘 아침 그것을 가져간 것이 틀림없다.

어휘 missing 없어진, 실종된

24 땅이 매우 젖어 있다.

나는 어젯밤에 비가 많이 내렸다고 확신한다.

→ 땅이 매우 젖어 있다. 어젯밤에 비가 많이 내렸음이 틀림없다.

25 나는 나의 가장 친한 친구인 Linda와 싸웠다. 그녀는 나에게 정말 화가 났다. 나는 Linda에게 말을 걸고 싶지만, 그녀는 나를 무시하고 있다.

(1) 너는 그녀에게 마음을 추스를 시간을 좀 주는 것이 좋겠다.

(2) 그 후에, 너는 그녀에게 사과해야 한다.

어휘 ignore 무시하다　calm down 진정하다　apologize 사과하다

26 A: 할아버지, 학생이셨을 때 어떻게 학교에 가셨어요?

B: 나는 걸어서 학교에 가곤 했단다.

A: 방과 후에는 무엇을 하셨나요?

B: 난 내 친구들과 강에서 물고기를 잡곤 했단다.

A: 그 강은 어디 있었는데요?

B: 그 강은 내 집 근처에 있었지.

해설 과거의 습관이나 상태를 나타낼 때는 조동사 used to를 쓴다.

27 Sophie는 새 만화책 한 권을 샀다. 그녀의 많은 반 친구들도 이 책을 샀다.

어제 그녀는 그것을 학교에 가져가서 그녀의 친구에게 보여줬다. 하지만 그녀가 학교에서 돌아왔을 때, 그녀는 그것이 그녀의 가방에 없다는 것을 알게 되었다. 그녀는 오늘 학교에서 그것을 찾으려고 노력했지만, 그녀는 찾을 수 없었다. 그 책에는 이름이 없기 때문에 누구도 어떤 책이 그녀의 것인지 알지 못했다.

이 상황에서, Sophie는 자신에게 뭐라고 말을 할 수 있을까?

Sophie: 나는 그것에 나의 이름을 썼어야 했다.

해설 문맥상 새 만화책에 이름을 썼어야 했다고 후회를 나타내는 말을 써야 적절하다. 주어진 단어를 사용하여 should have p.p로 쓴다.

어휘 as well 또한, ~도　situation 상황, 상태

28 ⓐ 그는 매우 수줍음이 많았다.

ⓑ 나는 더 일찍 표를 예약했어야 했다.

ⓒ 나의 남동생은 그가 나에게 야구 모자를 빌렸던 것을 잊었다.

ⓓ Emma는 버스에 그녀의 우산을 두고 왔다.

ⓔ Andrew는 한 시간 동안 나를 기다리고 있었다[기다렸다].

해설 ⓑ '~했어야 했다 (하지만 하지 못했다)'를 나타내는 should have p.p.로 쓴다.

ⓔ 현재완료진행형은 「have[has] been＋-ing형」으로 써야 한다. 또는 현재완료인 「have[has]＋p.p.」로 써야 한다.

Chapter 03 | 수동태

Unit 01 수동태의 형태

POINT 1   p.37

1 The novel is loved by many readers
2 The papers were marked by our teacher
3 your package will be delivered
4 The piano competition is held in our school
5 These books should not be taken out of the library
6 Your computer software will be updated
7 the Eiffel Tower is visited by many people
8 Some diseases cannot be cured by medicine.
9 The case will be investigated by the police.
10 This mobile game can be played by anyone
11 The picture was taken by a professional photographer.
12 the packages are not[aren't] delivered on time
13 The machine must be checked
14 Yuri was praised for her honesty
15 Meat should be kept in a refrigerator.
16 Our schedule may be changed by the weather.
17 The Christmas tree was decorated by the kids.
18 A lot of trees were burned[burnt] by the forest fire.
19 his paintings will be displayed in the gallery
20 was drove → was driven
21 must be not entered → must not be entered
22 should be bought → should buy
23 invented → was invented
24 cannot discover → cannot be discovered
25 was satisfied → satisfied
26 is placed → are placed
27 prepare → be prepared
28 was → 삭제
29 (1) The novel will be published soon.
 (2) This stain can't[cannot] be removed
 (3) The milk should be sold by tomorrow.

8 약은 몇몇 질병을 치료할 수 없다.
 → 몇몇 질병은 약에 의해 치료될 수 없다.
9 경찰은 그 사건을 조사할 것이다.
 → 그 사건은 경찰에 의해 조사될 것이다.
10 누구나 이 모바일 게임을 무료로 즐길 수 있다.
 → 이 모바일 게임은 누구나에 의해 무료로 즐겨질 수 있다.
11 전문 사진작가가 그 사진을 찍었다.
 → 그 사진은 전문 사진작가에 의해 찍혔다.
20 그 차는 그녀의 오빠에 의해 운전되었다.
21 이 지역은 허가 없이 들어갈 수 없다.
 해설 조동사의 부정문은 not이 조동사 바로 뒤에 와야 한다.
22 그녀는 친구의 생일을 위해 선물을 사야 한다.
 해설 '사는(buy)' 동작의 주체는 주어인 She이므로 능동 관계이다. 따라서 능동태로 고쳐야 알맞다.
23 지퍼는 1893년에 Whitcomb Judson에 의해 신발용 장치로 발명

되었다.
 해설 주어(The zipper)가 '발명된' 것이므로 수동 관계를 나타내는 수동태로 고쳐야 알맞다.
24 조개는 주로 모래 아래에 숨어서 쉽게 발견될 수 없다.
 해설 주어 they는 Clams를 가리키는데, 이것들이 '발견되는' 것이므로 수동 관계이다. 따라서 cannot 뒤에 수동태가 와야 한다.
25 그 책은 읽기에 흥미로웠다. 그것은 그 주제에 대한 내 호기심을 충족시켰다.
 해설 주어 It은 The book을 가리키는데, 책이 호기심을 '충족시키는' 것이므로 능동 관계이다. 따라서 능동태로 고쳐야 알맞다.
26 책 한 권과 잡지 한 권이 탁자 위에 놓여있다.
 해설 주어(A book and a magazine)가 복수이므로 be동사는 is가 아닌 are로 고쳐야 한다.
27 영어 발표는 이번 주까지 준비되어야 하니?
28 통증은 약을 먹은 후에 갑자기 사라졌다.
 해설 disappear는 목적어를 갖지 않는 자동사이므로 수동태로 쓸 수 없다.

POINT 2   p.41

1 were being sold
2 had been explained
3 has, been processed
4 is being repaired
5 This tool has been used since long ago
6 The exam results have not been announced yet
7 have been changed → have changed
8 cleaned → been cleaned
9 creating → created
10 (1) has been watched (2) is being shown

7 나는 내 전화기의 언어를 영어로 바꾸었다.
 해설 '바꾸는(change)' 동작의 주체는 주어인 I이므로 능동 관계이다. 따라서 능동태로 고쳐야 알맞다.
8 그 가족이 이사 왔을 때 집은 청소가 되어 있었다.
9 이 지역에서는 많은 강들이 비에 의해 형성되어 왔다.
 해설 강이 비에 의해 '형성된' 것이므로 주어(Many rivers)와 동사(create)는 수동 관계이다. have been creating은 능동태의 현재완료진행형이므로 -ing를 p.p.로 고쳐야 알맞다.
10 A: 너는 그 신작 영화를 봤니?
 B: 응. 그것은 이미 정말 많은 사람에 의해 관람 되었어!
 A: 맞아! 나는 그것이 어디서나 상영되고 있다고 들었어.

Unit 02 SVOO/SVOC 문형의 수동태

POINT 3   p.43

1 was given a scholarship
2 was lent to me
3 were shown to us
4 are taught how to bake a cake
5 The old story was told to me
6 This bag was made for me
7 Guests are offered a glass of juice
8 The actor was asked many questions
9 Many letters were written to the singer

10 (1) The teacher was told a lie by Jack last week.

(2) A lie was told to the teacher by Jack last week.

1 그 대학은 그녀에게 장학금을 주었다.
→ 그녀는 그 대학에 의해 장학금이 주어졌다.
2 준호는 나에게 스케이트보드를 빌려줬다.
→ 스케이트보드는 준호에 의해 나에게 빌려졌다.
3 Kevin은 우리에게 결혼사진들을 보여줬다.
→ 결혼사진들은 Kevin에 의해 우리에게 보여졌다.
4 박 선생님은 우리에게 케이크 굽는 방법을 가르치신다.
→ 우리는 박 선생님에 의해 케이크 굽는 방법을 배운다.
10 〈보기〉 나의 친구는 어제 나에게 쿠키 몇 개를 주었다.
(1) 나는 어제 나의 친구에 의해 쿠키 몇 개를 받았다.
(2) 쿠키 몇 개는 어제 나의 친구에 의해 나에게 주어졌다.
Jack은 지난주에 선생님께 거짓말을 했다.
(1) 선생님은 지난주에 Jack에 의해 거짓말을 들으셨다.
(2) 거짓말이 지난주에 Jack에 의해 선생님께 말해졌다.

1 The door was painted black by Jinsu
2 He is considered a great man by many people
3 my friends were allowed to sleep at my home
4 An old box was found empty
5 The cat is called Bella by my neighbors.
6 He was elected the captain of the team.
7 Ice cream must be kept frozen in the refrigerator.
8 We were asked to do volunteer work
9 You are not allowed to feed animals

9 A: 실례합니다. 당신은 이곳에서 동물들에게 먹이를 주는 것이 허용
되지 않습니다.
B: 정말 죄송합니다. 저는 그 사실을 몰랐어요.
A: 괜찮아요. 문제없습니다. 다시 그러지만 말아주세요.

Unit 03 주의해야 할 수동태

1 The lights will be turned off
2 My shoes were covered with mud
3 Many people are worried about air pollution
4 My sister is interested in writing songs
5 The tube is filled with air.
6 Our flight to Jeju was put off
7 I am[I'm] satisfied with my new school life.
8 Hawaii is known for its beautiful weather.
9 He is[He's] known as the best player on the team.
10 This wallet is made of fine leather.

Chapter Test

STAGE 1

1 is being made by two bakers
2 aren't allowed to eat in the science lab
3 will be awarded to the winner of the quiz
4 was disappointed with the quality of the room
5 was made for my dog
6 must be washed in cold water
7 was elected a class president by her friends
8 The restaurant is known for its tasty seafood
dishes.

3 어휘 award 수여하다
4 어휘 quality 품질; (사람의) 자질
7 해설 능동태의 목적격보어인 명사(a class president)를 「be동사
+p.p.」 뒤에 쓴다.

STAGE 2

9 were drawn
10 will be repaired
11 was given
12 am taught
13 were advised
14 can be kept
15 must be turned off
16 I can be called a leader
17 The school rules should be followed by students.
18 The English book is being translated by Jack.
19 The cat was named Joe by my uncle.
20 A music festival will be held by the school.
21 Beautiful lights were set up by the city
22 solve → solved
23 be → being
24 to → for
25 by → with
26 (1) can be bought   (2) must be worn
(3) will be given

9 A: 네가 이 그림들을 그렸니?
B: 아니, 그 그림들은 나의 언니에 의해 그려졌어.
10 A: Charles는 언제 그 책장을 고칠까?
B: 그 책장은 다음 주말에 그에 의해 고쳐질 거야.
11 A: 아름다운 꽃들이구나! 누가 그것들을 너에게 주었니?
B: 나는 나의 아버지에 의해 그 꽃들을 받았어.
12 A: Mei는 주말마다 너에게 무엇을 가르치니?
B: 나는 주말마다 그녀에게 중국어를 배워.
13 A: 이 선생님은 보고서 작성을 위해 우리에게 무엇을 하라고 조언
하셨니?
B: 우리는 보고서에 몇 가지 유용한 예시들을 추가하라고 조언
받았어.
14 반려동물을 이 공간에서는 데리고 있을 수 있습니다.
어휘 area 구역, 공간
15 여기서는 휴대 전화를 꺼야 합니다.
16 Anna: 팀 주장 선거가 다가오고 있어. 네가 출마하는 것 어때,
Mike?
Mike: 말도 안 돼. 나는 알맞은 사람이 아니야.
Anna: 왜 안 돼?
Mike: 리더는 특별한 자질이 필요해. 나는 내가 리더로 불릴 수
있다고 생각하지 않아.
Anna: 무슨 말이야? 나는 네가 좋은 리더가 될 거라고 믿어!
어휘 captain (스포츠 팀의) 주장; 선장   election 선거
run for ~에 출마[입후보]하다

17 학생들은 교칙을 지켜야 한다.
→ 교칙은 학생들에 의해 지켜져야 한다.
18 Jack은 영어책을 번역하고 있다.
→ 영어책은 Jack에 의해 번역되어지고 있다.
어휘 translate 번역하다
19 나의 삼촌은 그 고양이를 Joe라고 이름 지으셨다.
→ 그 고양이는 나의 삼촌에 의해 Joe라고 이름 지어졌다.
20 그 학교는 음악 축제를 열 것이다.
→ 음악 축제가 그 학교에 의해 열릴 것이다.
21 그 도시는 지난주에 축제를 위해 아름다운 조명들을 설치했다.
→ 아름다운 조명들이 지난주에 축제를 위해 그 도시에 의해 설치되었다.
22 모든 문제가 쉽게 해결될 것이다.
23 그 야구 경기는 바로 지금 수백만 명의 사람들에 의해 시청되고 있다.
해설 의미상 현재진행시제의 수동태가 되어야 하므로 be를 being으로 고쳐야 한다.
24 새 배낭이 엄마에 의해 내게 구매되었다.
해설 수여동사 buy가 쓰인 4형식 문장에서 직접목적어를 수동태의 주어로 쓰면 간접목적어 앞에 전치사 for를 써야 한다.
25 그 방은 많은 선물들로 가득 차 있었다.
26 친애하는 학생들에게,
　　다음 교복 관련 지침들을 따라주세요:
여러분은 교복을 학교에서 구입할 수 있습니다. 또는 교복은 온라인에서도 구매될 수 있습니다. 검은색 벨트를 가져오는 것을 잊지 마세요. 바지는 벨트와 함께 입어야 합니다.
　　명찰은 다음 주에 학교에 의해 학생들에게 주어질 것입니다.
이 지침들을 따르는 것을 기억하세요. 감사합니다.

27 (1) are satisfied with
　　(2) are not[aren't] pleased with
28 ⓒ → are held, ⓔ → have been encouraged

27 (1) 53명의 학생들이 그들의 학교생활에 만족한다.
　　(2) 35명의 학생들이 친구들과의 관계에 만족하지 않는다.
어휘 relationship 관계
28 　학교에서 올해 새로운 독서 동아리가 시작되었다. 매달 회원들에 의해 책이 선택된다. 이야기에 대한 생각을 나누기 위해 토론이 열린다. 모임 중에는 간식이 제공된다. 많은 학생들이 참여하도록 권장 받고 있다. 공유된 독서 경험을 통해 우정이 쌓일 수 있다.
해설 ⓒ 토론이 '열리는' 것이므로 주어(Discussions)와 동사(hold)는 수동 관계이다. 따라서 수동태 are held로 고쳐야 알맞다.
ⓔ 학생들이 참여하도록 '권장 받는' 것이므로 주어(Many students)와 동사(encourage)는 수동 관계이다. 현재완료형 수동태인 「have been+p.p.」로 고쳐야 알맞다.
어휘 discussion 토론, 토의　share 나누다, 공유하다
thought 생각　encourage 권장하다, 장려하다
experience 경험; 경험하다

Challenge!

29 ⓐ → My lunch will be delivered within
　　　　30 minutes.
　　ⓒ → You had better not touch the hot stove.

29 ⓐ 나의 점심은 30분 안에 배달될 것이다.
　　ⓑ 너는 이곳으로 이사 오기 전에 어디에 살았니?
　　ⓒ 너는 뜨거운 난로에 손을 대지 않는 것이 좋겠다.
　　ⓓ 숙제는 금요일까지 완료되어야 한다.
　　ⓔ 그 손님들은 커피와 디저트를 제공 받는다.
해설 ⓐ 주어 My lunch가 동사 deliver의 대상이 되므로 수동태를 써야 하며 조동사 will이 있으므로 「will be+p.p.」의 형태로 쓴다.
어휘 serve 제공하다

Chapter 04 | to부정사

Unit 01　to부정사의 명사적 쓰임

POINT 1　　　　　　　　　　　　　　　p.55

1　Her wish is to publish her book one day
2　It is very important to respect each other
3　It was not easy to get a perfect score on the English test
4　All the players promised to be on time for practice
5　My goal is to participate in a marathon next year.
6　They chose to adopt a puppy from the shelter.
7　It is[It's] my habit to keep a diary every day.
8　(1) it was hard to stop crying
　　(2) I want to improve my public speaking skills

8 (1) A: 나는 그 영화가 매우 감동적이라고 들었어.
　　B: 맞아, 울음을 멈추기 힘들었어.
　(2) A: 너는 왜 토론 동아리에 가입하니?
　　B: 왜냐하면 나는 나의 공개 연설 능력을 향상시키고 싶기 때문이야.

POINT 2　　　　　　　　　　　　　　　p.57

1　The long line makes it boring to wait
2　I think it scary to swim in deep water
3　It is difficult for her to move the box by herself
4　It was impossible for them to finish the project
5　It was rude of you to interrupt the conversation.
6　Many people consider it hard to lose weight.

7 of → for   8 to going → to go
9 It was brave of him to catch the thief.

7 Jim은 질문에 답을 하는 것이 어려웠다.
8 좋은 날씨는 산책하는 것을 즐겁게 만들었다.

                                           p.59

1 Fred didn't know how to solve the math problem
2 I want to know where to purchase train tickets
3 Nora chose what to wear for her birthday party
4 We decided when to meet tomorrow.
5 The teacher told us what to do first.
6 We have to choose where to travel for our
   vacation.
7 I can't[cannot] decide which flavor to choose
8 Can you explain how to make it?

8 A: 내가 널 위해 스파게티를 좀 요리했어. 먹어 봐.
   B: 정말 맛있어. 진짜 네가 직접 만든 거야?
   A: 맞아, 내가 했어.
   B: 멋지다! 그것을 어떻게 만드는지 나에게 설명해줄 수 있어?
      나도 주말에 한번 해보고 싶어.
   A: 그럼.

Unit 02 to부정사의 형용사적, 부사적 쓰임

                                           p.61

1 Jessica had some homework to do
2 I picked out something refreshing to drink after
   exercise
3 Roy booked a hotel to stay in during his trip
4 My family made a plan to move to another city
5 My aunt has a pet to take care of.
6 Anna does not[doesn't] have time to watch
   a movie.
7 Rex needed a piece of paper to write on.
8 Jerry found friends to talk with at his new school.
9 I have other comfortable shoes to recommend

9 A: 실례합니다. 저를 도와주실 수 있나요?
   B: 네. 무엇을 도와드릴까요?
   A: 저는 편안한 신발을 찾고 있어요. 이 운동화를 신어볼 수 있을
      까요? 제 사이즈는 250이에요.
   B: 죄송하지만, 우리는 이 디자인으로는 당신의 사이즈를 가지고
      있지 않아요. 대신, 저는 추천할 다른 편안한 신발들을 가지고
      있어요.

                                           p.63

1 Stacy learned English to study abroad
2 He must be tired to go to bed early
3 Kevin was surprised to meet his old friend on the
   street
4 I have to leave now to catch the last bus.

5 His explanation seemed complicated to follow.
6 Wendy was disappointed to hear the weather
   forecast.
7 My older brother saved some money to buy
   a new bicycle.
8 should practice hard to achieve your dream

8 A: 너는 장래에 뭐가 되고 싶니?
   B: 나는 야구 선수가 되는 것을 생각 중이야.
   A: 나는 네가 야구를 좋아하는 줄 몰랐어.
   B: 응, 나는 항상 야구를 좋아해왔고 잘해.
   A: 그러면, 너는 네 꿈을 이루기 위해 열심히 연습해야겠다.

Unit 03 목적격보어로 쓰이는 부정사

                                           p.65

1 asked me to buy   2 allowed me to sleep
3 told us to bring
4 ordered people to get out
5 advised her to study
6 My brother expects Santa Clause to give a present
7 I encouraged Monica to participate in the singing
   contest.
8 My grandmother wants me to visit her during the
   summer vacation.
9 I will[I'll] ask him to teach me.

9 A: 너는 올해 무엇을 하고 싶니?
   B: 나는 기타를 배우고 싶어. 내가 언젠가 연주하고 싶은 노래가 있어.
   A: 그거 좋다. 너는 어떻게 배울 계획이야?
   B: 나의 형이 아주 훌륭한 기타 연주자야. 나는 그에게 나를 가르쳐
      달라고 부탁할 거야.

                                           p.67

1 I heard kids yelling outside
2 Joe helped me find my lost dog
3 The coach made the players run for an extra hour
4 My mom doesn't let me play computer games
5 I felt the snow touch[touching] my face.
6 Lucas saw Dean walking[walk] with his friends
7 My teacher had me give a presentation.
8 The police officer helped me (to) find a bus stop.
9 to call → call

9 A: 여보세요.
   B: 여보세요. Owen네 집인가요?
   A: 맞아요. 누가 전화하셨는지 여쭤봐도 될까요?
   B: 저는 Owen의 친구 Mason이에요. 그와 통화할 수 있을까요?
   A: Owen은 지금 집에 없단다. 내가 그가 너에게 통화하게 할게.
   B: 알겠습니다. 고맙습니다.
   해설 사역동사 have는 목적격보어 자리에 원형부정사를 취하므로
   call로 고쳐야 한다.

Unit 04 to부정사를 포함한 주요 구문

POINT 8   p.69

1 too sleepy to watch   2 big enough to hold
3 so well that she can talk
4 fast enough to fly
5 so expensive that I can't buy
6 The water is clean enough to drink.
7 The news was too shocking to believe.
8 He was too young to understand the story.
9 The fire was strong enough to burn the whole forest.
10 This book was so difficult that he couldn't read it.

1 나는 너무 졸려서 그 영화를 끝까지 볼 수 없었다.
2 그 책장은 매우 커서 50권의 책들을 보관할 수 있다.
3 Beth는 외국인들과 대화할 만큼 영어를 충분히 잘한다.
4 그 새들은 매우 빨라서 1초 만에 10미터를 날 수 있다.
5 그 콘서트 표는 내가 사기에 너무 비싸다.
10 이 책은 그가 읽기에 너무 어려웠다.
> 해설 「too+형용사/부사+to부정사」는 「so+형용사/부사+that+주어+can't[couldn't]+동사원형」으로 바꿔 쓸 수 있다. 이때 to부정사의 의미상 주어는 that절의 주어가 되므로 he로 쓴다. 또한, 접속사 that 뒤에는 완전한 구조가 와야 하므로 동사 couldn't read 뒤에 목적어 it을 추가해야 올바른 문장이 된다.

Chapter Test   p.70

STAGE 1

1 many interesting places to visit
2 kind of Mia to tell me the information
3 had me wash the dishes after meals
4 a marker to write with on the whiteboard
5 William was embarrassed to lose his wallet.
6 Alex was too young to take a roller coaster.
7 I did not[didn't] know what to say to the crying boy.
8 It is necessary for us to drink about two liters of water

5 어휘 embarrassed 당황한
8 우리는 매일 약 2리터의 물을 마셔야 한다.
→ 약 2리터의 물을 매일 마시는 것은 우리에게 필요하다.
어휘 liter 리터 ((액체의 부피를 측정하는 단위)) necessary 필요한

STAGE 2

9 (to) open   10 to study
11 to put   12 to stay
13 to lose   14 to find
15 walk[walking]   16 going → go
17 with → in   18 of → for
19 enough confident → confident enough

20 where to put the balloons, when to play the song, how to make it
21 told me to wear a mask
22 found it difficult to understand
23 light enough for me to carry
24 warned Leo to come to school on time
25 It is[It's] impossible for us to live without water.
26 The tea was hot enough to make me warm.
27 I was too sick to go to school.
28 Kevin doesn't know what to prepare for the camp.
29 (1) made me clean some rooms
(2) had me serve meals

9 나는 나의 여동생이 주스 병을 여는 것을 도와줬다.
> 해설 사역동사 help는 목적격보어로 원형부정사나 to부정사를 쓴다.
10 나의 선생님은 내가 더 열심히 공부하도록 격려하신다.
11 내 옷을 넣을 상자가 있니?
> 해설 빈칸 뒤에 오는 내용이 명사 any box를 꾸며주므로 형용사적 역할을 하는 to부정사를 쓴다.
12 너는 런던에서 어디에 머무를지 정했니?
13 짧은 시간 안에 살을 빼는 것은 쉽지 않다.
> 해설 내용상 뒤에 나오는 내용이 문장의 주어이고 앞에 쓰인 It이 가주어이므로 to부정사 진주어를 써야 한다.
14 Sophie는 그녀의 잃어버린 휴대 전화를 찾아 기뻤다.
15 나는 나의 오빠가 계단을 올라가는 것을 들었다.
> 해설 지각동사 hear는 목적격보어 자리에 원형부정사를 쓰는데, 동작이 진행 중임을 강조할 때는 현재분사도 쓸 수 있다.
16 나의 엄마는 내가 밤늦게 밖에 나가게 하지 않으신다.
> 해설 사역동사 let은 목적격보어로 원형부정사를 쓴다.
17 Jake는 살 크고 멋진 집을 샀다.
> 해설 to부정사의 수식을 받는 명사가 전치사의 목적어일 경우 to부정사 뒤에 전치사를 쓰는데, 이때 전치사 with는 in으로 고쳐야 한다.
18 외국인들이 미국에서 공부하는 것은 매우 비싸다.
> 해설 to부정사의 의미상 주어인 foreigners 앞에는 전치사 for를 쓴다. of는 사람의 성격이나 행동에 대한 평가를 나타내는 형용사 뒤에 써야 한다.
19 Sue는 많은 사람들 앞에서 영어로 말할 만큼 충분히 자신감이 있었다.
> 해설 '~할 만큼 충분히 …하다'라는 의미는 「형용사/부사+enough+to부정사」로 쓴다.
> 어휘 confident 자신감 있는
20 A: 파티 준비를 하자. 풍선을 어디에 붙일지 나에게 말해줘.
B: 너는 테이프로 여기 벽 위에 붙이면 돼.
A: 음악은 어떻게 할까? 나는 언제 음악을 틀어야 할지 모르겠어.
B: 불이 꺼지면 틀어 줘.
A: 알겠어. 이제 우리 케이크를 만들어야 해. 너는 그것을 어떻게 만드는지 아니?
B: 물론이지. 같이 만들자.
21 A: 의사 선생님께서 너에게 뭐라고 하셨니?
B: 그는 나에게 밖에 나갈 때 마스크를 쓰라고 말씀하셨어.
22 A: 너는 그 작가의 새 책이 재미있었니?
B: 별로. 나는 줄거리를 이해하기 어려웠어.
> 해설 주어진 단어에 found와 it이 있는 것으로 보아, 목적어 자리에 가목적어 it이 오는 「find+it+형용사+to부정사」의 형태로 써야 한다.
> 어휘 storyline 줄거리
23 A: 너의 새 노트북 컴퓨터는 어때?
B: 그것은 훌륭해. 그것은 내가 가지고 다니기에 충분히 가벼워.
> 해설 '~할 만큼 충분히 …하다'라는 의미는 「형용사/부사+enough+to부정사」의 형태를 쓰는데, to carry의 의미상의 주어는 I이므로 의미상 주어인 「for+목적격(me)」을 to부정사 앞에 쓴다.
24 A: 우리 선생님께서 Leo에게 뭐라고 말씀하셨니?

B: 그녀는 Leo에게 제시간에 학교에 오라고 경고하셨어.

25 A: 우리는 물 없이 살 수 있을까?

B: 아니. 우리가 물 없이 사는 것은 불가능해.

해설 주어진 단어의 it을 사용해「가주어 It ~ to부정사」의 형태를 써야 한다. 의미상 주어 for us는 to부정사 앞에 쓴다.

26 그 차는 매우 뜨거워서 나를 따뜻하게 할 수 있었다.

해설「so+형용사/부사+that+주어+can[could]+동사원형」은 「형용사/부사+enough+to부정사」로 바꿔 쓸 수 있다.

27 나는 너무 아파서 학교에 갈 수 없었다.

해설「so+형용사/부사+that+주어+can't[couldn't]+동사원형」은「too+형용사/부사+to부정사」로 바꿔 쓸 수 있다.

28 Kevin은 캠핑을 위해 그가 무엇을 준비해야 할지 모른다.

29 **날짜:** 6월 13일 토요일

장소: 그린 양로원

내가 한 일:

• 나는 양로원에서 방 몇 개를 청소했다.

• 나는 노인분들께 식사를 제공했다.

나는 오늘 그린 양로원에서 자원봉사를 했다. 봉사 관리자는 내가 양로원에서 방 몇 개를 청소하게 했다. 또한 그녀는 내가 노인분들께 식사를 제공하도록 했다. 그것은 재미있고 의미 있는 경험이었다.

어휘 nursing home 양로원 serve 제공하다 meaningful 의미 있는, 중요한

30 (1) was too excited to sleep

(2) he didn't know how he should get there

(3) he saw a lot of fans cheering

31 ⓒ → It was exciting for her to share her ideas with everyone.

ⓔ → The teacher also made her try different speaking styles.

30 민호는 축구를 아주 좋아해서 월드컵 경기장에서 월드컵 경기를 보기로 결심했다. 그는 너무 신이 나서 경기 전날 밤 잘 수가 없었다. 그는 그곳에 가는 방법을 몰랐기 때문에, 한 남자에게 도움을 요청했다. 그가 마침내 그곳에 도착했을 때, 많은 팬이 응원하고 있었다. 선수들은 그 경기를 위해 열심히 연습했기 때문에, 그는 그의 국가대표팀이 이길 것이라고 기대했다.

(1) 민호는 너무 신이 나서 경기 전날 밤 잘 수가 없었다.

(2) 민호는 그곳에 어떻게 가야 하는지 몰랐기 때문에 한 남자에게 도움을 요청했다.

(3) 그가 마침내 그곳에 도착했을 때, 그는 많은 팬이 응원하고 있는 것을 보았다.

해설 (3) 지각동사 see는 원형부정사 혹은 현재분사를 목적격보어로 가지는데, 윗글에서 a lot of fans were cheering으로 쓰였으므로 동작이 진행 중임을 강조한 cheering을 쓰는 것이 적절하다.

어휘 cheer 응원하다 national team 국가대표팀

31 Sarah는 반 친구들 앞에서 연설할 만큼 충분히 용감했다. 그녀는 연설에서 이야기할 주제가 필요해서 하나를 골랐다. 그녀가 자기 생각을 모두와 나누는 것은 신나는 일이었다.

선생님은 연설하는 법을 배우는 것을 재미있게 만들어 주셨다. 선생님은 또 그녀가 다양한 말하기 스타일을 시도하게 하셨다.

해설 ⓒ to share의 의미상 주어인 her 앞에는 for가 필요하다.

ⓔ 사역동사 make는 목적격보어로 원형부정사를 쓰므로 to try를 try로 고쳐야 알맞다.

어휘 topic 주제, 화제 speech 연설

32 ⓑ → This watch was given to me by my dad.

ⓒ → I used to play the guitar when I was young.

32 ⓐ 나는 누군가 나의 이름을 부르는 것을 들었다.

ⓑ 이 시계는 나의 아빠에 의해 나에게 주어졌다.

ⓒ 나는 어렸을 때 기타 연주를 하곤 했다.

ⓓ 그녀는 식당에서 그녀의 우산을 두고 왔을지도 모른다.

ⓔ 그의 성공 이야기는 내가 꿈을 추구하도록 동기 부여를 했다.

해설 ⓑ 수여동사 give가 쓰인 4형식 문장에서 직접목적어를 수동태의 주어로 쓰면 간접목적어 앞에 전치사 to가 오므로, for는 to로 고쳐야 한다.

ⓒ 과거의 습관을 나타낼 때는 조동사 used to를 쓴다.「be used to+동사원형」은 '~하는 데 사용되다'라는 의미로 쓰인다.

어휘 pursue 추구하다

Chapter 05 | 동명사

Unit 01 명사로 쓰이는 동명사

 p.77

1 My habit is crossing my legs

2 Taking a rest at home is comfortable

3 Owen's vacation plan is traveling to other cities

4 Meeting new people makes her excited.

5 Her new job is developing computer software.

6 Looking at stars with a telescope is interesting.

7 the hardest thing is taking care of my little sister

8 Studying in a quiet place can make you sleepy.

9 Eating fast food too often can harm your health.

 p.79

1 We enjoy jogging along the river

2 Mia kept smiling in a difficult situation

3 Mom avoids driving long distances at night

4 They finished painting the fence blue.

5 I do not[don't] mind trying new jobs.

6 My dad quit working at the company
7 Mike started writing[to write] science fiction
8 She suggested going on a trip to Jeju Island
9 practiced playing the guitar in the classroom

p.81

1 He forgot to buy his daughter an ice cream
2 Tony doesn't remember meeting us last month
3 The new student is trying to get familiar with her classmates
4 Susan tried making[baking] chocolate muffins.
5 Her car stopped working on the way home.
6 You should remember to feed the dog.
7 She forgot leaving her bag on the train.
8 We stopped to help an old woman on the street.
9 She forgot to set the alarm for seven o'clock.

9 유미는 오늘 늦게 일어났다. 그녀는 알람을 7시로 맞춰 놓는 것을 잊어버렸다. 이미 7시 40분이었다. 그녀는 학교에 서둘러 갔다.

Unit 02 자주 쓰이는 동명사 표현

p.83

1 She started to make dinner after cleaning her room
2 We can learn a lesson by making a mistake
3 This book is about managing time effectively
   또는 This book is about effectively managing time
4 I am[I'm] sorry for reading your diary
5 They are[They're] experts in designing high buildings.
6 Silence is another way of expressing your thoughts.
7 You should solve the problem without asking for help.
8 I am searching for information about decorating my house.

8 A: Lilly, 너는 무엇을 보고 있니?
   B: 나는 나의 집을 꾸미는 것에 대한 정보를 찾고 있어.
      우리는 이번 주말에 많은 사람들을 초대할 거야.

p.85

1 Tim is used to going to the movies alone
2 Bora is good at using new electronic devices
3 We could not help crying at the sad scene
4 feel like going
5 is looking forward to starting
6 My little sister is afraid of going to the dentist.
7 They spent two hours looking around in the shopping mall.

8 Andrew had difficulty (in) eating the spicy food in Korea.
9 I'm busy helping my mom.

9 A: Sofia, 너 나와서 나랑 배드민턴 칠래?
   B: 미안해. 그럴 수 없어. 나는 나의 엄마를 도와드리느라 바빠. 대신 내일은 어때?

Chapter Test
p.86

1 My plan is playing in a pool
2 Getting enough rest is necessary
3 Dean tried to lose some weight
4 Dad suggested going abroad for our vacation
5 cannot live without drinking water
6 you might end up wasting time
7 I remember learning about World War II
8 ⓐ improving   ⓑ to practice   ⓒ thinking

2 어휘 necessary 필수적인
5 해설 전치사 without 뒤에는 동명사를 쓴다.
   어휘 living creature 생명체
6 어휘 waste 낭비하다
7 해설 과거의 행동을 기억하는 것이므로 동사 remember 뒤에 동명사를 쓴다.
8 너의 영어 말하기 능력을 향상시킬 수 있는 조언 몇 개가 있다. 첫 번째로, 영어로 된 많은 것을 보거나 들으려고 노력해라. 두 번째로, 말하는 연습을 자주 할 것을 잊지 마라. 마지막으로, 너의 모국어로 생각하는 것을 멈추도록 노력해라.
   어휘 tip (실용적인) 조언   native language 모국어

9 about taking   10 without listening to
11 mind taking care of
12 look forward to receiving
13 eating   14 biting
15 had a hard time (in) learning
16 Will you stop talking loudly?
17 Jade forgot to turn off the light
18 drinking a lot of water improves our energy levels
19 instead of using paper cups
20 am used to taking the stairs
21 going to the beach with my friends
22 am afraid of telling the truth
23 visit → visiting   24 see → seeing
25 to asking → to 삭제 또는 to ask
26 buy → to buy
27 (1) becoming a dancer
    (2) is good at cooking food
    (3) enjoys listening to music

9 기말시험을 치르는 것에 대해 걱정하지 마. 너는 잘할 거야.
10 요즘 나는 차분한 음악을 듣지 않고는 잠들 수가 없다.
   어휘 fall asleep 잠들다

11 이틀 동안 제 고양이를 돌봐주시겠어요?

[해설] 동사 mind는 동명사를 목적어로 취한다.

12 나는 곧 네 답장을 받기를 기대한다.

[해설] '~하기를 기대하다'라는 의미는 「look forward to -ing」로 쓴다.

[어휘] reply 답장   receive 받다

13 Lucy는 지난주에 이 레스토랑에서 같은 음식을 먹었던 것을 기억한다.

14 Dan은 그의 손톱을 물어뜯는 것을 그만두었다. 그는 마침내 그의 나쁜 습관을 고쳤다.

[해설] 뒤에 나오는 문장으로 보아 과거의 행동을 그만두었다는 내용이 자연스러우므로 동명사 biting을 쓴다.

[어휘] nail 손톱; 못   break one's habit 습관을 고치다

15 나의 누나는 2년 전에 중국어를 배우는 데 어려움이 있었다. 하지만 그녀는 이제 그것을 잘한다.

[해설] 주어진 단어 a hard time을 보아 '~하는 데 어려움을 겪다'를 나타내는 「have a hard time (in)+-ing」를 쓴다.

16 [해설] 시끄럽게 이야기하는 것을 멈추는 것이므로 동명사 목적어 talking이 와야 한다.

17 [해설] 해야 할 일을 잊은 것이므로 to부정사 목적어 to turn off를 써야 적절하다.

18 Grace: 너는 왜 물을 많이 마시려고 노력하니?

Daniel: 물을 많이 마시는 것이 우리의 에너지 수준을 향상시켜 주기 때문이야.

Grace: 정말 놀랍다. 나도 시도해볼게.

19 A: 우리는 우리의 지구를 보호하기 위해 무엇을 할 수 있을까?

B: 우리는 종이컵을 사용하는 대신에 우리 자신의 컵을 가지고 다닐 수 있어.

[어휘] protect 보호하다, 지키다

20 A: 너는 거의 엘리베이터를 타지 않지, 그렇지?

B: 맞아. 나는 계단을 이용하는 게 익숙해.

[해설] '~하는 것에 익숙하다'는 「be used to+-ing」로 나타낸다.

[어휘] rarely 드물게, 좀처럼 ~하지 않는

21 A: 너는 이번 주말에 계획이 있니?

B: 음, 나는 내 친구들과 함께 해변에 가는 것을 고려하고 있어. 우리와 함께 갈래?

22 A: Linda, 너 불안해 보여.

B: 내가 언니의 머리핀을 부러뜨렸어. 나는 그녀에게 사실을 이야기하는 게 두려워.

[해설] '~하는 것을 두려워하다'라는 의미를 나타낼 때는 「be afraid of+-ing」를 쓴다.

23 Lisa는 요양원을 방문함으로써 봉사 활동에 참여한다.

[어휘] participate in ~에 참여하다   nursing home 요양원

24 나는 내가 가장 좋아하는 가수를 만나기를 기대하고 있다.

25 Ted는 내가 질문에 대답할 때까지 계속해서 질문했다.

[해설] 동사 continue는 목적어로 동명사와 to부정사를 모두 취할 수 있다. 따라서 to asking을 동명사 asking으로 고치거나 to부정사인 to ask로 쓰면 된다.

26 너희 형에게 집에 올 때 케이크를 하나 사오는 걸 기억하라고 얘기하렴.

[해설] 미래에 할 행동을 기억하는 것이므로 remember 뒤에 to부정사를 쓴다.

27

	Isabel	Logan
(1) 꿈	댄서	요리사
(2) 재능	악기 연주하기	음식 요리하기
(3) 취미	음악 듣기	쿠키 굽기

(1) Isabel은 댄서가 되는 것을 고려하고 있다.

(2) Logan은 음식을 요리하는 것을 잘한다.

(3) Isabel은 취미로 음악 듣는 것을 즐긴다.

[어휘] talent (타고난) 재능   instrument 악기(= musical instrument)

28 (1) reading   (2) memorizing

  (3) doing   (4) writing

  (5) to take   (6) to help

  (7) to improving

29 ⓒ → but I'm not good at playing it

  ⓔ → Try to spend lots of time practicing it

28 Emma는 프랑스어 공부하는 것을 아주 좋아한다. 그녀는 책 읽는 것을 즐기고 매일 새로운 단어를 계속 암기한다. 때때로 그녀는 어려운 문법 연습 문제를 푸는 것을 싫어하지만, 절대 포기하지 않는다. 그녀의 선생님은 그녀에게 프랑스어로 일기를 쓰는 것을 제안했고, 그녀는 시도해 보았다. Emma는 또한 프랑스어 강의를 듣기로 결심했다. 그녀의 친구는 그녀의 공부를 도와주겠다고 약속했다. 그녀는 곧 프랑스어 실력이 향상되기를 기대하고 있다!

[해설] (1) enjoy는 동명사를 목적어로 취하며, '책을 읽는 것을 즐기다'라는 문맥이 자연스러우므로 reading이 와야 알맞다.

(2) keep은 동명사를 목적어로 취하며, '새로운 단어를 계속 암기하다'라는 문맥이 자연스러우므로 memorizing이 알맞다.

(3) mind는 동명사를 목적어로 취하며, '문법 연습 문제를 푸는 것을 꺼리다'라는 문맥이 자연스러우므로 doing이 알맞다.

(4) suggest는 동명사를 목적어로 취하며, '일기를 쓰는 것을 제안하다'라는 문맥이 자연스러우므로 writing이 알맞다.

(5) decide는 to부정사를 목적어로 취하며, '강의를 듣기로 결정했다'라는 문맥이 자연스러우므로 to take가 알맞다.

(6) promise는 to부정사를 목적어로 취하며, '도와주기로 약속했다'라는 문맥이 자연스러우므로 to help가 알맞다.

[어휘] memorize 암기하다   do an exercise 연습 문제를 풀다

29 Lily: 어젯밤에 축구 경기 봤니?

Jed: 응, 봤어! 그것은 흥미진진한 경기였어.

Lily: 나는 그것을 정말 재미있게 봤어! 나는 그것을 인터넷으로 다시 보지 않을 수 없었어.

Jed: 오, 너 축구를 정말 좋아하는구나, 그렇지 않니?

Lily: 응, 맞아. 나는 축구 경기 보는 것을 아주 좋아하지만, 축구하는 것을 잘하진 못해.

Jed: 계속 연습한다면, 나는 네가 좋은 선수가 될 거라고 확신해.

Lily: 정말?

Jed: 물론이지. 축구를 연습하는 데 많은 시간을 보내려고 노력해 봐.

[해설] ⓒ '~을 잘하다'라는 의미는 「be good at -ing」의 형태로 쓴다. 따라서 동사원형(play)을 동명사(playing)로 바꿔야 알맞다.

ⓔ '~하는 데 시간을 보내다'는 「spend 시간 -ing」로 나타낸다.

30 ⓐ → He often looks after his younger sisters. He is used to taking care of them.

  ⓔ → I was allowed to leave school early by my teacher.

30 ⓐ 그는 그의 여동생들을 자주 돌본다. 그는 그들을 돌보는 것에 익숙하다.

ⓑ 그 노래가 라디오에서 흘러나오고 있었다.

ⓒ 그 직원이 우리가 앉을 수 있도록 의자들을 가져왔다.

ⓓ 우리는 이번 주말에 어디에 갈지 결정해야 한다.

ⓔ 나는 선생님께 조퇴를 허락받았다.

[해설] ⓐ '~하는 것에 익숙하다'는 「be used to -ing」로 나타낸다.

ⓔ 「allow+목적어+to부정사」의 수동태는 be allowed 뒤에 목적격보어 to부정사를 그대로 쓰므로 to leave로 고쳐야 알맞다.

[어휘] staff 직원

Chapter 06 | 분사

Unit 01 명사를 수식하는 분사

POINT 1 p.93

1 shaking hand   2 a novel written
3 Who is the man looking at us
4 Tom lost his cell phone in the crowded bus
5 The boy talking with Jane is my cousin
6 I should fix this broken watch.
7 Rachel liked her room painted in pastel colors.
8 The people standing in line waited for over two hours
9 This is a palace built in 1395.

9 안녕하세요, 학생 여러분. 오늘 우리는 한국 고대 건물들에 대해 배울 거예요. 이 사진을 보세요. 이것은 1395년에 지어진 궁궐입니다. 이것은 경복궁이라고 불려요.

Unit 02 분사의 보어 역할

POINT 2 p.95

1 hidden   2 talking[talk]
3 calming   4 washed
5 I am going to have my hair cut
6 Taylor kept me waiting for two hours
7 The lake becomes frozen from January to February
8 The heavy snow made the roads blocked.
9 I saw Max crossing[cross] the road
10 Most people remained standing during the ceremony.
11 He has his teeth checked every six months.

1 그 미스터리는 수년간 감추어져 있었다.
2 나는 Mason이 전화하는 것을 들었다.
3 이 노래는 잠자리에 들기 전에 진정시키는 것처럼 들린다.
4 Tom은 여행 전 그의 차가 세차되도록 했다.

POINT 3 p.97

1 tiring   2 surprised, shocking
3 Paul felt frightened by the ghost story
4 Are you interested in outdoor sports
5 They were pleased with the satisfying dinner
6 The view from the tower is amazing!
7 I was annoyed with his boring story.
8 We were embarrassed by the disappointing result.
9 (1) annoyed   (2) annoying

9 〈보기〉 Brian은 영화를 봤다. 그는 그 영화가 마음에 들었다.
    → 그 영화는 Brian에게 만족스러웠다.
    → Brain은 그 영화에 만족했다.

많은 학생들이 어려운 수학 문제를 짜증 나게 여긴다.
(1) 많은 학생들이 어려운 수학 문제 때문에 짜증이 난다.
(2) 어려운 수학 문제는 많은 학생들을 짜증 나게 한다.

Unit 03 분사구문

POINT 4 p.99

1 Arriving at the airport
2 Being disappointed, he left the room
3 Finishing his meal, he asked for the check
4 Not studying hard, Peter couldn't pass the test
5 Cooking breakfast   6 Being too tired
7 Not following his advice
8 Waiting for Fred
9 Visiting a new place, he always takes pictures.

5 그녀는 아침 식사를 요리할 때 음악을 들었다.
6 그는 너무 피곤했기 때문에 집에 머물렀다.
7 나는 그의 충고를 따르지 않아서 많은 실수를 했다.
8 그녀는 Fred를 기다리는 동안 벤치에 앉아 있었다.
9 Ben의 취미는 사진을 찍는 것이다. 새로운 장소에 방문할 때, 그는 항상 사진을 찍는다. 그는 또한 친구들에게 사진을 보여주는 것을 좋아한다. 그의 친구들은 그를 미래의 사진작가라고 부른다.

POINT 5 p.101

1 While he ate[was eating] pizza
2 When I entered the library
3 Because she exercises a lot
4 If they stay in Korea   5 As he got off the bus
6 While I rode[was riding] a bike
7 After she heard the shocking news
8 Because[As, Since] we were tired, we couldn't reach the top of the mountain.

5 그는 버스에서 내릴 때 실수로 그의 지갑을 떨어뜨렸다.
6 내가 자전거를 타는 동안 나의 형으로부터 전화가 걸려왔다.
7 그녀는 충격적인 소식을 들은 후에 우리에게 말해주었다.
8 나의 친구 James와 나는 오늘 등산하러 갔다. 우리는 초보자를 위한 쉬운 코스를 걷기로 선택했다. 하지만 그 산은 너무 높고 가팔랐다. 우리는 지쳤기 때문에 그 산의 정상에 도달할 수 없었다.

POINT 6 p.103

1 Being loved by many people
2 Being damaged by the storm
3 Being invited to the party
4 With one minute left, he scored the final goal
5 With the light turned on, he left the house
6 The children played with their kites flying
7 (1) with her finger pointing at
    (2) with his one eye closed

1 그 배우는 많은 사람들에게 사랑받았기 때문에 행복했다.

2 폭풍으로 인해 그 다리는 손상되었기 때문에 수리를 위해 폐쇄되었다.

3 나는 파티에 초대되었을 때 매우 신이 났다.

7 Claire와 Mark는 어젯밤에 별을 볼 수 있는 좋은 장소를 발견했다. Claire는 그녀의 손가락으로 별 하나하나를 가리키며 별의 수를 세었다. Mark는 그의 한쪽 눈을 감은 채로 망원경을 통해 별을 보았다. 그들은 함께 아름다운 밤을 즐겼다.

Chapter Test

p.104

STAGE 1

1 My uncle has a building located in Busan

2 I couldn't stand Billy's annoying behavior

3 Look at the dog barking at us

4 He saw some cars parked in front of his house

5 The boy looked depressed

6 The wedding cake decorated with flowers

7 found the classical music relaxing

8 ⓐ exciting ⓑ amazed ⓒ shocking ⓓ satisfying

1 어휘 located in ~에 위치한

2 어휘 behavior 행동, 태도

6 어휘 decorate 장식하다

7 어휘 relax (마음을) 편하게 해주다

8 나는 어제 판타지 책을 한 권 읽었다. 이야기는 흥미로웠다. 나는 그 책에 나오는 마법 같은 장면에 놀랐다. 그 책은 또한 충격적인 결말을 가지고 있었다. 전반적으로 그 책은 매우 만족스러웠다.
어휘 fantasy 공상, 상상   scene 장면   overall 종합적으로, 전반적으로

STAGE 2

9 Feeling cold in the evening

10 Going to bed **11** Buying a new T-shirt

12 Not going to the dentist

13 Not liking sweet things

14 (Being) Called by his teacher

15 (1) Speaking English well, she isn't afraid of meeting foreigners.
(2) Not wearing her glasses, she had trouble seeing today.
(3) Receiving no answer from Jun, she sent a message again.

16 (1) The student answering the question is very smart.
(2) The question answered by the student was difficult.

17 Because I did not[didn't] keep the promise

18 While he ate[was eating] fried rice

19 As she entered her room

20 Since we practiced hard

21 After I got off the bus

22 excited → exciting **23** hitting → hit

24 Scaring → (Being) Scared

25 covering → covered

26 (1) Cheering for our team
(2) (Being) Excited about the win
(3) Eating dinner

9 저녁에 추웠기 때문에, Danny는 그의 스웨터를 입었다.

10 Jinny는 자러 가면서 그녀의 자매들에게 잘 자라는 인사를 했다.

11 새 티셔츠를 살 때 Kelly는 현금으로 비용을 지불했다.

12 나는 치과에 가지 않았기 때문에 내 치아가 더 안 좋아지는 것을 느꼈다.

13 나는 달콤한 것을 좋아하지 않기 때문에 디저트를 거의 먹지 않는다.
어휘 rarely 드물게, 좀처럼 ~하지 않는

14 John은 그의 선생님에 의해 불렸을 때 긴장되었다.
해설 부사절에 수동태가 쓰였으므로 접속사와 주어를 생략하고 「Being+과거분사」의 형태로 쓰는데, 이때 Being은 생략할 수 있다.

15 (A)
• 그녀는 영어를 잘한다.
• 그녀는 안경을 끼지 않았다.
• 그녀는 Jun으로부터 답을 받지 못했다.
(B)
• 그녀는 메시지를 다시 보냈다.
• 그녀는 외국인을 만나는 것을 두려워하지 않는다.
• 그녀는 오늘 앞을 보는 데 어려움을 겪었다.
(1) 그녀는 영어를 잘해서 외국인을 만나는 것을 두려워하지 않는다.
(2) 그녀는 오늘 안경을 끼지 않아서 앞을 보는 데 어려움을 겪었다.
(3) Jun으로부터 답을 받지 못해서 그녀는 메시지를 다시 보냈다.

17 약속을 지키지 않아서 나는 나의 친구에게 사과해야 했다.
해설 문맥상 이유를 나타내므로 접속사 Because를 쓴다. 주절의 주어가 I이고 시제가 과거이므로 과거 시제를 이용하여 쓰되, 분사구문에 Not이 있으므로 I did not[didn't] keep ~으로 써야 한다.
어휘 apologize 사과하다

18 그는 볶음밥을 먹는 동안 테이블에 아무것도 흘리지 않으려고 노력했다.
해설 문맥상 동시동작을 나타내므로 접속사 While을 쓴다.
어휘 spill 쏟다, 엎지르다

19 그녀의 방에 들어오면서, 그녀는 큰 소리로 울기 시작했다.
해설 문맥상 시간을 나타내므로 접속사 As를 쓴다.

20 열심히 연습해서, 우리는 대회를 이길 수 있었다.
해설 문맥상 이유를 나타내므로 접속사 Since를 쓴다.

21 버스에서 내린 후, 나는 은행 앞에서 나의 친구를 봤다.
해설 문맥상 연속동작을 나타내므로 접속사 After를 쓴다.

22 그 음악 축제는 올해 가장 즐거운 순간이었다.

23 이 야구 방망이는 번개에 맞은 나무로 만들어졌다.
해설 명사 a tree와 hit의 관계가 수동이므로 과거분사 hit을 써야 한다.

24 어둠을 무서워해서, Ben은 불이 꺼진 채로 잘 수 없었다.
해설 분사구문을 부사절로 쓰면 Because Ben was scared of the dark가 되므로, 분사구문은 (Being) Scared ~로 써야 한다.

25 너의 신발에 진흙이 묻은 채 집에 들어가지 마라.

26 〈보기〉
• 우리는 승리에 대해 매우 신이 났기 때문에
• 우리가 저녁을 먹고 있는 동안
• 우리는 우리 팀을 응원하며
지난 일요일에 나의 가족은 축구 경기를 보러 갔다. 우리는 우리 팀을 응원하며 함께 정말 즐거운 시간을 보냈다. 기쁘게도, 우리 팀이 경기에서 승리를 했다. 승리에 신이 났기 때문에 우리는 함께 축하했다. 저녁을 먹는 동안 우리는 그 경기에 대해 계속 이야기했다.

27 ⓐ (Being) Written in French, the novel couldn't be understood by any of us.
ⓑ When he won the game, he ran to his mom and hugged her.
28 (1) touching (2) scared (3) thrilled
29 ⓑ → Did you find any interesting books there?
ⓓ → Do you mean the one published last week?

27 ⓐ 그 소설은 프랑스어로 쓰여서, 그것은 우리 중 누구에게도 이해될 수 없었다.
ⓑ 경기에 이겼을 때, 그는 그의 엄마에게 달려가 그녀를 안았다.
[해설] ⓐ 수동태 문장이므로 과거분사를 사용해 분사구문을 만든다. 이때 Being은 생략할 수 있다.
ⓑ 주어가 he이고 과거시제이므로 When he won the game ~으로 바꿔 써야 한다.
28 (1) 영화 *A Long Way to Home*은 감동적이지만 오싹하지는 않다.
(2) 만약 네가 영화 *In the Dark*를 본다면, 너는 아마 매우 무서울 것이다.
(3) 많은 관객들이 영화 *The Incredible Man*을 보면서 오싹해했다.
[해설] 분사와 관련된 명사가 감정을 일으키면 현재분사를, 감정을 느끼면 과거분사를 쓴다.
29 A: 너는 지난 주말에 뭘 했니?
B: 나는 우리 학교 근처에 위치한 서점에 갔어.
A: 그곳에서 뭔가 재미있는 책을 발견했니?

B: 나는 Jeremy Martin에 의해 쓰인 신간을 사고 싶었어.
A: 지난주에 출간된 책을 말하는 거니?
B: 응. 맞아. 하지만 다 팔렸더라. 나는 더 많은 책을 파는 또 다른 서점에 갈 거야.
[해설] ⓑ 책이 '재미를 주는' 것이므로 현재분사 interesting으로 써야 한다.
ⓓ 책을 의미하는 the one은 '출간된' 것이므로 과거분사 published로 써야 한다.
[어휘] publish 출판하다. 발행하다

Challenge!

30 ⓐ → We booked a room facing the sea.
ⓓ → I had difficulty (in) walking long distances due to my injury.

30 ⓐ 우리는 바다를 향해 있는(바다가 보이는) 방을 예약했다.
ⓑ 감사하게도, 그는 나를 그의 집에 머무르게 해주었다.
ⓒ 내가 선반 꼭대기에 닿는 것은 불가능하다.
ⓓ 나는 부상 때문에 장거리를 걷는 것에 어려움을 겪었다.
ⓔ 그녀는 너무 어려서 그 복잡한 이야기를 이해하지 못했다.
[해설] ⓐ 방이 '바다를 향해 있는' 것이므로 현재분사 facing을 쓴다.
ⓓ '~하는 데 어려움을 겪다'를 나타낼 때는 「have difficulty (in)+-ing」를 쓴다.
[어휘] face 마주보다. 향하다 distance 거리 injury 부상 complex 복잡한

Chapter 07 | 비교 표현

Unit 01 원급

POINT 1   p.111

1 His house is as far from school as my house
2 Jeju Island was not as warm as I thought
3 He enjoys reading as much as watching movies
4 is not[isn't] as[so] messy as my brother's room
5 is not[isn't] as[so] large as Germany
6 is not[isn't] as[so] strong as the other teams
7 Her cookies taste as good as the ones
8 His lecture was not[wasn't] as[so] interesting as his book.
9 is not[isn't] as[so] tall as Lisa

4 내 형의 방은 내 방보다 더 지저분하다.
 → 내 방은 내 형의 방만큼 지저분하지 않다.
5 독일은 스위스보다 더 크다.
 → 스위스는 독일만큼 크지 않다.

6 리그의 다른 팀들은 우리 팀보다 더 강하다.
 → 우리 팀은 리그의 다른 팀들보다 더 강하지 않다.
9 A: Noah와 Lisa 중 누가 더 키가 크니?
 B: Lisa가 Noah보다 키가 더 커.
 → Noah는 Lisa만큼 키가 크지 않다.

POINT 2   p.113

1 twice as thick as   2 as early as you can
3 three times as expensive as
4 as many, as possible
5 as many friends as she could
6 Forget about past mistakes as soon as possible
7 Blow up the balloon as big as you can
8 This room is three times as large as the other rooms
9 (1) threw the ball as far as possible
   (2) is twice as light as my last one

Unit 02 비교급

POINT 3 — p.115

1 longer than   2 more than
3 more expensive than
4 Black absorbs more light than white
5 I used to run much faster than him
6 We enjoy traveling by train more than by plane
7 learning Japanese is still easier than learning Chinese
8 (1) even more powerful than
(2) still better than
(3) far more expensive than

POINT 4 — p.117

1 more and more excited
2 The deeper, the darker
3 The closer, the warmer
4 The more water, the healthier
5 The taller you are, the higher
6 The more news articles you read, the more you'll know
7 The pain in my leg got worse and worse.
8 The more I laugh, the happier I feel
9 The fresher the fruit is, the better it tastes
10 The less you spend, the more you can save.

4 더 많은 물을 마신다면, 네 피부는 더 건강해 보일 것이다.
→ 물을 더 많이 마실수록, 네 피부는 더 건강해 보일 것이다.
5 네가 키가 더 크다면, 더 높이 뛸 수 있을 것이다.
→ 네가 키가 더 클수록, 더 높이 뛸 수 있을 것이다.
6 더 많은 신문 기사를 읽을 때, 너는 세상에 대해 더 알게 될 것이다.
→ 신문 기사를 더 많이 읽을수록, 너는 세상에 대해 더 알게 될 것이다.

Unit 03 최상급

POINT 5 — p.119

1 the tallest player
2 the most important insect
3 the best books   4 the most popular sports
5 January is one of the coldest months
6 Paper is one of the greatest inventions
7 Jupiter is the biggest planet in the solar system
8 (1) the worst experience of my life
(2) one of the most attractive cities

POINT 6 — p.121

1 No other subject is as difficult as math
2 No other thing is more important than time

---

3 The Antarctic is colder than any other place in the world
4 No other   5 than any other
6 as[so] kind as   7 as comfortable as
8 more boring than science
9 more fluently than any other
10 No other girl is taller than Jenny

7 이 의자는 상점에서 가장 편안하다.
→ 상점에 있는 어떤 의자도 이 의자만큼 편안하지 않다.
8 과학은 나에게 가장 지루한 수업이다.
→ 나에게 어떤 수업도 과학보다 더 지루하지는 않다.
9 그는 나의 반에서 영어를 가장 유창하게 말한다.
→ 그는 나의 반에 있는 다른 어떤 학생보다도 영어를 더 유창하게 말한다.
10 해설 주어진 단어에 no, other, than이 있고 주어진 우리말이 최상급의 의미를 나타내므로 「No (other) ~ 비교급+than」의 형태로 쓴다.

Chapter Test — p.122

STAGE 1

1 Alex walked more and more slowly
2 A train isn't as fast as a plane
3 The more you practice, the better you can play
4 Emily is one of the most diligent students in our school
5 Andy lives the farthest from our school
6 send the reply as soon as possible[you can]
7 My hometown is twice as big as this city.
8 is not as large as the Pacific Ocean

4 어휘 diligent 부지런한
6 어휘 reply 답장, 답신; 대답
8 태평양은 인도양보다 더 크다.
→ 인도양은 태평양만큼 크지 않다.

STAGE 2

9 highest → the highest
10 importantly → important
11 seriouser and seriouser → more and more serious
12 the carefuler → the more careful
13 city → cities   14 make → making
15 as twice → twice as
16 (1) the air on high mountains is colder than the air in low valleys
(2) the higher we go, the thinner the air gets
17 (1) it is[it's] one of the largest wildlife parks in the world
(2) It is[It's] as large as
18 I am[I'm] as old as her
19 They sleep twice as much as
20 Russia is the biggest country in the world.
21 no other month of the year is as[so] hot as August

22 Mozart is greater than any other musician in history

23 (1) comes to school earlier than
(2) is more interesting than

24 (1) The less you worry, the better you sleep
(2) The earlier we buy the tickets, the sooner we can find good seats
(3) The more I know about Hannah, the more I like her

9 나의 반에서 Tomas가 과학시험에서 가장 높은 점수를 받았다.

10 좋은 품질의 양말은 거의 운동화만큼이나 중요하다.
해설 be동사 are의 보어 자리이므로 as ~ as 사이에는 형용사의 원급이 들어가야 알맞다.
어휘 good-quality 좋은 품질의, 양질의

11 공기 오염이 점점 더 심각해지고 있다.
해설 비교급이 「more+원급」의 형태일 경우, 「more and more+원급」의 형태로 쓴다.
어휘 pollution 오염   serious 심각한

12 더 나이가 들수록, 사람들은 더 신중해진다.
해설 careful의 비교급은 more careful로 쓴다.

13 두바이는 전 세계에서 가장 국제적인 도시 중 하나이다.
해설 '가장 ~한 …중 하나'의 의미를 나타낼 때는 「one of the+최상급+복수명사」의 형태를 쓴다.
어휘 international 국제적인

14 친구들과 잘 지내는 것은 친구를 사귀는 것보다 더 중요하다.
해설 비교하는 두 대상은 문법적으로 성격이 같아야 하므로, 주어와 같은 형태인 동명사를 사용해야 한다.
어휘 get along with ~와 잘 지내다

15 Monica는 그녀의 친구들보다 두 배 더 빠르게 달릴 수 있다.
해설 '…보다 몇 배 더 ~한[하게]'의 의미는 「배수사+as+원급+as」로 나타낸다.

16 Jessy: Ashley, 너는 왜 높은 산의 공기가 낮은 계곡의 공기보다 더 차가운지 아니?
Ashley: 아니. 하지만 나는 등산을 할 때 그것에 대해 궁금했어.
Jessy: 나는 최근에 그것에 대한 기사를 읽었어. 우리가 더 높이 올라갈수록, 공기가 더 희박해진다고 해.
Ashley: 와, 그거 흥미롭다.
어휘 valley 계곡   thin (기체 등이) 희박한; 얇은

17 당신은 아프리카의 세렝게티 국립공원을 아는가? 세렝게티는 '끝없는 들판'이라는 뜻이다. 이름에서 알 수 있듯이, 그곳은 세계에서 가장 넓은 야생 동물 공원 중 하나이다. 그곳은 한국의 충청도만큼 넓다. 그곳에서 너는 동물들이 야생에서 어떻게 사는지 볼 수 있다.
어휘 endless 끝없는   wildlife 야생 동물

18 A: Jenny는 너보다 나이가 많지, 맞지?
B: 아니야, 그렇지 않아. 나는 그녀랑 나이가 같아.
해설 두 대상을 비교해서 정도의 차이가 없을 때는 「as+형용사[부사]의 원급+as」의 형태로 나타낸다.

19 A: 아기들은 보통 얼마나 자니?
B: 그들은 성인들보다 두 배 더 많이 자.

20 A: 미국이 세계에서 가장 큰 나라니?
B: 아니, 그렇지 않아. 러시아가 세계에서 가장 큰 나라야.

21 A: 일 년 중 가장 더운 달은 언제니?
B: 나는 일 년 중 다른 어떤 달도 8월만큼 덥지 않다고 생각해.
해설 최상급의 의미를 나타내는 원급 구문은 「No (other) ~ as[so]+원급+as」의 형태로 나타낼 수 있다.

22 A: 너는 역사상 누가 가장 위대한 음악가라고 생각하니?
B: 나는 모차르트가 역사상 다른 어떤 음악가보다 훌륭하다고 생각해.
해설 최상급의 의미를 나타내는 비교급 구문은 「비교급+than any other ~」의 형태로 나타낼 수 있다.

23

설문지

(1) 반에서 누가 가장 학교에 빨리 오나요?
Cindy

(2) 당신은 어떤 과목이 가장 흥미롭다고 생각하나요?
1부터 4로 번호를 매겨주세요.
_1_ 영어 _4_ 수학 _3_ 과학 _2_ 음악

(1) Cindy는 나보다 학교에 더 빨리 온다.
(2) 나는 음악이 수학보다 더 흥미롭다고 생각한다.
어휘 questionnaire 설문지

24 (1) 너는 걱정을 덜 할수록, 잠을 더 잘 잔다.
(2) 우리가 표를 더 일찍 구매할수록, 더 빨리 좋은 자리를 찾을 수 있다.
(3) 나는 한나에 대해 알면 알수록, 그녀를 더 많이 좋아한다.

25 is better at playing badminton than Melissa

26 are three times as expensive as

27 The less you use your phone, the more you can focus on studying.

28 No other goddess is more beautiful than Venus

29 (1) My room is not[isn't] as[so] clean as yours.
(2) The cleaner your room is, the more comfortable you will[you'll] feel.

25 Melissa는 Lisa만큼 배드민턴을 잘 치지 못한다.
→ Lisa는 Melissa보다 배드민턴을 더 잘 친다.

26 일등석 표는 일반석 표보다 세 배 더 비싸다.

27 네가 휴대 전화를 더 적게 사용한다면, 너는 공부에 더 집중할 수 있다.
→ 네가 휴대 전화를 더 적게 사용할수록, 너는 공부에 더 집중할 수 있다.
어휘 focus on ~에 집중하다

28 비너스는 그리스 신화에서 가장 아름다운 여신이다.
→ 그리스 신화에서 다른 어떤 여신도 비너스보다 더 아름답지 않다.
해설 최상급의 의미는 「No (other) ~ 비교급+than」의 형태로 나타낼 수 있다.
어휘 goddess 여신   Greek myth 그리스 신화

29 A: 내 방은 네 것만큼 깨끗하지 않아. 너는 어떻게 그렇게 깔끔하게 유지해?
B: 나는 매일 조금씩 청소해. 더 자주 청소를 할수록, 더 쉬워져.
A: 나는 일주일에 한 번만 청소해서 정말 힘들어.
B: 매일 간단하게 청소해 봐.
A: 그렇게 해볼게!
B: 네 방이 깨끗할수록, 너는 더 편안하게 느낄 거야.
어휘 neat 정돈된, 깔끔한

30 ⓐ → Yujin gave me cookies baked by her.
ⓒ → The new movie wasn't as bad as I expected.

30 ⓐ 유진이는 그녀에 의해 구워진 쿠키를 나에게 주었다.
ⓑ 그는 조리법 없이 요리하는 것에 어려움을 겪는다.
ⓒ 그 새 영화는 내가 예상했던 것만큼 나쁘지는 않았다.
ⓓ 다큐멘터리를 시청하는 것은 너의 지식을 넓혀준다.
ⓔ 우리는 새로운 식당에서의 식사에 실망했다.
해설 ⓐ 쿠키들이 유진이에 의해 '구워진' 것이므로, 과거분사로 쓴다.
ⓒ '…만큼 ~하지 않은[하지 않게]'의 의미는 「not+as[so]+형용사[부사]의 원급+as」로 나타낸다.
어휘 documentary 다큐멘터리   expand 확장하다
knowledge 지식

Chapter 08 | 접속사

Unit 01 짝으로 이루어진 접속사

POINT 1　p.129

1　Emily likes neither baseball nor basketball
2　Jinho lived not only in Daegu but also in Busan
3　Her father as well as she is good at singing
4　Either Minsu or Jina will visit you
5　Other planets as well as the Earth go around the Sun.
6　The song was not[wasn't] for his daughter but for his mother.
7　Both my older sister and I are learning a foreign language.
8　Not only Julia but also her friends like reading mystery novels.

Unit 02 부사절을 이끄는 접속사

POINT 2　p.131

1　never go to bed until I come home
2　Because Leo fell on the icy road, he was hurt
3　lost her necklace while she was swimming in the pool
4　was so dark that I couldn't see anything
5　you visit my house, I will[I'll] cook for you
6　couldn't play in the game since he injured his ankle
7　The music was so loud that I couldn't hear his words.
8　(1) The table was so big that I couldn't carry it by myself.
　　(2) Peter is getting smarter because he reads a newspaper

8　(1) 그 탁자는 너무 컸다. 나는 그것을 혼자 옮길 수 없었다.
　　→ 그 탁자는 너무 커서 나는 그것을 혼자 옮길 수 없었다.
　(2) Peter는 더 똑똑해지고 있다. 그는 매일 신문을 읽는다.
　　→ Peter는 매일 신문을 읽기 때문에 더 똑똑해지고 있다.

POINT 3　p.133

1　is popular while the reviews are bad
2　If you aren't able to find the bookstore, call me
3　can't ride a skateboard unless you wear a helmet
4　Spiders make webs so (that) they can catch insects.
5　ate nothing though he was very hungry
6　Daniel practices the violin hard so (that) he can win the contest.

7　will be so disappointed if you break our promise
8　We got up early so that we could watch the sunrise.

Unit 03 명사절을 이끄는 접속사

POINT 4　p.135

1　It is disappointing that Luna forgot our appointment
2　Everyone knows that exercise is good for our health
3　The good news is that the music festival is held in our town
4　Some people believe (that) aliens exist somewhere.
5　I made sure (that) the flower shop opened today.
6　It is[It's] sad that the summer vacation is almost over.
7　It is[It's] wonderful that you can write a song.
8　The teacher thought that our idea was good.

POINT 5　p.137

1　Can you tell me when the concert ends
2　I wonder if you know the right answer to the question
3　Why do you think Susan was late for school
4　I wonder if[whether] it will[it'll] rain throughout next week.
5　Do you know if[whether] there is a library near our school?
6　Let me know what happened last night.
7　Can you explain how you solved the problem?
8　(1) when her friends will arrive
　　(2) if[whether] there is water on other planets

[4~7] 〈보기〉 너는 나에게 말해주겠니? 너는 어제 무엇을 먹었니?
　　　　→ 너는 네가 어제 무엇을 먹었는지 나에게 말해주겠니?
4　나는 궁금하다. 다음 주 내내 비가 올까?
　　→ 나는 다음 주 내내 비가 올지 궁금하다.
5　너는 아니? 우리 학교 근처에 도서관이 있니?
　　→ 너는 우리 학교 근처에 도서관이 있는지 아니?
6　나에게 알려줘. 지난밤에 무슨 일이 있었니?
　　→ 지난밤에 무슨 일이 있었는지 나에게 알려줘.
7　너는 설명할 수 있니? 너는 어떻게 그 문제를 풀었니?
　　→ 너는 네가 어떻게 그 문제를 풀었는지 설명할 수 있니?

Chapter Test

STAGE 1

1 Lily noticed that everyone was very tired

2 prepared not only bread but also soup for breakfast

3 swims every day so that she can stay healthy

4 Since I'm free now, I'll return the books to the library

5 Tell me if[whether] you will[you'll] join the voluntary work group.

6 Do you know who sent this letter to me?

7 Though Junho is not[isn't] good at baseball, he likes it

8 It is important that we follow the safety rules in the lab.

1 어휘 notice 알아차리다
5 해설 '~인지 (아닌지)'는 접속사 if나 whether를 써서 나타낸다.
　　어휘 voluntary 자원 봉사로 하는
6 해설 의문사가 이끄는 절을 간접의문문에 써야 한다. 의문사가 주어이므로 「의문사(주어)+동사 ~」의 순서로 쓴다.
8 〈보기〉 그녀는 3개 국어를 한다.
　　　　　→ 그녀가 3개 국어를 한다는 것은 놀랍다.
　　우리는 실험실에서 안전 규칙을 따른다.
　　→ 우리가 실험실에서 안전 규칙을 따르는 것은 중요하다.
　　어휘 lab 실험실

STAGE 2

9 (1) Not, but　　　(2) Both, and
　　(3) Not only, but also
10 is → are　　　**11** Japan → in Japan
12 did you find → you found
13 are → is　　　**14** will arrive → arrive
15 (1) spoke slowly so that everyone could understand her
　　(2) followed the map so that we wouldn't get lost
　　(3) saved some money so that I could buy a new jacket
16 Can you tell me if[whether] you will come to my Halloween party?
17 Do you know what time Tony arrives here?
18 I wonder if[whether] your family travels once a year.
19 How do you think the accident happened yesterday?
20 Can you tell me which school you graduated from?
21 I wonder if[whether] Minji's family moved to Busan.
22 (1) if[whether] you enjoyed the musical
　　(2) how often you watch a musical

9

	The Book Cave	Ben's Books	Novels and More
중고 책을 팜	×	×	○
멤버십 카드를 제공함	○	×	○
신용카드를 받음	○	○	×

(1) A: 어느 곳이 중고 책을 파나요?
　　B: Ben's Books가 아니라 Novels and More가 중고 책을 팝니다.
(2) A: 어느 곳이 멤버십 카드를 제공하나요?
　　B: The Book Cave와 Novels and More 둘 다 멤버십 카드를 제공합니다.
(3) A: 어느 곳이 신용카드를 받나요?
　　B: The Book Cave뿐만 아니라 Ben's Books도 신용카드를 받습니다.
해설 (3) 빈칸 수와 동사의 수(takes)를 고려하여 both A and B가 아닌 Not only but also를 사용하여 쓴다.
어휘 used 중고의　　credit card 신용카드
10 스페인과 이탈리아는 둘 다 유럽에 위치해 있다.
　　해설 both A and B는 항상 복수 취급하므로 복수동사(are)를 써야 한다.
11 내가 가장 좋아하는 가수는 한국뿐만 아니라 일본에서도 콘서트를 열 것이다.
　　해설 not only A but also B에서 A와 B는 문법적인 성격이 같아야 하므로 Japan은 전치사구 in Japan으로 써야 한다.
12 너는 너의 잃어버린 지갑을 어떻게 찾았는지 나에게 말해줄 수 있니?
13 나의 부모님뿐만 아니라 나의 오빠도 환경에 관심이 있다.
　　해설 B as well as A는 동사의 수를 B에 일치시킨다.
　　어휘 environment 환경
14 우리 동네에 도착하자마자 나에게 전화를 해 줘.
　　해설 시간을 나타내는 부사절에서는 현재시제가 미래시제를 대신한다.
15 〈A〉 • 그녀는 천천히 말했다.
　　　　 • 우리는 지도를 따라갔다.
　　　　 • 나는 돈을 좀 모았다.
　　〈B〉 • 나는 새 재킷을 살 수 있었다.
　　　　 • 모든 사람들이 그녀를 이해할 수 있었다.
　　　　 • 우리는 길을 잃지 않을 것이다.
　　(1) 그녀는 모든 사람들이 그녀를 이해할 수 있도록 천천히 말했다.
　　(2) 우리는 길을 잃지 않도록 지도를 따라갔다.
　　(3) 나는 새 재킷을 사기 위해 돈을 좀 모았다.
[16~21] 〈보기〉 나는 궁금하다. 소라는 일 년에 몇 권의 책을 읽니?
　　　　　　　→ 나는 소라가 일 년에 몇 권의 책을 읽는지 궁금하다.
16 너는 나에게 말해줄 수 있니? 너는 나의 핼러윈 파티에 올 거니?
　　→ 너는 나의 핼러윈 파티에 올 건지 나에게 말해줄 수 있니?
　　해설 의문사가 없는 의문문은 접속사 if나 whether를 써서 간접의문문으로 나타낸다.
17 너는 아니? Tony는 몇 시에 이곳에 도착하니?
　　→ 너는 Tony가 몇 시에 이곳에 도착하는지 아니?
18 나는 궁금하다. 너희 가족은 일 년에 한 번 여행을 가니?
　　→ 나는 너희 가족이 일 년에 한 번 여행을 가는지 궁금하다.
19 너는 생각하니? 어제 그 사고는 어떻게 일어났니?
　　→ 너는 어제 그 사고가 어떻게 일어났다고 생각하니?
20 너는 나에게 말해줄 수 있니? 너는 어느 학교를 졸업했니?
　　→ 너는 네가 어느 학교를 졸업했는지 나에게 말해줄 수 있니?
　　어휘 graduate from ~을 졸업하다
21 나는 궁금하다. 민지의 가족이 부산으로 이사 갔니?
　　→ 나는 민지의 가족이 부산으로 이사 갔는지 궁금하다.

뮤지컬 설문조사
(1) 당신은 뮤지컬을 즐겼나요?
☑ 네, 그렇습니다   ☐ 아니요, 그렇지 않습니다.
(2) 당신은 뮤지컬을 얼마나 자주 보나요?
☐ 전혀   ☑ 일 년에 한 번
☐ 일 년에 몇 번

Q: 저는 당신이 뮤지컬을 즐겼는지 알고 싶습니다.
A: 물론이죠, 저는 모든 것을 즐겼어요!
Q: 당신은 뮤지컬을 얼마나 자주 보는지 제게 말해줄 수 있나요?
A: 저는 보통 일 년에 한 번 뮤지컬을 봐요.
어휘 survey (설문)조사

STAGE 3

23 ⓒ → Then she found that there were water drops on the glass.
　　 ⓓ → "I wonder where the water drops come from."
24 (1) so serious that I couldn't walk easily
　　 (2) so that I could walk more comfortably

23　오늘 날씨가 매우 더웠고 민주는 아주 열심히 운동했다. 민주가 운동을 끝낸 후에, 그녀는 집에 왔다. 그녀는 아주 목이 말랐기 때문에 유리잔에 차가운 물을 조금 부었다. 그녀는 또한 물에 얼음을 조금 넣었다.
　그러고 나서 그녀는 유리잔에 물방울들이 맺힌 것을 발견했다. 그녀는 혼자 생각했다. "나는 물방울들이 어디에서 오는 건지 궁금해." 민주는 다음날 학교에 가서 그것을 선생님께 여쭤보고 싶었다. 그녀는 너무 신나서 잠을 잘 수 없었다.

해설 ⓒ 동사 found 뒤에 목적어절을 이끄는 접속사 that을 써야 한다.
어휘 pour 붓다, 따르다　drop 방울

24　어제 나는 학교 축구 경기에서 다리를 다쳤다. 부상이 너무 심각해서 나는 쉽게 걸을 수 없었다. 나는 혼자 걷는 것이 쉽지 않았기 때문에 걱정이 되었다.
　하지만 내 친구 유리가 오늘 아침 밖에서 나를 기다리고 있었다! 그녀는 내가 더 편안히 걸을 수 있도록 나의 책가방을 들어주었다.
　많은 반 친구들이 와서 나를 격려해 주었다. 나는 이렇게 멋진 친구들이 있어서 정말 행운이라고 느꼈다.
해설 '너무 ~해서 …하다'를 나타낼 때는 「so+형용사[부사]+that」을 쓰고, '~하도록'을 나타낼 때는 「so (that)」을 쓴다.
어휘 injury 부상　comfortably 편안하게　cheer up ~을 격려하다

Challenge!

25 ⓑ → Feeling tired, she didn't want to go out.
　　 ⓔ → This skirt is not as good as that one.

25 ⓐ 오늘 밤에 비가 올 가능성이 있다.
ⓑ 그녀는 피곤해서 밖에 나가고 싶지 않았다.
ⓒ 그녀에게 질문을 하는 사람들이 많았다.
ⓓ 나는 그가 시험을 통과할지 궁금하다.
ⓔ 이 치마는 저 치마만큼 좋지 않다.
해설 ⓑ 주어(she)가 '피곤함'을 느낀 것이므로 분사구문은 (Being) Felt~가 아닌 Feeling~으로 써야 한다.
ⓔ 원급 비교 표현인 「not as+원급+as」 형태로 써야 한다.
어휘 possible 가능한, 가능성 있는

Chapter 09 | 관계사

Unit 01　관계대명사

POINT 1　　　　　　　　　　p.145

1 who wrote this novel got many awards
2 who(m) I like gives me helpful advice
3 which has 163 floors is famous around the world
4 know the boy whose sister is a college student
5 which she drew got a lot of attention
6 The bag (which[that]) I left on the table disappeared.
7 Karen has a cute dog whose name is Max.
8 We should catch the train which[that] leaves at 3 o'clock.
9 Anyone who is interested in dancing can join this club.

1 그 작가는 많은 상을 받았다. 그녀는 이 소설을 썼다.
→ 이 소설을 쓴 그 작가는 많은 상을 받았다.
2 그 선생님은 나에게 도움이 되는 조언을 해 주신다. 나는 그 선생님을 좋아한다.
→ 내가 좋아하는 그 선생님은 나에게 도움이 되는 조언을 해 주신다.
3 그 건물은 세계적으로 유명하다. 그것은 163층이다.
→ 163층인 그 건물은 세계적으로 유명하다.
4 우리는 그 소년을 안다. 그의 누나는 대학생이다.
→ 우리는 누나가 대학생인 그 소년을 안다.
5 그녀는 그 그림을 그렸다. 그 그림은 많은 주목을 받았다.
→ 그녀가 그린 그 그림은 많은 주목을 받았다.
6 해설 '그 가방이 / 내가 탁자 위에 놔둔 / 사라졌다.'의 어순이 되어야 하므로 선행사이자 주어 자리에는 The bag이 온다. 관계대명사가 동사 left의 목적어 역할을 하고, 선행사가 사물이므로 목적격 관계대명사 which 또는 that이 와야 한다. 또한 목적격 관계대명사는 생략 가능하다.
9 A: Jake, 너는 우리 댄스 동아리에 가입할 거니?
B: 모르겠어. 나는 춤을 잘 못 추거든.
A: 하지만 넌 춤추는 걸 좋아하잖아. 이 포스터를 봐.
　춤추는 것에 관심 있는 누구나 이 동아리에 가입할 수 있어.

POINT 2　　　　　　　　　　　　　　p.147

1　Gary doesn't remember what he said at that time
2　Climbing mountains is what my dad likes to do on weekends
3　What I found behind the bookshelf was my old diary
4　That statue is what Lucas likes the most in this museum.
5　The student asked about what she couldn't understand
6　What I learned from my friend Suho is confidence.
7　The clothing shop sells what teenagers would like to wear.
8　What the research team discovered was unbelievable.
9　What Suzy saw was different from what she expected.

Unit 02　주의해야 할 관계대명사의 쓰임

POINT 3　　　　　　　　　　　　　　p.149

1　who is studying English
2　which was built 100 years ago
3　which is next to the library
4　my uncle, who was a soccer player
5　the amusement park, which was crowded with families
6　which is the capital of France, has many things to see
7　I read an article about a swimmer, who is an Olympic champion.
8　He chose the black jacket, which was the most popular item in the store.

4　나는 삼촌으로부터 축구하는 법을 배웠다. 그는 축구 선수였다.
　　→ 나는 삼촌으로부터 축구하는 법을 배웠는데, 그는 축구 선수였다.
5　우리는 그 놀이공원에 갔다. 그곳은 가족들로 붐볐다.
　　→ 우리는 그 놀이공원에 갔는데, 그곳은 가족들로 붐볐다.
8　Scott는 지난 주말에 쇼핑하러 갔다. 몇 개의 상점들을 둘러본 후, 그는 마음에 드는 무언가를 발견했다. 그는 검은색 재킷을 골랐는데, 그것은 그 가게에서 가장 인기 있는 상품이었다.

POINT 4　　　　　　　　　　　　　　p.151

1　at which I'm pointing
2　to which you are listening
3　at whom she was looking
4　for which I'm waiting
5　Mason has some friends on whom he can depend.
6　We have to bring some more chairs on which everyone can sit.
7　Sara wants to enter the college from which her older sister graduated.
8　I got a call from the teacher to whom I wrote a letter last week.

[1~4] 〈보기〉 그들은 가수들이다. 그녀는 어제 그들에 관해 이야기했다.
　　→ 그들이 그녀가 어제 이야기했던 가수들이다.
1　너는 저 작은 새가 보이니? 나는 저 작은 새를 가리키고 있다.
　　→ 너는 내가 가리키고 있는 저 작은 새가 보이니?
2　그 노래의 제목이 뭐니? 너는 그 노래를 듣고 있다.
　　→ 네가 듣고 있는 그 노래의 제목이 뭐니?
3　나는 그 사람을 알아보지 못했다. 그녀는 그 사람을 보고 있었다.
　　→ 나는 그녀가 보고 있던 사람을 알아보지 못했다.
4　그 버스는 아직 오지 않았다. 나는 그 버스를 기다리고 있다.
　　→ 내가 기다리고 있는 버스는 아직 오지 않았다.
8　나는 그 선생님으로부터 전화를 받았다. 나는 지난주에 그분께 편지를 썼다.
　　→ 나는 지난주에 내가 편지를 썼던 선생님으로부터 전화를 받았다.

Unit 03　관계부사

POINT 5　　　　　　　　　　　　　　p.153

1　My sister and I still live in the city where we were born.
2　Do you remember (the day) when you entered middle school?
3　The teacher told us (the reason) why we should read books.
4　This is the way he trained the dogs
5　March is the month when the new semester starts
6　Let's have dinner at the restaurant where we met last week.
7　People asked him how he became a successful businessman.
8　Do you know the reason why he didn't come to school?

1　나의 언니와 나는 여전히 그 도시에 산다. 우리는 그 도시에서 태어났다.
　　→ 나의 언니와 나는 우리가 태어났던 도시에서 여전히 살고 있다.
2　너는 그날을 기억하니? 너는 그날 중학교에 입학했다.
　　→ 너는 네가 중학교에 입학했던 날을 기억하니?
3　선생님께서는 우리에게 이유를 말씀해 주셨다. 우리는 그 이유로 책을 읽어야 한다.
　　→ 선생님께서는 우리에게 우리가 책을 읽어야 하는 이유를 말씀해 주셨다.
8　A: 나는 오늘 진호를 보지 못했어. 너는 그가 학교에 오지 않은 이유를 아니?
　　B: 그는 다리가 부러져서 입원했어. 방과 후에 그를 보러 가는 게 어때?
　　A: 좋은 생각이야!

STAGE 1

1 has a black cat whose name is Blacky
2 Draw what you want to be
3 want to know how you learned to swim
4 which is our family's favorite dessert
5 The magazine which[that] is on the table
6 why the school delayed its festival
7 (1) where Timmy walks his dog every day
   (2) when I saw beautiful shooting stars

6 어휘 delay 미루다, 연기하다
7 (1) 이곳은 Timmy가 매일 그의 개를 산책시키는 공원이다.
   (2) 나는 아름다운 별똥별을 봤던 그 밤을 아직도 기억한다.
   해설 (1) 선행사 the park는 장소를 나타내므로 관계부사 where를 써야 한다.
   (2) 선행사 the night는 시간을 나타내므로 관계부사 when을 써야 한다.
   어휘 shooting star 별똥별

STAGE 2

8 when our family moved to this city
9 where I used to exercise with my friend
10 how I can use this machine
11 why Linda won't attend the school picnic
12 when the library closes on weekends
13 in which I slept yesterday
14 with whom I go to school every day
15 of which I take care
16 (1) What he is[he's] planning for tomorrow is
   (2) what he will[he'll] bring
17 two sons, who are soccer players
18 a new TV program, which we found boring
19 this question, which is the last question on the test
20 My friend, who wants to be a writer,
21 My neighbor, who loves gardening,
22 that → which
23 the way how → the way 또는 how 삭제
24 what → which[that] 또는 what 삭제
25 for that → for which 또는 for that you were looking
   → that you were looking for
26 My dad, who is working as a reporter, is in the U.S. now.

8 너는 그날을 기억하니? 우리 가족이 그날 이 도시로 이사를 왔어.
   → 너는 우리 가족이 이 도시로 이사 온 날을 기억하니?
9 이곳은 체육관이다. 나는 여기서 내 친구와 함께 운동하곤 했다.
   → 이곳은 내가 내 친구와 함께 운동하곤 했던 체육관이다.
10 내게 방법을 말해 줘. 나는 그 방법으로 이 기계를 사용할 수 있다.
   → 내가 이 기계를 사용할 수 있는 방법을 말해 줘.
11 이유가 무엇이니? Linda는 그 이유로 학교 소풍에 참석하지 않을 것이다.
   → Linda가 학교 소풍에 참석하지 않을 이유가 무엇이니?
   어휘 attend 참석하다

12 나는 그 시간을 모른다. 도서관은 주말에 그 시간에 문을 닫는다.
   → 나는 도서관이 주말에 문을 닫는 시간을 모른다.
13 해설 I slept in it yesterday와 연결하여 쓴다. 전치사의 목적어인 it을 대신하며 선행사가 The bed로 사물이기 때문에 in which로 연결하여 쓴다.
14 해설 I go to school with him every day와 연결하여 쓴다. 이때 전치사의 목적어 him을 대신하며 선행사가 my classmate로 사람이기 때문에 with whom을 쓴다.
16 ·내일의 계획: 테니스 치기
   ·그가 필요한 것들: 테니스공, 라켓
   (1) 그가 내일 계획하고 있는 것은 테니스를 치는 것이다.
   (2) 테니스공과 라켓은 그가 내일 가져올 것들이다.
   어휘 racket (테니스 등의) 라켓
17 나의 고모는 두 명의 아들이 있다. 그리고 그들은 축구 선수들이다.
   → 나의 고모는 두 명의 아들이 있는데, 그들은 축구 선수들이다.
18 우리는 새로운 TV 프로그램을 시청했다. 하지만 우리는 그것이 지루하다는 것을 알게 되었다.
   → 우리는 새로운 TV 프로그램을 시청했는데, 우리는 그것이 지루하다는 것을 알게 되었다.
19 나는 이 문제를 풀 수 없다. 그리고 그것은 시험의 마지막 문제이다.
   → 나는 이 문제를 풀 수 없는데, 그것은 시험의 마지막 문제이다.
20 내 친구는 글쓰기 대회에서 1등을 했다. 그리고 그는 작가가 되길 원한다.
   → 내 친구는 작가가 되길 원하는데, 글쓰기 대회에서 1등을 했다.
   어휘 win (the) first prize 일등상을 타다
21 내 이웃은 매년 봄에 꽃을 심는다. 그리고 그녀는 정원 가꾸는 것을 아주 좋아한다.
   → 내 이웃은 정원 가꾸는 것을 아주 좋아하는데, 매년 봄에 꽃을 심는다.
   어휘 garden 정원 가꾸기를 하다
22 내 학교는 매우 오래됐는데, 그것은 1990년에 지어졌다.
   해설 관계대명사 that은 계속적 용법으로 쓸 수 없다.
23 나는 Sandra가 옷을 입는 방식이 정말 마음에 든다.
   해설 관계부사 how는 선행사 the way와 함께 쓰지 않고 둘 중 하나만 써야 한다.
24 Levi는 나에게 그가 파리에서 썼던 엽서를 주었다.
   해설 관계대명사 what은 선행사를 포함하므로, 앞에 선행사(the postcard)를 쓰지 않는다. 목적격 관계대명사 which[that]를 써야 한다. 또는 관계대명사 what을 삭제해 목적격 관계대명사가 생략된 것으로 볼 수 있다.
25 이것이 네가 찾고 있던 그 책이니?
   해설 관계대명사 that은 「전치사＋관계대명사」 형태로 쓸 수 없다.
26 A: 안녕. 오랜만이야!
   B: 그러게. 너를 보니 반갑다! 어떻게 지내?
   A: 꽤 잘 지내고 있어. 나의 아빠가 지금 미국에 계시는데, 그는 기자로 일하고 계셔. 나는 조만간 그를 방문하려고 계획 중이야.
   B: 정말 멋지다!
   → 나의 아빠는 기자로 일하고 계신데, 지금 미국에 계셔.
   어휘 while 잠시, 잠깐, 동안

STAGE 3

27 (1) The movie which[that] we watched yesterday was amazing
   (2) Do you know how she baked the delicious cake
   (3) The lady to whom he sent flowers is his mother
28 ⓑ → There are many plants that are grown in this garden.
   ⓓ → The thing that[which] I need right now is a little bit of rest. 또는 What I need right now is a little bit of rest.

27 (1) 그 영화는 굉장했다. 우리는 어제 그것을 봤다.

(2) 너는 그 방법을 아니? 그녀는 그 방법으로 맛있는 케이크를 구웠다.

(3) 그 여성은 그의 어머니이다. 그는 그의 어머니께 꽃을 보냈다.

(1) 우리가 어제 봤던 그 영화는 굉장했다.

(2) 너는 그녀가 그 맛있는 케이크를 구운 방법을 알고 있니?

(3) 그가 꽃을 보낸 그 여성은 그의 어머니이다.

해설 (3) 선행사가 his mother로 사람이므로, to whom으로 연결하여 쓴다.

28 ⓐ 내가 어젯밤에 읽은 그 책은 정말 재미있었다.

ⓑ 이 정원에서 재배되는 많은 식물들이 있다.

ⓒ 우리는 내년에 여행가고 싶은 장소들에 관해 이야기했다.

ⓓ 내가 지금 당장 필요한 것은 약간의 휴식이다.

ⓔ 나는 약속을 지키지 않는 사람들을 좋아하지 않는다.

해설 ⓑ 관계대명사절 내의 동사는 선행사(many plants)의 수에 일치시켜야 하므로 is를 are로 고쳐 써야 한다.

ⓓ 관계대명사 what은 선행사를 포함하고 있으므로 what을 목적격 관계대명사 that 또는 which로 고치거나 The thing을 삭제해야 알맞다.

어휘 keep one's word 약속을 지키다

29 ⓐ 나는 네가 나를 위해 해준 것에 고마워.

ⓑ 나는 내일 비가 올지 잘 모르겠다.

ⓒ 너는 콘서트가 언제 시작하는지 알고 있니?

ⓓ 집에서 요리하는 것이 외식하는 것보다 자주 더 만족스럽다.

ⓔ 에펠탑은 세계에서 가장 많이 방문되는 랜드마크 중 하나이다.

해설 ⓒ 의문사가 있는 간접의문문은 「의문사+주어+동사 ~」의 어순으로 써야 한다.

ⓓ 비교하는 두 대상은 문법적인 성격이 같은 형태로 써야 하므로 eat out을 동명사 eating out으로 고쳐야 한다.

어휘 appreciate 고마워하다

Chapter 10 | 가정법

Unit 01 if 가정법 과거, if 가정법 과거완료

POINT 1
p.161

1 I lived near my school, I could walk to school

2 I knew Sam's phone number, I could call him now

3 Mia were not[weren't] busy, she would go to the movies with me

4 I were you, I would apologize to Jake

5 my little sister asked me, I would lend her

6 Fred had enough money, he could buy

7 my older brother entered a university, he would move

8 (1) If I were a movie director, I would make action movies

(2) If Peter did not have an allergy, he could eat peanuts

[1~3] 〈보기〉 Daniel은 아프기 때문에, 소풍을 갈 수 없다.

→ Daniel이 아프지 않다면, 그는 소풍을 갈 수 있을 텐데.

1 나는 학교 근처에 살지 않기 때문에, 나는 학교에 걸어갈 수 없다.

→ 내가 학교 근처에 산다면, 나는 학교에 걸어갈 수 있을 텐데.

2 나는 Sam의 전화번호를 모르기 때문에, 나는 지금 그에게 전화할 수 없다.

→ 내가 Sam의 전화번호를 안다면, 나는 지금 그에게 전화할 수 있을 텐데.

3 Mia는 바쁘기 때문에, 나와 영화를 보러 가지 않는다.

→ Mia가 바쁘지 않다면, 그녀는 나와 함께 영화를 보러 갈 텐데.

POINT 2
p.163

1 had practiced, could have won

2 had brought, could have bought

3 had not[hadn't] been, would have brought

4 had not[hadn't] hurt, could have participated in

5 I had been careful, I would not[wouldn't] have broken

6 Cathy had gone, she could have taken a picture

7 he had heard the alarm, he would not[wouldn't] have been late

8 I had not[hadn't] thrown trash, I would not[wouldn't] have paid

[1~4] 〈보기〉 나는 버스를 놓쳐서, 제시간에 학교에 도착하지 않았다.

→ 내가 버스를 놓치지 않았다면, 나는 제시간에 학교에 도착했을 텐데.

1 나는 피아노를 매일 연습하지 않아서, 피아노 대회에서 우승할 수 없었다.

→ 내가 피아노를 매일 연습했다면, 나는 피아노 대회에서 우승할 수 있었을 텐데.

2 Iris는 그녀의 지갑을 가져오지 않아서, 그 책을 살 수 없었다.

→ Iris가 그녀의 지갑을 가져왔다면, 그녀는 그 책을 살 수 있었을 텐데.

3 Sue는 서두르다가 교과서를 가져오지 않았다.
→ Sue가 서두르지 않았다면, 그녀는 교과서를 가져왔을 텐데.

4 Fred는 다리를 다쳐서, 그 축구 경기에 참여할 수 없었다.
→ Fred가 다리를 다치지 않았다면, 그는 그 축구 경기에 참여할 수 있었을 텐데.

8 어제 나는 길에 쓰레기를 버려서 벌금을 냈다. 나는 절대 다시는 그렇게 하지 않을 것이다.
→ 내가 길에 쓰레기를 버리지 않았다면, 나는 벌금을 내지 않았을 텐데.

Unit 02 I wish/as if 가정법

POINT 3
p.165

1 I wish I were good at English
2 I wish I had a cat or dog
3 I wish I could speak Spanish well
4 I wish I lived closer to my best friend
5 I wish I could see the musical with you
6 I had time
7 I went to the same school
8 I could take my puppy
9 I wish I could see my grandmother

[6~8] 〈보기〉 나는 노래 부르는 것을 잘 하고 싶지만, 못한다.
→ 내가 노래 부르는 것을 잘 한다면 좋을 텐데.
6 나는 낮잠을 자고 싶지만, 시간이 없다.
→ 내가 낮잠을 잘 시간이 있다면 좋을 텐데.
7 나는 Paul과 같은 학교에 다니길 원하지만, 그렇지 않다.
→ 내가 Paul과 같은 학교에 다니면 좋을 텐데.
8 나는 나의 강아지를 여행에 데려가고 싶지만, 그럴 수 없다.
→ 내가 나의 강아지를 여행에 데려갈 수 있다면 좋을 텐데.
9 Alex: 나는 나의 할머니를 한동안 뵙지 못했어. 내가 이번 여름방학에 나의 할머니를 뵐 수 있으면 좋을 텐데.

POINT 4
p.167

1 as if it were closed　　**2** as if I were her brother
3 as if she did not[didn't] know Tom
4 My sister behaves as if she were
5 Dean looks as if he knew the answer
6 My puppy barked as if someone were standing
7 Steven acted as if he came to the park
8 Amy shook her head as if she couldn't understand.
9 as if you were a big brother

[1~3] 〈보기〉 사실, Emma는 독서를 즐기지 않는다.
→ Emma는 마치 그녀가 독서를 즐기는 것처럼 말한다.
1 사실, 그 식당은 문 닫지 않았다.
→ 그 식당은 마치 문 닫은 것처럼 보인다.
2 사실, 나는 Daisy의 오빠가 아니다.
→ Daisy는 마치 내가 그녀의 오빠인 것처럼 행동한다.
3 사실, Cindy는 Tom을 알았다.
→ Cindy는 마치 Tom을 알지 못하는 것처럼 말했다.
9 Ben: Sean, 야구하러 나가자.
Sean: 미안해, 난 그럴 수 없어. 나는 발표를 준비해야 해.
Ben: 너는 그것을 야구를 하고 난 후에 할 수 있잖아!
Sean: 아니야, 나는 미루는 것이 좋은 습관이라고 생각하지 않아.
Ben: 우와, 너는 마치 형인 것처럼 말하는구나.

Chapter Test
p.168

STAGE 1

1 acts as if he were a popular boy
2 I wish I could buy a new smartphone
3 I didn't have homework, I would play soccer with my brother
4 had taken the subway, she would not have been late
5 I had time, would join
6 liked baseball, I could go to the baseball stadium
7 as if she were alone on the bus
8 had not[hadn't] checked, have got[ten]

6 어휘 stadium 경기장
8 오늘 아침, 나는 인터넷에서 일기 예보를 확인했다. 나는 비가 올지도 모른다는 것을 보아서 나는 내 가방에 우산을 넣었다. 오후에, 집에 가는 동안에 비가 많이 내렸다. 다행히, 나는 젖지 않았다.
→ 일기 예보를 확인하지 않았다면, 나는 비에 젖었을 텐데.
어휘 weather forecast 일기 예보　heavily 심하게, 아주 많이　luckily 운 좋게도, 다행히

STAGE 2

9 had　　　　　**10** were
11 could talk
12 couldn't[could not] have finished
13 had been
14 wouldn't[would not] have eaten
15 (1) I wish I could fly there
　　(2) If I were you, I would take a bus
16 I wish I could go to the amusement park
17 I could go to the final match
18 I spoke English well, I could take a trip to America alone
19 my sister were not[weren't] busy, she could help me to do my homework
20 people were not[weren't] talking loudly, I could hear your voice
21 I had not[hadn't] slipped on the ice, I would not[wouldn't] have hurt my arm
22 Erica had invited Wendy to her birthday party, Wendy would not[wouldn't] have been disappointed
23 he had not[hadn't] gone to bed early, he would not[wouldn't] have missed his favorite TV program
24 (1) If I won the lottery, I would buy a sports car.
　　(2) If I studied harder, I could pass the exam.
　　(3) If I were not[weren't] tired, I would play basketball with my little brother.

9 그녀에게 언니나 오빠가 있다면, 그녀는 외롭지 않을 텐데.
해설 현재 사실의 반대를 가정하고 있고, 주절에 조동사의 과거형 would가 있는 것으로 보아 if 가정법 과거 「If+주어+동사의 과거형 ~, 주어+would[could, might]+동사원형 …」의 형태가 되어야 한다.

어휘 lonely 외로운, 쓸쓸한

10 내가 키가 좀 더 크다면, 나는 모델이 될 수 있을 텐데.

11 내가 영어 말하기를 잘 한다면, 그녀와 이야기할 수 있을 텐데.
해설 if절에 were가 쓰였고, 문맥상 현재 사실의 반대를 가정하고 있으므로 if 가정법 과거 「If+주어+동사의 과거형 ~, 주어+would[could, might]+동사원형 …」의 형태가 되어야 한다.

12 네가 수학을 도와주지 않았다면, 나는 내 숙제를 끝내지 못했을 거야.
해설 과거 사실의 반대를 가정하고 있고, if절에 hadn't helped가 쓰인 것으로 보아 if 가정법 과거완료 「If+주어+had p.p. ~, 주어+would[could, might]+have p.p. …」의 형태가 되어야 한다.

13 나의 친구들이 나와 함께 여기 있었다면, 나는 정말 행복했을 텐데.
해설 과거 사실의 반대를 가정하고 있고, 주절에 would have been 이 쓰인 것으로 보아 if 가정법 과거완료 「If+주어+had p.p. ~, 주어+would[could, might]+have p.p. …」의 형태가 되어야 한다.

14 배가 매우 고프지 않다면, 나는 너무 많이 먹지 않았을 텐데.

15 A: 지하철에 무슨 문제가 있는 거지? 나는 30분 동안 지하철을 기다리고 있어.
B: 너는 어떤 노선을 탈 거니? 나는 초록 노선이 엔진 문제가 생겨서 30분 동안 운행하지 않을 거라는 것을 들었어.
A: 농담하는 거지! 나는 콘서트에 가려면 한 시간 안에 잠실에 가야 해. 내가 거기로 날아갈 수 있다면 좋을 텐데.
B: 안타깝네. 내가 너라면 버스를 탈 텐데.
A: 아니야. 버스는 한 시간 이상 걸려. 나는 택시를 타야겠어.
B: 서둘러! 나는 네가 제시간에 도착하길 바라.
A: 고마워!
해설 (1) 문맥상 현재 실현 가능성이 거의 없는 일(날아가는 것)을 가정하며, 주어진 단어에 wish가 있으므로 I wish 가정법 과거 「I wish+주어+could+동사원형」을 쓴다.
(2) 현재 실현 가능성이 거의 없는 일(내가 네가 되는 것)을 가정하고 있으므로 가정법 과거를 사용해야 한다.
어휘 line (기차 등의) 선로, 노선; 선, 줄 engine 엔진 kid 농담하다; 아이

16 수지는 오늘 중요한 시험을 위해 공부를 해야 한다. 그래서 그녀는 Jane과 함께 놀이공원에 갈 수 없어 정말 미안해한다.
수지: 내가 오늘 너와 함께 놀이공원에 갈 수 있다면 좋을 텐데.

17 나는 결승전에 가고 싶지만, 표가 다 팔렸다. 나는 그곳에 갈 수 없다.
→ 내가 결승전에 갈 수 있다면 좋을 텐데.
해설 현재 사실의 반대를 가정해야 하고, I wish가 주어졌으므로 「I wish+가정법 과거」로 나타낸다.

18 나는 영어를 잘 못 하기 때문에 미국에 혼자 여행을 갈 수 없다.
→ 내가 영어를 잘 한다면, 나는 미국에 혼자 여행을 갈 수 있을 텐데.
해설 현재 사실의 반대를 가정해야 하므로 if 가정법 과거로 쓴다.

19 나의 언니는 바쁘기 때문에 내가 숙제하는 것을 도와줄 수가 없다.
→ 나의 언니가 바쁘지 않다면, 내가 숙제하는 것을 도와줄 수 있을 텐데.

20 사람들이 시끄럽게 이야기하고 있어서, 나는 네 목소리를 들을 수 없다.
→ 사람들이 시끄럽게 말하지 않는다면, 나는 네 목소리를 들을 수 있을 텐데.

21 나는 얼음 위에서 미끄러져서 팔을 다쳤다.
→ 내가 얼음 위에서 미끄러지지 않았더라면, 나는 팔을 다치지 않았을 텐데.
해설 과거 사실의 반대를 가정해야 하므로 if 가정법 과거완료 형태로 쓴다.
어휘 slip 미끄러지다

22 Erica가 Wendy를 그녀의 생일 파티에 초대하지 않아서, Wendy는 실망했다.
→ Erica가 Wendy를 그녀의 생일 파티에 초대했다면, Wendy는 실망하지 않았을 텐데.

23 그는 일찍 자러 가서, 그가 가장 좋아하는 TV 프로그램을 놓쳤다.
→ 그가 일찍 자러 가지 않았다면, 그가 가장 좋아하는 TV 프로그램을 놓치지 않았을 텐데.

24 (1) 내가 복권에 당첨된다면, 나는 스포츠카를 살 텐데.
(2) 내가 더 열심히 공부한다면, 나는 시험을 통과할 수 있을 텐데.
(3) 내가 피곤하지 않다면, 나는 나의 남동생과 농구를 할 텐데.

어휘 win the lottery 복권에 당첨되다

25 (1) If I had a time machine, I would go there right now
(2) If I had not been too tired, I would have looked around my uncle's town
26 If Jay had a camera, he could take a picture
27 If I had not[hadn't] forgotten my sister's birthday, she would not[wouldn't] have been angry at me

25 12월 2일
나는 이번 겨울 방학에 나의 삼촌댁을 방문할 것이다. 나는 정말 신난다! 그는 캐나다에 사신다. 나는 다음 주에 비행기를 탈 것이다. 나는 그곳에 지금 당장 가기 위해 타임머신을 갖고 싶다.

12월 10일
나는 마침내 캐나다에 도착했다. 이곳에 도착하는 데 10시간이 걸렸다. 나는 삼촌의 마을을 둘러보고 싶었지만, 무척 피곤했다. 나는 휴식을 취해야 했다.
(1) 나에게 타임머신이 있다면, 나는 지금 당장 그곳에 갈 텐데.
(2) 내가 너무 피곤하지 않았다면, 나는 나의 삼촌의 마을을 둘러봤을 텐데.
해설 (1) 문맥상 현재 실현 가능성이 거의 없는 일을 가정해야 하므로, 가정법 과거 구문을 쓴다.
(2) 과거 사실의 반대를 가정해야 하므로, 가정법 과거완료 구문이 적절하다.

26 Jay는 그의 부모님과 함께 한라산을 오르고 있다. 정상에서 내려다보는 풍경은 아름답다. 그는 풍경 사진을 찍고 싶지만, 카메라를 가지고 있지 않다.
→ Jay가 카메라를 가지고 있다면, 그는 풍경 사진을 찍을 수 있을 텐데.
해설 주어진 상황이 현재이므로 현재 상황의 반대를 가정하는 가정법 과거를 사용해야 한다.

27 어제는 나의 언니의 생일이었다. 그러나 나는 숙제를 하느라 너무 바빠서 잊어버렸다. 언니는 나에게 화가 났다.
→ 내가 나의 언니의 생일을 잊어버리지 않았다면, 그녀는 나에게 화가 나지 않았을 텐데.
해설 주어진 상황이 과거이므로 과거 상황의 반대를 가정하는 가정법 과거완료를 사용해야 한다.

28 ⓒ → These shoes were exactly what I was looking for.
ⓔ → If she hadn't lost her wallet last week, she could have bought her brother a present.

28 ⓐ 어제 뭐 했는지 내게 말해줄 수 있니?
ⓑ 내가 너라면, 하고 싶은 모든 것을 다 해볼 텐데.
ⓒ 이 신발은 정확히 내가 찾고 있던 것이었다.
ⓓ 작년에 우리가 여행했던 도시는 정말 좋았다.
ⓔ 그녀가 지난주에 그녀의 지갑을 잃어버리지 않았다면, 그녀의 오빠에게 선물을 사줄 수 있었을 텐데.
해설 ⓒ that은 접속사와 관계대명사로 모두 쓰일 수 있는데, that 뒤에 look for의 목적어가 빠진 불완전한 구조가 오므로 접속사 that이 아닌 관계대명사로 봐야 한다. 그런데 관계대명사 that은 앞에 선행사가 필요하므로 선행사를 포함한 관계대명사 what으로 고치는 것이 가장 적절하다.
ⓔ 과거 사실의 반대를 가정하는 문장이므로 주절의 동사 형태를 could have p.p.로 고쳐야 알맞다.
어휘 exactly 정확히, 틀림없이

Chapter 11 | 일치/화법/강조 구문

Unit 01 수일치

POINT 1 p.175

1 is	2 participate in
3 grows	4 belongs
5 Each team has	6 The young learn

7 Every parent worries about their children
8 The Philippines is famous for its beautiful beaches
9 Thirty dollars is a reasonable price for the necklace
10 Chemistry and physics are important subjects in science
11 Every question on the test was worth three points.

1 경제학은 사람들이 돈을 어떻게 사용하는지에 대한 학문이다.
2 많은 청소년들이 과학 박람회에 참여한다.
3 그 도시의 자동차 수는 매년 증가한다.
4 교실에 있는 모든 것은 학교의 것이다.
5 농구에서 각 팀에는 5명의 선수가 있다.
　해설 「each+단수명사」가 주어로 쓰일 때는 단수동사가 와야 하므로 have를 has로 고쳐야 한다.
6 젊은 사람들은 노인들보다 더 빠르게 배운다.
　해설 「the+형용사」 주어는 '~한 사람들'이라는 의미로 항상 복수 취급하므로 learns를 learn으로 고쳐야 한다.
10 **해설** physics, chemistry와 같은 과목명이 주어로 쓰일 때는 단수 취급하지만, 여기서 주어는 A and B의 복수 형태이므로 복수동사(are)를 써야 한다.

POINT 2 p.177

1 Playing soccer with my friends is exciting
2 Whether it rains today is uncertain
3 What we decide today changes our future
4 Sixty percent of his money is saved
5 One of my hobbies is reading fantasy novels.
6 Half of the students agree with the school's decision.
7 A third of the citizens use public transportation
8 Spending time outside makes me feel good.

8 나는 특히 화창한 날에 야외에서 시간을 보내는 것을 즐긴다. 공원을 걷거나 자전거를 탈 때 나는 항상 행복하다. 나는 신선한 공기와 자연의 소리도 아주 좋아한다. 밖에서 시간을 보내는 것은 나를 기분 좋게 만든다.

Unit 02 시제 일치

POINT 3 p.179

1 thought, was	2 knew, is
3 said, would volunteer	

4 I learned that water boils at 100℃
5 I didn't know that they had already left
6 I expect that my birthday present will arrive soon
7 Most people know that Columbus discovered America in 1492
8 (1) Alice told me that she practices yoga
　(2) I heard that your older brother had got[ten] married

1 많은 사람들은 그녀가 훌륭한 배우라고 생각한다.
　→ 많은 사람들은 그녀가 훌륭한 배우라고 생각했다.
2 나는 인체가 약 60%의 물로 되어 있다는 것을 알고 있다.
　→ 나는 인체가 약 60%의 물로 되어 있다는 것을 알고 있었다.
3 수진이는 다음 주부터 지역 도서관에서 자원봉사를 할 것이라고 말한다.
　→ 수진이는 다음 주부터 지역 도서관에서 자원봉사를 할 것이라고 말했다.
8 **해설** (1) 현재의 습관을 나타내는 종속절에는 항상 현재시제를 써야 하므로 현재시제(practices)로 쓴다.
　(2) 주절의 시제가 과거일 때 종속절에는 과거 또는 과거완료시제가 쓰이지만, 시간상 과거(told)보다 더 이전에 일어난 일을 나타내므로 과거완료(had got[ten])로 쓴다.

Unit 03 화법 전환

POINT 4 p.181

1 tells, my	2 said, she, that
3 told, he had been	4 said, would, that night
5 told, she was, the following year	

6 he could meet me the next[following] day
7 she was going back to London the following month
8 we would have a pop quiz that day
9 He also told me that I needed to take some medicine for my cold.

1 나의 엄마는 나에게 "탄산음료를 마시는 것은 너의 치아에 좋지 않아."라고 말씀하신다.
　→ 나의 엄마는 나에게 탄산음료를 마시는 것은 나의 치아에 좋지 않다고 말씀하신다.
2 그녀는 "저는 이 치마를 환불받고 싶어요."라고 말했다.
　→ 그녀는 그녀가 그 치마를 환불받고 싶다고 말했다.
3 Tom은 우리에게 "나는 프랑스에 두 번 가본 적이 있어."라고 말했다.
　→ Tom은 우리에게 그가 프랑스에 두 번 가본 적이 있다고 말했다.
4 일기예보관은 "오늘 밤에 폭우가 내릴 것입니다."라고 말했다.
　→ 일기예보관은 그날 밤에 폭우가 내릴 것이라고 말했다.
5 Emily는 나에게 "나는 내년에 유학을 계획하고 있어."라고 말했다.
　→ Emily는 나에게 그녀가 그다음 해에 유학을 계획하고 있다고 말했다.
6 Sam: 나는 내일 너를 만날 수 있어.
　→ Sam은 그가 그다음 날 나를 만날 수 있다고 말했다.
7 Sarah: 나는 다음 달에 런던으로 돌아갈 거야.
　→ Sarah는 그다음 달에 런던으로 돌아갈거라고 말했다.
8 선생님: 너희들은 오늘 쪽지 시험이 있을 거란다.
　→ 선생님께서 우리에게 그날 쪽지 시험이 있을 거라고 말씀하셨다.
9 나는 어느 날 학교에서 몸이 좋지 않아서, 방과 후에 병원에 갔다. 의사 선생님은 나를 진찰하셨고, "너는 독감에 걸렸단다."라고 말씀하셨다. 그는 또한 나에게 "너는 감기약을 좀 먹어야 한단다."라고

말씀하셨다.
→ 그는 또한 나에게 내가 감기약을 좀 먹어야 한다고 말씀하셨다.

1 when my, was
2 if[whether] I had
3 not to forget, that day
4 where the nearest subway station was
5 who would set the table
6 to drive under 30 km/h in that area
7 not[never] to eat anything before the surgery
8 if[whether] we had an English presentation the following Friday
9 if[whether] she can help him to find gate 22

1 이모가 나에게 "너의 졸업식이 언제니?"라고 말씀하셨다.
   → 이모께서 나에게 졸업식이 언제냐고 물으셨다.
2 의사 선생님은 나에게 "너는 땅콩 알레르기가 있니?"라고 말씀하셨다.
   → 의사 선생님께서 나에게 땅콩 알레르기가 있냐고 물으셨다.
3 Evans 선생님이 우리에게 "오늘 교실 문을 잠그는 것을 잊지 마렴."이라고 말씀하셨다.
   → Evans 선생님께서 우리에게 그날 교실 문을 잠그는 것을 잊지 말라고 부탁하셨다.
4 한 외국인이 나에게 "가장 가까운 지하철역은 어디인가요?"라고 말했다.
   → 한 외국인이 나에게 가장 가까운 지하철역이 어딘지 물었다.
5 아빠는 "누가 상을 차릴 거니?"라고 말씀하셨다.
   → 아빠는 누가 상을 차릴 것인지 물어보셨다.
6 경찰관은 그에게 "이 구역에서는 시속 30km 이하로 운전하세요."라고 말했다.
   → 경찰관은 그에게 그 구역에서는 시속 30km 이하로 운전하라고 말했다.
7 간호사는 나에게 "수술 전에는 아무것도 먹지 마세요."라고 말했다.
   → 간호사는 나에게 수술 전에는 아무것도 먹지 말라고 지시했다.
8 나는 반 친구에게 "우리 다음 주 금요일에 영어 발표가 있니?"라고 말했다.
   → 나는 반 친구에게 우리가 그다음 주 금요일에 영어 발표가 있는지 물었다.
9 그 남자아이는 여자에게 그가 22번 출입구를 찾는 것을 그녀가 도와줄 수 있는지 묻고 있다.

Unit 04 강조 구문

1 It was my brother that baked this delicious cake.
2 It was last year that they moved to this city.
3 It was she that suggested the new idea to the team.
4 It is the ocean that she loves visiting every summer.
5 It was at this shop that he bought these shoes last weekend.
6 It is the teachers that organize the school events.
7 It is the song that she loves listening to every day.
8 You do look nice with short hair.
9 The team did achieve their goal.

10 He does remember meeting you before.
11 Danny does know the correct answer.
12 He did apologize for his mistake.
13 It is[It's] Sarah that usually arrives first.
14 (1) It was Ted that ate cookies on the bed last night.
   (2) It was cookies that Ted ate on the bed last night.
   (3) It was last night that Ted ate cookies on the bed.

1 내 남동생이 이 맛있는 케이크를 구웠다.
   → 이 맛있는 케이크를 구운 것은 바로 내 남동생이었다.
2 그들은 작년에 이 도시로 이사했다.
   → 그들이 이 도시로 이사한 것은 바로 작년이었다.
3 그녀는 팀에 그 새로운 아이디어를 제안했다.
   → 팀에 그 새로운 아이디어를 제안한 것은 바로 그녀였다.
4 그녀는 여름마다 바다에 방문하는 것을 아주 좋아한다.
   → 그녀가 여름마다 방문하길 아주 좋아하는 것은 바로 바다이다.
5 그는 지난 주말에 이 가게에서 이 신발을 구입했다.
   → 그가 지난 주말에 이 신발을 구입한 것은 바로 이 가게였다.
6 교사들이 학교 행사들을 준비한다.
   → 학교 행사들을 준비하는 것은 바로 교사들이다.
7 그녀는 매일 그 노래 듣기를 아주 좋아한다.
   → 그녀가 매일 듣기를 아주 좋아하는 것은 바로 그 노래다.
8 너는 짧은 머리가 잘 어울린다.
   → 너는 짧은 머리가 정말 잘 어울린다.
9 그 팀은 그들의 목표를 달성했다.
   → 그 팀은 정말로 그들의 목표를 달성했다.
10 그는 전에 너를 만난 것을 기억한다.
   → 그는 전에 너를 만난 것을 정말로 기억한다.
14 Ted는 어젯밤에 침대 위에서 쿠키를 먹었다.
   (1) 어젯밤에 침대 위에서 쿠키를 먹은 것은 바로 Ted였다.
   (2) Ted가 어젯밤에 침대 위에서 먹은 것은 바로 쿠키였다.
   (3) Ted가 침대 위에서 쿠키를 먹은 것은 바로 어젯밤이었다.

Chapter Test   p.186

1 Two-thirds of the pizza was eaten by her
2 A number of people are leaving the stadium
3 Clara told me that she would arrive late
4 were thankful that the typhoon had not struck our town
5 Three hours is enough time to finish
6 He did finish his homework last night.
7 What she brought to the party was the homemade cake.
8 taking vitamins helps to improve my immune system

3 어휘 traffic jam 교통 체증
4 어휘 typhoon 태풍   thankful 감사하는   strike (재난 등이 갑자기) 덮치다; (세게) 치다
7 어휘 homemade 집에서 만든
8 A: 왜 너는 최근에 비타민을 먹기 시작했니?
   B: 비타민을 섭취하는 것이 나의 면역 체계를 향상시키는 걸 도와주기 때문이야.

A: 그건 몰랐어! 나도 그것을 먹는 것을 시작해 봐야겠다.

해설 종속절의 주어가 taking이 이끄는 동명사구이므로 단수동사 helps를 써야 한다.

어휘 immune system 면역 체계

9 (1) A third of the honey is left
　(2) Half of the eggs are left

10 the band's new song was a big hit

11 time is gold

12 the train wouldn't[would not] be late

13 I had seen him before

14 oil is lighter than water

15 thought that I would experience a real earthquake

16 the new bakery had various cakes and cookies

17 what time it was then[at the moment]

18 who had lent him the umbrella

19 if[whether] I had watched the soccer game the previous night

20 not to use our cell phones during the class

21 Seoul → in Seoul　　**22** are → is

23 made → makes　　**24** running → to run

25 enjoys → enjoy

26 It was my dad that named me Joy.

9 (1) 꿀의 3분의 1이 병에 남아있다.
(2) 달걀의 절반이 상자에 남아있다.
해설 (1) 「분수 of+명사」가 주어로 쓰일 때는 of 뒤의 명사(the honey)에 수일치시키므로 is를 쓴다.
(2) 「Half of+명사」가 주어로 쓰일 때는 of 뒤의 명사(the eggs)에 수일치시키므로 are를 쓴다.
어휘 carton (작게 포장된 것 여러 개가 든 큰) 상자

[10~14] 〈보기〉 나는 그녀가 진실을 말하고 있다고 믿는다.
　　　　　　→ 나는 그녀가 진실을 말하고 있다고 믿었다.

10 나는 그 밴드의 신곡이 큰 인기라고 듣는다.
　→ 나는 그 밴드의 신곡이 큰 인기라고 들었다.
어휘 a big hit 큰 인기, 대성공

11 나의 할아버지께서는 시간이 금이라고 말씀하신다.
　→ 나의 할아버지께서는 시간이 금이라고 말씀하셨다.
해설 격언을 나타내는 종속절에는 항상 현재시제를 써야 한다.

12 그녀는 그 기차가 늦지 않길 바란다.
　→ 그녀는 그 기차가 늦지 않길 바랐다.
해설 주절의 시제에 종속절의 시제를 일치시켜야 하므로 won't를 wouldn't[would not]으로 바꿔 쓴다.

13 나는 전에 내가 그를 본 적이 있다고 생각한다.
　→ 나는 전에 내가 그를 본 적이 있었다고 생각했다.

14 그는 기름이 물보다 더 가볍다는 것을 모른다.
　→ 그는 기름이 물보다 더 가볍다는 것을 몰랐다.
해설 과학적 사실을 나타내는 종속절에는 항상 현재시제를 써야 한다.

15 　나는 학교에서 지진 대피 훈련을 많이 했었다. 하지만 내가 실제 지진을 경험할거라고 전혀 생각하지 못했다. 나는 그날 밤을 떠올릴 때 아직도 두렵다. 모든 것이 흔들렸고 물건들이 바닥에 떨어졌다. 지진은 언제든지 일어날 수 있으므로, 우리 모두 대비해야 한다.
어휘 earthquake drill 지진 대피 훈련　occur 발생하다

16 나는 지원이에게 "새 빵집에 다양한 케이크와 쿠키가 있어."라고 말했다.
　→ 나는 지원이에게 새 빵집에 다양한 케이크와 쿠키가 있다고 말했다.
어휘 various 다양한

17 Lizzy는 나에게 "지금 몇 시니?"라고 말했다.
　→ Lizzy는 나에게 그때가 몇 시였는지 물었다.

18 Harper 씨는 Tony에게 "누가 너에게 우산을 빌려주었니?"라고 물어보셨다.
　→ Harper 씨는 Tony에게 누가 그에게 우산을 빌려주었었는지 물어보셨다.

19 그녀는 나에게 "너는 어젯밤에 축구 경기를 봤니?"라고 말했다.
　→ 그녀는 나에게 내가 그 전날 밤에 축구 경기를 봤었는지 물었다.

20 우리 선생님께서는 우리에게 "수업 시간 동안 너희들의 휴대 전화를 사용하지 말아라."라고 말씀하셨다.
　→ 우리 선생님께서는 우리에게 수업 시간 동안 우리의 휴대 전화를 사용하지 말라고 말씀하셨다.

21 그 콘서트가 열린 것은 바로 서울이었다.
해설 강조 구문 It is[was] ~ that 사이에 강조 어구를 넣을 때 일부를 빠뜨리지 않아야 한다. 장소 부사구 in Seoul을 강조하는 것이므로 in을 꼭 써야 한다.
어휘 take place 열리다, 개최되다

22 내가 가장 좋아하는 도시 중 하나는 시드니이다.
해설 「one of+복수명사」가 주어로 쓰일 때는 항상 단수 취급하므로 are를 is로 고쳐 쓴다.

23 나의 아버지는 연습이 완벽을 만든다고 말씀하셨다.

24 쇼핑몰 직원이 그에게 에스컬레이터에서는 뛰지 말라고 말했다.
해설 부정명령문의 간접 화법은 to부정사 앞에 not이나 never를 붙여 「not[never]+to부정사」의 형태로 쓴다.
어휘 staff 직원　escalator 에스컬레이터

25 Amelia는 주말마다 추리 소설 읽는 것을 정말로 즐긴다.
해설 동사를 강조하는 does 뒤에는 항상 동사원형을 써야 한다.

26 A: 네 이름은 참 예쁜 것 같아.
B: 고마워! 나를 Joy라고 이름 지어주신 건 바로 나의 아빠였어.
해설 It ~ that 강조 구문을 이용하여 주어인 '나의 아빠'를 강조하는 문장으로 쓴다. (My dad named me Joy.) 과거시제 문장이므로 be동사를 was로 쓰는 것에 주의한다.

27 (1) if[whether] she had her own comfort food
　(2) if[whether] it wasn't too spicy for her
　(3) what his comfort food was
　(4) if[whether] he could tell her how to cook it

28 ⓑ → 15 minutes is
　ⓓ → Building marshmallow towers is

27 Liam: 민주야, 너는 너를 기분 좋게 하는 너만의 음식이 있어?
민주: 응, 있어. 나는 떡볶이를 가장 좋아해. 내가 그것을 먹을 때, 내 스트레스가 사라져.
Liam: 그것은 너에게 너무 맵지 않니?
민주: 아니, 전혀 그렇지 않아. Liam, 너를 기분 좋게 하는 음식은 뭐야?
Liam: 나는 닭고기 수프, 특히 집에서 만든 것을 가장 좋아해. 그것은 내 마음을 느긋하게 해주고 나에게 내 어린 시절을 기억나게 해줘.
민주: 그것을 어떻게 만드는지 나에게 말해줄 수 있니?
Liam: 물론이지. 내 레시피를 네게 공유해 줄 수 있어.
민주: 정말 고마워.
(1) Liam은 민주에게 그녀를 기분 좋게 하는 그녀만의 음식이 있는지 물었다.
(2) Liam은 민주에게 그것이 그녀에게 너무 맵지 않은지 물었다.
(3) 민주는 Liam에게 그의 기분을 좋게 하는 음식이 무엇인지 물었다.
(4) 민주는 Liam에게 그가 그녀에게 그것을 만드는 방법을 말해줄 수 있는지 물었다.
어휘 comfort food 기분을 좋게 해 주는 음식, 위안을 주는 음식
relaxing 마음을 느긋하게 해 주는

remind A of B A에게 B를 상기시키다   childhood 어린 시절

28 마시멜로와 이쑤시개 탑 챌린지!
　• **필요한 것:** 작은 마시멜로 1-2 봉지, 이쑤시개 1-2 상자
　• **규칙**
(1) 각 팀은 4명이다.
(2) 가장 높은 탑을 쌓아야 한다. (마시멜로와 이쑤시개만 사용해라.)
(3) 15분이 제공된다.
가장 중요한 것은 탑이 스스로 서 있어야 한다는 것이다.
마시멜로 탑을 쌓는 것은 매우 어렵지만 재미있다. 모든 팀은 그들의 탑을 다르게 쌓을 수 있다.
[해설] ⓑ 주어가 시간을 나타내는 명사구(15 minutes)일 때는 단수 취급하므로 동사 are를 is로 고쳐야 한다.
ⓓ 주어가 Building이 이끄는 동명사구이므로 are를 is로 고쳐야 한다.
[어휘] marshmallow 마시멜로   toothpick 이쑤시개

🎯 **Challenge!**

29 ⓒ → I know the dog, which lives next door.
　　ⓔ → It is chocolate cake that my dad doesn't like.

29 ⓐ 내가 답을 안다면, 그 수학 문제를 풀 텐데.
ⓑ 그녀는 그녀의 아이들에게 가스레인지를 만지지 말라고 말했다.
ⓒ 나는 그 개를 알고 있는데, 그 개는 옆집에 산다.
ⓓ 나는 나의 숙제를 집에 두고 왔다는 것을 깨달았다.
ⓔ 아빠가 좋아하시지 않는 것은 바로 초콜릿 케이크이다.
[해설] ⓒ 관계대명사 that은 계속적 용법으로 쓸 수 없으므로 that을 which로 고쳐야 한다.
ⓔ My dad doesn't like chocolate cake.에서 목적어를 강조하여 It ~ that 사이에 넣은 문장이므로 that절에 목적어 it을 쓸 수 없다.
[어휘] stove 가스레인지   next door 옆집에

천일문

LEVEL 3

WORKBOOK

| 정답 및 해설 |

중등

WRiTiNG

Chapter 01 완료 시제

Unit 01 현재완료   p.02

1 Have you ever visited a foreign country
2 He has left his lunchbox at home
3 I have already spent all my pocket money
4 We have lived in this house since last year
5 My father has just returned
6 My younger brother has broken my laptop.
7 We have[We've] been to this restaurant a few times.
8 How long have you volunteered
9 we have not[haven't] discussed the details yet

9　내 여동생과 나는 부모님의 20번째 결혼기념일을 축하하기 위해
　깜짝 파티를 계획하고 있다. 하지만 우리는 아직 세부사항을 논의
　하지 못했다. 우리는 깜짝 파티를 위한 날짜와 예산을 정해야 한다.

Unit 02 현재완료진행   p.03

1 They have been repairing their house
2 I have not been sleeping well
3 Has it been snowing since last night
4 has been reading   5 have been waiting for
6 The children have been playing outside since noon.
7 How long has Dr. Lee been taking care of sick
　dogs?
8 Julia has been traveling across Europe for three
　months.
9 The boys have been playing computer games since
　this morning.

8　Julia는 3개월 전에 유럽 전역을 여행하기 시작했다.
　그녀는 여전히 여행 중이다.
　→ Julia는 3개월 동안 유럽 전역을 여행하는 중이다.
9　그 소년들은 오늘 아침에 컴퓨터 게임을 하기 시작했다.
　그들은 여전히 그것을 하고 있다.
　→ 그 소년들은 오늘 아침부터 컴퓨터 게임을 하고 있다.

Unit 03 과거완료   p.04

1 I got there, the fireworks had already started
2 he visited Japan, he had never tried sushi
3 was upset that Adam had lied to me
4 had packed, arrived   5 went, had stopped
6 remembered that she had met him
7 the event started, they had prepared everything
8 it started to rain, she had already taken the laundry
9 Fred realized that he had lost his passport at the
　airport.

4　우리는 우리의 가방을 쌌다. 그다음 택시가 도착했다.
　→ 택시가 도착하기 전에 우리는 우리의 가방을 쌌다.

5　비가 그쳤다. 그 후, 우리는 산책을 나갔다.
　→ 비가 그친 후 우리는 산책을 나갔다.
9　〈보기〉 그는 꽃병을 깨뜨렸다. 나중에 그는 그것을 인정했다.
　　　→ 그는 자신이 꽃병을 깨뜨렸다고 인정했다.
　Fred는 공항에서 그의 여권을 잃어버렸다.
　나중에 그는 그것을 깨달았다.
　→ Fred는 공항에서 그의 여권을 잃어버렸다는 것을 깨달았다.

Chapter 02 조동사

Unit 01 조동사의 기본 쓰임   p.05

1 You may not enter the building
2 You had better see a doctor about that cough
3 They had to close the shop early
4 Would you give me a ride to the station
5 you will be able to improve your English quickly
6 She must[has to, should] clean the living room
7 You don't[do not] have to wear a school uniform
8 Students may[might] not agree with the new
　school policy.
9 (1) We had better not go out
　(2) Can[May] I use the projector for my presentation?

Unit 02 과거 사실·추측을 나타내는 조동사의 쓰임 p.06

1 He used to be very shy
2 You may have left your jacket
3 They should have checked the weather
4 We used to visit our grandparents
5 There used to be a movie theater
6 Chris must have had a great vacation.
7 She may[might] have eaten lunch
8 He could have been at the party.
9 You shouldn't have spent so much money

4　우리는 매년 여름에 조부모님을 뵈러 갔었다. 하지만 이제는 그렇지
　않다.
　→ 우리는 매년 여름에 조부모님을 뵈러 가곤 했다.
5　도시 중심에 영화관이 있었지만 작년에 문을 닫았다.
　→ 도시 중심에 영화관이 있었다.
9　A: 너 속상해 보여. 무슨 일 있니?
　B: 나는 지난주에 아주 비싼 운동화를 샀는데 지금 후회 중이야.
　A: 오, 이런. 너는 그것들에 그렇게 많은 돈을 쓰지 말았어야 했어.
　B: 맞아. 나는 내일 그것들을 반품할거야.

Chapter 03 수동태

Unit 01 수동태의 형태   p.07

1 Was your assignment handed in
2 The tickets for the fair were sold out
3 The house has not been sold to anybody
4 The graduation party will be planned by the students
5 The forms should be filled out by every participant.
6 The hit song is being played by the famous band.
7 The letters are delivered by the postman
8 The road was repaired by the workers
9 The test papers must not be taken outside the classroom.
10 will be bought   11 been locked
12 appeared

4 그 학생들은 반을 위해 졸업 파티를 계획할 것이다.
   → 졸업 파티는 반을 위해 그 학생들에 의해 계획될 것이다.
5 모든 참가자는 그 양식을 작성해야 한다.
   → 그 양식은 모든 참가자에 의해 작성되어야 한다.
6 유명한 밴드가 그 히트곡을 연주하고 있다.
   → 그 히트곡은 유명한 밴드에 의해 연주되고 있다.
10 식료품들은 나의 엄마에 의해 내일 구입될 것이다.
11 내가 문을 열려고 했을 때 그 문은 이미 잠겨있었다.
12 비가 온 후에 하늘에 무지개가 나타났다.
   해설 appear는 목적어를 갖지 않는 자동사이므로 수동태로 쓸 수 없다.

Unit 02 SVOO/SVOC 문형의 수동태   p.08

1 was given helpful advice by the mentor
2 was passed to George by his teammate
3 The lost dog was found safe by the rescue team
4 Lena was elected the presenter by her team members
5 The kids were allowed to play outside by their parents
6 A beautiful dress was made for her
7 The opening ceremony was thought wonderful
8 I was told to behave well
9 You aren't[You're not] allowed to swim without a swimming cap

Unit 03 주의해야 할 수동태   p.09

1 This meat was made from beans
2 Sam is interested in learning various languages
3 The customer was satisfied with the restaurant's service
4 The TV is turned on by my dad

5 The meeting was put off by her
6 The tent will be set up by the campers
7 Our house is filled with guests
8 Nancy was disappointed in[with, at] her friend's behavior.
9 The endangered animals are looked after by the zookeeper.
10 This tower is known as a famous tourist attraction.

4 나의 아빠는 매일 아침 TV를 켜신다.
   → TV는 매일 아침 나의 아빠에 의해 켜진다.
5 그녀는 다음 주까지 회의를 연기시켰다.
   → 회의는 그녀에 의해 다음 주까지 연기되었다.
6 캠핑객들은 숲에 텐트를 설치할 것이다.
   → 텐트는 캠핑객들에 의해 숲에 설치될 것이다.

총괄평가 1회   Chapter 01~03   p.10

1 can control her emotions in difficult situations
2 has been driving the same car for ten years
3 How long have you been playing the violin
4 may[might] eat all the cookies
5 has gone to Italy
6 Have you ever stood in line
7 Laws should be followed by everyone.
8 A nice sweater was sent to me
9 The concert hall was filled with fans of the singer
10 has gone back   11 had left the bus stop
12 had not[hadn't] slept
13 must have forgotten
14 must have been so scary
15 should have told the truth
16 shouldn't[should not] have driven so fast
17 Pizza and fried chicken will be ordered
18 The clothes were donated to the charity
19 The book is being read by more and more people.
20 Where was the white cap found by Jay?
21 I am[I'm] called Jimmy by my family.
22 had not better → had better not
23 at → about   24 taken care → taken care of
25 hasn't been worked → hasn't been working 또는 hasn't worked
26 has → had
27 (1) used to drive   (2) is used to driving
28 (1) created the presentation slides, had, gathered information
   (2) presented their projects, had rehearsed
   (3) had presented their projects, provided feedback
29 ⓒ → People were asked to vote for their favorite movies at the end of the festival.

1 어휘 emotion 감정
7 어휘 law 법

[10~12] 〈보기〉 수진이는 3개월 전에 중국어를 배우기 시작했다.
그녀는 여전히 중국어를 배우는 중이다.
→ 수진이는 3개월 동안 중국어를 배우고 있다.

10 Joel은 그의 고국으로 돌아갔다. 그는 지금 여기에 없다.
→ Joel은 그의 고국으로 돌아갔다.
해설 결과를 나타내는 현재완료를 써야 한다.

11 관광버스는 버스 정류장을 떠났다. 나의 어머니는 그 이후에 그곳에 도착하셨다.
→ 나의 어머니가 버스 정류장에 도착하셨을 때 관광버스는 그곳을 떠났었다.
해설 관광버스가 버스정류장을 떠난 게 나의 어머니께서 그곳에 도착하신 것보다 더 먼저 일어난 일이므로 과거완료(had left)를 써야 한다.

12 Tony는 정말 피곤했다. 그는 24시간 동안 잠을 자지 않았다.
→ Tony는 24시간 동안 잠을 자지 않았기 때문에 정말 피곤했다.

13 아직 미나로부터 메시지가 없다. 나는 미나가 내 생일을 잊었다고 확신한다.
→ 미나는 내 생일을 잊었음이 틀림없다.

14 모두가 겁에 질려 보인다. 나는 그 영화가 아주 무서웠다고 확신한다.
→ 그 영화는 아주 무서웠음이 틀림없다.
어휘 terrified 겁이 난, 무서워하는

15 나는 어머니께 사실을 말씀드리지 않았다. 나는 어제 어머니께 사실을 말씀드려야 했다.
→ 나는 어제 어머니께 사실을 말씀드렸어야 했다.

16 그는 빙판길에서 너무 빨리 운전했다. 그는 그것을 후회한다.
→ 그는 빙판길에서 그렇게 빨리 운전하지 말았어야 했다.

17 나의 남동생과 나는 피자와 프라이드치킨을 주문할 것이다.
→ 피자와 프라이드치킨이 나의 남동생과 나에 의해 주문될 것이다.

18 그녀는 그 옷들을 자선 단체에 기부했다.
→ 그 옷들은 그녀에 의해 자선 단체에 기부되었다.
어휘 charity 자선 단체

19 점점 더 많은 사람들이 그 책을 읽고 있다.
→ 그 책은 점점 더 많은 사람들에 의해 읽어지고 있다.

20 Jay는 어디에서 그 하얀색 모자를 발견했니?
→ 그 하얀색 모자는 어디에서 Jay에 의해 발견되었니?

21 나의 가족은 나를 Jimmy라고 부른다.
→ 나는 나의 가족에 의해 Jimmy라고 불린다.

22 우리는 그 벤치 위에 앉지 않는 게 낫겠다. 그것은 젖었다.

23 Chris는 대회에서의 그의 성적에 대해 걱정하고 있다.
해설 '~에 대해 걱정하다'는 be worried about을 쓴다.

24 내가 없는 동안 나의 고양이는 내 친구가 돌봐줄 것이다.
해설 구동사의 수동태는 「be동사+p.p.+나머지 부분」으로 쓰며, 이때 끝에 붙은 전치사를 빠뜨리지 않아야 하므로 taken care는 taken care of로 고쳐 써야 한다.

25 나의 휴대 전화가 며칠째 잘 작동하지 않고 있다[않는다].
해설 work(작동되다)는 자동사이므로 수동태로 쓸 수 없다. 따라서 현재완료 수동태가 아닌, 현재완료진행이나 현재완료로 써야 한다.

26 세호는 지난주에 일본을 가기 전까지 해외여행을 가본 적이 전혀 없었다.
어휘 abroad 해외로

27 지난달에 나의 언니는 영어를 배우기 위해 영국으로 이사했다. 그녀는 사람들이 길 왼쪽에서 운전을 하는 것을 발견했다. 하지만 그녀는 한국에서 살았을 때 오른쪽에서 운전하곤 했다.
이제 그녀는 왼쪽에서 운전하는 데 익숙하고 잘한다. 비록 그녀는 영국에서는 완전히 낯선 사람이지만, 새로운 생활에 신이 난다.
해설 (1) 과거에는 오른쪽에서 운전하곤 했으나 지금은 그렇지 않다는 의미가 되어야 자연스러우므로 「used to+동사원형」을 써야 한다.
(2) 지금은 왼쪽에서 운전을 잘하는 것으로 보아 '~하는 것에 익숙하다'라는 의미의 「be used to+-ing」를 써야 한다.
어휘 complete 완전한; 완료하다

28

오후 1시	유나는 도서관에서 정보를 수집했다.
오후 2시	Jim은 발표 슬라이드를 만들었다.
오후 3시	유나와 Jim은 그들의 발표를 리허설했다.
오후 4시	반 학생들은 그들의 과제를 발표했다.
오후 4시 30분	선생님께서 피드백을 주셨다.

(1) Jim이 발표 슬라이드를 만들었을 때, 유나는 이미 도서관에서 정보를 수집했었다.
(2) 반 학생들이 그들의 과제를 발표하기 전에, 유나와 Jim은 그들의 발표를 리허설했다.
(3) 반 학생들이 그들의 과제를 발표한 후, 선생님께서 피드백을 주셨다.
어휘 gather 모으다   rehearse 리허설을 하다, 예행 연습하다   present 발표하다   provide 주다, 제공하다

29 한국의 가장 큰 영화제가 지난 토요일에 열렸다. 많은 영화들이 축제 동안 영화 팬들에게 보여졌다. 영화제가 끝날 무렵, 관객들은 그들이 가장 좋아하는 영화에 투표하도록 요청받았다. 많은 선물들이 행사 참가자들에게 주어졌다. 모든 방문객이 축제에 기뻐했다.
해설 ⓒ 목적격보어로 to부정사를 갖는 동사(ask)가 포함된 수동태는 「be동사+p.p.+to부정사」의 형태로 쓴다.
어휘 vote 투표하다

Chapter 04 to부정사

Unit 01 to부정사의 명사적 쓰임　　p.13

1 Their main goal is to improve teamwork
2 I learned when to express my feelings
3 It is important to drink plenty of water
4 He expects to make good friends
5 It is not[It isn't, It's not] easy for us to admit our mistakes.
6 Joel found it interesting to join the school play.
7 Can you show me how to use this printer?
8 It was foolish of her to believe Tim's words.
9 let you know when to get off

9 A: 제 정류장에 도착하면 알려줄 수 있나요?
B: 물론이죠. 제가 언제 내릴지 알려드릴게요.
A: 고마워요! 정류장을 놓치고 싶지 않아요.

Unit 02 to부정사의 형용사적, 부사적 쓰임　　p.14

1 I have a few questions to ask
2 Do you have anything exciting to share
3 Some names are difficult to remember
4 She learned English in order to travel more easily
5 People need someone to talk to
6 They were satisfied to get positive feedback
7 The writer chose a topic to write about
8 joined the study group to prepare for the final exams
9 I deleted social media apps to focus on

9 나는 최근에 내가 소셜 미디어에 너무 많은 시간을 낭비하고 있다는 것을 깨달았다. 나는 학업에 집중하기 위해 소셜 미디어 앱을 삭제했다. 지금은 좀 불편하게 느껴지지만, 나는 새로운 생활에 곧 익숙해질 것이다.

Unit 03 목적격보어로 쓰이는 부정사 p.15

1 The trainer wants the players to practice harder
2 I saw fireflies flying in the forest
3 The movie made the audience think about their childhood
4 organized → organize
5 participating → to participate
6 be → to be
7 The guide let us try the local food
8 He could hear the phone ring[ringing]
9 Tina asked the staff to reserve a table for dinner.
10 My parents allowed me to sleep over

10 A: Elly, 너는 파자마 파티에 올 수 있니?
B: 응! 나의 부모님은 내가 너희 집에서 자는 것을 허락해 주셨어.
A: 잘 됐어! 우리는 로맨스 영화를 보고 보드게임을 할 거야.
B: 와, 난 정말 신나!
해설 'A가 ~하도록 허락하다'라는 의미는 「allow A to do」의 형태로 쓴다.

Unit 04 to부정사를 포함한 주요 구문 p.16

1 too busy to answer the phone
2 so nice that we could enjoy a picnic
3 large enough to hold more than a hundred people
4 so loud that I can't concentrate on my work
5 Peter is too careful to take risks.
6 She works so hard that she can achieve her goals.
7 He was wise enough to handle the conflict calmly.
8 The fireworks exploded brightly enough to light up the entire sky.
9 (1) Lisa was too shy to introduce herself to new people.
　 (2) Lisa was so shy that she couldn't[could not] introduce herself to new people.

5 Peter는 너무 신중해서 위험을 감수할 수 없다.
6 그녀는 너무 열심히 해서 그녀의 목표를 달성할 수 있다.
7 그는 갈등을 침착하게 다룰 만큼 충분히 현명했다.
8 불꽃놀이는 온 하늘을 환하게 만들 만큼 충분히 밝게 터졌다.

Chapter 05 동명사

Unit 01 명사로 쓰이는 동명사 p.17

1 Listening to music can lift your mood
2 My teacher recommends reading this book
3 the biggest challenge is managing time effectively
4 We will continue fighting against climate change
5 Not paying attention in class can result in
6 They considered changing their vacation plans
7 We should try to work together
8 I stopped worrying about the future
9 I remember making sandcastles with my friends

Unit 02 자주 쓰이는 동명사 표현 p.18

1 He was praised for leading the team
2 I cannot help singing along to this song
3 Sally values the joy of spending time
4 She kept the children from playing outside
5 He saved money by cooking at home
6 Jisu has trouble (in) sleeping deeply
7 They went on a trip without booking a place
8 The park is worth visiting for its beautiful scenery.
9 We ended up spending all day

9 지난 달, 내 사촌들이 여름 방학 동안 한국을 방문했다. 그들이 도착하기 전, 나는 그들을 위해 몇 가지 신나는 활동들을 계획했다. 안타깝게도, 그들이 도착했을 때 비가 세차게 내리기 시작했다. 우리는 결국 하루 종일 실내에서 시간을 보내게 되었다.
해설 주어진 문장에 '결국 ~하게 되다'란 의미가 있으므로 「end up -ing」를 써야 한다.

Chapter 06 분사

Unit 01 명사를 수식하는 분사 p.19

1 The glowing stars filled the night sky
2 I discovered the forgotten photo album
3 He took a picture of the dog chasing the ball
4 The package delivered this morning is on the table
5 There are some people lying on the grass.
6 The girl waiting for the bus checked her watch
7 My little brother broke the speakers installed in my room.
8 This painting admired by critics was sold
9 The men wearing caps carried the packed boxes

8 해설 분사구(admired by critics)의 수식을 받은 주어(This painting)에 수일치 해야 하므로 단수동사를 쓴다. 이때 주어진 그림이 '팔린' 것이므로 수동태 was sold로 써야 한다.

Unit 02 분사의 보어 역할 p.20

1 She became known to people
2 The restaurant remains closed for repairs
3 The magician's trick was surprising to everyone
4 He watched the storm approaching
5 I found the door unlocked
6 The passengers felt confused
7 The Italian chef's dishes were satisfying.
8 She left the curtains blowing in the wind.
9 he has the rooms cleaned for the guests

9 나의 형은 대학생이다. 이번 여름, 그는 한 달 동안 머물려고 제주 도로 떠났다. 그는 게스트 하우스에서 아르바이트를 구했다. 직원 으로서, 그는 손님들을 위해 방이 청소되도록 한다. 그는 그곳에서 다양한 친구들을 사귈 수 있기 때문에 그 일을 즐긴다.

Unit 03 분사구문 p.21

1 Running quickly, she caught the bus
2 Not knowing what to say, he remained silent
3 With the rain falling, the students played soccer outside
4 Listening to the lecture
5 Being encouraged by his friends
6 Working hard, they will[they'll] complete the project on time
7 With her eyes sparkling, she told an exciting story
8 (Being) Given the wrong directions, we got lost
9 (1) While I cooked[was cooking] dinner
(2) Since he recognized her talent

4 강의를 듣는 동안, 그녀는 필기했다.
5 그의 친구들에 의해 격려를 받았기 때문에, 그는 다시 오디션을 보기로 결심했다.
9 (1) 저녁을 요리하면서, 나는 내 친구와 전화로 수다를 떨었다.
(2) 그녀의 재능을 알아보기 때문에, 그는 그녀에게 팀에 합류해 달라고 요청했다.
해설 (1) 의미상 동시동작을 나타내므로 접속사 While을 쓴다.
(2) 의미상 이유를 나타내므로 접속사 Since를 쓴다.

Chapter 07 비교 표현

Unit 01 원급 p.22

1 She smiled as brightly as the Sun
2 He doesn't eat as much as he used to
3 Greg fixed his broken laptop as quickly as he could

4 is not[isn't] as[so] wide as my room
5 is not[isn't] as[so] difficult as chemistry
6 The game was as exciting as a world championship.
7 Alice was not[wasn't] as[so] active as her friends
8 His suitcase was three times as heavy as mine.
9 is not[isn't] as[so] cheap as chocolate cake

4 내 방은 내 여동생의 방보다 더 넓다.
→ 내 여동생의 방은 내 방만큼 넓지 않다.
5 화학은 나에게 생물학보다 더 어렵다.
→ 생물학은 나에게 화학만큼 어렵지 않다.
9 A: 초콜릿케이크와 딸기 케이크 중 무엇이 더 저렴하니?
B: 초콜릿케이크가 딸기 케이크보다 더 저렴해.
→ 딸기 케이크는 초콜릿케이크만큼 저렴하지 않다.

Unit 02 비교급 p.23

1 Solar energy is more eco-friendly than oil
2 His recipe is much simpler than mine
3 She became more and more interested in Korean history
4 The more you exercise, the healthier
5 The more vegetables you eat, the more weight
6 Today's traffic is worse than usual days.
7 The weather is getting warmer and warmer
8 The handmade bags are far more expensive than factory-made ones.
9 The more actively you accept change, the more you can grow.

4 만약 네가 더 많이 운동한다면, 너는 더 건강해질 것이다.
→ 네가 더 많이 운동할수록, 너는 더 건강해질 것이다.
5 네가 더 많은 채소를 먹을 때, 너는 더 많은 체중을 감량할 수 있다.
→ 네가 더 많은 채소를 먹을수록, 너는 더 많은 체중을 감량할 수 있다.
9 우리 가족이 다른 도시로 이사했기 때문에 나는 새로운 학교로 전학을 갔다. 나는 학교 가는 첫날에 대해 매우 긴장되었다. 아빠께 내 걱정에 관해 이야기했더니, 그는 "네가 변화를 더 적극적으로 받아들일수록, 너는 더 많이 성장할 수 있단다."라고 말씀해 주셨다.

Unit 03 최상급 p.24

1 This festival is one of the largest events
2 He jumps the highest in his volleyball team
3 She is the most talented singer in the competition
4 No other   **5** than any other
6 She is one of the most influential figures
7 The Amazon rainforest is the biggest rainforest in the world.
8 No other planet is smaller than Mercury
9 (1) is the smallest country in the world
(2) No other country is as[so] small as

1 I can't decide where to put this desk

2 is very kind of Ryan to do volunteer work

3 Our teacher ordered us to stand in line

4 He avoids going out after work to spend time

5 Nick was listening to music without opening his eyes

6 was not[wasn't] as[so] fantastic as

7 The higher the roller coaster goes up, the more thrilled

8 With my arms folded　　9 Saved by a firefighter

10 to tie his shoelace　　11 a pen to write with

12 advised him to exercise every day

13 watched her help[helping] old people

14 spend lots of time playing games

15 of the most interesting books

16 bigger than any other

17 looking forward to doing in high school

18 to give it to him

19 busy preparing for the school festival

20 (1) Feeling hungry, he went out for lunch.
　　(2) (Being) Surprised by the barking dog, he dropped his cell phone.
　　(3) Not finishing his work, he didn't go out.

21 As she talked[was talking] on the phone

22 Because we do not[don't] like sports

23 amazing → amazed

24 enough big → big enough

25 staying → (to) stay　　26 stealing → stolen

27 ⓒ → instead of buying plastic bags
　　ⓓ → find it difficult to follow these suggestions

28 as often as you can

29 doesn't run as[so] fast as

30 (1) ⓐ named　　ⓓ broken
　　(2) ⓑ Driving along, she hit a branch.
　　　　ⓒ Turning back to look at the back seat, she saw that the gift box had fallen on the floor.

31 (1) started to learn[learning] how to swim
　　(2) was not[wasn't] easy for me to swim
　　(3) too deep for me to swim in

7　어휘 thrilled 아주 신이 난

8　어휘 fold 포개다

10　나의 남동생은 그의 신발끈이 풀려 있다는 것을 알아차렸다. 그는 그의 신발끈을 묶기 위해 멈췄다.
　　어휘 shoelace 신발끈　untie (매듭 등을) 풀다　tie (끈 등으로) 묶다

11　너는 나에게 쓸 펜을 빌려줄 수 있니? 나는 내 필통을 가져오지 않았어.
　　해설 to부정사의 수식을 받는 명사가 의미적으로 to부정사구 안의 전치사의 목적어일 경우, to부정사 뒤에는 전치사를 써야 한다.

12　민수는 항상 피곤하고 졸려 보인다. 나는 그에게 매일 운동하라고 조언했다.

13　그 소녀는 매우 친절하다. 나는 그녀가 노인들을 돕는 것을 여러 번 봤다.

14　네 시간을 잘 관리해라. 게임을 하는 데에 많은 시간을 쓰지 마라.

어휘 manage 관리하다

15　A: 너는 세상에서 제일 재미있는 책이 뭐라고 생각해?
　　B: 나는 <해리포터>가 세상에서 제일 재미있는 책 중 하나라고 생각해.

16　A: 미국에서 가장 큰 주는 무엇이니?
　　B: 알래스카가 미국에서 다른 어떤 주보다 더 커.
　　어휘 state 주; 상태

17　A: 너는 고등학교에서 무엇을 하길 기대하고 있니?
　　B: 나는 새로운 친구들을 사귀고 새로운 과목들을 배우길 정말로 원해.

18　A: 너는 Robin에게 초대장을 줬니?
　　B: 아니, 나는 가지고 왔는데 그에게 주는 걸 잊었어. 내일 그에게 그것을 줄 거야.

19　A: Becky는 어디에 있니? 나는 하루 종일 그녀를 못 봤어.
　　B: 아, 그녀는 학교 축제를 준비하느라 바빠.

20　〈보기 A〉 그는 배가 고팠다. 그는 짖는 개에 놀랐다. 그는 그의 일을 마치지 않았다.
　　〈보기 B〉 그는 그의 휴대 전화를 떨어뜨렸다. 그는 외출하지 않았다. 그는 점심을 먹으러 나갔다.
　　(1) 배가 고파서, 그는 점심을 먹으러 나갔다.
　　(2) 짖는 개에 놀라서, 그는 휴대 전화를 떨어뜨렸다.
　　(3) 그의 일을 마치지 않아서, 그는 외출하지 않았다.

21　그녀는 전화 통화를 하면서 설거지했다.

22　우리는 스포츠를 좋아하지 않아서 대개 함께 영화를 보러 간다.

23　나는 처음으로 마술쇼를 봤을 때 놀랐다.

24　그 텐트는 충분히 커서 우리 모두가 편안히 잘 수 있었다.
　　어휘 comfortably 편안하게

25　비타민을 매일 먹는 것은 네가 건강을 유지하게 도와준다.

26　그는 그의 여행 중에 모든 돈을 도난당했다.
　　해설 목적어(all his money)가 '도난당한' 것이므로 목적격보어 자리에는 과거분사 stolen을 써야 한다.

27　　환경을 지키기 위해서, 당신은 사용하지 않을 때 컴퓨터를 끄는 것을 잊지 말아야 한다. 슈퍼마켓에 갈 때는 비닐봉지를 사는 대신에 당신의 장바구니를 가져가라. 만약 학교가 너무 멀지 않다면, 걷거나 자전거를 타고 학교에 가라.
　　　당신은 처음엔 이 제안들을 따르는 것이 어렵다고 생각할지도 모른다. 하지만, 우리가 미래를 생각할 때, 우리는 환경을 깨끗하게 유지하길 원하지 않을 수 없다.
　　해설 ⓓ 동사 find 뒤에 가목적어 it이 쓰였으므로 「find＋it＋형용사＋to부정사」의 형태로 써야 한다.
　　어휘 plastic bag 비닐봉지　suggestion 제안

28　너는 네 손과 얼굴을 가능한 한 자주 씻어야 한다.
　　→ 너는 네가 할 수 있는 한 자주 네 손과 얼굴을 씻어야 한다.

29　Riley는 Stella보다 더 빨리 달린다.
　　→ Stella는 Riley만큼 빠르게 달리지 못한다.

30　　Linda라는 이름의 한 여성이 그녀의 이웃의 차를 빌렸다. 그 차의 뒷좌석에는 아름다운 선물 상자가 하나 있었다. 그녀는 운전하다가 나뭇가지 하나를 쳤다. 차가 잠깐 흔들렸다. 그녀가 뒷좌석을 보려고 뒤로 돌았을 때, 그녀는 그 선물 상자가 바닥에 떨어져 있는 것을 보았다. Linda는 상자를 열었고, 여러 조각으로 깨진 아름다운 꽃병을 보았다.
　　해설 (1) ⓐ A woman과 동사 name의 관계가 의미상 수동이므로 과거분사 named로 써야 한다. ⓓ a beautiful vase와 동사 break의 관계가 의미상 수동이므로 과거분사 broken으로 써야 한다.
　　(2) 접속사와 주어를 생략하고 동사를 각각 Driving과 Turning으로 바꾼다.
　　어휘 branch 나뭇가지

31　　지난주부터 여름방학이 시작되었다. Jake는 새로운 무언가를 배우기로 결심했다. 그는 수영을 하지 못하기 때문에, 오늘 수영 교실에 등록했다. 그는 처음에 수영을 배우는 데 어려움을 겪었다. 수영 선생님께서는 그에게 커다란 수영장에서는 연습하지 말라고 말씀하셨는데, 그것은 그에게 너무 깊기 때문이었다.

↓

〈Jake의 일기〉
　　오늘 나는 수영하는 법을 배우기 시작했다. 처음에는 내가 수영하는 것이 쉽지 않았다. 수영 선생님께서는 커다란 수영장은 나

에게 너무 깊어서 수영할 수 없다고 말씀하셨다. 나는 내가 수영을
잘 할 수 있을 때까지 연습을 계속할 것이다!
[해설] (2) 「가주어 It ~ to부정사」의 형태로 나타낼 수 있으며 의미상
주어는 to부정사 앞에 「for+목적격」의 형태로 쓴다.
(3) '너무 ~해서 …할 수 없다'라는 의미는 「too+형용사/부사+to
부정사」의 형태로 쓰며, 의미상 주어는 「for+목적격」의 형태로 쓴다.
[어휘] sign up (for) (~에) 등록하다, 신청하다

Chapter 08 접속사

Unit 01 짝으로 이루어진 접속사 p.29

1 Either coffee or green tea is served with dessert
2 He saw the movie not in the theater but at home
3 This book is not only useful but also enjoyable to read
4 Both the laptop and the tablet PC are on sale
5 Not only the weather but also the scenery was beautiful
6 My dad loves going camping as well as riding his bicycle.
7 Neither the players nor the coaches were satisfied
8 (1) Not only the rooms but also the facilities were excellent
  (2) The facilities as well as the rooms were excellent

Unit 02 부사절을 이끄는 접속사 p.30

1 When the rain started, we hurried to our cars
2 I left early so that I could avoid traffic jam
3 will be canceled unless we find a suitable place
4 Since she is[she's] allergic to nuts, she avoids snacks
5 If you set your goals, you will[you'll] achieve them
6 I was so tired that I fell asleep on the sofa.
7 respected the views of others although he had different opinions
8 I went to bed early so that I could wake up on time.

Unit 03 명사절을 이끄는 접속사 p.31

1 The important thing is that safety is first
2 The teacher asked whether I would join the debate competition
3 I wonder who left this gift on my desk.
4 Do you know if[whether] Jane likes watching horror movies?
5 Let me know how you trained your puppy so well.
6 Where do you think the best place to travel is?

7 It is[It's] unbelievable that Ethan will move to another school next week.
8 She wants to know how far the beach is from here.
9 Ron wonders if[whether] his friends will join the student council event

3 나는 궁금하다. 누가 내 책상에 이 선물을 두고 갔니?
  → 나는 누가 내 책상에 이 선물을 두고 갔는지 궁금하다.
4 너는 아니? Jane이 공포영화를 보는 것을 좋아하니?
  → 너는 Jane이 공포영화 보는 것을 좋아하는지 아니?
5 나에게 알려줘. 너는 네 강아지를 어떻게 그렇게 잘 훈련시켰니?
  → 네가 네 강아지를 어떻게 그렇게 잘 훈련시켰는지 나에게 알려줘.

Chapter 09 관계사

Unit 01 관계대명사 p.32

1 who monitors the beach is a lifeguard
2 praised the science report which you submitted
3 whose song topped the charts is on a world tour
4 The doctor whom you consulted is very experienced
5 Honesty is what matters most in a relationship
6 Julie couldn't[could not] believe what she saw.
7 What Leo expressed was sincere thanks to his parents.
8 My uncle will open a restaurant which serves Thai food.
9 The phone which[that] is on the desk belongs to me.

1 그 남자는 안전요원이다. 그는 해변을 감시한다.
  → 해변을 감시하는 그 남자는 안전요원이다.
2 그 선생님이 과학 보고서를 칭찬하셨다. 네가 그것을 제출했다.
  → 그 선생님이 네가 제출한 과학 보고서를 칭찬하셨다.
3 그 가수는 세계 투어 중이다. 그녀의 노래가 인기 순위에서 1위를 했다.
  → 노래가 인기 순위에서 1위를 한 그 가수는 세계 투어 중이다.
9 A: 이건 누구의 스마트폰이니? 그것은 신형이네!
  B: 책상 위에 있는 그 전화는 내 거야.
  A: 와! 그건 어떤 특별한 기능이 있니?
  B: 업그레이드된 카메라와 스피커가 있어.
  [해설] 수식을 받는 명사인 the phone이 선행사이고 which[that]가
  주격 관계대명사절을 이끈다. 관계대명사절 내의 동사는 선행사의
  수에 맞춰 is로 쓴다.

Unit 02 주의해야 할 관계대명사의 쓰임 p.33

1 who just got back from vacation
2 which I borrowed from the library
3 with which I was impressed 또는 which I was impressed with

4 an ancient historical site, which attracts many tourists
5 The athlete, who trains every day,
6 in which you are interested
7 on which I'm sitting   8 about whom I told
9 which made him angry

4 우리 도시에는 고대 유적지가 있다. 그것은 많은 관광객들을 끌어들인다.
→ 우리 도시에는 고대 유적지가 있는데, 그것은 많은 관광객들을 끌어들인다.
5 그 운동선수는 지난주에 세계신기록을 경신했다. 그는 매일 훈련한다.
→ 그 선수는 매일 훈련하는데, 지난주에 세계신기록을 경신했다.
6 주제가 뭐니? 너는 그 주제에 관심이 있다.
→ 네가 관심 있는 주제는 뭐니?
7 그 의자는 나의 아버지에 의해 만들어졌다. 나는 그것에 앉아 있다.
→ 내가 앉아 있는 그 의자는 나의 아버지에 의해 만들어졌다.
8 A: 무대 위에서 춤추고 있는 저 소녀를 봐.
B: 금발 머리의 소녀를 말하는 거니?
A: 맞아. 그녀가 내가 어제 너에게 말했던 소녀야.
9 A: Paul한테 무슨 일이 있니? 너 뭐라도 잘못했어?
B: 내가 그에게 거짓말을 했는데, 그것은 그를 화나게 했어.

Unit 03 관계부사   p.34

1 She didn't explain (the reason) why she changed her mind.
2 He showed me how he prepared for exams.
3 I will never forget (the moment) when I met my favorite singer.
4 Busan is the city where I was born.
5 My grandmother loves the season when the flowers bloom.
6 He asked me why I did not[didn't] attend the party last night.
7 where → when
8 the way how → the way 또는 how 삭제
9 when → where
10 Can you tell me the hotel where you stayed

1 그녀는 그 이유를 설명하지 않았다. 그녀는 그 이유로 그녀의 마음을 바꿨다.
→ 그녀는 그녀의 마음을 바꾼 이유를 설명하지 않았다.
2 그는 그 방법을 내게 알려줬다. 그는 그 방법으로 시험을 준비했다.
→ 그는 그가 시험을 준비한 방법을 내게 알려줬다.
3 나는 그때를 절대 잊지 못할 것이다. 나는 그때 내가 가장 좋아하는 가수를 만났다.
→ 나는 내가 가장 좋아하는 가수를 만났던 그때를 절대 잊지 못할 것이다.
7 너는 우리가 처음 만났던 날을 기억하니?
8 Timmy는 그의 글쓰기 실력을 향상시킨 방법을 공유해 주었다.
9 이곳은 미술 전시회가 열리는 미술관이다.
10 A: Bill, 너 작년 여름에 강릉을 방문했다고 했지?
B: 응! 난 그곳에서 즐거운 시간을 보냈어.
A: 난 강릉에 가려고 계획 중이야. 네가 작년에 머물렀던 호텔을 내게 알려줄 수 있니?
B: 물론이지. 내가 호텔 웹사이트 링크를 보내줄게.

Unit 01 if 가정법 과거, if 가정법 과거완료   p.35

1 were braver, I would try skydiving
2 had asked for directions, we would have found the place
3 I were not[weren't] full now, I could eat up my food
4 she had her own car, she would not[wouldn't] take the subway to go to work
5 I traveled, I could see historical events
6 Max had not[hadn't] been emotional, he could have avoided the argument
7 Susan had listened to my advice, she would not[wouldn't] have made that mistake
8 (1) go → have gone   (2) will → would

[3-4] 〈보기〉 나는 시험을 미리 준비하지 않아서, 만족스러운 결과를 얻을 수 없을 것이다.
→ 만약 내가 시험을 미리 준비한다면, 나는 만족스러운 결과를 얻을 텐데.
3 나는 지금 배가 불러서, 내 음식을 다 먹을 수 없다.
→ 만약 내가 지금 배가 부르지 않다면, 내 음식을 다 먹을 수 있을 텐데.
4 그녀는 차가 없어서, 출근하기 위해 지하철을 탈 것이다.
→ 만약 그녀가 차가 있다면, 그녀는 출근하기 위해 지하철을 타지 않을 텐데.
8 지난 주말에 나는 동물원에 가려고 계획했지만, 시간이 충분하지 않았다. 내가 더 일찍 일어났다면 갔을 텐데. 나는 동물을 아주 좋아해서, 만약 내가 조금 더 나이가 많다면 그곳에서 자원봉사를 할 텐데. 아마 다음번에는 꼭 갈 것이다!
해설 (1) 동물원에 가지 못한 과거 사실의 반대를 가정하는 가정법 과거완료 문장이므로 주절은 would have p.p. 형태가 되어야 한다.
(2) 현재 가능성이 희박한 사실을 가정하는 가정법 과거 문장이므로 주절에는 「조동사의 과거형＋동사원형」으로 써야 한다.

Unit 02 I wish/as if 가정법   p.36

1 I wish I could learn to surf
2 I wish I had the courage to try new things
3 Alice acts as if she were the leader of the team
4 I were close to
5 I could solve complex math problems
6 he had specific plans
7 she were an expert on the topic
8 as if she understood differences of all the cultures

[4-7] 〈보기〉 • 나는 영어로 말하는 것을 잘하고 싶지만, 그렇지 않다.
→ 내가 영어로 말하는 것을 잘한다면 좋을 텐데.
• 사실, 그녀는 채소 먹는 것을 좋아하지 않는다.
→ 그녀는 마치 그녀가 채소 먹는 것을 좋아하는 것처럼 말한다.
4 나는 Erin과 친해지고 싶지만, 그렇지 않다.
→ 내가 Erin과 친하다면 좋을 텐데.
5 나는 교과서에 있는 복잡한 수학 문제들을 풀고 싶지만, 그럴 수 없다.

→ 내가 교과서에 있는 복잡한 수학 문제들을 풀 수 있다면 좋을 텐데.
6 사실, 나의 형은 우리 가족 여행을 위한 구체적인 계획이 없다.
→ 나의 형은 마치 그가 우리 가족 여행을 위한 구체적인 계획이 있는 것처럼 행동한다.
7 사실, Katie는 그 주제에 대해 전문가가 아니었다.
→ Katie는 마치 그녀가 그 주제에 대해 전문가인 것처럼 다른 사람들을 설득했다.
8 나의 언니인 지민은 세계사를 공부하는 대학생이다. 그녀는 다양한 문화를 공부하는 것을 즐긴다. 그녀는 가끔씩 마치 그녀가 모든 문화의 차이점들을 이해하고 있는 것처럼 말한다. 그녀는 그것들에 정말 관심이 많다!
해설 주어진 단어 중 as if를 사용하여 가정법 문장을 만든다. 현재 사실과 반대되는 내용이므로 as if 가정법 과거 「as if+주어+동사의 과거형/were」 형태로 나타낸다.

Chapter 11 일치/화법/강조 구문

Unit 01 수일치 p.37

1 Thirty percent of my pocket money is
2 One-fourth of the waste is
3 The elderly often share stories about their past
4 Ethics becomes the basis for making fair decisions.
5 What he needs is support from his family.
6 Exploring new cultures helps us (to) understand the world.
7 Every participant has to complete the survey
8 Both the apple pie and the chocolate cake are the bestselling desserts
9 most of my time is spent watching documentaries

9 나는 역사적 이야기를 읽는 것을 좋아한다. 또한, 주말 동안 내 시간의 대부분은 역사에 관한 다큐멘터리들을 보는 데 쓰인다.
해설 주어가 '내 시간의 대부분'이므로 「most of+명사」 형태인 most of my time이 적절하다. 이때 of 뒤의 명사에 수일치시키므로 단수동사 is를 쓴다.

Unit 02 시제 일치 p.38

1 thought, would tell **2** knew, checks
3 heard, had lived
4 I believe that everyone deserves happiness
5 Brian remembers that you called him
6 The teacher said that the Earth is one of the planets
7 Historical records show that the Joseon Dynasty was established in 1392
8 I realized that I hadn't brought my ticket.

1 우리는 그가 무슨 일이 있었는지에 대한 진실을 말할 것이라고 생각한다.
→ 우리는 그가 무슨 일이 있었는지에 대한 진실을 말할 것이라고 생각했다.
2 나는 나의 아버지께서 매일 아침에 그의 이메일을 확인하신다는 것을 알고 있다.
→ 나는 나의 아버지께서 매일 아침에 그의 이메일을 확인하신다는 것을 알고 있었다.
3 나는 Logan이 2020년 이후로 우리 동네에 살고 있다는 것을 듣는다.
→ 나는 Logan이 2020년 이후로 우리 동네에 살고 있었다는 것을 들었다.
8 A: 어제 콘서트는 어땠어?
B: 콘서트장에 가는 길에 난 내 티켓을 가져오지 않았다는 것을 깨달았어.
A: 이런! 정말 당황했겠구나!
B: 다행히, 집에 돌아갈 시간이 있었어.
해설 주절의 시제가 과거일 때는 종속절에 과거 또는 과거완료시제를 써야 한다. 문맥상 티켓을 가져오지 않은 시점이 이를 깨달은 시점보다 더 이전이므로 과거완료시제를 써야 적절하다.

Unit 03 화법 전환 p.39

1 told, I had
2 said, she was, the next[following] day
3 if[whether] we had seen his
4 to check my
5 not to swim in the deep area
6 how often I worked out in a week
7 he had attended the job fair the day before [the previous day]
8 she would travel to Busan the following week
9 (1) I asked her if[whether] she could recommend an exciting book
(2) she told[advised] me to try reading that book

1 선생님께서는 나에게 "넌 그림 그리는 데 훌륭한 재능이 있구나."라고 말씀하셨다.
→ 선생님께서는 나에게 내가 그림 그리는 데 훌륭한 재능이 있다고 말씀하셨다.
2 보라는 "난 내일 학교에 더 일찍 갈 거야."라고 말했다.
→ 보라는 그녀가 그다음 날에 학교에 더 일찍 갈 거라고 말했다.
3 Josh가 우리에게 "너희는 내 휴대 전화를 본 적 있니?"라고 말했다.
→ Josh는 우리에게 우리가 그의 휴대 전화를 본 적 있는지 물었다.
4 아빠께서는 내게 "답안을 제출하기 전에 너의 답을 한 번 더 확인하렴."이라고 말씀하셨다.
→ 아빠께서는 내게 답안을 제출하기 전에 나의 답을 한 번 더 확인하라고 조언하셨다.
5 안전요원: 깊은 구역에서는 수영하지 마세요.
→ 안전요원이 우리에게 깊은 구역에서는 수영하지 말라고 말했다.
6 Bella: 너는 일주일에 얼마나 자주 운동하니?
→ Bella는 내게 일주일에 얼마나 자주 운동하는지 물었다.
7 David: 나는 어제 직업 박람회에 참석했어.
→ David는 내게 그 전날 직업 박람회에 참석했다고 말했다.
8 Jina: 나는 다음 주에 부산으로 여행 갈 거야.
→ Jina는 그녀가 그다음 주에 부산으로 여행 갈 것이라고 말했다.
9 하니와 나는 가장 친한 친구이다. 우리는 많은 대화를 나눠왔다. 어느 날, 내가 그녀에게 "너는 재미있는 책을 추천해 줄 수 있어?"라고 말했다. 밝은 미소를 지으며, 그녀가 나에게 "이 책을 한번 읽어 봐."라고 말했다.
해설 (1) 의문사가 없는 의문문의 간접화법은 접속사 if나 whether로 주절과 종속절을 연결하고, 「if[whether]+주어(she)+조동사(could)+동사(recommend) ~」의 어순으로 쓴다.
(2) 명령문의 간접화법은 said to를 문맥상 적절한 동사(told, advised)로 바꾸고, 명령문의 동사원형은 to부정사(to try)로 바꿔 쓴다. 전달자의 입장에 맞게 this는 that으로 바꾼다.

1 It was last month that my sister entered the university.
2 It was last Sunday that Aiden went fishing with his dad.
3 It is fresh sushi that the chef prepares.
4 It was Leah that led the photography club successfully.
5 It is his coding skills that he practices every day.
6 It was 2 years ago that my mom and I traveled to Taiwan.
7 She did pass the English speaking test.
8 The baseball team did win the gold medal.
9 He does like studying science.
10 She does like spicy food.
11 It was Gary that bought a present for his brother.
12 It is[It's] at the animal shelter that he volunteers every weekend.
13 (1) It was Julia that visited her cousin last weekend.
　(2) It was her cousin that Julia visited last weekend.
　(3) It was last weekend that Julia visited her cousin.

1 나의 언니는 지난달에 대학교에 입학했다.
　→ 나의 언니가 대학교에 입학했던 것은 바로 지난달이었다.
2 Aiden은 지난 일요일에 그의 아빠와 낚시하러 갔다.
　→ Aiden이 그의 아빠와 낚시하러 갔던 것은 바로 지난 일요일이었다.
3 그 주방장은 신선한 초밥을 준비한다.
　→ 그 주방장이 준비하는 것은 바로 신선한 초밥이다.
4 Leah는 사진 동아리를 성공적으로 이끌었다.
　→ 사진 동아리를 성공적으로 이끈 것은 바로 Leah였다.
5 그는 그의 코딩 기술을 매일 연습한다.
　→ 그가 매일 연습하는 것은 바로 그의 코딩 기술이다.
6 나의 엄마와 나는 2년 전에 대만을 여행했다.
　→ 나의 엄마와 내가 대만을 여행했던 것은 바로 2년 전이었다.
7 그녀는 영어 말하기 시험을 통과했다.
　→ 그녀는 영어 말하기 시험을 정말로 통과했다.
8 그 야구팀은 금메달을 땄다.
　→ 그 야구팀은 금메달을 정말로 땄다.
9 그는 과학 공부하는 것을 좋아한다.
　→ 그는 과학 공부하는 것을 정말로 좋아한다.
13 Julia는 지난 주말에 그녀의 사촌을 방문했다.
　(1) 지난 주말에 그녀의 사촌을 방문했던 것은 바로 Julia였다.
　(2) Julia가 지난 주말에 방문했던 것은 바로 그녀의 사촌이었다.
　(3) Julia가 그녀의 사촌을 방문했던 것은 바로 지난 주말이었다.

1 The jacket that I wanted to buy has already been sold out
2 I met a wonderful woman whose job is designing clothes
3 It is clear that the team needs better communication
4 I'm learning French so that I can sing in French
5 Though my cousin lives far away, we visit each other
6 Every flower blooms in its own time.
7 Tina ordered what she wanted to eat
8 which was made in the 1990s
9 The hotel where my family stayed had a fantastic view.
10 Expressing your opinions is useful in solving problems.
11 (1) Both, and　　　　(2) Neither, nor
　(3) Not, but　　　　(4) Not only, but also
12 Please tell me if[whether] you need any help.
13 Do you know if[whether] the museum opens on Saturdays?
14 Do you know how I can get to City Hall quickly?
15 Where do you think you lost your bag?
16 Can you tell me how long it takes to the subway station?
17 a new bookstore, which opened a week ago
18 my mother, who donates every month
19 an old bridge, which was destroyed by the storm
20 was → were　　　　21 that → which
22 are → is　　　　23 who → whose
24 what → which[that] 또는 삭제
25 were → was　　　　26 share → shares
27 she did not[didn't] know how to play the guitar
28 I were an engineer, I could fix the computer
29 I could go to your graduation ceremony
30 (1) Do you remember (the day) when we traveled to Jeju Island?
　(2) I liked the museum where we saw a lot of teddy bears.
31 (1) It was Mark that won the first prize in the competition.
　(2) It was the first prize that Mark won in the competition.
　(3) It was in the competition that Mark won the first prize.
32 she didn't want to eat those broccoli anymore
33 if[whether] I knew that boy named Paul
34 who could clean our classroom that day
35 not to scream in the hallway
36 ⓐ → But I started to wonder what modern art was.

ⓒ →The first thing that caught my attention was the toilet!

37 (1) If I had practiced harder, I could have passed the Japanese test

(2) If I knew how to bowl, I could go with my mom

3 어휘 communication 소통

6 해설 「every+단수명사」가 주어로 쓰일 때는 단수동사가 와야 하므로 blooms를 써야 한다.
어휘 bloom 꽃을 피우다, 꽃이 피다

10 해설 주어가 동명사구(Expressing ~)이므로 동사도 단수동사(is)를 써야 한다.

11

	진수	미나	예나
서울에 살기	○	×	○
독서 좋아하기	○	×	×
버스를 타고 학교에 가기	×	○	×
바이올린 연주하기	×	○	○

(1) Q: 누가 서울에 사나요?
A: 진수와 예나 둘 다 서울에 삽니다.
(2) Q: 누가 독서를 좋아하지 않나요?
A: 미나와 예나 둘 다 독서를 좋아하지 않습니다.
(3) Q: 누가 버스를 타고 학교에 가나요?
A: 진수가 아니라 미나가 버스를 타고 학교에 갑니다.
(4) Q: 누가 바이올린을 연주하나요?
A: 미나뿐만 아니라 예나도 바이올린을 연주합니다.
해설 (4) 동사가 단수형 plays이므로 both A and B는 쓸 수 없다.

[12~16] 〈보기〉 나는 궁금하다. Mike는 언제 그의 집을 이사할 거니?
→ 나는 Mike가 언제 그의 집을 이사할 것인지 궁금하다.

12 내게 말해줘. 너는 도움이 필요하니?
→ 네가 도움이 필요한지 내게 말해줘.

13 너는 아니? 그 박물관은 토요일에 문을 여니?
→ 너는 그 박물관이 토요일에 문을 여는지 아니?

14 너는 아니? 내가 어떻게 시청에 빨리 도착할 수 있니?
→ 너는 내가 어떻게 시청에 빨리 도착할 수 있는지 아니?

15 너는 생각하니? 너는 네 가방을 어디에서 잃어버렸니?
→ 너는 네 가방을 어디에서 잃어버렸다고 생각하니?

16 너는 내게 말해줄 수 있니? 지하철역까지 얼마나 걸리니?
→ 너는 지하철역까지 얼마나 걸리는지 내게 말해줄 수 있니?

17 Josh는 새로운 서점을 발견했다. 그리고 그곳은 일주일 전에 열었다.
→ Josh는 새로운 서점을 발견했는데, 그곳은 일주일 전에 열었다.

18 나는 나의 어머니가 매달 기부하시기 때문에 어머니를 존경한다.
→ 나는 나의 어머니를 존경하는데, 그녀는 매달 기부하신다.

19 오래된 다리가 하나 있었지만, 그것은 폭풍에 파괴되었다.
→ 오래된 다리가 하나 있었는데, 그것은 폭풍에 파괴되었다.

20 이 가게에 있는 신발의 거의 90%가 다 팔렸다.
해설 「퍼센트 of+명사」가 주어로 쓰일 때는 of 뒤의 명사(the shoes)에 수일치 하므로 was가 아닌 were를 쓴다.

21 나의 언니는 셜록홈즈를 읽고 있는데, 그것은 영어로 쓰여 있었다.
해설 관계대명사 that은 계속적 용법으로 쓸 수 없다.

22 내가 내 친구들과 하고 싶은 것은 다른 나라로 여행을 가는 것이다.

23 내 남동생에 의해 안경이 깨진 그 여자아이는 그를 용서했다.
해설 소유격(The girl's)을 대신하는 소유격 관계대명사 whose를 명사(glasses) 앞에 써야 한다.
어휘 forgive 용서하다

24 이것은 내가 찾고 있었던 모자다.
해설 선행사(the cap)가 있으므로 what을 목적격 관계대명사 which나 that으로 고쳐 써야 한다. 또는 목적격 관계대명사는 생략 가능하므로 삭제한다.

25 그녀의 친구들뿐만 아니라 Lizzy도 그들의 소풍에 신났었다.
해설 「B as well as A」는 동사의 수를 B에 일치시키므로 were를

was로 고쳐 쓴다.

26 각 학생은 토의하는 동안 활발하게 참여하고 그들의 생각을 공유한다.
해설 「each+단수명사」가 주어로 쓰일 때는 단수동사가 와야 하므로 3인칭 단수형 participates가 쓰였다. 「A and B」에서 A와 B는 문법적인 성격이 같아야 하므로, 동사 share를 3인칭 단수형 shares로 고쳐 써야 한다.

27 사실 Marina는 기타 연주하는 법을 안다.
→ Marina는 마치 그녀가 기타 연주하는 법을 모르는 것처럼 행동한다.
해설 현재 사실의 반대를 가정하며 as if가 있으므로 「as if+가정법 과거」의 형태가 적절하다.

28 나는 기술자가 아니라서 그 컴퓨터를 고칠 수 없다.
→ 내가 기술자라면 그 컴퓨터를 고칠 수 있을 텐데.
해설 현재 사실의 반대를 가정하며, If가 있으므로 「If+주어+동사의 과거형 ~, 주어+would[could, might]+동사원형 …」의 형태로 쓴다.
어휘 engineer 기술자

29 네 졸업식에 가지 못해 미안해.
→ 내가 네 졸업식에 갈 수 있으면 좋을 텐데.
해설 현재 이루기 힘든 일을 소망하는 내용을 I wish 가정법 과거 구문으로 나타낸다. I wish 뒤에 「주어+동사의 과거형」을 쓰면 된다.

30 민지: 너 행복해 보인다. 무슨 일 있니?
수미: 너 그날 기억하니? 우리가 그날 제주도로 여행을 갔잖아.
민지: 물론, 나는 기억하지! 나는 제주도가 한국에서 가장 아름다운 섬이라고 생각해.
수미: 맞아. 나는 박물관이 좋았어. 우리는 거기서 많은 테디베어를 봤지.
민지: 나도. 나는 다시 거기에 가고 싶어.
수미: 사실은 나 이번 여름에 제주도에 갈 예정이야.
민지: 아, 그것이 네가 행복해 보이는 이유구나.
해설 (1) 선행사(the day)가 시간을 나타내므로 관계부사 when을 쓴다. 선행사 the day는 시간을 나타내는 일반적인 명사이므로 생략할 수 있다.
(2) 선행사(the museum)가 장소를 나타내므로 관계부사 where를 쓴다.

31 Mark가 그 대회에서 1등을 했다.
(1) 그 대회에서 1등을 한 것은 바로 Mark였다.
(2) Mark가 그 대회에서 수상한 것은 바로 1등이었다.
(3) Mark가 1등을 한 것은 바로 그 대회였다.

32 진주는 엄마께 "저는 더 이상 이 브로콜리를 먹고 싶지 않아요."라고 말했다.
→ 진주가 엄마께 그녀가 더 이상 그 브로콜리를 먹고 싶지 않다고 말했다.

33 그는 내게 "너는 Paul이라는 이름의 이 소년을 아니?"라고 말했다.
→ 그는 내가 Paul이라는 이름의 그 소년을 알고 있는지 물었다.

34 우리 선생님께서는 "누가 오늘 우리 교실을 청소할 수 있니?"라고 말씀하셨다.
→ 우리 선생님께서는 누가 그 날 우리 교실을 청소할 수 있는지 물어보셨다.

35 교장 선생님께서는 우리에게 "복도에서 소리 지르지 말아라."라고 말씀하셨다.
→ 교장 선생님께서는 우리에게 복도에서 소리 지르지 말라고 지시하셨다.
어휘 principal 교장   scream 괴성을 지르다

36 Tom은 내게 시내에 있는 현대 미술관에 방문하고 싶다고 말했다. 그는 내게 자신과 함께 그곳에 가자고 부탁했다. 나는 그다지 미술에 흥미가 없었다. 하지만 나는 현대 미술이 무엇인지 궁금해졌다. 그래서 난 그와 함께 미술관을 방문하기로 결심했다.
내가 그곳에 들어갔을 때, 나는 놀랐다. 내 관심을 가장 먼저 끈 것은 변기였다! 나는 왜 그곳에 변기가 있는지 물었다. Tom은 그것은 예술 작품이라고 설명했다. 나는 현대 미술이 내가 이해하기에 매우 어렵다고 생각했다.
해설 ⓐ 동사 wonder의 목적어로 의문사 what을 포함한 절이 와야 하므로 「의문사+주어+동사」의 어순으로 써야 한다. ⓒ 관계대

명사절의 수식을 받는 문장의 주어(The first thing)가 단수명사
이므로 동사도 단수형인 was로 고쳐 써야 한다.

어휘 modern 현대의, 현대적인   toilet 변기

37　오늘은 올해의 마지막 날이다.

나는 먼저 내가 올해 한 것을 돌아보았다. 나는 일본어 시험을
치기 위해서 일본어를 공부하기 시작했지만, 떨어졌다. 만약 내가
더 열심히 연습했다면, 나는 일본어 시험에 합격할 수 있었을 텐데.

또한, 나는 내년에 무엇을 할지 결정했다. 나의 엄마는 볼링을
치러가는 것을 아주 좋아하시고, 나와 함께 가고 싶어 하신다. 만약
내가 볼링 치는 법을 안다면, 나는 나의 엄마와 함께 갈 수 있을 텐
데. 그래서 나는 다음 주부터 그것을 배울 것이다. 그것은 재미있을
것이다!

해설 (1) 문맥상 과거 사실의 반대를 가정해야 하므로, 가정법 과거
완료 구문이 적절하다.

(2) 문맥상 현재 사실의 반대를 가정해야 하므로, 가정법 과거 구문이
적절하다.

어휘 bowl 볼링을 하다; (우묵한) 그릇

저자

김기훈
現 ㈜쎄듀 대표이사
現 메가스터디 영어영역 대표강사
前 서울특별시 교육청 외국어 교육정책자문위원회 위원

저서　천일문 〈STARTER·입문편·기본편·핵심편·완성편〉 / 천일문 중등 GRAMMAR
　　　리딩그라피 / 리딩 플랫폼 / 리딩 릴레이 / Reading Q / Listening Q
　　　미리 수능 영어 / 천일문 VOCA / 쓰작 / 잘 풀리는 영문법
　　　어휘끝 / 어법끝 / 첫단추 / 파워업 / RANK 서술형 시리즈
　　　수능영어 절대유형 시리즈 / 수능실감 등

쎄듀 영어교육연구센터
쎄듀 영어교육연구센터는 영어 콘텐츠에 대한 전문지식과 경험을 바탕으로
최고의 교육 콘텐츠를 만들고자 최선의 노력을 다하는 전문가 집단입니다.

인지영 수석연구원 · **최세림** 선임연구원 · **홍세라** 연구원 · **전진영** 연구원 · **박소민** 연구원

교재 개발에 도움을 주신 분들

김경희 선생님(미카영어)　　　**김은정** 선생님(일산 이제이 잉글리쉬)　　　**김정미** 선생님(앰버랩영어교습소)
김지연 선생님(송도탑영어학원)　　　**박혜선** 선생님(써니잉글리쉬)　　　**방성모** 선생님(방성모영어학원)
이동현 선생님(쌤마스터입시학원)　　　**이화연** 선생님(써니사이드학원)　　　**전혜경** 선생님(JHK영어)
정지안 선생님(쌤영어수학학원)　　　**조양희** 선생님(뮤엠영어 신도림동아점)

마케팅　　　　콘텐츠 마케팅 사업본부
영업　　　　　문병구
제작　　　　　정승호
인디자인 편집　올댓에디팅
표지 디자인　　모스그래픽
내지 디자인　　스튜디오 에딩크
일러스트　　　박아름
영문교열　　　James Clayton Sharp

Foreword

많은 학생이 영문법을 공부한 후 객관식 문항은 순조롭게 풀다가도 서술형만 만나면 멈칫하는 순간을 경험합니다. 감으로 풀거나 답을 찍는 요령이 통하지 않거니와, 문법 단순 암기에서 한 단계 나아가 표현하고자 하는 영어 문장을 자유자재로 써낼 정도로 체득해야 문제없이 쓸 수 있기 때문입니다. 따라서 서술형 문제들은 만점 정복의 가장 결정적인 승부 포인트라 할 수 있으며 그 중요성이 날이 갈수록 강조되고 있습니다.

〈천일문 중등 WRITING〉은 〈거침없이 Writing〉의 개정판으로, 초판 교재의 특장점은 유지함과 동시에 〈천일문 중등 GRAMMAR〉와 브랜드를 통일시켜 목차 연계성을 더 높였습니다. 단순한 쓰기 형태의 문제만 모은 형식적인 대비서가 되는 것을 지양하고, 서술형을 명확한 타깃으로 삼아 최적의 학습 방향과 실질적 효과를 제공하도록 심혈을 기울였습니다.

새로워진 〈천일문 중등 WRITING〉의 특장점을 소개합니다.

+1 최신 개정 교육과정 반영 및 전국 내신 서술형 기출 문제 완벽 분석

새롭게 최신 2022 개정 교육과정을 반영했으며, 총 10,000여 개의 내신 서술형 문제를 수집하여 가장 많이 출제되는 포인트 중심으로 학습하도록 구성했습니다. 학습 포인트 별로 자주 등장하는 서술형 기출 유형까지 포함하여 실전 대비에 최적화된 훈련이 가능합니다.

+2 <천일문 중등 GRAMMAR>와 연계되는 핵심 문법 설명과 단계별 서술형 문항 수록

〈천일문 중등 GRAMMAR〉와 연계 학습이 가능하도록 서술형 대비에 꼭 필요한 핵심 문법 설명을 수록하였으며, 이와 함께 학습한 문법 사항을 쓰기에 적용하는 방법도 제시했습니다. 영작의 가장 기초가 되는 배열과 영작 연습 문제로 충분히 기초를 쌓고, 나아가 실전 응용문제까지 다양하게 접하도록 구성함으로써 서술형을 완벽하게 대비할 수 있습니다.

+3 논술형 수행평가 연습 문제로 장문 영작까지 내신 완벽 대비

기존 내신 서술형 문제는 단문 영작이 주를 이루었지만, 점점 영어 글쓰기의 중요성이 높아짐에 따라 수행평가의 비중도 높아지고 있습니다. 이에 〈천일문 중등 WRITING〉은 실전 글쓰기 실력을 향상할 수 있는 논술형 수행평가 연습문제를 제공합니다. 학습한 문법 사항 중 가장 실용적인 쓰임의 언어형식으로 '예시 글 구성 → 예시 글의 구조 분석 → 학습자 스스로 글의 뼈대 구상 → 개개인의 독창적인 글 완성 → 자세하고 명확한 평가 기준으로 채점'까지 가능하게 하였습니다.

서술형을 어떻게 대비해야 할지 고민하던 학생들도 〈천일문 중등 WRITING〉으로 기본부터 차근차근 학습한다면 어느 순간 서술형에 대해 두려움이 사라지고 정답을 거침없이 써 내려가는 자신 스스로를 발견할 것입니다. 노력이 결실을 맺어 영어의 실력자가 되는 그날까지 여러분을 응원합니다.

저자

Preview *

① 본책

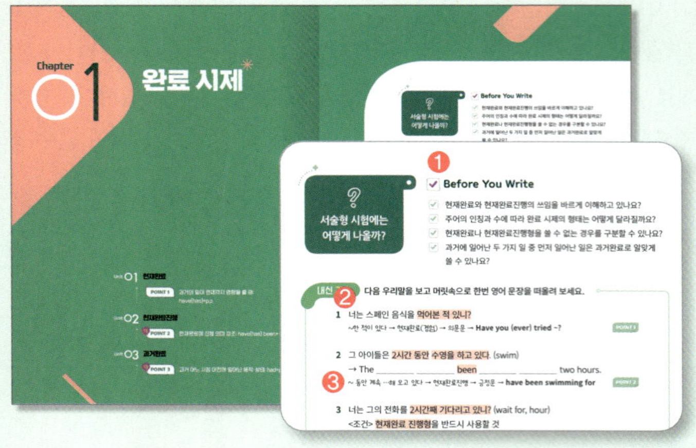

기출 예제로 살펴보는 **Chapter Preview**

❶ 해당 챕터 학습 전 미리 점검하는 주요 영작 포인트
❷ 실제 기출 영작 문제에 제시된 우리말 중 어느 부분이 정답의 단서가 되는지 확인
❸ 정답 도출 과정 제시

효과적인 **POINT별 학습**

❶ 중요 핵심 문법을 POINT별로 구성 및 내신 기출 빈도수에 따라 빈출 표시
❷ 우리말 어순과 영어의 어순이 비교 가능한 대표 예문
❸ 영작 시 꼭 알아야 하는 주요 문법 사항
❹ 주의! 기출에 자주 등장하거나 주의해야 할 문법 사항
❺ MORE+ 실력 향상을 위한 기출 심화 개념
❻ 대표 기출 문제 내신에 자주 출제되는 대표 기출 문제와 그 문제를 푸는 해결 단서 제공
❼ 함정 피하기 서술형 문제를 풀 때 주의해야 할 감점 요인 정리

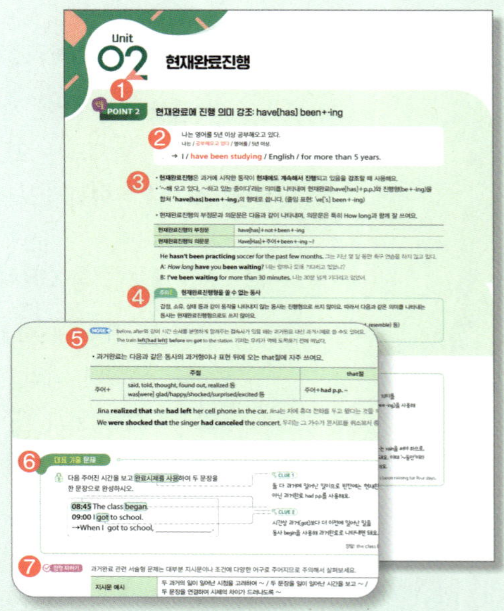

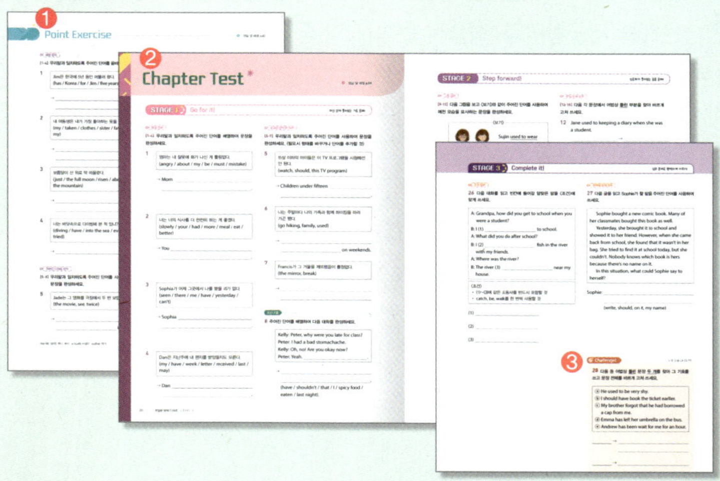

단계적 학습을 위한 **문제 구성**

❶ Point Exercise 학습한 포인트들을 바로 점검하는 연습 문제
❷ Chapter Test 전국 내신 서술형 기출 문제의 출제 유형을 총망라한 단계별 실전 문제
STAGE 1 기본 배열, 영작 문제
STAGE 2 STAGE 1보다 한 단계 높은 응용 문제
STAGE 3 고난도 서술형
❸ Challenge! 앞서 배운 챕터 3개에서 학습한 내용을 점검해보는 누적 문제

중등 내신 대비를 위한 **논술형 수행평가 연습 문제** (총 10회)

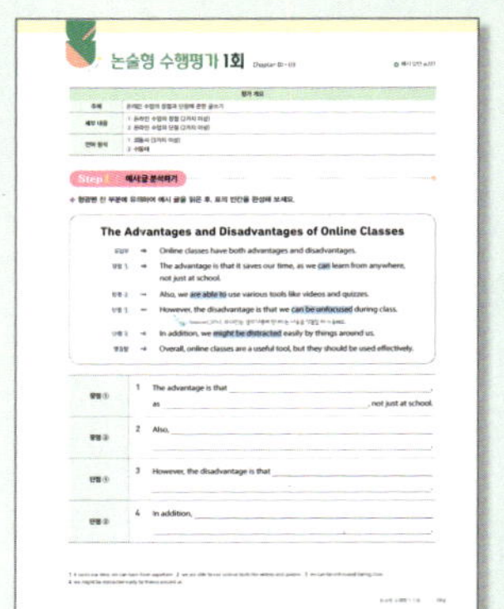
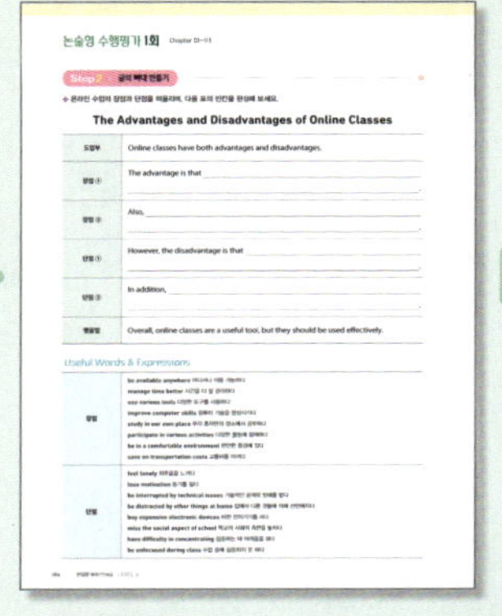
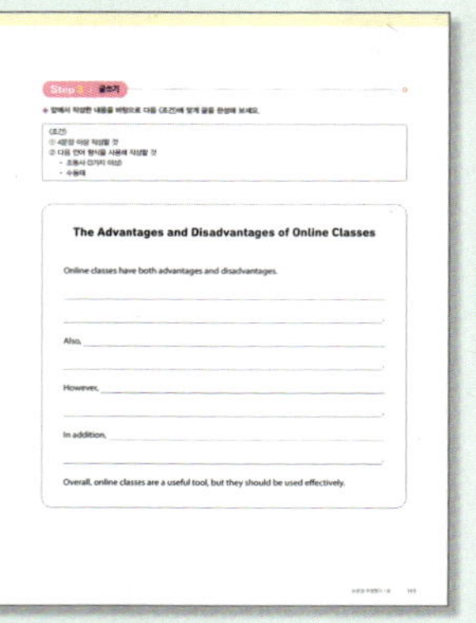
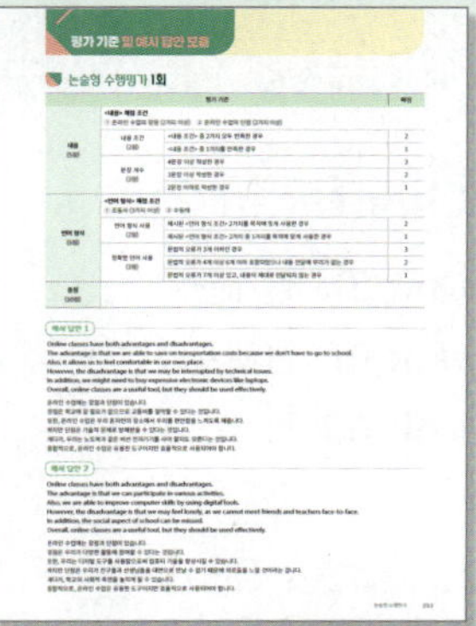

Step 1 예시 글 분석
- 전국 중학교 영어 내신 수행 평가를 분석하여 포맷 구성
- 학습한 여러 언어 형식을 사용하여 기본 영작 연습

Step 2 글의 뼈대 구성
- 스스로 아이디어 구상 및 글의 뼈대 작성
- 주제별 유용한 어휘 및 표현 함께 제공

Step 3 나만의 글 작성
- 제시된 〈조건〉에 맞춰 실전 글쓰기 연습
- Step 2에서 완성한 뼈대에 맞춰 자신만의 글 완성

평가 기준 및 예시 답안
- 누구나 손쉽게 채점 가능한 간결하고 명확한 평가 기준
- 초보 학습자의 부담을 줄여주는 예시 답안 제공

② 워크북

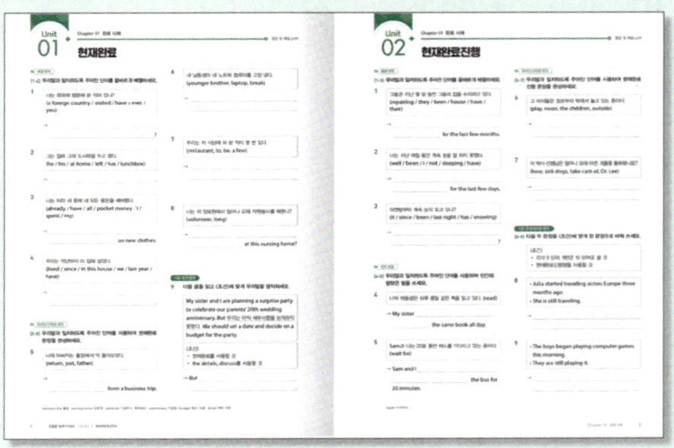
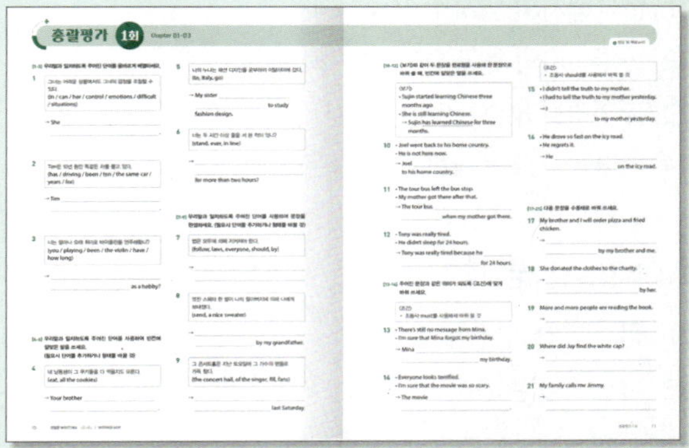

- 완벽 복습 가능한 유닛별 연습 문제
- 각 유닛에서 가장 많이 출제되는 기출 문제 함께 수록

- 총괄평가 3회분 수록 (챕터 3~4개씩 묶어 출제)
- 앞서 익힌 문법 사항의 누적 학습
- 기본 영작, 응용 영작, 고난도 심화 문제로 구성

③ 부가서비스 (www.cedubook.com)

모든 자료는 www.cedubook.com에서 다운로드 가능합니다.

 **1. 어휘리스트   2. 어휘테스트**

- 교강사 여러분께는 위 부가서비스를 비롯하여, 문제 출제 활용을 위한 한글 파일, 수업용 PDF 파일, 챕터별 추가 문제를 제공해드립니다. (파일 신청 및 문의는 book@ceduenglish.com)

Contents*

완료 시제 *

☑ Before You Write

- ☑ 현재완료와 현재완료진행의 쓰임을 바르게 이해하고 있나요?
- ☑ 주어의 인칭과 수에 따라 완료 시제의 형태는 어떻게 달라질까요?
- ☑ 현재완료나 현재완료진행형을 쓸 수 없는 경우를 구분할 수 있나요?
- ☑ 과거에 일어난 두 가지 일 중 먼저 일어난 일은 과거완료로 알맞게
  쓸 수 있나요?

내신 기출 다음 우리말을 보고 머릿속으로 한번 영어 문장을 떠올려 보세요.

1 너는 스페인 음식을 먹어본 적 있니?

~한 적이 있다 → 현재완료(경험) → 의문문 → **Have you (ever) tried ~?** `POINT 1`

2 그 아이들은 2시간 동안 수영을 하고 있다. (swim)

→ The _________ _________ been _________ _________ two hours.

~ 동안 계속 …해 오고 있다 → 현재완료진행 → 긍정문 → **have been swimming for** `POINT 2`

3 너는 그의 전화를 2시간째 기다리고 있니? (wait for, hour)

<조건> 현재완료 진행형을 반드시 사용할 것

→ _______________________________________

~ 동안 계속 …해 오고 있다 → 현재완료진행 → 의문문 → **Have you been waiting for ~?** `POINT 2`

4 (1) 내가 거기에 도착했을 때, 그 콘서트는 이미 시작했다.

<조건> 과거완료를 사용할 것

→ When _______________________________.

두 가지 일의 순서 확인 → 과거보다 더 이전의 일은 과거완료 → 콘서트 시작(과거완료) 후 도착(과거)

→ **I arrived ~, the concert had already begun** `POINT 3`

5 누군가 밤중에 내 자전거를 훔쳐 가 버려서 나는 충격을 받았다.

<조건> 과거완료를 사용할 것

<보기> shocked / steal / my bike / somebody

→ _________________________________ during night.

두 가지 일의 순서 확인 → 과거보다 더 이전의 일은 과거완료 → 자전거 도난 당한(과거완료) 후

충격받음(과거) → **was shocked that somebody had stolen** `POINT 3`

정답: **1** Have you (ever) tried[eaten] Spanish food? **2** children have, swimming for **3** Have you been waiting for his call for two hours?
4 I arrived there, the concert had already begun **5** I was shocked that somebody had stolen my bike

현재완료

 과거의 일이 현재까지 영향을 줄 때: have[has]+p.p.

우리는 10년 동안 친구로 지내왔다.
우리는 / 친구로 지내왔다 / 10년 동안.

→ We / **have been** friends / *for* ten years. <계속>

- 현재완료는 「**have[has]+과거분사(p.p.)**」 형태로 과거에 일어난 일이 현재까지 영향을 줄 때 사용해요.
- 현재완료는 다음과 같은 의미를 나타내며, 각 의미와 함께 자주 쓰이는 표현을 잘 알아두어야 합니다.

계속 (지금까지 쭉 ~해 왔다)	Noah **has taken** violin lessons *for* two years. Noah는 2년 동안 바이올린 레슨을 받아왔다.
	*for+기간(~ 동안), since+시점(~ 이후로), how long(얼마나 오래), so far(지금까지) 등
경험 (~한 적이 있다)	A: **Have** you *ever* **been** to England *before*? 너는 이전에 영국에 가 본 적이 있니? B: Yes, I **have been** to England *once*. 응, 나는 한 번 영국에 가 본 적이 있어.
	*before(이전에), once, twice, three times, ever(지금까지), never 등
완료 ((막) ~했다)	Minsu **has** *just* **finished** his homework. 민수는 그의 숙제를 막 끝마쳤다.
	*just(이제 막, 방금), already(이미, 벌써), yet(부정문: 아직), lately(최근에) 등
결과 (~했다 (그래서 지금 …이다))	She **has gone** to her hometown. 그녀는 고향으로 가버렸다. (지금 여기에 없다.)

- 현재완료는 '현재'에 초점을 맞추기 때문에 명백한 과거를 나타내는 ago, last night[week, month, year…], yesterday, in+연도, When ~? 등의 부사(구)와 같이 쓸 수 없어요.
  I ~~have listened~~(→ **listened**) to the song last night. 나는 지난밤에 노래를 들었다.

 have been to (경험) vs. have gone to (결과)

have been to(~에 가 본 적이 있다)는 '경험'을 나타내고, have gone to(~에 가고 (지금 여기) 없다)는 '결과'를 나타내요.
결과의 have gone to는 '~에 가서 현재 여기에 없다'라는 의미이므로 1, 2인칭을 주어로 쓰면 어색해요.
I **have been to** the U.S. (나는 미국에 가 봤다.) 〈경험〉 She **has gone** to U.S. (그녀는 미국에 갔다. (지금 이곳에 없다.)) 〈결과〉

대표 기출 문제

🔒 다음 대화 속 (가)를 주어, 동사를 포함한 완전한 문장으로 영작하시오.

B: (가) 너는 다른 나라에 방문해 본 적 있니?
G: No, I haven't. Have you?
B: Yes, I've been to France. I hope you can travel to another country sometime.

→ _______________________________________

CLUE 1
답변이 현재완료 형태로 쓰였으므로, 의문문도 현재완료를 사용해서 나타내야 해요.

CLUE 2
'(지금까지) ~한 적이 있니?'라고 '경험'을 묻는 현재완료는 「Have+주어+ever+p.p. ~?」를 써서 나타내요.

정답: Have you ever visited another country?

Point Exercise

○─ 배열 영작

[1-4] 우리말과 일치하도록 주어진 단어를 올바르게 배열하세요.

1
> Jim은 한국에 5년 동안 머물러 왔다.
> (has / Korea / for / Jim / five years / stayed / in)

→ _______________________________________

_______________________________________ .

2
> 내 여동생은 내가 가장 좋아하는 옷을 가져갔다.
> (my / taken / clothes / sister / favorite / has / my)

→ _______________________________________

_______________________________________ .

3
> 보름달이 산 위로 막 떠올랐다.
> (just / the full moon / risen / above / has / the mountain)

→ _______________________________________

_______________________________________ .

4
> 너는 바닷속으로 다이빙해 본 적 있니?
> (diving / have / into the sea / ever / you / tried)

→ _______________________________________ ?

○─ 주어진 단어로 영작

[5-8] 우리말과 일치하도록 주어진 단어를 사용하여 현재완료 문장을 완성하세요.

5
> Jade는 그 영화를 극장에서 두 번 보았다.
> (the movie, see, twice)

→ _______________________________________

_______________________________ in the theater.

6
> 내 친구 수호는 그의 개를 잃어버렸다.
> (lose, my friend Suho)

→ _______________________________________

____

7
> Mark는 아직 점심 메뉴를 정하지 못했다.
> (decide, the lunch menu)

→ _______________________________________

_______________________________ yet.

8
> 너희들은 서로 알고 지낸지 얼마나 됐니?
> (each other, how)

→ _______________________________________

____

기출: 조건 영작

9 다음 대화를 읽고 〈조건〉에 맞게 우리말을 영작하세요.

> A: You should read this novel.
>   It's really exciting.
> B: Oh, actually I've already read it.
> A: Then, 너는 같은 작가의 다른 책들은 읽어봤니?
> B: No, I haven't.
> A: You should try them! You'll love them, too.

〈조건〉
• 현재완료를 사용할 것
• the same author, the other books, by를 사용할 것

→ Then, _________________________________

_______________________________________ ?

---

rise (해, 달이) 뜨다, 솟다 actually 사실은 author 작가

현재완료진행

POINT 2 · 현재완료에 진행 의미 강조: have[has] been+-ing

나는 영어를 5년 이상 공부해오고 있다.
나는 / 공부해오고 있다 / 영어를 / 5년 이상.

→ I / **have been studying** / English / for more than 5 years.

- **현재완료진행**은 과거에 시작한 동작이 **현재에도 계속해서 진행**되고 있음을 **강조**할 때 사용해요.
- '~해 오고 있다, ~하고 있는 중이다'라는 의미를 나타내며 현재완료(have[has]+p.p.)와 진행형(be+-ing)을 합쳐 「**have[has] been+-ing**」의 형태로 씁니다. (줄임 표현: 've['s] been+-ing)
- 현재완료진행의 부정문과 의문문은 다음과 같이 나타내며, 의문문은 특히 How long과 함께 잘 쓰여요.

현재완료진행의 부정문	have[has]+not+been+-ing
현재완료진행의 의문문	Have[Has]+주어+been+-ing ~?

He **hasn't been practicing** soccer for the past few months. 그는 지난 몇 달 동안 축구 연습을 하지 않고 있다.
A: *How long* **have** you **been waiting**? 너는 얼마나 오래 기다리고 있었니?
B: **I've been waiting** for more than 30 minutes. 나는 30분 넘게 기다리고 있었어.

> **주의** 현재완료진행형을 쓸 수 없는 동사
>
> 감정, 소유, 상태 등과 같이 동작을 나타내지 않는 동사는 진행형으로 쓰지 않아요. 따라서 다음과 같은 의미를 나타내는 동사는 현재완료진행형으로도 쓰지 않아요.
> (감정(like, love, hate), 소유(have, own, belong to), 인식(know, think, remember), 상태(want, resemble) 등)
> I ~~have been knowing~~(→ **have known**) him for 10 years. (나는 10년 동안 그를 알고 지내왔다.)

대표 기출 문제

🔒 다음 <조건>을 준수하여 문장을 완성하시오.

<조건>
- 우리말과 일치하는 문장을 완성할 것
- **현재완료진행형**을 사용할 것
- 단어를 추가하고 필요시 주어진 단어의 형태를 바꾸어 사용할 것

비가 4일 동안 내리고 있다. (rain / it / days)
→ ______________________________

CLUE 1
우리말의 '비가 내리고 있다'는 의미를 현재완료진행형(have[has] been+-ing)을 사용해 나타내야 해요.

CLUE 2
주어(it)가 3인칭 단수이고 동사는 rain을 써야 하므로, It has been raining으로 쓰면 돼요. 이때 '~동안'이라는 의미는 전치사 for를 사용해요.

정답: It has been raining for four days.

✓ **함정 피하기** 현재완료진행형을 쓸 때는 -ing를 써야 할 자리에 p.p.를 쓰지 않도록 주의하세요.
It ~~has been rained~~(→ **has been raining**) for four days.

# Point Exercise

[1-3] 우리말과 일치하도록 주어진 단어를 올바르게 배열하세요.

1

그 여자는 두 시간 동안 신문을 읽고 있는 중이다.
(been / the woman / has / the newspaper / reading)

→ ____________________________________

____________________________ for two hours.

2

그들은 30분 동안 전화로 이야기하는 중이다.
(have / thirty minutes / been / they / for / talking / on the phone)

→ ____________________________________

____________________________________.

3

나는 어젯밤부터 몸이 좋지 않았다.
(I / not / last night / have / feeling / been / well / since)

→ ____________________________________.

[4-5] 우리말과 일치하도록 주어진 단어를 사용하여 빈칸에 알맞은 말을 쓰세요.

4

나의 형은 오늘 아침부터 지갑을 찾고 있는 중이다.
(look for)

→ My brother ____________ ____________

____________ ____________ his wallet

since this morning.

5

Mark 씨와 그의 부인은 그 병원에서 6년 동안 일해 오고 있다. (work)

→ Mr. Mark and his wife ____________

____________ ____________ at the

hospital for six years.

[6-7] 우리말과 일치하도록 주어진 단어를 사용하여 현재완료진행 문장을 완성하세요.

6

Baker 선생님은 우리를 3년 동안 가르쳐오고 계신다.
(Mrs. Baker, teach)

→ ____________________________________

____

7

너는 얼마나 오래 기타를 연주해 왔니?
(play, how, the guitar)

→ ____________________________________

____

[8-9] 다음 두 문장을 〈조건〉에 맞게 한 문장으로 바꿔 쓰세요.

〈조건〉
- 각각 9 단어, 11 단어로 쓸 것
- 현재완료진행형을 사용할 것

8

- Jimmy started doing his homework two hours ago.
- He is still doing it.

→ ____________________________________

____

9

- The girl began working on her science project yesterday.
- She is still working on it.

→ ____________________________________

____

Unit 03 과거완료

과거 어느 시점 이전에 일어난 동작·상태: had+p.p.

엄마는 내가 집에 도착했을 때 이미 저녁을 만들어 놓으셨었다.
엄마는 이미 만들어 놓으셨었다 / 저녁을 // 내가 집에 도착했을 때.

→ Mom **had** already **made** / dinner // when I **arrived** home.

- **과거완료**(had+p.p.)란 현재완료(have[has]+p.p.)의 시점이 더 과거로 이동한 것으로,
  과거의 특정 시점보다 더 이전에 일어난 일이 그 시점까지 영향을 줄 때 사용해요.
  Mr. Brown **had taught** English for three years when I **met** him.
  Brown 씨는 내가 그를 만났을 때 3년 동안 영어를 가르쳐 오고 있었다.
  Aiden **had** never **eaten** *bulgogi* before he **came** to Korea.
  Aiden은 한국에 오기 전에는 불고기를 먹어본 적이 전혀 없었다.

  MORE+ before, after와 같이 시간 순서를 분명하게 알려주는 접속사가 있을 때는 과거완료 대신 과거시제로 쓸 수도 있어요.
  The train **left[had left]** **before** we **got** to the station. 기차는 우리가 역에 도착하기 전에 떠났다.

- 과거완료는 다음과 같은 동사의 과거형이나 표현 뒤에 오는 that절에 자주 쓰여요.

주절		that절
주어+	said, told, thought, found out, realized 등 was[were] glad/happy/shocked/surprised/excited 등	주어+**had p.p.** ~

Jina **realized that** she **had left** her cell phone in the car. Jina는 차에 휴대 전화를 두고 왔다는 것을 깨달았다.
We **were shocked that** the singer **had canceled** the concert. 우리는 그 가수가 콘서트를 취소해서 충격받았다.

대표 기출 문제

🔒 다음 주어진 시간을 보고 완료시제를 사용하여 두 문장을 한 문장으로 완성하시오.

> **08:45** The class began.
> **09:00** I got to school.
> →When I got to school, ________________.

💬 **CLUE 1**
둘 다 과거에 일어난 일이므로 빈칸에는 현재완료가 아닌 과거완료 had p.p.를 사용해요.

💬 **CLUE 2**
시간상 과거(got)보다 더 이전에 일어난 일을 동사 begin을 사용해 과거완료로 나타내면 돼요.

정답: the class had begun

✏️ **함정 피하기** 과거완료 관련 서술형 문제는 대부분 지시문이나 조건에 다양한 어구로 주어지므로 주의해서 살펴보세요.

지시문 예시	두 과거의 일이 일어난 시점을 고려하여 ~ / 두 문장을 일이 일어난 시간을 보고 ~ / 두 문장을 연결하여 시제의 차이가 드러나도록 ~
조건 예시	과거완료를 사용할 것 / 단순 과거와 과거완료 시제를 둘 다 사용할 것 / 더 먼저 일어난 일이 무엇인지를 확실히 해주는 시제를 활용할 것 / 주절과 부사절의 시제를 다르게 할 것

Point Exercise

[1-2] 우리말과 일치하도록 주어진 단어를 올바르게 배열하세요.

1

> 우리가 Brian을 방문했을 때, 그는 이미 집을 떠났었다.
> (had / the house / we / left / he / visited /
> already / Brian)

→ When ____________________________,

____________________________.

2

> 그녀는 우리가 그녀가 가장 좋아하는 디저트를
> 가져와서 행복해했다.
> (brought / favorite / that / was / we / dessert
> / had / her / happy)

→ She ____________________________

____________________________.

[3-4] 다음 두 문장을 과거완료를 사용하여 한 문장으로 바꿔
쓸 때, 빈칸에 알맞은 말을 쓰세요.

3

> The thief ran away.
> Then, the police arrived.

→ The thief ____________ before
the police ____________.

4

> Ted visited the new restaurant.
> After the visit, he recommended it to Mia.

→ Ted ____________ the new
restaurant to Mia after he
____________ it.

[5-7] 우리말과 일치하도록 주어진 단어와 과거완료형을 사용
하여 문장을 완성하세요.

5

> 그는 버스를 놓쳤기 때문에 학교까지 걸어갔다.
> (to school, miss, the bus)

→ Because ____________________________

____________________________.

6

> 내가 그녀를 만났을 때, 그녀는 일주일 동안 아픈 상태
> 였다. (sick, be, meet, a week)

→ When ____________________________

____________________________.

7

> 내 남동생이 일어나기 전에, 나는 그에게 이미 세 번
> 전화했었다. (little brother, get up, call, already)

→ Before ____________________________

____________________________ three times.

8 〈보기〉와 같이 주어진 두 문장을 과거완료형을 사용하여
한 문장으로 바꿔 쓰세요.

> 〈보기〉
> Amy ordered a new computer.
> Later, she told it to me.
> → Amy told me that she had ordered a new
> computer.

> Nate borrowed a pencil from me.
> Later, he forgot it.

→ ____________________________

____

thief 도둑 recommend 추천하다

Chapter Test *

정답 및 해설 p.02

STAGE 1 :) Go for it!

자신 있게 풀어보는 기초 문제!

배열 영작

[1-4] 우리말과 일치하도록 주어진 단어를 배열하여 문장을 완성하세요.

1
> 그들은 그들의 부모님이 집에 오시기 전에 집을 청소했다.
> (cleaned / had / they / the house)

→ _______________________________________

before their parents came home.

2
> Jim은 그 소설을 전에 읽었기 때문에 그것의 결말을 알았다.
> (read / before / had / it / he)

→ Jim knew the novel's ending because

_______________________________________ .

3
> Nora는 세 시간 동안 그녀의 연설을 연습하고 있다.
> (her / for / practicing / speech / been / three hours / Nora / has)

→ _______________________________________

_______________________________________ .

4
> 나는 아직 감기로부터 회복되지 못했어.
> (not / I / my cold / yet / have / from / recovered)

→ _______________________________________

_______________________________________ .

빈칸 완성

[5-7] 우리말과 일치하도록 주어진 단어를 사용하여 빈칸에 알맞은 말을 쓰세요. (필요시 형태를 바꿀 것)

5
> 나의 여동생은 이미 잠자리에 들었다.
> (already, go to bed, have)

→ My sister _______________ _______________

_______________ _______________ _______________ .

6
> Amy가 몇 주 동안 게임을 너무 많이 해서, 그녀의 엄마는 화가 나셨다. (play, a lot, have, games)

→ Amy _______________ _______________

_______________ _______________

for weeks, so her mom got angry.

7
> 우리는 오늘 아침부터 우리의 여행을 계획하고 있는 중이다. (trip, be, have, plan)

→ We _______________ _______________

_______________ _______________ _______________

since this morning.

최신 기출

8 다음 대화의 빈칸에 알맞은 질문을 〈조건〉에 맞게 영작하세요.

> 〈조건〉
> • 경험을 묻는 의문문으로 쓸 것
> • 7 단어 이하로 쓸 것

A: _______________________________________
B: Yes, I have. Australia is famous for its
   beautiful nature.
A: Wow, I'd like to go there someday.

◦— 한 문장으로 영작

[9-12] 〈보기〉와 같이 두 문장을 현재완료진행형을 사용해 한 문장으로 바꿔 쓸 때, 빈칸에 알맞은 말을 쓰세요.

〈보기〉
- We started preparing for the party yesterday.
- We are still preparing for it now.
  → We <u>have been preparing for the party</u> since yesterday.

9
- I started doing housework this morning.
- I'm still doing it now.

→ I ________________________________ since this morning.

10
- It started snowing two hours ago.
- It is still snowing now.

→ It ________________________________ for two hours.

11
- My brother started working at the bookstore last month.
- He is still working there now.

→ My brother ________________________________ since last month.

12
- Suzy started looking for her necklace a week ago.
- She is still looking for it now.

→ Suzy ________________________________ for a week.

◦— 그림 영작

[13-14] 그림의 순서에 맞게 주어진 두 문장과 접속사를 사용하여 한 문장으로 바꿔 쓰세요.
(단, 과거형과 과거완료형을 사용할 것)

13　The bus left. My sister arrived at the bus stop. (before)

→ ________________________________
________________________________ at the bus stop.

14　We took pictures of the dishes. We ate the dishes. (after)

→ ________________________________
________________________________ of them.

최신 기출

15 다음 대화를 읽고, 밑줄 친 두 문장을 현재완료진행형을 사용하여 한 문장으로 바꿔 쓰세요.

Tom: Have you finished decorating your room?
Sara: Not yet. I <u>started decorating my room three days ago. And I'm still doing it.</u>
Tom: Wow, it must be a big project.
Sara: Yes, but it's going to look amazing when it's done.

→ ________________________________
____

[16-19] 주어진 단어를 사용하여 각 대화를 완성하세요.
(단, 완료 시제를 사용할 것)

16

A: I called you last night, but you didn't answer.
B: Oh, sorry. I _______________________
   my phone earlier, so I couldn't answer.
   (lose)
A: That's too bad.

17

A: Elena began to write poems when she was eleven years old.
B: Is she still writing?
A: Yes, she is. She _______________________
   poems since she was eleven years old.
   (writing)

18

A: When did you start helping poor children every Christmas?
B: Actually, I _______________________ to them five times so far. (donate)
A: So, you've been donating every year for five years?
B: Yes, I have.

19

A: What did you do yesterday?
B: I went to the bike shop. Somebody _______________________ my bike. (break)
A: Oh, you should find who did it.

[20-24] 다음 각 문장에서 어법상 <u>틀린</u> 부분을 찾아 바르게 고쳐 쓰세요.

20 I have been cleaned my room since 11 a.m.
_______________ → _______________

21 Hailey realized that someone takes her umbrella the day before.
_______________ → _______________

22 I know Lina's family for three years.
_______________ → _______________

23 My little brother has already fallen asleep before I finished taking a shower.
_______________ → _______________

24 A big fire has destroyed half of the forest a year ago.
_______________ → _______________

최신 기출

25 다음은 일본 여행을 다녀 온 Jenny의 여행 일정표입니다. 일정표를 보고 〈조건〉에 맞게 영작하세요.

<July 15th>
15:00 She checked in at the hotel.
17:00 She went shopping at the local market.

〈조건〉
• 과거완료형을 사용할 것
• 접속사 after를 사용할 것

→ _______________________________
____

도표 영작

26 다음은 도둑을 잡은 한 형사의 메모입니다. 메모를 보고 과거형 또는 과거완료형을 사용하여 문장을 완성하세요.

12 a.m.	Everyone went to bed.
1 a.m.	A man broke into Andy's house. He stole everything expensive.
2 a.m. – 4 a.m.	The man broke into three more houses.
4:30 a.m.	Andy's parents woke up.
5:30 a.m.	The police caught him.

(1) After everyone ___________________________ ,

  a man ___________________________ and

  ___________________________ from

  Andy's house.

(2) Before the police ___________________________ ,

  the man ___________________________ four

  houses in total.

문맥에 맞게 영작

27 다음 글을 읽고 시간의 전후 관계가 나타나도록 각 밑줄 친 단어를 어법에 맞게 바르게 고쳐 쓰세요.

> On the way home with my sister, I met my classmate who I (1) <u>study</u> with last year. After a long talk, I realized that my sister (2) <u>go</u> home by herself.
>
> When I (3) <u>come</u> back home, my sister had already finished her meal. I tried to eat dinner, but my sister made me wash my hands with the soap that she (4) <u>buy</u> in the market last week.

(1) ___________________________

(2) ___________________________

(3) ___________________________

(4) ___________________________

어법 오류 수정

28 다음 중 어법상 틀린 문장 세 개를 찾아 그 기호를 쓰고, 문장 전체를 바르게 고쳐 쓰세요.

> ⓐ They have been knowing each other for 10 years.
> ⓑ He couldn't drive the car because he has left the key at home.
> ⓒ How long have you been studying Spanish?
> ⓓ It has not been raining for two o'clock.
> ⓔ I knew Seoul well because I had been there many times.

_________ → ___________________________

____

_________ → ___________________________

____

_________ → ___________________________

____

Chapter 02

조동사 *

✅ Before You Write

- ✅ 문장의 의미에 따라 어떤 조동사를 써야 할까요?
- ✅ 조동사 뒤에 오는 동사는 어떤 형태로 써야 할까요?
- ✅ be able to/have to는 주어의 인칭과 수, 시제에 따라 어떻게 바꿔 써야 할까요?
- ✅ 과거 일에 대한 추측 정도에 따라 알맞은 형태의 「조동사+have p.p.」를 쓸 수 있나요?

내신 기출 다음 우리말을 보고 머릿속으로 한번 영어 문장을 떠올려 보세요.

1 (2) 우리는 과거를 돌이킬 수 없다. (undo, can't)
~할 수 없다 → 조동사 can → 부정문 → **can't undo**
`POINT 1`

2 A: Welcome to Sandwich Place. (A) 무엇을 주문하시겠어요?
<보기> order / like
~하고 싶다 → 조동사 would like to → What 의문문 → **What would you like to ~?**
`POINT 1`

3 전문가가 되기 위해서는 사람들은 시행착오를 겪어야 한다.
(have / To / and / an / through / people / error / be / expert / to / go / trial)
~해야 한다 → 조동사 have to → 3인칭 복수 주어 → **have to go through**
`POINT 2`

4 너는 조용히 하는 게 좋겠다. (단, had, be quiet를 포함할 것)
~하는 게 좋겠다 → 조동사 had better → **had better be**
`POINT 2`

5 옛날엔 공기가 깨끗했었는데...
(전에는) ~했었다 → 과거의 상태 → 조동사 used to → **used to be**
`POINT 3`

6 나는 겨울을 위해 음식을 아껴두었어야 했는데.
~했어야 했다 → 과거의 일에 대한 후회 → should have p.p. → **should have saved**
`POINT 4`

정답: **1** We can't undo the past. **2** What would you like to order? **3** To be an expert, people have to go through trial and error.
4 You had[You'd] better be quiet. **5** The air used to be clean. **6** I should have saved food for the winter.

조동사의 기본 쓰임

POINT 1 can, may, will

지호는 영어로 자유롭게 말하고 쓸 수 있다.
지호는 / 말하고 쓸 수 있다 / 영어로 / 자유롭게.

→ Jiho / **can[is able to] speak** and **write** / in English / freely.

이 게임의 규칙을 설명해주시겠어요?
설명해주시겠어요 / 규칙들을 / 이 게임의?

→ **Can[Could, Will, Would] you explain** / the rules / of this game?

• 조동사 can, may, will 등은 다양한 의미를 갖는데, 서로 다른 조동사가 공통된 의미를 나타내기도 해요.
각 의미별로 어떤 조동사를 쓸 수 있는지 잘 알아두어야 해요.

📢 능력, 허가, 추측 등을 나타내는 can, may, will

능력	~할 수 있다	can(= am[are, is] able to)
	~할 수 있었다 (과거)	could(= was[were] able to)
	~할 수 있을 것이다 (미래)	will be able to
허가	~해도 된다	can[may]
	~해도 되나요?	Can[May] I ~?
금지	~하면 안 된다	cannot[can't], may not
요청	~해 줄래요?, ~해 주시겠어요?	Can[Could] you ~?, Will[Would] you ~?
	~을 원하다 / ~하고 싶다	would['d] like+명사 / would['d] like to+동사원형
가능성, 추측	~일 수 있다	can[could]
	~일 리가 없다 (강한 부정적 추측)	cannot[can't]
	~일지도 모른다	may[might]
	~이 아닐지도 모른다 (부정적 추측)	may[might] not

대표 기출 문제

🔒 대화의 (B)의 우리말에 맞도록 괄호 안의 단어들을
바르게 배열하여 문장을 완성하시오.

Lucy: I see. Then, (B) 그것을 다른 것으로 교환할
수 있나요?

I / it / for / can / something / exchange /
else

→ ________________________________

🔎 **CLUE 1**

'~할 수 있나요?(~해도 되나요?)'라는 의미는
「Can[May] I ~?」를 사용해 나타낼 수 있어요.

🔎 **CLUE 2**

주어진 단어 중 조동사 can과 '교환하다'라는 의미의
동사 exchange를 사용해, 「Can I exchange ~?」로
문장을 시작하면 돼요.

정답: Can I exchange it for something else?

Point Exercise

[1-4] 우리말과 일치하도록 주어진 단어를 올바르게 배열하세요.

1
> 제 주문을 변경하고 싶습니다.
> (change / like / order / I'd / to / my)

→ _______________________________________ .

2
> 흥미로운 소설들을 좀 추천해줄 수 있니?
> (recommend / can / novels / some / you / interesting)

→ _______________________________________
_______________________________________ ?

3
> 호텔 방문객들은 밤 10시 이후에 수영장을 사용하면 안 됩니다.
> (may / use / after 10 p.m. / hotel guests / not / the pool)

→ _______________________________________
____

4
> 우리가 서두른다면 그 버스를 잡을 수 있을 것이다.
> (we / the bus / to / able / catch / will / be)

→ _______________________________________
_______________________________ if we hurry.

[5-8] 우리말과 일치하도록 주어진 단어를 사용하여 문장을 완성하세요.

5
> 너는 내일 내 생일 파티에 와도 된다.
> (to, come, birthday party)

→ _______________________________________
_______________________________ tomorrow.

6
> 제가 화장실을 가는 동안 제 가방 좀 봐주시겠어요?
> (bag, watch)

→ _______________________________________
_______________ while I go to the restroom?

7
> 그는 내년에 다른 도시로 이사 갈지도 모른다.
> (to, a different city, move)

→ _______________________________________
_______________________________ next year.

8
> 너는 이 슈퍼마켓에서 그 할인 쿠폰을 사용할 수 없다.
> (use, the discount coupon, able)

→ _______________________________________
_______________________ at this supermarket.

[9-10] 우리말과 일치하도록 〈조건〉에 맞게 문장을 완성하세요.

> 〈조건〉
> • 각각 8 단어, 9 단어로 쓸 것
> • 주어진 단어를 사용할 것

9
> 의사 선생님과의 진료 약속 때문에 수업을 일찍 나가도 될까요?

→ _______________________________________
_______________________ with a doctor?
(early, class, an appointment, leave, for)

10
> 모두가 그 사고에 대한 소식을 믿지 않을지도 모른다.

→ _______________________________________
____
(the accident, believe, about, everyone, the news)

recommend 추천하다 guest 방문객, 손님 discount 할인 appointment 약속 leave 나가다; ~을 두고 오다 accident 사고

POINT 2 — must, have to, should, had better

너는 하루에 세 번 약을 먹어야 한다.
너는 / 먹어야 한다 / 네 약을 / 하루에 세 번.

→ You / **must[have to] take** / your medicine / three times a day.

- must와 have to 모두 '~해야 한다'라는 뜻의 의무를 나타낼 수 있지만, 부정형의 의미는 서로 다르므로 쓰임에 주의하세요.
- must는 '~임이 틀림없다'라는 뜻의 강한 추측도 나타낼 수 있어요.

의무, 필요 등을 나타내는 must, have[has] to

의무, 필요	~해야 한다	must = have[has] to
	~해야 했다 (과거)	had to
	~해야 할 것이다 (미래)	will have to
금지	~하면 안 된다	must not
불필요	~할 필요가 없다	don't[doesn't] have to
추측	~임이 틀림없다 (강한 긍정적 추측)	must

너는 다른 사람들의 의견을 존중해야 한다.
너는 / 존중해야 한다 / 다른 사람들의 의견을.

→ You / **should respect** / other people's opinions.

- should는 must, have to보다는 가벼운 정도의 의무나 충고를 나타내요.
- had better는 '~하는 게 낫다[좋다]'라는 뜻으로 should보다는 강한 충고나 권고를 나타내요.

의무, 충고 등을 나타내는 should, had better

의무, 충고	~해야 한다	should
금지	~하지 말아야 한다	should not[shouldn't]
충고, 권고	~하는 게 낫다[좋다]	had better (줄임 표현: 'd better)
금지	~하지 않는 게 낫다	had better not (줄임 표현: 'd better not)

대표 기출 문제

🔒 주어진 단어를 이용하여 우리말 의미에 맞게 영작하시오.

당신은 커피 섭취를 줄이는 것이 낫겠어요.
(better, cut down on)

→ _______________________________________

CLUE 1
'(커피 섭취를) 줄이다'라는 뜻의 cut down on에 '~하는 것이 낫다'라는 의미의 말을 덧붙여야 해요.

CLUE 2
주어진 단어를 사용하여 '~하는 것이 낫다'라는 의미의 조동사 had better를 씁니다.

정답: You had[You'd] better cut down on coffee.

Point Exercise

배열 영작

[1-3] 우리말과 일치하도록 주어진 단어를 올바르게 배열하세요.

1

> 너는 금요일까지 너의 숙제를 끝내야 할 것이다.
> (will / your / you / to / finish / have /
> assignment)

→ _______________________________________

_______________________________________ by Friday.

2

> 너는 밤 늦게 시끄러운 음악을 틀지 않는 게 낫겠다.
> (loud / had / you / not / music / play /
> better)

→ _______________________________________

late at night.

3

> 너는 플라스틱을 다른 쓰레기와 분리해야 한다.
> (should / other garbage / plastic / from /
> separate / you)

→ _______________________________________

_______________________________________ .

주어진 단어로 영작

[4-7] 우리말과 일치하도록 주어진 단어와 must 또는 have to를
사용하여 문장을 완성하세요.

4

> 그들은 좋지 않은 날씨 때문에 공원으로 가는 그들의
> 소풍을 취소해야 했다.
> (cancel, to the park, picnic)

→ _______________________________________

_______________________________ because of bad weather.

5

> 네 부모님은 네 졸업이 자랑스러울 것이 틀림없다.
> (be proud of, graduation)

→ _______________________________________

6

> 우리 팀은 다음 경기를 위해 더 열심히 훈련해야 한다.
> (harder, the next game, train, for)

→ _______________________________________

____

7

> 우리는 그 식당에 자리를 예약할 필요가 없다.
> 그곳은 보통 붐비지 않는다.
> (book, at, the restaurant, a table)

→ _______________________________________

It's usually not crowded.

기출: 조건 영작

[8-9] 우리말과 일치하도록 〈조건〉에 맞게 문장을 완성하세요.

> 〈조건〉
> • 각각 9 단어, 8 단어로 쓸 것
> • 주어진 단어를 사용할 것

8

> 나는 어제까지 과학 숙제를 제출해야 했다.

→ _______________________________________

____

(science homework, hand in, by)

9

> 너는 해변에서 자외선 차단제를 바르는 것이 좋겠다.

→ _______________________________________

____

(sunscreen, at, wear, the beach)

---

assignment 숙제, 과제 separate 분리하다 graduation 졸업 crowded 붐비는, 복잡한 hand in 제출하다

Unit 02 과거 사실·추측을 나타내는 조동사의 쓰임

 과거의 습관이나 상태를 나타내는 used to

나는 매일 체육관에서 운동하곤 했다.
나는 / 운동하곤 했다 / 체육관에서 / 매일.

→ I / **used to** work out / in the gym / every day.

이 강은 매우 깨끗했었다. (지금은 아니다)
이 강은 / (전에는) ~했었다 / 매우 깨끗한.

→ This river / **used to** be / very clean.

- 조동사 used to는 과거의 습관이나 상태를 나타내며, '(전에는) ~하곤 했다, (전에는) ~했는데[였는데] (지금은 아니다)'라고 해석해요.
- used to는 우리말 해석이 과거시제처럼 들리지만, '지금은 그렇지 않다'라는 의미를 포함하고 있어서 **현재와 대조되는 과거의 습관이나 상태**에 대해 나타낼 때 쓰여요.

- used to와 형태는 비슷하지만 의미가 전혀 다른 다음 표현들에 주의하세요.

be used to+동사원형	~하는 데 사용되다 (☞ Ch 03 수동태)	Milk **is used to make** cheese and butter. 우유는 치즈와 버터를 만드는 데 사용된다.
be used to -ing	~하는 것에 익숙하다 (☞ Ch 05 동명사)	He **is used to waking up** early for school. 그는 학교에 가기 위해 일찍 일어나는 것에 익숙하다.

주의

조동사 would도 used to와 같이 현재와 대조되는 '과거의 습관'을 나타낼 수 있으나,
'과거의 상태'에 대해 말할 때는 would를 쓰지 않습니다.
This park ~~would~~(→ **used to**) be a forest. (전에는 이 공원이 숲이었다. (지금은 아니다.))

대표 기출 문제

다음 두 문장의 의미가 같도록 빈칸에 알맞은 말을 쓰시오.

- He lived in Seoul before, but he doesn't live in Seoul now.
= ________________________________.

정답: He used to live in Seoul

Point Exercise

주어진 단어로 영작

[1-4] 우리말과 일치하도록 주어진 단어와 used to를 사용하여 문장을 완성하세요.

1
> 전에는 이 공원에 분수가 있었다.
> (there, a fountain)

→ ____

__________________________ in this park.

2
> 그 아이들은 토요일마다 기타를 연습하곤 했다.
> (practice, the children, the guitar)

→ ____

__________________________ on Saturdays.

3
> 우리는 우리의 장래 희망에 관해서 이야기하곤 했다.
> (future dreams, about, talk)

→ ____

____

4
> John은 그의 여동생을 돌보곤 했다.
> (younger sister, take care of)

→ ____

____

문장 전환

[5-8] 주어진 문장과 의미가 일치하도록 used to를 사용하여 빈칸을 완성하세요.

5
> My parents took a walk every morning, but they don't anymore.

→ ____

__________________________ every morning.

6
> There was a nice bakery near our school, but now it doesn't exist.

→ ____

__________________________ near our school.

7
> The mountain was very popular for tourists, but now it isn't.

→ ____

__________________________ for tourists.

8
> Minji watched movies with her friends on the weekends, but she doesn't anymore.

→ ____

__________________________ on the weekends.

기출: 어법 오류 수정

9 우리말과 주어진 문장의 의미가 일치하도록 문장 전체를 바르게 고쳐 쓰세요.

(1)
> 나는 나의 할머니께 편지를 쓰곤 했다.
> → I'm used to write letters to my grandmother.

→ ____

____

(2)
> 전에는 Nate가 우리 마을에 살았지만, 지금은 아니다.
> → Nate is used to living in our town.

→ ____

____

fountain 분수 exist 존재하다 popular 인기 있는

너는 장갑을 식당에 두고 온 게 틀림없어.
너는 / 두고 온 게 틀림없어 / 네 장갑을 / 식당에.

→ You / **must have left** / your gloves / at the restaurant.

나는 어젯밤에 너무 많이 먹지 말았어야 했다.
나는 / 먹지 말았어야 했다 / 너무 많이 / 어젯밤에.

→ I / **shouldn't have eaten** / so much / last night.

· 과거의 일에 대한 추측이나 후회·유감을 나타낼 때, 「**조동사+have p.p.**」 형태로 쓸 수 있어요.
· 문맥상 알맞은 조동사를 써야 하기 때문에 「**조동사+have p.p.**」의 의미를 잘 알아두어야 해요.

📢 「조동사+have p.p.」의 종류와 의미

may[might] have p.p.	과거에 대한 불확실한 추측	(어쩌면) ~했을지도 모른다
could have p.p.	과거에 대한 가능성, 추측	~했을 수도 있다
must have p.p.	과거에 대한 강한 긍정적 추측	~했음이 틀림없다
can't[couldn't] have p.p.	과거에 대한 강한 부정적 추측	~했을 리가 없다
should have p.p.	과거 사실에 대한 후회나 유감	~했어야 했다 (하지만 하지 않았다)
shouldn't have p.p.		~하지 말았어야 했다 (하지만 했다)

주의

「조동사+have p.p.」의 과거분사(p.p.) 자리에 been이 오는 경우, 빠뜨리지 않도록 주의하세요.
You **should have** more careful. (×) → You **should have been** more careful. (○) (너는 더 조심했어야 했다.)

대표 기출 문제

🔒 다음을 읽고 우리말을 영어로 정확히 옮겨 빈칸에
들어갈 말을 포함해 문장 전체를 답안에 작성하시오.

A: What's wrong?
B: I got caught in the rain.
A: Oh, I'm sorry to hear that.
B: I ___________________________ .
　　(내가 우산을 가지고 왔었어야 했는데)

· 문법 오류는 0점, 철자 오류 및 관사는 1점씩 감점함
· 동사를 축약하여 작성하지 말 것

→ I __________ __________ __________
　　__________ .

🔍 **CLUE 1**
비를 맞아 우산을 가지고 왔었어야 한다는
'과거 사실에 대한 후회'를 나타내고 있어요.

🔍 **CLUE 2**
'~했어야 했는데 (하지 않았다)'는 의미는
「should have p.p.」로 나타내요. 이때, 과거분사(p.p.)
자리에는 bring의 과거분사를 써야 해요.

정답: should have brought my umbrella

Point Exercise

[1-3] 우리말과 일치하도록 주어진 단어를 올바르게 배열하세요.

1

너는 어제 그 TV 드라마를 봤어야 했다.
(seen / you / the TV drama / have / should)

→ ____

________________________________ yesterday.

2

내 여동생이 쇼핑몰에 갔었을 리가 없다.
(can't / the shopping mall / my / to / gone / sister / have)

→ ____

________________________________ .

3

진수의 아버지는 유명한 배우이셨을지도 모른다.
(been / Jinsu's / have / might / father / a famous actor)

→ ____

________________________________ .

[4-5] 우리말과 일치하도록 주어진 단어를 사용하여 빈칸에 알맞은 말을 쓰세요.

4

그는 그의 알람을 맞추는 것을 잊은 것이 틀림없다.
(forget)

→ He ________________ ________________

________________ to set his alarm.

5

그 소문이 사실이었을 수도 있다. (be)

→ The rumor ________________ ________________

________________ true.

[6-8] 우리말과 일치하도록 주어진 단어를 사용하여 문장을 완성하세요.

6

Ian은 그의 휴대 전화를 잃어버린 것이 틀림없다.
(cell phone, lose)

→ ____

____

7

나는 하루 종일 컴퓨터 게임을 하지 말았어야 했다.
(play, all day, computer games)

→ ____

____

8

나의 형은 우리의 약속에 대해 잊었을지도 모른다.
(forget, older brother, about, appointment)

→ ____

____

9 주어진 문장을 〈보기〉와 같이 후회를 나타내는 의미의 문장으로 바꿔 쓰세요.

〈보기〉
I failed the test because I didn't study hard.
→ I should have studied hard.

My mom was angry because I lied to her.

→ ____

____

rumor 소문

Chapter Test [*]

STAGE 1) Go for it!

자신 있게 풀어보는 기초 문제!

배열 영작

[1-4] 우리말과 일치하도록 주어진 단어를 배열하여 문장을 완성하세요.

1
> 엄마는 내 잘못에 화가 나신 게 틀림없다.
> (angry / about / my / be / must / mistake)

→ Mom ________________________

________________________.

2
> 너는 너의 식사를 더 천천히 하는 게 좋겠다.
> (slowly / your / had / more / meal / eat / better)

→ You ________________________

________________________.

3
> Sophia가 어제 그곳에서 나를 봤을 리가 없다.
> (seen / there / me / have / yesterday / can't)

→ Sophia ________________________

________________________.

4
> Dan은 지난주에 내 편지를 받았을지도 모른다.
> (my / have / week / letter / received / last / may)

→ Dan ________________________

________________________.

주어진 단어로 영작

[5-7] 우리말과 일치하도록 주어진 단어를 사용하여 문장을 완성하세요. (필요시 형태를 바꾸거나 단어를 추가할 것)

5
> 15살 이하의 아이들은 이 TV 프로그램을 시청해선 안 된다.
> (watch, should, this TV program)

→ Children under fifteen ________________________

________________________.

6
> 나는 주말마다 나의 가족과 함께 하이킹을 하러 가곤 했다.
> (go hiking, family, used)

→ ________________________

________________________ on weekends.

7
> Francis가 그 거울을 깨뜨렸음이 틀림없다.
> (the mirror, break)

→ ________________________

________________________.

최신 기출

8 주어진 단어를 배열하여 다음 대화를 완성하세요.

> Kelly: Peter, why were you late for class?
> Peter: I had a bad stomachache.
> Kelly: Oh, no! Are you okay now?
> Peter: Yeah. ________________________.

→ ________________________

________________________.

(have / shouldn't / that / I / spicy food / eaten / last night)

그림 영작

[9-11] 다음 그림을 보고 〈보기〉와 같이 주어진 단어를 사용하여 예전 모습을 묘사하는 문장을 완성하세요.

〈보기〉

Sujin used to wear glasses.
(glasses, wear)

9 There ________________________________
________________________________ .

(on the hill, be, a tower)

10 Jason ________________________________
________________________________ .

(swimming, be afraid of, in the sea)

11 Katie ________________________________
________________________________ .

(by bike, go to school)

어법 오류 수정

[12-15] 다음 각 문장에서 어법상 **틀린** 부분을 찾아 바르게 고쳐 쓰세요.

12 Jane used to keeping a diary when she was a student.

________________ → ________________

13 You had not better rub your eyes with dirty hands.

________________ → ________________

14 Jake ate all of my cookies. He must have very hungry.

________________ → ________________

15 We couldn't finish our meal. We shouldn't order so much.

________________ → ________________

최신 기출

16 다음 대화를 읽고 빈칸에 들어갈 알맞은 문장을 〈조건〉에 닿게 쓰세요.

A: My new neighbor invited me to their party this weekend.
B: That sounds fun!
A: I want to prepare something for them.
________________________________ ?
B: How about some homemade cookies? Everyone loves a sweet snack!

〈조건〉
• 조언을 요청하는 의미를 나타낼 것
• can, on a gift, give, some advice, me를 사용할 것

→ ________________________________
________________________________ ?

[17-24] 주어진 문장과 같은 의미가 되도록 〈조건〉에 맞게 바꿔 쓰세요.

〈조건〉
• 조동사 used to를 사용해서 바꿔 쓸 것

17 My family visited Busan every summer, but now we don't.

→ _______________________________

_______________________________ every summer.

18 There was a post office near my home, but now there isn't.

→ _______________________________

_______________________________ near my home.

〈조건〉
• 조동사 should를 사용해서 바꿔 쓸 것

19 I didn't study hard for today's test.
I regret it.

→ _______________________________

_______________________________ for today's test.

20 I was rude to my teacher in class.
I regret it.

→ _______________________________

_______________________________ in class.

21 I ate so much ice cream yesterday.
I regret it.

→ _______________________________

_______________________________ yesterday.

〈조건〉
• 조동사 must를 사용해서 바꿔 쓸 것

22 They aren't at home.
I'm sure that they went to the movies.

→ They aren't at home.

____

____

23 My favorite jacket is missing.
I'm sure that my older sister took it this morning.

→ My favorite jacket is missing.

____

_______________________________ this morning.

24 The ground is so wet.
I'm sure that it rained a lot last night.

→ The ground is so wet.

____

_______________________________ last night.

25 다음 고민에 대한 글을 읽고 그에 알맞은 조언을 〈조건〉에 맞게 영작하세요.

I fought with my best friend, Linda. She is really angry with me. I want to talk to Linda, but she is ignoring me.

〈조건〉
• (1)은 had better를, (2)는 should를 쓸 것
• 주어진 단어를 사용해 (1)은 6 단어 (2)는 4 단어로 쓸 것

(1) You _______________________________

_______________________________ to calm down.

(her, give, some time)

(2) Then, you _______________________________

_______________________________.

(to, apologize, her)

조건 영작

26 다음 대화를 읽고 빈칸에 들어갈 알맞은 말을 〈조건〉에 맞게 쓰세요.

> A: Grandpa, how did you get to school when you were a student?
> B: I (1) _________________ to school.
> A: What did you do after school?
> B: I (2) _________________ fish in the river with my friends.
> A: Where was the river?
> B: The river (3) _________________ near my house.

> 〈조건〉
> • (1)~(3)에 같은 조동사를 반드시 포함할 것
> • catch, be, walk를 한 번씩 사용할 것

(1) _________________

(2) _________________

(3) _________________

문맥에 맞게 영작

27 다음 글을 읽고 Sophie가 할 말을 주어진 단어를 사용하여 쓰세요.

> Sophie bought a new comic book. Many of her classmates bought this book as well.
> Yesterday, she brought it to school and showed it to her friend. However, when she came back from school, she found that it wasn't in her bag. She tried to find it at school today, but she couldn't. Nobody knows which book is hers because there's no name on it.
> In this situation, what could Sophie say to herself?

Sophie: _________________

____

(write, should, on it, my name)

Challenge!

누적 문제 Ch 01-02

28 다음 중 어법상 틀린 문장 **두 개**를 찾아 그 기호를 쓰고 문장 전체를 바르게 고쳐 쓰세요.

> ⓐ He used to be very shy.
> ⓑ I should have book the ticket earlier.
> ⓒ My brother forgot that he had borrowed a cap from me.
> ⓓ Emma has left her umbrella on the bus.
> ⓔ Andrew has been wait for me for an hour.

_______ → _________________

____

_______ → _________________

____

Chapter 03

수동태

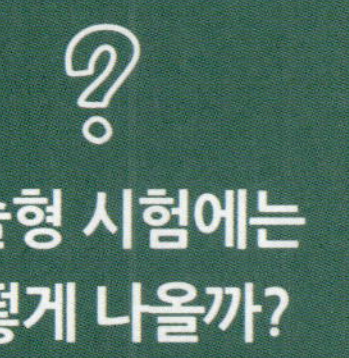

✅ Before You Write

- ✅ 현재/과거/미래/진행형/완료형 등 시제에 따라 「be+p.p.」의 be동사는 어떻게 달라질까요?
- ✅ 조동사를 포함한 수동태는 어떻게 써야 할까요?
- ✅ SVOO 문형과 SVOC 문형의 수동태는 어떻게 쓸까요?
- ✅ 여러 단어로 이루어진 구동사의 수동태를 알맞게 쓸 수 있나요?

내신 기출 다음 우리말을 보고 머릿속으로 한번 영어 문장을 떠올려 보세요.

1 (4) 음료는 무료로 제공될 예정이다. for / serve / will

→ Drinks __________ __________ __________ __________ __________.

'∼할 예정이다+∼되다' → 미래시제 수동태 → **will be served**　　`POINT 1`

2 (2) 그 스웨터는 뜨거운 물로 세탁될 수 없다.

'∼할 수 없다+∼되다' → 조동사를 포함한 수동태 → **cannot be washed**　　`POINT 1`

3 많은 유명한 영화들이 뉴질랜드에서 만들어져 왔다 for a long time.

'∼해 왔다+∼되다' → 현재완료형 수동태 → **Many famous movies have been made**　　`POINT 2`

4 (A) 한 부는 좋아하는 친구인 정병욱에게 주었고,

friend(Jeong Byeong-uk) / to / One / his / was given / favorite / book

「give+간접목적어(친구)+직접목적어(한 부)」의 수동태 → 직목+be given to+간목

→ **One book was given to**　　`POINT 3`

5 M: Excuse me. (A) 우산을 안으로 가져오시면 안 됩니다.

<조건> 주어를 '너(당신)'으로 할 것 / 동사 allow를 사용할 것

「allow+목적어+to부정사」의 수동태 → be allowed+to부정사

→ **You are not allowed to bring**　　`POINT 4`

6 다음 문장을 수동태로 바꿀 때 빈칸에 차례대로 쓰시오.

- I took care of my baby. → My baby __________________.

구동사의 수동태 → be+p.p.+나머지 부분 → **was taken care of**　　`POINT 5`

7 그러면 부엌은 달콤한 냄새로 가득 차. (filled with)

∼로 가득 차다 → be filled with → **the kitchen is filled with**　　`POINT 6`

정답: **1** will be served for free　**2** The sweater cannot[can't] be washed in hot water.　**3** Many famous movies have been made[created] in New Zealand　**4** One book was given to his favorite friend, Jeong Byeong-uk　**5** You are not[aren't] allowed to bring the umbrella inside.　**6** was taken care of by me　**7** Then the kitchen is filled with a sweet smell.

수동태의 형태

POINT 1 | 수동태: be + 과거분사(p.p.)

나의 선생님은 / 존경받으신다 / 많은 학생들에게.
주어　　　　　동사　　　　　by+행위자

→ My teacher / **is respected** / *by* many students .

- 주어가 동작을 하는 것(능동태)이 아니라 동작을 받을 때 사용하는 동사 형태를 **수동태**라고 합니다.
- 수동태는 「**be동사+과거분사(p.p.)**」 형태로 나타내며, 누가 동작을 하는지 밝히려면 뒤에 「by+행위자」를 씁니다.
- 행위자가 막연한 사람들이거나 불분명하거나 중요하지 않을 때는 by 이하를 생략하기도 합니다.
- 수동태의 시제는 be동사로 나타내므로 현재는 am/are/is, 과거는 was/were, 미래는 will be로 씁니다.

📢 수동태의 기본 형태

긍정문	be동사+과거분사(p.p.)(+by+행위자)
부정문	be동사+not+과거분사(p.p.)(+by+행위자)
의문문	(의문사+)be동사+주어+과거분사(p.p.)(+by+행위자) ~?

화학 약품들은 / 다루어져야 한다 / 조심해서.

→ Chemicals / **should be handled** / with care.

행위자를 꼭 밝힐 필요가 없는 경우,
「by+행위자」는 생략할 수 있어요.

📢 조동사를 포함한 수동태

긍정문	조동사+be+과거분사(p.p.)
부정문	조동사+not+be+과거분사(p.p.)
의문문	조동사+주어+be+과거분사(p.p.) ~?

주의 수동태를 쓰지 않는 동사

목적어를 갖지 않는 자동사(appear(나타나다; ~처럼 보이다), disappear(사라지다), happen, occur 등)와
소유나 상태를 표현하는 동사(have(가지고 있다), belong to, lie 등)는 수동태로 쓰지 않아요.

대표 기출 문제

🔒 다음 우리말 부분을 주어진 단어들을 모두 활용하여
영어로 옮기시오. (단, 필요시 단어의 형태를 변화시킬 것)

A month later, 그 나무는 번개를 맞았다.

be / by / lightning / strike / the / tree

→ ___________________________________

🔍 **CLUE 1**

'(번개를) 맞았다'라는 것은 주어(the tree)와
동사(strike)가 수동 관계이므로 동사를
수동태(be struck)로 써야 해요.

🔍 **CLUE 2**

주어가 the tree이고 과거에 일어난 일을 나타내고
있으므로 be동사는 3인칭 단수 과거형인 was를
써야 해요.

정답: the tree was struck by lightning.

Point Exercise

배열 영작

[1-7] 우리말과 일치하도록 주어진 단어를 올바르게 배열하세요.

1
> 그 소설은 많은 독자들에게 사랑받는다.
> (loved / readers / the novel / many / is / by)

→ __________________________________

__________________________________ .

2
> 시험지들은 어제 우리 선생님에 의해 채점됐다.
> (were / by / teacher / the papers / marked / our)

→ __________________________________

__________________________________ yesterday.

3
> 이번 주 금요일 전에 너의 소포는 배송될 것이다.
> (will / your / delivered / be / package)

→ Before this Friday, __________________

__________________________________ .

4
> 그 피아노 대회는 우리 학교에서 2년마다 열린다.
> (our / is / the piano competition / held / in / school)

→ __________________________________

__________________________________ every other year.

5
> 이 책들은 도서관 밖으로 가져가서는 안 된다.
> (should / these / taken / be / not / out of / books / the library)

→ __________________________________

__________________________________ .

6
> 네 컴퓨터 소프트웨어는 오늘밤에 업데이트될 것이다.
> (computer software / will / your / updated / be)

→ __________________________________

tonight.

7
> 매년 에펠 탑은 많은 사람에 의해 방문된다.
> (many / is / the Eiffel Tower / by / people / visited)

→ Every year, ______________________

__________________________________ .

문장 전환

[8-11] 다음 문장을 수동태로 바꿔 쓰세요.

8
> Medicine cannot cure some diseases.

→ __________________________________

____

9
> The police will investigate the case.

→ __________________________________

____

10
> Anyone can play this mobile game for free.

→ __________________________________

__________________________________ for free.

11
> A professional photographer took the picture.

→ __________________________________

____

---

novel 소설 mark 채점하다; 표시 competition 대회; 경쟁 cure 치료하다, 고치다 disease 질병 investigate 조사하다 case 사건 for free 무료로, 공짜로 professional 전문적인 photographer 사진작가

[12-19] 우리말과 일치하도록 주어진 단어를 사용하여 문장을
완성하세요.

12

가끔 소포들이 제때 배달되지 않는다.
(deliver, on time, the packages)

→ From time to time, ______________________

______________________ .

13

그 기계는 매일 점검되어야 한다.
(the machine, check, must)

→ ______________________

______________________ every day.

14

유리는 그녀의 정직함 때문에 선생님께 칭찬받았다.
(praise, for, Yuri, honesty)

→ ______________________

______________________ by the teacher.

15

육류는 냉장고에 보관되어야 한다.
(in, keep, a refrigerator, should, meat)

→ ______________________

____

16

우리의 일정은 날씨에 의해 변경될지도 모른다.
(the weather, schedule, change, may)

→ ______________________

17

그 크리스마스트리는 아이들에 의해 장식되었다.
(decorate, the Christmas tree, the kids)

→ ______________________

____

18

많은 나무들이 산불에 의해 타 버렸다.
(the forest fire, a lot of, burn, trees)

→ ______________________

19

다음 달까지 그의 그림들은 미술관에서 전시될 것이다.
(the gallery, display, paintings, will, in)

→ By next month, ______________________

______________________ .

[20-28] 다음 각 문장에서 어법상 **틀린** 부분을 찾아 바르게
고쳐 쓰세요.

20 The car was drove by her older brother.

______________________ → ______________________

21 This area must be not entered without
permission.

______________________ → ______________________

22 She should be bought a gift for her friend's
birthday.

______________________ → ______________________

---

from time to time 가끔 machine 기계 praise 칭찬하다 honesty 정직(성), 솔직함 schedule 일정 decorate 장식하다 display 전시하다 permission 허락, 허가

23 The zipper invented by Whitcomb Judson in 1893 as a device for shoes.

_______________ → _______________

24 Clams usually hide under the sand, so they cannot discover easily.

_______________ → _______________

25 The book was interesting to read. It was satisfied my curiosity about the topic.

_______________ → _______________

26 A book and a magazine is placed on the table.

_______________ → _______________

27 Should the English presentation prepare by this week?

_______________ → _______________

28 The pain was suddenly disappeared after taking the medicine.

_______________ → _______________

기출: 조건 영작

29 우리말과 일치하도록 〈보기〉에서 알맞은 말을 골라 〈조건〉에 맞게 문장을 완성하세요.

〈조건〉
- 조동사를 포함한 수동태 구문을 사용할 것
- 〈보기〉에서 단어를 3개씩 골라 쓰고, 필요시 형태를 변형시킬 것

〈보기〉
remove / should / by / publish / sell / will / novel / stain / can

(1) 그 소설은 곧 출판될 것이다.

→ _______________

____

(2) 이 얼룩은 일반 비누로는 제거될 수 없다.

→ _______________

_______________ with regular soap.

(3) 그 우유는 내일까지 판매되어야 한다.

→ _______________

____

device 장치, 기기 clam 조개 satisfy 만족시키다, 충족시키다 curiosity 호기심 topic 주제, 화제 remove 제거하다, 없애다 publish 출판하다, 발행하다 stain 얼룩
regular 일반적인, 보통의; 규칙적인

그 소프트웨어 프로그램은 컴퓨터에 설치되고 있다.
그 소프트웨어 프로그램은 / 설치되고 있다 / 컴퓨터에.

→ The software / **is being installed** / on the computer.

• '~되는 중이다, ~되는 중이었다'라는 진행의 의미를 가지는 수동태는 「be동사＋being＋p.p.」의 형태로
　나타내며, 시제에 따라 다음과 같은 형태로 씁니다.

현재진행형 (~되는 중이다, ~되고 있다)	is[are] being＋과거분사(p.p.)
과거진행형 (~되는 중이었다, ~되고 있었다)	was[were] being＋과거분사(p.p.)

The photos **are being printed** for the album. 사진들이 앨범을 위해 인쇄되고 있다.
The rooms **were being cleaned** before the guests arrived. 손님들이 도착하기 전에 방들이 청소되고 있었다.

그 문은 어젯밤부터 잠겨 있었다.
그 문은 / 잠겨 있었다 / 어젯밤부터.

→ The door / **has been locked** / since last night.

• 완료형의 수동태는 다음과 같이 나타냅니다.

현재완료형 (~되어 왔다, ~되었다, ~된 적이 있다)	have[has] been＋과거분사(p.p.)
과거완료형 (~되어 있었다)	had been＋과거분사(p.p.)

This topic **has** never **been explained** in class. 이 주제는 수업에서 한 번도 설명된 적이 없다.
The movie **had been started** when we arrived at the theater. 우리가 극장에 도착했을 때 영화는 시작되었었다.

대표 기출 문제

🔒 글의 (A)와 같은 뜻이 되도록, 7단어를 써서 문장을
완성하시오. (단, 괄호 안에 주어진 단어를 모두 사용할 것)

> Actually, (A) 그것은 오래전부터 사용되어 왔다.
> Even Shakespeare used "ha-ha" in his
> works.

→ ＿＿＿＿ ＿＿＿＿ ＿＿＿＿ ＿＿＿＿
＿＿＿＿ ＿＿＿＿ ＿＿＿＿. (since, it)

CLUE 1
우리말 '사용되어 왔다'와 과거 시점 앞에 쓰이는
since가 있으므로 과거부터 현재까지의 계속을
뜻하는 현재완료 수동태로 표현해요.

CLUE 2
주어가 3인칭 단수 it이므로 has been p.p.로
나타내요.

정답: it has been used since long ago

Point Exercise

○ **빈칸 완성**

[1-4] 우리말과 일치하도록 주어진 단어를 사용하여 빈칸에 알맞은 말을 쓰세요.

1
> 콘서트 표가 빠르게 판매되고 있었다. (sell)

→ The concert tickets ＿＿＿＿＿＿ ＿＿＿＿＿＿ ＿＿＿＿＿＿ fast.

2
> 규칙이 설명되어서 모든 사람이 그 게임을 이해했다. (explain)

→ The rules ＿＿＿＿＿＿ ＿＿＿＿＿＿ ＿＿＿＿＿＿ so everyone understood the game.

3
> 당신의 주문은 이미 처리되었습니다. (process)

→ Your order ＿＿＿＿＿＿ already ＿＿＿＿＿＿ ＿＿＿＿＿＿.

4
> 그 자전거는 나의 아버지에 의해 수리되고 있다. (repair)

→ The bicycle ＿＿＿＿＿＿ ＿＿＿＿＿＿ ＿＿＿＿＿＿ by my father.

○ **배열 영작**

[5-6] 우리말과 일치하도록 주어진 단어를 사용하여 올바르게 배열하세요.

5
> 이 도구는 오래전부터 농작물을 수확하는 데 사용되어 왔다.
> (used / this tool / long ago / been / since / has)

→ ＿＿＿＿＿＿＿＿＿＿＿＿＿＿＿＿＿＿ ＿＿＿＿＿＿＿＿＿＿＿＿＿＿＿＿＿ to harvest crops.

6
> 시험 결과는 아직 발표되지 않았다.
> (have / yet / announced / the exam results / been / not)

→ ＿＿＿＿＿＿＿＿＿＿＿＿＿＿＿＿＿＿.

○ **어법 오류 수정**

[7-9] 다음 각 문장에서 어법상 틀린 부분을 찾아 바르게 고쳐 쓰세요.

7 I have been changed the language of my phone to English.

＿＿＿＿＿＿＿＿ → ＿＿＿＿＿＿＿＿

8 The house had cleaned when the family moved in.

＿＿＿＿＿＿＿＿ → ＿＿＿＿＿＿＿＿

9 Many rivers have been creating by rainfall in this region.

＿＿＿＿＿＿＿＿ → ＿＿＿＿＿＿＿＿

기출 : 대화문 완성

10 우리말과 일치하도록 주어진 단어를 사용하여 다음의 대화를 완성하세요.

> A: Have you seen the new movie?
> B: (1) Yes, <u>그것은 이미 정말 많은 사람에 의해 관람되었어!</u>
> A: I know! (2) <u>나는 그것이 어디서나 상영되고 있다고 들었어.</u>

(1) Yes, it ＿＿＿＿＿＿ ＿＿＿＿＿＿ ＿＿＿＿＿＿ by so many people already! (watch)

(2) I heard it ＿＿＿＿＿＿ ＿＿＿＿＿＿ ＿＿＿＿＿＿ in theaters everywhere. (show)

process 처리하다 tool 도구, 연장 harvest 수확하다 crop 농작물 announce 발표하다, 알리다 move in 이사 오다 rainfall 강우(량) region 지방, 지역

02 SVOO/SVOC 문형의 수동태

POINT 3 SVOO 문형의 수동태

선생님이 주셨다 / 나에게 / 성적표를.

The teacher gave / me / the report card . <능동태>
간접목적어 직접목적어

나는 주어졌다 / 성적표가 / 선생님에 의해.

→ **I was given** / *the report card* / by the teacher. <간접목적어가 주어인 수동태>

성적표가 주어졌다 / 나에게 / 선생님에 의해.

→ **The report card was given / to me** / by the teacher. <직접목적어가 주어인 수동태>

- SVOO 문형에서는 목적어가 2개(간접목적어, 직접목적어)이므로 수동태 문장도 두 가지로 바꿔 쓸 수 있어요.

간접목적어를 주어로 바꾼 수동태	주어+be동사+p.p.+직접목적어
직접목적어를 주어로 바꾼 수동태	주어+be동사+p.p.+**전치사(to/for)**+간접목적어

📢 수동태 문장에서 간접목적어 앞에 전치사 to/for를 쓰는 동사

전치사 **to**를 쓰는 동사	give, send, show, tell, bring, teach, write, lend, pass, sell 등
전치사 **for**를 쓰는 동사	make, buy, cook, get, sing, choose, find 등

주의

make, buy, get, cook, do, bring, choose, find 등은 간접목적어를 주어로 하면 의미가 매우 어색하여 거의 쓰이지 않습니다.
The waiter brought **us** the menu. (그 웨이터는 우리에게 메뉴를 가져다주었다.)
→ **We** were brought the menu by the waiter. (×)

대표 기출 문제

🔒 세 문장의 의미가 같아지도록 문장을 완성하시오.

- Minsu gave me a lot of flowers.
- I _________ by Minsu.
- A lot of flowers _________ by Minsu.

🔍 **CLUE 1**
능동태의 간접목적어(me)가 주어가 되어 '꽃을 받았다'라고 나타내야 해요. 동사는 수동태 과거형 was given으로 쓰고, 직접목적어(a lot of flowers)는 「be동사+p.p.」 뒤에 씁니다.

🔍 **CLUE 2**
능동태의 직접목적어(a lot of flowers)가 주어가 되어 '나에게 주어졌다'로 나타내요. 동사는 수동태 과거형 were given을 쓰고, '∽에게'를 뜻하는 목적어(me)앞에는 전치사 to를 씁니다.

정답: was given a lot of flowers, were given to me

Point Exercise

[1-4] 다음 문장을 수동태로 바꿔 쓰세요.

1

> The university gave her a scholarship.

→ She _______________________

_______________________ by the university.

2

> Junho lent me the skateboard.

→ The skateboard _______________________

_______________________ by Junho.

3

> Kevin showed us the wedding pictures.

→ The wedding pictures _______________________

_______________________ by Kevin.

4

> Mrs. Park teaches us how to bake a cake.

→ We _______________________

_______________________ by Mrs. Park.

[5-9] 우리말과 일치하도록 주어진 단어를 사용하여 문장을 완성하세요. (필요시 단어를 추가하거나 형태를 바꿀 것)

5

> 그 옛날이야기는 나의 할머니에 의해 나에게 말해졌다.
> (the old story, tell)

→ _______________________

_______________________ by my grandmother.

6

> 이 가방은 나의 엄마에 의해 나에게 만들어졌다.
> (make, bag)

→ _______________________

by my mom.

7

> 손님들은 직원에 의해 주스 한 잔을 제공받는다.
> (a glass of, guests, offer, juice)

→ _______________________

by staff.

8

> 그 배우는 기자들에 의해 많은 질문들이 물어졌다.
> (many, the actor, ask, questions)

→ _______________________

_______________________ by the reporters.

9

> 많은 편지들이 전 세계 팬들에 의해 그 가수에게 쓰였다.
> (write, letters, the singer, many)

→ _______________________

_______________________ by fans all over the world.

10 다음 문장을 〈보기〉와 같이 수동태로 바꿔 쓰세요.

> 〈보기〉
> My friend gave me some cookies yesterday.
> (1) I was given some cookies by my friend yesterday.
> (2) Some cookies were given to me by my friend yesterday.

> Jack told the teacher a lie last week.

(1) _______________________

(2) _______________________

university 대학교 scholarship 장학금 guest 손님 offer 제공하다

나의 친구들은 **부른다** / 나를 / 수학에 있어서 천재라고.

My friends **call** / *me* / *a genius in math.* <능동태>

나는 **불린다** / 수학에 있어서 천재라고 / 내 친구들에게.

→ I **am called** / *a genius in math* / by my friends. <수동태>

학교는 우리에게 **허락한다** / 체육관을 쓰도록 / 방과 후에.

The school **allows** *us* / *to use the gym* / after school. <능동태>

우리는 **허락된다** / 체육관을 쓰도록 / 방과 후에 / 학교에 의해.

→ We **are allowed** / *to use the gym* / after school / by the school. <수동태>

- 「동사+목적어+목적격보어」 형태의 능동태 문장은 목적어를 주어로 하여 수동태를 만들 수 있어요.
- 이때 능동태 문장의 **목적격보어**로 쓰인 명사, 형용사, to부정사는 「**be동사+p.p.**」 뒤에 그대로 써 줍니다.

목적격보어로 명사를 갖는 동사	make(~을 …로 만들다), think(~을 …라고 생각하다), call, name, elect 등
목적격보어로 형용사를 갖는 동사	make(~을 …(상태)로 만들다), think(~을 …하다고 생각하다), keep, find 등
목적격보어로 to부정사를 갖는 동사	want, tell, allow, ask, expect, get, advise 등

MORE+ 사역동사(make, have, let 등)나 지각동사(see, hear, feel 등)가 포함된 수동태는 능동태의 목적격보어로 쓰인 동사원형을 to부정사로 바꿔 써야 해요. 단, 지각동사의 목적격보어 자리에 현재분사가 쓰인 경우에는 현재분사를 그대로 씁니다.

Mom **made** *me tell* the truth. (엄마는 내가 사실을 말하도록 하셨다.)
→ I **was made to** *tell* the truth by Mom. (나는 엄마에 의해 사실을 말하게 되었다.)

We **saw** the actor *filming* a new movie downtown. (우리는 그 배우가 시내에서 새 영화를 촬영하는 것을 보았다.)
→ The actor **was seen** *filming* a new movie downtown by us. (그 배우가 시내에서 새 영화를 촬영하는 것이 우리에 의해 목격되었다.)

*문법적으로는 수동태가 가능하지만, 자연스럽지는 않아서 능동태를 더 일반적으로 사용함.

대표 기출 문제

🔒 다음 문장을 수동태로 고치시오.

Some of her friends called her "Mrs. Clean."

→ ______________________________

CLUE 1
수동태는 능동태의 목적어(her)가 주어가 되므로 her는 She로, 동사 called는 was called로 바꿔 써야 해요.

CLUE 2
「call+목적어(her)+목적격보어("Mrs. Clean")」의 구조이므로 목적격보어 "Mrs. Clean"은 수동태 문장에서 어디로 가야 할까요?
— was called 뒤에 그대로 쓰면 돼요!

정답: She was called "Mrs. Clean" by some of her friends.

Point Exercise

[1-3] 우리말과 일치하도록 주어진 단어를 올바르게 배열하세요.

1
> 그 문은 진수에 의해 검은색으로 칠해졌다.
> (black / painted / the door / Jinsu / was / by)

→ ________________________________

________________________________ .

2
> 그는 많은 사람에 의해 위대한 인물이라고 여겨진다.
> (by / considered / man / many / great / is / people / he / a)

→ ________________________________

________________________________ .

3
> 오늘 밤, 내 친구들은 내 집에서 자도록 허락받았다.
> (my / sleep / at / to / allowed / home / were / friends / my)

→ Tonight, ________________________

________________________________ .

[4-8] 우리말과 일치하도록 주어진 단어를 사용하여 문장을 완성하세요. (필요시 단어를 추가하거나 형태를 바꿀 것)

4
> 한 오래된 상자가 비어 있는 채로 땅속에서 발견되었다.
> (find, an old box, empty)

→ ________________________________

________________________ under the ground.

5
> 그 고양이는 내 이웃들에게 Bella라고 불린다.
> (call, neighbors, the cat)

→ ________________________________

____

6
> 그는 그 팀의 주장으로 뽑혔다.
> (elect, the team, of, the captain)

→ ________________________________

____

7
> 아이스크림은 반드시 냉장고에 얼려진 채로 보관되어야 한다.
> (frozen, keep, in, must, ice cream, the refrigerator)

→ ________________________________

____

8
> 우리는 동물 보호소에서 자원봉사 활동을 해달라고 부탁받았다.
> (volunteer work, do, ask)

→ ________________________________

________________________ at the animal shelter.

9 다음 대화를 읽고 〈조건〉에 맞게 우리말을 영작하세요.

> A: Excuse me. 당신은 이곳에서 동물들에게 먹이를 주는 것이 허용되지 않습니다.
> B: I'm so sorry. I didn't know that.
> A: It's okay. No problem, just don't do it again, please.

> 〈조건〉
> • 7 단어로 쓸 것
> • allow, animals, feed를 사용할 것

→ ________________________________

________________________________ here.

consider ~로 여기다 empty 비어 있는 volunteer work 자원봉사 활동 shelter 보호소 feed 먹이를 주다

주의해야 할 수동태

POINT 5 구동사의 수동태 전환

> 아픈 동물들은 새로 온 수의사에 의해 돌봐질 것이다.
> 아픈 동물들은 / 돌봐질 것이다 / 새로 온 수의사에 의해.

→ Sick animals / **will be taken care of** / by the new vet.

- 둘 이상의 단어가 합쳐져 하나의 동사 역할을 하는 동사를 **구동사**라고 하며, 구동사의 수동태는 다음과 같이 「be동사+p.p.+나머지 부분」으로 씁니다. 이때 끝에 붙은 전치사를 빠뜨리지 않도록 주의하세요.

look after (~을 돌보다) → be looked after take care of (~을 돌보다) → be taken care of laugh at (~을 비웃다) → be laughed at set up (~을 세우다, 설치하다) → be set up	turn on/off (~을 켜다/끄다) → be turned on/off put off (~을 미루다, 연기하다) → be put off pay attention to (~에 주의를 기울이다) → be paid attention to

POINT 6 수동태의 관용 표현

> 그 경기장은 응원하는 팬들로 가득 차 있다.
> 그 경기장은 / 가득 차 있다 / 응원하는 팬들로.

→ The stadium / **is filled** / **with** cheering fans.

- 다음의 수동태 표현들은 하나의 숙어처럼 외워 두는 것이 좋습니다.

be filled **with** be covered **with** be interested **in** be pleased **with**	~으로 가득 차 있다 ~으로 덮여 있다 ~에 관심[흥미]이 있다 ~에 기뻐하다	be surprised **at** be satisfied **with** be disappointed **in[with, at]** be worried **about**	~에 놀라다 ~에 만족하다 ~에 실망하다 ~에 대해 걱정하다
be known **for** be known **to** be known **as** be known **by**	~으로 유명하다 (이유) ~에게 알려지다 (대상) ~으로 알려져 있다 (명칭 등) ~에 의해 알 수 있다	be made **of** be made **from** be made **with**	~으로 만들어지다 (재료의 성질이 변하지 않음) ~으로 만들어지다 (재료의 성질이 변함) ~으로 만들어지다 (보통 둘 이상의 요리의 재료)

대표 기출 문제

🔒 다음 주어진 해석과 단어를 활용하여 문장을 완성하시오.

> 그의 새 자전거는 먼지로 덮여 있었다.
> (bicycle, cover, dust)

→ _______________________________________

CLUE

'~으로 덮여 있다'는 의미로 cover를 사용해 나타낼 수 있는 수동태 표현은?
— be covered with

정답: His new bicycle was covered with dust.

Point Exercise

○ 배열 영작

[1-4] 우리말과 일치하도록 주어진 단어를 올바르게 배열하세요.
(필요시 단어를 추가할 것)

1

> 영화가 시작되기 전에 불이 꺼질 것이다.
> (turned / the lights / be / will / off)

→ __________________________________
__________________ before the movie starts.

2

> 내 신발은 비가 온 후에 진흙으로 덮여 있었다.
> (covered / mud / shoes / were / my)

→ __________________________________
__________________ after the rain.

3

> 많은 사람들이 대기오염에 대해 걱정한다.
> (air / people / worried / pollution / are / many)

→ __________________________________
__________________________________ .

4

> 내 여동생은 노래를 쓰는 것에 관심이 있다.
> (songs / sister / interested / is / writing / my)

→ __________________________________
__________________________________ .

○ 주어진 단어로 영작

[5-9] 우리말과 일치하도록 주어진 단어를 사용하여 문장을
완성하세요. (필요시 단어를 추가하거나 형태를 바꿀 것)

5

> 그 튜브는 공기로 가득 차 있다.
> (air, fill, the tube)

→ __________________________________

6

> 우리의 제주행 비행기는 폭풍우로 인해 연기되었다.
> (flight, put off, to Jeju)

→ __________________________________
__________________ because of the storm.

7

> 나는 나의 새로운 학교생활에 만족한다.
> (satisfy, school life, new)

→ __________________________________
____

8

> 하와이는 그곳의 아름다운 날씨로 유명하다.
> (know, beautiful, Hawaii, weather)

→ __________________________________
____

9

> 그는 팀에서 최고의 선수로 알려져 있다.
> (on, the best player, know, the team)

→ __________________________________
____

기출: 조건 영작

10 우리말과 일치하도록 〈조건〉에 맞게 문장을 완성하세요.

> 이 지갑은 좋은 가죽으로 만들어진다.

> 〈조건〉
> • 주어진 단어를 사용할 것
> • 전치사 of, from 중 알맞은 하나를 골라 쓸 것

→ __________________________________
____

(leather, wallet, make, fine)

air pollution 대기오염 leather 가죽

Chapter Test [*]

STAGE 1 Go for it!

자신 있게 풀어보는 기초 문제!

배열 영작

[1-4] 우리말과 일치하도록 주어진 단어를 배열하여 문장을 완성하세요.

1
> 커다란 초콜릿케이크 하나가 두 명의 제빵사에 의해 만들어지고 있다.
> (being / by / is / bakers / made / two)

→ A big chocolate cake ________________

________________ .

2
> 과학실 안에서 먹는 것은 허용되지 않습니다.
> (in / allowed / the science lab / aren't / eat / to)

→ You ________________

________________ .

3
> 컴퓨터 한 대가 그 퀴즈의 우승자에게 수여될 것이다.
> (the winner / will / to / awarded / of / be / the quiz)

→ A computer ________________

________________ .

4
> 그는 호텔 방의 품질에 실망했다.
> (with / of / was / the room / disappointed / the quality)

→ He ________________

________________ at the hotel.

주어진 단어로 영작

[5-7] 우리말과 일치하도록 주어진 단어를 사용하여 문장을 완성하세요.

5
> 작은 집이 나의 개를 위해 만들어졌다. (for, make)

→ A small house ________________

________________ .

6
> 이 목도리는 반드시 찬물로 세탁되어야 한다.
> (wash, in cold water, must)

→ This muffler ________________

________________ .

7
> Emily는 그녀의 친구들에 의해 반장으로 뽑혔다.
> (a class president, friends, elect)

→ Emily ________________

________________ .

최신 기출

8 우리말과 일치하도록 〈조건〉에 맞게 문장을 완성하세요.

> 그 레스토랑은 그곳의 맛있는 해산물 요리로 유명하다.

> 〈조건〉
> • 주어진 단어를 사용할 것
> • 필요시 단어를 추가하거나 형태를 바꿀 것

→ ________________

____

(seafood dishes, know, the restaurant, tasty)

○─ 대화문 완성

[9-13] 수동태를 사용하여 각 대화를 완성하세요.

9
> A: Did you draw these pictures?
> B: No, those pictures _________________
>   by my sister.

10
> A: When will Charles repair the bookshelf?
> B: The bookshelf _________________
>   by him next weekend.

11
> A: What beautiful flowers! Who gave them
>   to you?
> B: I _________________ the flowers
>   by my father.

12
> A: What does Mei teach you every weekend?
> B: I _________________ Chinese
>   by her every weekend.

13
> A: What did Ms. Lee advise us to do for our
>   report?
> B: We _________________ to add
>   some useful examples to our report.

○─ 그림 영작

[14-15] 다음 표지판을 보고 주어진 단어를 사용하여 각 문장을 완성하세요.

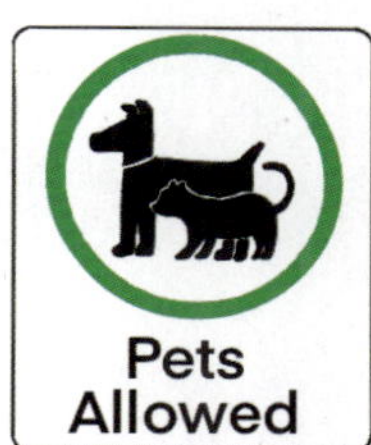

14 Pets _________________ in this area.
(can, keep)

15 Cell phones _________________ here.
(turn off, must)

최신 기출

16 우리말과 일치하도록 주어진 단어를 사용하여 다음의
대화를 완성하세요.

> Anna: The team captain election is coming
>   soon. Why don't you run for it, Mike?
> Mike: No way. I'm not the right person.
> Anna: Why not?
> Mike: Leaders need special qualities. <u>나는
>   내가 리더로 불릴 수 있다고 생각하지 않아.</u>
> Anna: What do you mean? I believe you
>   would be a good leader!

→ I don't think _________________

_________________. (call, a leader, can)

[17-21] 다음 문장을 수동태로 바꿔 쓰세요.

17

> Students should follow the school rules.

→ ____________________________________

____

18

> Jack is translating the English book.

→ ____________________________________

____

19

> My uncle named the cat Joe.

→ ____________________________________

____

20

> The school will hold a music festival.

→ ____________________________________

____

21

> The city set up beautiful lights for the festival last week.

→ ____________________________________

____________________ for the festival last week.

[22-25] 다음 각 문장에서 어법상 **틀린** 부분을 찾아 바르게 고쳐 쓰세요.

22 Every problem will be solve easily.

____________ → ____________

23 The baseball game is be watched by millions of people right now.

____________ → ____________

24 A new backpack was bought to me by my mom.

____________ → ____________

25 The room was filled by a lot of presents.

____________ → ____________

━(최신 기출)

26 다음 신입생들에게 보낸 가정통신문을 읽고, 〈보기〉에서 알맞은 말을 골라 주어진 단어와 함께 문장을 완성하세요.
(단, 〈보기〉의 단어는 한 번씩만 쓸 것)

〈보기〉		
must	can	will

Dear students,

　Please follow these uniform guidelines: You can buy uniforms at school or they (1) ____________________ (buy) online as well. Don't forget to bring your black belt. The pants (2) ____________________ (wear) with the belt.

　Name tags (3) ____________________ (give) to students by the school next week. Remember to follow these rules. Thank you.

도표 영작

27 다음은 100명의 학생들의 학교생활 만족도를 조사한 그래프입니다. 그래프의 내용과 일치하도록 주어진 단어를 사용하여 문장을 완성하세요. (단, 현재시제로 쓸 것)

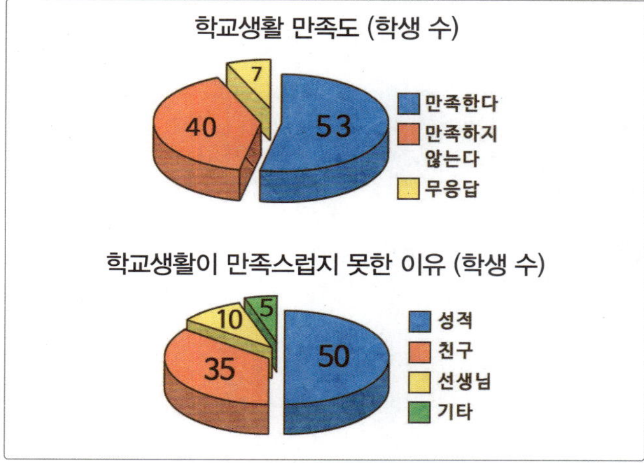

(1) Fifty-three students ______________________

______________________ their school life. (satisfy)

(2) Thirty-five students ______________________

______________________ their relationship with

their friends. (please)

어법 오류 수정

28 다음 글을 읽고 ⓐ~ⓕ 중 어법상 **틀린 두 개**를 찾아 그 기호를 쓰고, 바르게 고쳐 쓰세요.

> A new reading club ⓐ <u>was started</u> at the school this year. Books ⓑ <u>are chosen</u> by the members every month. Discussions ⓒ <u>hold</u> to share thoughts about the stories. Snacks ⓓ <u>are provided</u> during the meetings. Many students ⓔ <u>have been encouraging</u> to join. Friendships ⓕ <u>can be built</u> through shared reading experiences.

__________ → ______________________________

__________ → ______________________________

Challenge!   누적 문제 Ch 01-03

29 다음 중 어법상 **틀린 문장 두 개**를 찾아 그 기호를 쓰고, 문장 전체를 바르게 고쳐 쓰세요.

> ⓐ My lunch will deliver within 30 minutes.
> ⓑ Where had you lived before you moved here?
> ⓒ You had not better touch the hot stove.
> ⓓ The homework should be completed by Friday.
> ⓔ The guests are served coffee and desserts.

__________ → ______________________________

____

__________ → ______________________________

____

✅ Before You Write

- ☑ 우리말을 보고 to부정사를 알맞은 위치에 영작할 수 있나요?
- ☑ to부정사 또는 원형부정사를 목적격보어로 취하는 동사를 구분해 올바르게 영작할 수 있나요?
- ☑ to부정사의 관용 표현을 알고, 수나 시제에 주의하여 다른 표현으로 바꿔 쓸 수 있나요?

내신 기출 다음 우리말을 보고 머릿속으로 한번 영어 문장을 떠올려 보세요.

1 내가 전에 말했던 것처럼, 같이 공부하는 것은 쉽지 않다.
say / before / study / easy / as
~하는 것은 → to부정사 주어 → 가주어 It ~ 진주어 to부정사 → **It ~ to study together**　POINT 1

2 그녀는 전통을 따르는 것이 중요하다고 생각한다.
~하는 것이 …하다고 생각하다 → think+목적어+목적격보어(형용사)
→ 목적어 자리에 가목적어 it 사용 → **thinks it important to follow**　POINT 2

3 A: Sounds great! (A) 너 그것에 참여하는 방법 아니?
~하는 방법 → how+to부정사 → **how to take part in**　POINT 3

4 (B) 나는 내 인생을 바꿀 기회를 잡았다(take).
~할 → 형용사적 쓰임 → 명사+to부정사 → **a chance to change my life**　POINT 4

5 전문가가 되기 위해서는 사람들은 시행착오를 겪어야 한다.
(have / To / and / an / through / people / error / be / expert / to / go / trial)
~하기 위해서 → 부사적 쓰임(목적) → **To be an expert,**　POINT 5

6 (B) 그에게 나를 가르치도록 요청할 것이다. (ask)
~가 …하게 요청하다 → ask+목적어+목적격보어(to부정사) → **will ask him to teach**　POINT 6

7 (2) 엄마는 Mina가 그 식물들에 물을 주도록 했다. (had)
~가 …하도록 시키다 → have+목적어+목적격보어(원형부정사) → **had Mina water**　POINT 7

8 그 쥐는 그 구멍을 통과할 만큼 충분히 작다. (enough, the, go, the)
~할 만큼 충분히 …하다 → 형용사/부사+enough+to부정사
→ **small enough to go through**　POINT 8

정답: **1** As I said before, it is not[it isn't, it's not] easy to study together.　**2** She thinks it important to follow tradition.　**3** Do you know how to take part in it?　**4** I took a chance to change my life.　**5** To be an expert, people have to go through trial and error.　**6** I will[I'll] ask him to teach me.　**7** Mom had Mina water the plants.　**8** The mouse is small enough to go through the hole.

to부정사의 명사적 쓰임

POINT 1   to부정사 = 주어/보어/목적어

수학 시험을 통과하는 것은 어렵다.
수학 시험을 통과하는 것은 / 어렵다.

→ **To pass** the math test / *is* difficult.
　　　　주어　　　　　　　　　　주어로 쓰이는 to부정사는 단수 취급하므로 단수 동사를 써요.

= **It** is difficult / **to pass** the math test.
　가주어　　　　　　　　　진주어

- to부정사는 '~하는 것, ~하기'라는 의미로 명사처럼 쓰여, 문장에서 주어, 보어, 목적어 자리에 올 수 있어요.
- to부정사가 주어(~하는 것은, ~하기는)로 쓰일 때는 주어 자리에 **가주어 It**을 쓰고 진주어인 to부정사와 그것이 이끄는 어구는 문장 뒤로 보낸 형태가 더 자주 쓰입니다.
- 보어 자리에 쓰이는 to부정사는 '**~하는 것(이다), ~하기(이다)**'의 의미로 주어가 무엇인지를 설명할 수 있습니다.
  The goal of the soccer team is **to win** the championship. 그 축구팀의 목표는 챔피언 결정전에서 우승하는 것이다.

나는 올해 수학을 더 열심히 공부하기로 결심했다.
나는 결심했다 / 수학을 더 열심히 공부하기를 / 올해.
주어　동사　　　　　목적어

→ I *decided* / **to study** math harder / this year.

- 목적어로 쓰이는 to부정사는 '**~하는 것을, ~하기를**'의 의미를 나타내며, 아래와 같은 동사들은 잘 알아둬야 합니다.

📢 **to부정사를 목적어로 쓰는 동사들**

want to do	**hope** to do	**choose** to do	**offer** to do
need to do	**expect** to do	**learn** to do	**fail** to do
plan to do	**agree** to do	**wish** to do	**hesitate** to do
decide to do	**promise** to do	**manage** to do	**determine** to do

대표 기출 문제

🔒 (A)의 우리말 표현을 주어진 조건에 맞게 영작하시오.

(A) 항상 모든 사람들과 잘 지내는 것은 쉽지 않다.

<조건>
1. 가주어 It을 사용할 것.
2. get along with, all the time을 사용하되 필요하면 어형을 변형하여 완전한 문장으로 작성할 것.

→ ________________________________

CLUE 1
주어가 '~하는 것은'이고, 가주어 It을 사용하라는 조건이 있으므로, 「It(가주어) ~ to부정사(진주어)」 형태로 써야 해요.

CLUE 2
'~ 하지 않다'라는 현재시제의 부정의 의미는 가주어 It 뒤에 be동사 is not을 사용해 나타낼 수 있어요. 그 뒤에는 to부정사(to get along with)를 씁니다.

정답: It is not[It isn't, It's not] easy to get along with everyone all the time.

Point Exercise

○ 배열 영작

[1-4] 우리말과 일치하도록 주어진 단어를 올바르게 배열하세요.

1
> 그녀의 소망은 언젠가 그녀의 책을 출판하는 것이다.
> (wish / her / one day / her / to / is / publish / book)

→ ______________________________

______________________________.

2
> 서로를 존중하는 것은 매우 중요하다.
> (is / important / each other / to / it / respect / very)

→ ______________________________

______________________________.

3
> 영어 시험에서 만점을 받는 것은 쉽지 않았다.
> (not / to / it / on the English test / easy / get / a perfect score / was)

→ ______________________________

______________________________.

4
> 모든 선수들이 연습을 위해 제시간에 오기로 약속했다.
> (be / the players / on time / for / promised / all / practice / to)

→ ______________________________

______________________________.

○ 주어진 단어로 영작

[5-7] 우리말과 일치하도록 주어진 단어를 사용하여 문장을 완성하세요. (단, to부정사 형태를 쓸 것)

5
> 내 목표는 내년에 마라톤에 참가하는 것이다.
> (participate in, be, next year, goal, a marathon)

→ ______________________________

______________________________.

6
> 그들은 보호소에서 강아지를 입양하기로 결정했다.
> (a puppy, choose, the shelter, adopt, from)

→ ______________________________

______________________________.

7
> 매일 일기를 쓰는 것은 나의 습관이다.
> (it, habit, every day, keep a diary, be)

→ ______________________________

______________________________.

기출 : 대화문 완성

8 주어진 단어를 배열하여 다음의 대화를 완성하세요.

(1)
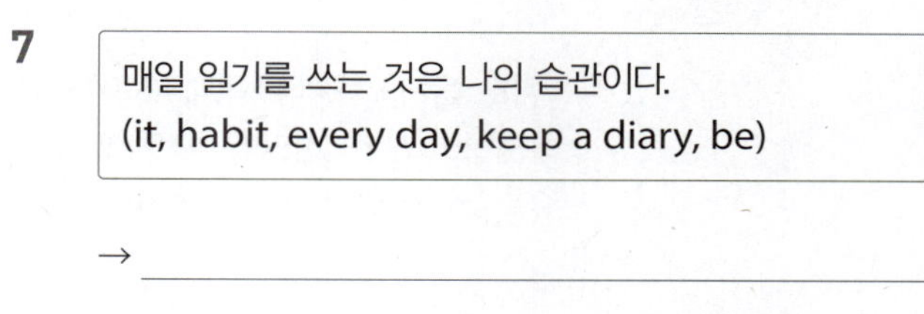
> A: I heard that the movie was very moving.
> B: Yes, (it / hard / crying / stop / to / was)

→ ______________________________.

(2)
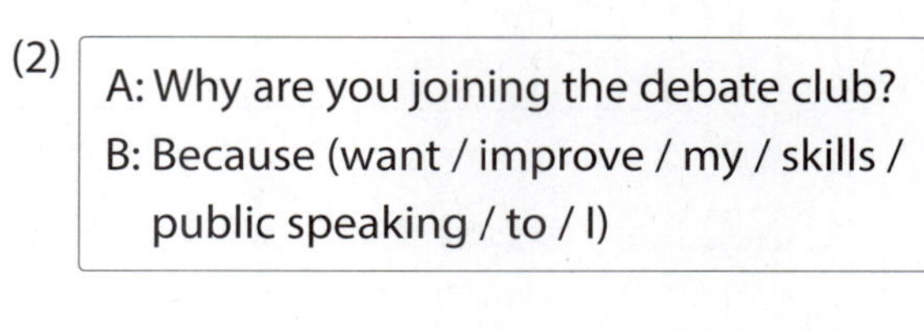
> A: Why are you joining the debate club?
> B: Because (want / improve / my / skills / public speaking / to / I)

→ ______________________________

______________________________.

respect 존중하다 participate in ~에 참가하다 adopt 입양하다 moving 감동적인 debate 토론, 논의 improve 향상시키다 public 공개되는, 공개적인

to부정사의 의미상 주어(for[of]+목적격) / 가목적어 it ~ to부정사

우리가 팀으로 게임을 하는 것은 재미있었다.
재미있었다 / 우리가 / 게임을 하는 것은 / 팀으로.

→ **It** was fun / **for us** / **to play** the game / as a team.

- to부정사 앞에 그 동작이나 상태의 주어에 해당하는 **의미상 주어**를 따로 써주기도 해요.
- to부정사의 의미상 주어는 문장의 주어와 구분하기 위해 to부정사 바로 앞에 「**for+목적격**」의 형태로 써요.
  단, 사람의 성격이나 행동에 대한 평가를 나타내는 형용사가 보어일 때는, 의미상 주어를 「**of+목적격**」으로 써요.
  It was kind *of her* to help with my homework. 그녀가 내 숙제를 도와준 것은 친절했다.

성격이나 행동에 대한 평가를 나타내는 형용사	to부정사의 의미상 주어
kind, nice, generous(관대한), brave, polite, rude, wise, foolish[silly](어리석은), careful, careless(부주의한) 등	of+목적격

폭우는 운전하는 것을 위험하게 만든다.
폭우는 / 위험하게 만든다 / 운전하는 것을.

→ Heavy rain / makes **it** dangerous / **to drive**.
　　　　　　　　　　　가목적어　　　　　　　　진목적어

- 「주어+동사+목적어+목적격보어(SVOC)」에서 목적어 자리에 to부정사가 쓰이는 경우, 그 자리에 **가목적어 it**을 대신 쓰고 진목적어인 to부정사와 그것이 이끄는 어구는 문장 뒤로 보내요.
- 주로 「make[find, think, consider]+it+형용사+to부정사」의 형태가 많이 쓰여요.

대표 기출 문제

다음 문장을 <조건>에 맞추어 완전한 문장으로 영작하시오.

그들은 바다에서 수영하는 것이 재미있었다.

<조건>
- 가주어 it과 to부정사를 이용할 것
- to부정사의 의미상 주어를 쓸 것
- 단어 'fun'과 'the sea'를 활용하여 총 10 단어로 쓸 것

→ _______________________________________

CLUE 1
주어진 조건에 따라 '수영하는 것'을 to부정사 진주어로 나타내고, 문장 맨 앞에는 가주어 It을 써요.

CLUE 2
문장의 주어가 아닌 to부정사의 의미상 주어가 따로 필요하므로, 「for+목적격(them)」을 to부정사 바로 앞에 씁니다.

정답: It was fun for them to swim in the sea.

함정 피하기 to부정사 앞에 의미상 주어가 올 때 for나 of 뒤에 오는 대명사는 목적격으로 쓴다는 것에 주의합니다.
It was fun **for** ~~they~~(→ them) to swim in the sea.

Point Exercise

정답 및 해설 p.08

배열 영작

[1-3] 우리말과 일치하도록 주어진 단어를 올바르게 배열하세요.

1
긴 줄은 기다리는 것을 지루하게 만든다.
(it / wait / the long line / to / makes / boring)

→ ______________________________

______________________________ .

2
나는 깊은 물에서 수영하는 것이 무섭다고 생각한다.
(think / swim / scary / to / I / deep water / in / it)

→ ______________________________

______________________________ .

3
그녀가 혼자 그 상자를 옮기는 것은 어렵다.
(the box / to / it / difficult / her / by herself / is / for / move)

→ ______________________________

______________________________ .

주어진 단어로 영작

[4-6] 우리말과 일치하도록 주어진 단어를 사용하여 문장을 완성하세요.

4
그들이 제 시간에 그 프로젝트를 마치는 것은 불가능했다.
(it, finish, they, impossible, the project)

→ ______________________________

______________________________ on time.

5
네가 대화를 방해한 것은 무례했어.
(you, the conversation, interrupt, it, rude)

→ ______________________________

____

6
많은 사람들이 체중을 감량하는 것이 어렵다고 여긴다.
(it, many, weight, hard, people, consider, lose)

→ ______________________________

____

어법 오류 수정

[7-8] 다음 각 문장에서 어법상 틀린 부분을 찾아 바르게 고쳐 쓰세요.

7 It was difficult of Jim to answer the question.

______________ → ______________

8 The nice weather made it enjoyable to going for a walk.

______________ → ______________

기출: 조건 영작

9 우리말과 일치하도록 〈조건〉에 맞게 문장을 완성하세요.

그가 도둑을 잡은 것은 용감했다.

〈조건〉
- the thief, brave, catch를 사용할 것
- 가주어 It을 포함해 9 단어로 쓸 것
- to부정사의 의미상 주어를 사용할 것

→ ______________________________

____

---

impossible 불가능한 conversation 대화 interrupt 방해하다 rude 무례한 enjoyable 즐거운 thief 도둑

POINT 3 의문사+to부정사

> 나는 할머니께 컴퓨터를 사용하는 방법을 가르쳐드렸다.
> 나는 / 가르쳐드렸다 / 나의 할머니께 / 컴퓨터를 사용하는 방법을.
>
> → I / taught / my grandmother / **how to use** a computer.

- 「의문사+to부정사」는 문장에서 주어, 보어, 목적어, 직접목적어 역할을 할 수 있어요.
  의문사에 따라 의미가 달라지므로, 문맥상 적절한 의문사를 쓸 수 있어야 합니다.

what+to부정사	무엇을 ~할지[해야 할지]	when+to부정사	언제 ~할지[해야 할지]
how+to부정사	어떻게 ~할지[해야 할지], ~하는 방법	where+to부정사	어디에서 ~할지[해야 할지]
who(m)+to부정사	누구를 ~할지[해야 할지]	which+명사+to부정사	어느[어떤] …을 ~할지[해야 할지]

- 「의문사+to부정사」는 「의문사+주어+should[can]+동사원형」으로도 바꿔 쓸 수 있습니다.

  I don't know **what to eat** for lunch in the cafeteria. 나는 구내식당에서 점심으로 무엇을 먹어야 할지 잘 모르겠다.

  = I don't know **what I should eat** for lunch in the cafeteria.

> **주의!**
>
> 「의문사+to부정사」를 「의문사+주어+should[can]+동사원형」으로 쓸 때, 주어를 누구로 써야 할지 주의해야 해요.
> She doesn't know how to get there. (그녀는 그곳에 어떻게 가야 할지 모른다.)
> = She doesn't know how **she** should get there.

대표 기출 문제

🔒 다음 우리말 해석에 맞게 <보기>의 단어를 모두
사용하여 영어 문장을 쓰시오.

<보기>
for / meet / the practice / when / to

나는 코치님께 연습을 위해 언제 만나는지를 여쭈어
볼 것이다.

→ I'll ask the coach ___________________.

CLUE 1

주어진 우리말의 '언제 ~할지[해야 할지]'는
「when+to부정사」 또는 「when+주어+should[can]+동사
원형」으로 나타낼 수 있어요.

CLUE 2

주어진 단어를 보면 의문사 when 뒤에는 to부정사
(to meet)를 써야하는 것을 알 수 있어요.

정답: when to meet for the practice

Point Exercise

배열 영작

[1-3] 우리말과 일치하도록 주어진 단어를 올바르게 배열하세요.

1

> Fred는 그 수학 문제를 어떻게 풀어야 할지 몰랐다.
> (to / didn't / solve / the math problem / how / know / Fred)

→ ___________________________

___________________________ .

2

> 저는 기차표를 어디서 구매할 수 있는지 알고 싶어요.
> (purchase / want / I / to / train tickets / to / where / know)

→ ___________________________

___________________________ .

3

> Nora는 그녀의 생일 파티를 위해 무엇을 입을지 골랐다.
> (what / birthday party / for / Nora / her / chose / wear / to)

→ ___________________________

___________________________ .

주어진 단어로 영작

[4-7] 우리말과 일치하도록 주어진 단어와 to부정사를 사용하여 문장을 완성하세요.

4

> 우리는 내일 언제 만날지를 정했다.
> (meet, decide, tomorrow)

→ ___________________________

____

5

> 선생님은 우리에게 먼저 무엇을 할지 말씀해 주셨다.
> (tell, do, the teacher, first)

→ ___________________________

____

6

> 우리는 휴가에 어디로 여행을 갈지 선택해야 한다.
> (choose, our vacation, have to, for, travel)

→ ___________________________

____

7

> 나는 아이스크림으로 어떤 맛을 골라야 할지 결정을 못 하겠다.
> (flavor, can, decide, choose)

→ ___________________________

___________________________ for ice cream.

기출·조건 영작

8 다음 대화를 읽고 빈칸에 들어갈 말을 〈조건〉에 맞게 쓰세요.

> 〈조건〉
> • 7 단어로 쓸 것
> • 「의문사+to부정사」 형태를 사용할 것
> • 주어진 단어를 사용할 것

> A: I cooked some spaghetti for you. Try this.
> B: It's so delicious. Did you really make it yourself?
> A: Yes, I did.
> B: Cool! ___________________________
> ___________________________ (explain, can, it, make)
> I want to try it on the weekend, too.
> A: No problem.

purchase 구매하다 flavor 맛, 풍미 explain 설명하다

02 to부정사의 형용사적, 부사적 쓰임

POINT 4 　(대)명사를 수식하는 to부정사

영어를 배우는 많은 방법이 있다.
~이 있다 / 많은 방법 / 영어를 배우는.

→ **There are / _many ways_ / to learn English.**

- to부정사는 형용사처럼 (대)명사를 **뒤에서 꾸며주고**, '~하는, ~할'이라는 의미를 나타내요.
- -thing, -one, -body로 끝나는 대명사는 「-thing, -one, -body + 형용사 + to부정사」의 어순으로 쓰여요.
  It's cold outside. You should take _something_ **warm to wear**. 바깥은 추워. 입을 따뜻한 것을 챙기는 게 좋을 거야.

그 부부는 살 새로운 집을 찾고 있다.
그 부부는 / 찾고 있다 / 살 새로운 집을.

→ **The couple / is looking for / _a new house_ to live in.**
  (→ The couple is looking for a new house **to live**. (×))

- to부정사의 수식을 받는 명사가 의미적으로 전치사의 목적어일 경우, to부정사 뒤에 전치사를 반드시 써야 합니다.
  I need _a chair_ **to sit on**. 나는 앉을 의자가 필요하다.

📢 「(대)명사+to부정사+전치사」 표현

a chair **to sit on**	(위에) 앉을 의자	someone **to talk to[with]**	(~에게[함께]) 이야기할 누군가
children **to take care of**	돌볼 아이들	things **to talk about**	(~에 대해) 이야기할 것들
a pencil **to write with**	(가지고) 쓸 연필	a hotel **to stay in[at]**	(안에) 머무를 호텔
paper **to write on**	(위에) 쓸 종이	a house **to live in**	(안에) 살 집
a topic **to write about**	(~에 대해) 쓸 주제	a room **to sleep in**	(안에) 잘 방
friends **to play with**	(함께) 놀 친구들	a bed **to sleep on**	(위에) 잘 침대

대표 기출 문제

🔒 다음 글의 빈칸에 들어갈 알맞은 표현을 주어진 <조건>에
맞게 쓰시오.

A: Do you have any ＿＿＿＿＿＿＿＿＿
　　this week?
B: Yes, I do.

<조건>
to부정사를 사용하여 '그들을 만날 계획'의 의미를
가진 표현으로 쓸 것

🔍 CLUE

'~할'이라는 의미의 to부정사는 형용사적 쓰임으로
명사를 뒤에서 수식하므로 '계획 / 그들을 만날'의
어순으로 써야 해요.
이는 「명사+to부정사(to meet)」로 나타내요.

정답: plans to meet them

Point Exercise

[1-4] 우리말과 일치하도록 주어진 단어를 올바르게 배열하세요.

1
> Jessica는 해야 할 숙제가 좀 있었다.
> (do / had / Jessica / homework / to / some)

→ ____ .

2
> 나는 운동 후에 마실 상쾌한 무언가를 골랐다.
> (drink / I / to / exercise / something / after / refreshing / picked out)

→ ____ .

3
> Roy는 그의 여행 동안 머무를 호텔을 예약했다.
> (booked / a hotel / Roy / during / to / his trip / stay in)

→ ____ .

4
> 나의 가족은 다른 도시로 이사 갈 계획을 세웠다.
> (move / made / another / a plan / to / to / city / my family)

→ ____ .

[5-8] 우리말과 일치하도록 주어진 단어를 사용하여 문장을 완성하세요.

5
> 나의 이모는 돌볼 반려동물이 있으시다.
> (a pet, have, take care of, aunt)

→ ____

6
> Anna는 영화를 볼 시간이 없다.
> (have, a movie, watch)

→ ____

7
> Rex는 쓸 종이 한 장이 필요했다.
> (need, write, a piece of, on)

→ ____

8
> Jerry는 그의 새 학교에서 함께 이야기할 친구들을 찾았다.
> (find, talk, new school, with, at)

→ ____

9 다음 대화를 읽고 〈조건〉에 맞게 우리말을 영작하세요.

> A: Excuse me, can you help me?
> B: Yes. What can I do for you?
> A: I'm looking for comfortable shoes.
>   Can I try these sneakers? My size is 250.
> B: I'm sorry, we don't have your size in this
>   design. 대신, 저는 추천할 다른 편안한 신발들을
>   가지고 있어요.

〈조건〉
- 7 단어로 쓸 것
- 필요시 단어를 추가할 것

→ Instead, _________________________________ .

(other, recommend, comfortable, have)

---

refreshing 상쾌한, 산뜻한 pick out ~을 고르다 comfortable 편안한 recommend 추천하다

나는 모임에 늦지 않기 위해 서둘렀다.
나는 서둘렀다 / 늦지 않기 위해 / 모임에.

to부정사의 부정형은 「not[never]+to부정사」로 나타내요.

→ I hurried / **not to be** late / **for the meeting**.

• to부정사는 부사처럼 동사나 형용사를 수식하여 여러 의미를 나타낼 수 있기 때문에, 각 의미를 잘 알아두어야 해요.

목적	～하기 위해서 (= in order to부정사, so as to부정사, in order that ~, so that ~ (목적의 so that ☞ Ch 08 접속사))
감정의 원인	～해서 …하다
	*happy, pleased, glad, sad, excited, disappointed, satisfied 등의 감정형용사+to부정사
판단의 근거	～하다니, ～하는 것으로 보아
결과	～해서 (결국) …하다
	*grow up/only/never+to부정사
형용사 수식	～하기에 …인[한]

〈목적〉 I woke up early **(in order) to catch** the first train. 나는 첫차를 타기 위해 일찍 일어났다.

= I woke up early **so as to catch** the first train.

= I woke up early **in order that** I could catch the first train.

= I woke up early **so that** I could catch the first train.

〈감정의 원인〉 Sue was *sad* **to lose** the baseball game. Sue는 야구 경기에 져서 슬펐다.

〈판단의 근거〉 Tom *must be tired* **to fall asleep** during class. Tom은 수업 시간에 잠이 들다니 피곤한 것이 틀림없다.

〈결과〉 My cousin *grew up* **to be** a basketball player. 내 사촌은 자라서 농구선수가 되었다.

〈형용사 수식〉 His plan seemed *impossible* **to achieve**. 그의 계획은 달성하기 불가능해 보였다.

대표 기출 문제

🔒 다음 우리말과 같은 뜻이 되도록 주어진 단어를 사용하여 문장을 완성하시오.

<조건>
• 우리말 뜻과 어법에 맞도록 영작할 것
• to부정사를 꼭 포함시킬 것

Jisu는 그녀의 옛 사진들을 찾기 위해 그 상자들을 살펴보았다.

→ ___________________________________

(go through, find, old pictures)

🔍 **CLUE 1**

'Jisu는 / 살펴보았다 / 그 상자들을 / 찾기 위해 / 그녀의 옛 사진들을.'의 어순에서 '목적'을 나타내는 '찾기 위해'를 to부정사로 나타낼 수 있어요.

🔍 **CLUE 2**

동사 go through는 우리말 뜻에 맞게 과거형 went through로, find는 to find로 씁니다.

정답: Jisu went through the boxes to find her old pictures.

Point Exercise

○─ 배열 영작

[1-3] 우리말과 일치하도록 주어진 단어를 올바르게 배열하세요.

1
> Stacy는 해외에서 공부하기 위해 영어를 배웠다.
> (learned / abroad / to / study / Stacy / English)

→ _______________________________________ .

2
> 그가 일찍 자러 가는 것을 보니 피곤한 것이 틀림없다.
> (tired / go to bed / he / early / must / be / to)

→ _______________________________________
_______________________________________ .

3
> Kevin은 그의 오랜 친구를 길에서 만나서 놀랐다.
> (surprised / meet / his old friend / was / Kevin / to / on the street)

→ _______________________________________
_______________________________________ .

○─ 주어진 단어로 영작

[4-7] 우리말과 일치하도록 주어진 단어와 to부정사를 사용하여 문장을 완성하세요.

4
> 나는 마지막 버스를 타기 위해 지금 떠나야 한다.
> (have to, now, the last bus, leave, catch)

→ _______________________________________
____

5
> 그의 설명은 따라가기 복잡해 보였다.
> (seem, follow, explanation, complicated)

→ _______________________________________
____

6
> Wendy는 일기 예보를 듣고 실망했다.
> (disappointed, the weather forecast, hear, be)

→ _______________________________________
____

7
> 나의 오빠는 새 자전거를 사기 위해서 돈을 좀 저축했다.
> (older brother, some money, a new bicycle, save, buy)

→ _______________________________________
____

기출: 조건 영작

8 다음 대화를 읽고 〈조건〉에 맞게 우리말을 영작하세요.

> A: What do you want to be in the future?
> B: I'm thinking of becoming a baseball player.
> A: I didn't know you like baseball.
> B: Yes, I've always liked it, and I'm good at it.
> A: Then, 너는 네 꿈을 이루기 위해 열심히 연습해야 겠다.

> 〈조건〉
> • 주어진 단어를 사용할 것
> • 7 단어로 쓸 것

→ Then, you _______________________________
_______________________________________ .

(should, hard, practice, achieve)

---

abroad 해외에서, 해외로 surprised 놀란 explanation 설명 complicated 복잡한 disappointed 실망한 weather forecast 일기 예보 achieve 이루다, 성취하다

목적격보어로 쓰이는 부정사

POINT 6 　목적격보어 = to부정사

그 의사는 나에게 규칙적으로 운동하라고 충고했다.
그 의사는 / 충고했다 / 나에게 / 규칙적으로 운동하라고.

→ The doctor / **advised** / me / **to exercise** regularly.

- to부정사는 문장에서 목적격보어 자리에 쓰여 목적어의 동작이나 상태를 보충 설명할 수 있으며,
  '목적어가 ~하게 하다'라는 의미로 쓰입니다.
- 다음과 같이 to부정사를 목적격보어로 취하는 동사들은 잘 알아두어야 합니다.

📢 **to부정사를 목적격보어로 가지는 동사**

ask A to do	A가 ~해주길 요청[부탁]하다	**advise** A to do	A가 ~하게 조언하다
allow A to do	A가 ~하게 허락하다	**motivate** A to do	A가 ~하게 동기 부여하다
order A to do	A가 ~하게 지시하다	**tell** A to do	A가 ~하게 말하다
get A to do	A가 ~하게 하다	**warn** A to do	A가 ~하게 경고하다
want A to do	A가 ~해주길 원하다[바라다]	**encourage** A to do	A가 ~하게 격려하다
enable A to do	A가 ~할 수 있게 하다	**expect** A to do	A가 ~하기를 기대[예상]하다
persuade A to do	A가 ~하도록 설득하다	**cause** A to do	A가 ~하게 하다[만들다]

대표 기출 문제

🔒 다음 주어진 우리말과 의미가 같도록 괄호 안의
단어들을 바르게 배열하여 문장을 완성하시오.

Andrew가 너에게 전화하도록 할게.
(a call, give, Andrew, you, get, to, I'll)

→ ___________________________________

🔍 CLUE 1

'(내가) / ~하도록 할게 / Andrew가 / 너에게 전화
하도록.'의 어순으로 써야 해요. '~하도록 할게'라는
우리말은 주어진 단어 중 동사 get을 문장의 동사로
써야 해요.

🔍 CLUE 2

get은 목적격보어로 to부정사를 사용하므로, 주어진
단어 중 a call, give를 to give a call로 써야 해요.
「주어+동사+목적어+목적격보어(to부정사)」의
어순으로 문장을 쓰면 됩니다.

정답: I'll get Andrew to give you a call.

Point Exercise

○ 알맞은 형태로 영작

[1-5] 우리말과 일치하도록 주어진 단어를 알맞은 형태로 바꿔 문장을 완성하세요.

1
> 내 여동생은 나에게 그녀를 위해 책 한 권을 사달라고 부탁했다. (ask, buy)

→ My sister _________________________

_________________________ a book for her.

2
> 나의 아빠는 내가 나의 친구 집에서 자는 것을 허락 하셨다. (allow, sleep)

→ My dad _________________________

_________________________ at my friend's house.

3
> 나의 엄마는 우리에게 우산을 가지고 가라고 말씀 하셨다. (tell, bring)

→ My mom _________________________

_________________________ an umbrella.

4
> 그 경찰관은 사람들에게 건물에서 나가라고 지시했다. (order, get out, people)

→ The police officer _________________________

_________________________ of the building.

5
> 그녀의 선생님은 그녀에게 프랑스로 유학을 가라고 조언해 주셨다. (advise, study)

→ Her teacher _________________________

_________________________ abroad in France.

○ 주어진 단어로 영작

[6-8] 우리말과 일치하도록 주어진 단어를 사용하여 문장을 완성하세요.

6
> 내 남동생은 산타클로스가 그에게 선물을 주기를 기대한다.
> (a present, expect, Santa Clause, brother, give)

→ _________________________

_________________________ to him.

7
> 나는 Monica가 노래 대회에 참가하도록 권했다. (the singing contest, participate in, encourage)

→ _________________________

____

8
> 나의 할머니는 내가 여름방학에 그녀를 방문하기를 원하신다.
> (want, visit, the summer vacation, during, grandmother)

→ _________________________

____

기출: 대화문 완성

9 우리말과 일치하도록 주어진 단어를 사용하여 다음의 대화를 완성하세요.

> A: What do you want to do this year?
> B: I want to learn the guitar. There's a song I'd like to play one day.
> A: That's cool. How do you plan to learn?
> B: My brother is a very good guitar player. 나는 그에게 나를 가르쳐달라고 부탁할 거야. (ask, teach, will)

→ _________________________

____

POINT 7 · 목적격보어 = 원형부정사

아빠의 농담은 나를 웃게 만들었다.
나의 아빠의 농담은 / (~하게) 만들었다 / 나를 / 웃게.

→ My dad's joke / **made** / me / **laugh**.

- 사역동사 **make, have, let, help** 등은 목적격보어로 **원형부정사**를 사용하는 동사들이에요.
- 사역동사는 '목적어가 ~하게 하다'라는 의미로 쓰이며, 주어가 목적어에게 어떤 동작을 하도록 시키는 동사랍니다.
- 단, help는 '~을 도와 …하게 하다'라는 의미로, 목적격보어 자리에 to부정사를 쓸 수도 있어요.
  I **helped** Mary **(to) find** her wallet. 나는 Mary가 그녀의 지갑을 찾도록 도와주었다.

> **주의!**
>
> 사역동사 뒤의 「목적어+목적격보어」가 '목적어가 ~되도록 하다[시키다]'라는 수동 관계일 때는 목적격보어 자리에 과거분사(p.p.)를 씁니다. (☞ Ch 06 분사)
> The man **had** the computer **fixed**. (그 남자는 컴퓨터가 고쳐지게 했다.)

나는 누군가 길에 쓰레기를 버리는 것을 봤다.
나는 / 봤다 / 누군가 / 쓰레기를 버리는 것을 / 길에.

→ I / **saw** / someone / **throw** trash / on the street.

- 지각동사 **see, watch, hear, feel** 등도 목적격보어로 **원형부정사**를 취해요.

> **주의!**
>
> 지각동사는 어떤 동작이 진행 중임을 강조할 때 목적격보어 자리에 현재분사(-ing)도 쓸 수 있어요. (☞ Ch 06 분사)
> I **heard** my brother **singing** in the shower. (나는 형이 샤워 중 노래를 부르고 있는 것을 들었다.)

📢 원형부정사를 목적격보어로 가지는 동사

let A do	A가 ~하게 하다	**see** A do	A가 ~하는 것을 보다
make A do	A가 ~하게 하다[만들다]	**watch** A do	A가 ~하는 것을 보다
have A do	A가 ~하도록 하다[시키다]	**hear** A do	A가 ~하는 것을 듣다
help A do[to do]	A가 ~하게 돕다	**feel** A do	A가 ~하는 것을 느끼다

대표 기출 문제

🔒 주어진 단어를 이용하여 영작하시오.

그 짖는 개가 우체부를 도망<u>가게 만들었다</u>.
→ ______________________________

(make, barking dog, the post man, run away)

CLUE 1
'그 짖는 개가 / ~하게 만들었다 / 우체부가 / 도망가게.'의 어순으로 써야 해요. '~하게 만들었다'라는 우리말을 보고 주어진 단어 중 사역동사 make를 문장의 동사로 쓸 수 있어요.

CLUE 2
사역동사는 목적격보어로 원형부정사를 사용하므로, run away를 원형으로 써야 해요.
「동사+목적어+목적격보어」의 어순에 맞게 씁니다.

정답: The barking dog made the postman run away.

Point Exercise

[1-4] 우리말과 일치하도록 주어진 단어를 올바르게 배열하세요.

1
나는 아이들이 밖에서 소리 지르는 것을 들었다.
(outside / heard / I / kids / yelling)

→ ____________________

____________________ .

2
Joe는 내가 나의 잃어버린 개를 찾는 것을 도와주었다.
(helped / find / my lost dog / Joe / me)

→ ____________________

____________________ .

3
그 코치는 선수들에게 한 시간 더 달리도록 했다.
(for / the coach / made / run / the players / an extra hour)

→ ____________________

____________________ .

4
나의 엄마는 내가 컴퓨터 게임을 하게 하지 않으신다.
(my mom / computer games / play / doesn't / me / let)

→ ____________________

____________________ .

[5-8] 우리말과 일치하도록 주어진 단어를 사용하여 문장을 완성하세요.

5
나는 눈이 내 얼굴에 닿는 것을 느꼈다.
(feel, touch, the snow, face)

→ ____________________

____

6
Lucas는 Dean이 공원에서 그의 친구들과 함께 걸어가고 있는 것을 봤다.
(walk, see, with)

→ ____________________

____________________ at the park.

7
나의 선생님께서는 내가 발표를 하게 하셨다.
(teacher, a presentation, give, have)

→ ____________________

____

8
그 경찰관이 내가 버스 정류장을 찾는 것을 도와주었다.
(the police officer, find, a bus stop, help)

→ ____________________

____

9
다음 대화에서 어법상 틀린 부분을 찾아 바르게 고쳐 쓰세요.

A: Hello.
B: Hello, is this Owen's house?
A: Yes. May I ask who's calling?
B: I'm Mason, Owen's friend. Can I speak to him?
A: He's not home now. I'll have him to call you.
B: I see. Thank you.

____________________ → ____________________

yell 소리 지르다 lost 잃어버린 extra 추가의

to부정사를 포함한 주요 구문

POINT 8 — too ~ to부정사 / enough+to부정사

Vicky는 너무 어려서 비행기를 혼자 탈 수 없다.
Vicky는 너무 어리다 / 비행기를 타기에는 / 혼자.

→ Vicky is **too** *young* / **to take** an airplane / alone.
 = Vicky is **so** *young* // **that** she **can't take** an airplane alone.

날씨가 코트를 입을 정도로 충분히 춥다.
날씨가 / 충분히 춥다 / 코트를 입을 만큼.

→ The weather / is **cold** *enough* / **to wear** a coat.
 = The weather is **so** *cold* // **that** I **can wear** a coat.

- 「too+형용사/부사+to부정사」와 「형용사/부사+enough+to부정사」는 다음과 같이 「so ~ that …」 구문으로 바꿔 쓸 수 있습니다. 문장 전환 문제가 자주 출제되므로 반드시 잘 익혀두어야 합니다.

「too+형용사/부사+to부정사」 (너무 ~해서 …할 수 없다)	= 「so+형용사/부사+that+주어+can't[couldn't]+동사원형」
「형용사/부사+enough+to부정사」 (~할 만큼 충분히 …하다)	= 「so+형용사/부사+that+주어+can[could]+동사원형」

MORE+ 「too ~ to부정사」와 「enough+to부정사」를 「so ~ that …」으로 전환할 때, to부정사의 의미상 주어는 that절의 주어가 됩니다.
접속사 that 뒤에는 완전한 구조가 오기 때문에 목적어를 추가하는 경우도 있다는 점에 주의하세요.
This tree is **too** *tall* for me **to climb**.
→ This tree is **so** *tall* **that** I can't climb **it**. (climb의 목적어로 it 필요)

대표 기출 문제

우리말과 일치하도록 문장을 완성하시오.

Sally는 너무 아파서 밖에 나갈 수 없었다.

(1) Sally was ___________________________ .
 (to부정사를 이용할 것)

(2) Sally was ___________________________ .
 (that절을 이용할 것)

CLUE 1
주어진 우리말의 '너무 ~해서 …할 수 없다'라는 의미는 「too ~ to부정사」와 「so ~ that …」으로 나타낼 수 있어요.

CLUE 2
(1)은 「too+형용사+to부정사」의 어순으로 쓰고, (2)는 「so+형용사+that+주어+couldn't+동사원형」의 어순으로 써요. that절의 주어는 대명사 she가 되고, 과거시제이므로 couldn't로 써야 해요.

정답: (1) too sick to go out
   (2) so sick that she couldn't go out

Point Exercise

[1-5] 주어진 문장과 같은 의미가 되도록 빈칸에 알맞은 말을 쓰세요.

1

I was so sleepy that I couldn't watch the movie to the end.

→ I was ______________ ______________ ______________ ______________ the movie to the end.

2

The bookcase is so big that it can hold 50 books.

→ The bookcase is ______________ ______________ ______________ ______________ 50 books.

3

Beth can speak English well enough to talk with foreigners.

→ Beth speaks English ______________ ______________ ______________ ______________ with foreigners.

4

The birds are so fast that they can fly 10 m in just one second.

→ The birds are ______________ ______________ ______________ ______________ 10 m in just one second.

5

The concert ticket is too expensive for me to buy.

→ The concert ticket is ______________ ______________ ______________ ______________ ______________ it.

[6-9] 우리말과 일치하도록 주어진 단어를 사용하여 문장을 완성하세요.

6

그 물은 마실 수 있을 만큼 충분히 깨끗하다.
(enough, clean, the water, drink)

→ ______________________________________

7

그 뉴스는 너무 충격적이어서 믿을 수 없었다.
(shocking, the news, believe, too)

→ ______________________________________
____

8

그는 너무 어려서 그 이야기를 이해할 수 없었다.
(too, understand, young, the story)

→ ______________________________________
____

9

그 불은 숲 전체를 태워버릴 만큼 강력했다.
(the fire, burn, strong, the whole forest, enough)

→ ______________________________________
____

10 주어진 문장과 같은 의미가 되도록 〈조건〉에 맞게 문장을 바꿔 쓰세요.

〈조건〉
- 「so ~ that ...」 구문을 사용할 것
- 10 단어로 쓸 것

This book was too difficult for him to read.

→ ______________________________________
____

foreigner 외국인 shocking 충격적인 whole 전체의

Chapter Test *

STAGE 1 Go for it!

자신 있게 풀어보는 기초 문제!

배열 영작

[1-4] 우리말과 일치하도록 주어진 단어를 배열하여 문장을 완성하세요.

1
> 파리는 방문할 흥미로운 장소들이 많다.
> (interesting / to / places / visit / many)

→ Paris has _________________________

_________________________ .

2
> Mia가 나에게 그 정보를 말해 준 것은 친절했다.
> (of / me / Mia / kind / tell / to / the information)

→ It was _________________________

_________________________ .

3
> 나의 부모님은 식사 후 내가 설거지를 하게 하셨다.
> (wash / meals / me / the dishes / after / had)

→ My parents _________________________

_________________________ .

4
> 선생님은 화이트보드에 쓸 마커가 필요하시다.
> (a marker / with / on / to / write / the whiteboard)

→ The teacher needs _________________________

_________________________ .

주어진 단어로 영작

[5-7] 우리말과 일치하도록 주어진 단어와 to부정사를 사용하여 문장을 완성하세요.

5
> William은 그의 지갑을 잃어버려서 당황했다.
> (embarrassed, lose, wallet)

→ _________________________

6
> Alex는 너무 어려서 롤러코스터를 탈 수 없었다.
> (young, too, take, a roller coaster)

→ _________________________

____

7
> 나는 울고 있는 소년에게 무슨 말을 해야 할지 몰랐다.
> (say, know, the crying boy, to)

→ _________________________

____

최신 기출

8 주어진 문장과 같은 의미가 되도록 〈조건〉에 맞게 문장을 완성하세요.

> We need to drink about two liters of water every day.

> 〈조건〉
> • 12 단어로 작성할 것
> • it, necessary, to를 순서대로 사용할 것
> • to부정사의 의미상의 주어를 포함할 것

→ _________________________

_________________________ every day.

보기에서 골라 영작

[9-15] 빈칸에 들어갈 말을 〈보기〉에서 골라 알맞은 형태로 쓰세요. (단, 한 번씩만 쓸 것)

> 〈보기〉
> study   put   open   stay

9   I helped my sister ________________ the bottle of juice.

10   My teacher encourages me ________________ harder.

11   Do you have any box ________________ my clothes in?

12   Have you decided where ________________ in London?

> 〈보기〉
> find   lose   walk

13   It is not easy ________________ weight in a short time.

14   Sophie was pleased ________________ her lost cell phone.

15   I heard my brother ________________ up the stairs.

어법 오류 수정

[16-19] 다음 각 문장에서 어법상 **틀린** 부분을 찾아 바르게 고쳐 쓰세요.

16   My mom doesn't let me going out late at night.

________________ → ________________

17   Jake bought a big and nice house to live with.

________________ → ________________

18   It's very expensive of foreigners to study in America.

________________ → ________________

19   Sue was enough confident to speak in English in front of many people.

________________ → ________________

최신 기출

20 다음 대화를 읽고 〈보기〉에서 알맞은 의문사를 골라 주어진 단어와 함께 문장을 완성하세요. (단, 한 번씩만 쓸 것)

> 〈보기〉 when   how   where
>
> A: Let's get ready for the party. Please tell me ________________ ________________
>
> ________________ ________________ ________________.
>
> (the balloons, put)
> B: You can put them on the wall here with the tape.
> A: How about the music? I don't know
>
> ________________ ________________
>
> ________________ ________________.
>
> (the song, play)
> B: Play it when the lights are turned off.
> A: Okay. Now, we have to make a cake. Do you know ________________
>
> ________________ ________________? (make, it)
> B: Of course. Let's make it together.

[21-25] 주어진 단어를 사용하여 각 대화를 완성하세요.
(필요시 형태를 바꿀 것)

21

A: What did the doctor say to you?
B: He ________________________
________________________ when I go out.
(tell, wear, me, a mask)

22

A: Did you enjoy the writer's new book?
B: Not really. I ________________________
________________________ the storyline.
(found, understand, difficult, it)

23

A: How is your new laptop?
B: It's great. It is ________________________
________________________ .
(light, enough, carry, me)

24

A: What did our teacher say to Leo?
B: She ________________________
________________________ .
(warn, on time, come to school, Leo)

25

A: Can we live without water?
B: No. ________________________
____
(live, us, it, water, impossible, without)

[26-28] 주어진 문장과 같은 의미가 되도록 to부정사를
사용하여 문장을 바꿔 쓰세요.

26

The tea was so hot that it could make me warm.

→ ________________________
____

27

I was so sick that I couldn't go to school.

→ ________________________
____

28

Kevin doesn't know what he should prepare for the camp.

→ ________________________
____

29 다음은 다미가 봉사활동을 한 후 작성한 메모입니다. 주어진
단어를 사용하여 메모의 내용과 일치하도록 일기를 완성하세요.

Date: Saturday, June 13th
Place: Green Nursing Home
What I did:
• I cleaned some rooms in the nursing home.
• I served meals for the elderly people.

I volunteered at Green Nursing Home today.
The volunteer manager (1) ________________
in the nursing home. Also, she (2) ________________
________________ for the elderly people.
It was a fun and meaningful experience.

(1) ________________________ (made)

(2) ________________________ (had)

문장 전환

30 다음 글의 밑줄 친 (1)~(3) 문장과 같은 의미가 되도록 주어진 단어를 사용하여 각 문장을 완성하세요.

> Minho really loves soccer, so he decided to watch a World Cup match at the World Cup Stadium. (1) He was so excited that he couldn't sleep the night before the game. (2) Since he didn't know how to get there, he asked a man for help. (3) When he finally arrived, a lot of fans were cheering. He expected his national team to win, as the players had practiced hard for the game.

(1) Minho ___________________________________

___________________________________ the night before the game. (too)

(2) Since ___________________________________

___________________________________,

he asked a man for help. (should)

(3) When he finally arrived, ___________________

___________________________________. (see, cheer)

어법 오류 수정

31 다음 글을 읽고 어법상 틀린 문장 두 개를 찾아 그 기호를 쓰고, 문장 전체를 바르게 고쳐 쓰세요.

> ⓐ Sarah was brave enough to speak in front of the class. ⓑ She needed a topic to talk about in her speech, so she picked one. ⓒ It was exciting her to share her ideas with everyone.
>
> ⓓ Her teacher made it fun to learn how to give speeches. ⓔ The teacher also made her to try different speaking styles.

_______ → ___________________________________

____

_______ → ___________________________________

____

🎯 **Challenge!** 누적 문제 Ch 02-04

32 다음 중 어법상 틀린 문장 두 개를 찾아 그 기호를 쓰고, 문장 전체를 바르게 고쳐 쓰세요.

> ⓐ I heard someone calling my name.
> ⓑ This watch was given for me by my dad.
> ⓒ I am used to play the guitar when I was young.
> ⓓ She might have left her umbrella at the restaurant.
> ⓔ His success story motivated me to pursue my dream.

_______ → ___________________________________

____

_______ → ___________________________________

____

동명사 *

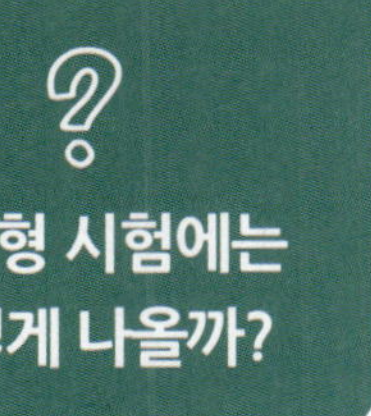

✅ Before You Write

☑ 우리말을 보고 동명사를 주어/보어 자리에 알맞은 형태로 쓸 수 있나요?

☑ 동명사를 목적어로 취하는 동사를 구별해 영작할 수 있나요?

☑ to부정사와 동명사를 모두 사용할 수 있는 동사의 경우, 의미에 따라 올바른 형태를 영작할 수 있나요?

☑ 전치사 뒤에 오는 동사는 어떤 형태로 바꿔 써야 할까요?

☑ 동명사 관용 표현을 상황에 알맞게 쓸 수 있나요?

내신 기출 다음 우리말을 보고 머릿속으로 한번 영어 문장을 떠올려 보세요.

1 새로운 경험을 한다는 것은 우리로 하여금 새로운 재능을 찾게 해 주지.
(having, new experiences, us, new talents)
~하는 것은 → 주어 자리에 동명사 → 항상 단수 취급하는 동명사 주어
→ Having new experiences makes `POINT 1`

2 (가) 미국사람들은 토마토를 먹기를 즐겨왔다. (Americans / enjoy)
~하는 것을 → 목적어 자리 → 동명사를 목적어로 취하는 동사 enjoy
→ Americans have enjoyed eating `POINT 2`

3 (A) 그것을 사기 전에 가격을 비교하는 것을 잊지 마.
(미래에) ~할 것을 잊어버리다 → forget+to부정사 → **Don't forget to compare** `POINT 3`

4 ⓑ 너는 동물 의사가 되는 것을 생각해 본 적이 있니?
<조건> 'ever', 'think of', 'become'을 사용하여 하나의 문장으로 완성할 것
think of+become → 전치사의 목적어 = 동명사 형태 → **thought of becoming** `POINT 4`

5 나는 말을 타는 것을 기대하고 있어.
~하는 것을 기대하다 → look forward to -ing
→ I am looking forward to riding a horse `POINT 5`

정답: **1** Having new experiences makes us find new talents. **2** Americans have enjoyed eating tomatoes. **3** Don't[Do not] forget to compare prices before buying it. **4** Have you ever thought of becoming an animal doctor? **5** I am[I'm] looking forward to riding a horse.

명사로 쓰이는 동명사

POINT 1 동명사 = ~하는 것은(주어), ~하는 것이다(보어)

영화를 보는 것은 많은 사람들에게 흔한 취미이다.
영화를 보는 것은 / ~이다 / 흔한 취미 / 많은 사람들에게.
　　주어　　　　동사　　보어
→ **Watching** movies / *is* / a common hobby / for many people.

그녀의 삶에서 가장 중요한 가치들 중 하나는 남을 돕는 것이다.
가장 중요한 가치들 중 하나는 / 그녀의 삶에서 / ~이다 / 남을 돕는 것.
　　　　주어　　　　　　　　　　　　　동사　　보어
→ One of the important values / in her life / is / **helping** others.

- 동명사는 동사원형 뒤에 -ing를 붙여서 명사처럼 쓰인 것으로, '**~하는 것, ~하기**'로 해석해요.
  to부정사와 마찬가지로 문장에서 주어와 보어 자리에 올 수 있으며, 뒤에 여러 어구들이 따라오도록 쓸 수 있어요.
- 동명사가 주어로 쓰일 때는 단수 취급하므로, 그 뒤에 오는 동사는 항상 단수형으로 써야 해요.
- 동명사의 부정형은 동명사 바로 앞에 not 또는 never를 붙입니다.
  Not eating too much at night helps you lose weight.
  밤에 너무 많이 먹지 않는 것이 네가 몸무게를 줄이도록 도와준다.

MORE +　동명사의 동작이나 상태를 행하는 의미상의 주어가 문장의 주어와 다를 경우, 동명사 앞에 소유격으로 나타내요.
구어체에서는 소유격 대신 목적격 형태로 쓰기도 합니다.
My brother doesn't like *my[me]* **using** his laptop. 〈using his laptop의 의미상 주어 I ≠ 문장의 주어 My brother〉
(나의 형은 내가 그의 노트북 컴퓨터를 사용하는 것을 좋아하지 않는다.)
They disliked *Tom's[Tom]* **being** late every day. 〈being late every day의 의미상 주어 Tom ≠ 문장의 주어 They〉
(그들은 Tom이 매일 늦는 것을 싫어했다.)

대표 기출 문제

🔒 글의 밑줄 친 (A)의 우리말을 주어진 <조건>에 맞게 영어로 쓰시오.

(A) 이런 것들을 하는 것은 재있고 우리의 한국어를 향상시킵니다!

<조건>
1. 주어진 3개의 단어 또는 구문 모두 활용할 것
   (these things, fun, improve)
2. 동명사 구문 이용할 것
3. 어법상 필요할 경우 단어 형태 바꿀 것
4. 9 단어의 완전한 영어문장으로 쓸 것

→ ____

🔍 CLUE 1
동명사(동사원형+-ing)는 '~하는 것, ~하기'의 의미로 명사처럼 쓰여요.

🔍 CLUE 2
'이런 것들을 하는 것은 / ~하다 / 재있는 / 그리고 / 향상시킨다 / 우리의 한국어를.'의 어순으로 써야 하므로, 주어 자리에 동명사(Doing these things)가 와야 해요. 그 뒤의 동사 자리에는 '~하다'와 '향상시킨다'는 의미의 단수동사 is와 improves를 쓰면 돼요.

정답: Doing these things is fun and improves our Korean!

Point Exercise

○ (배열 영작)

[1-3] 우리말과 일치하도록 주어진 단어를 올바르게 배열하세요.

1
> 나의 습관은 다리를 꼬는 것이다.
> (crossing / is / legs / my / habit / my)

→ _______________________________

_______________________________ .

2
> 집에서 휴식하는 것은 편안하다.
> (home / comfortable / a rest / taking / at / is)

→ _______________________________

_______________________________ .

3
> Owen의 방학 계획은 다른 도시들을 여행하는 것이다.
> (traveling / other / is / vacation plan / cities / to / Owen's)

→ _______________________________

_______________________________ .

○ (주어진 단어로 영작)

[4-8] 우리말과 일치하도록 주어진 단어를 사용하여 문장을 완성하세요. (단, 동명사 형태를 쓸 것)

4
> 새로운 사람들을 만나는 것은 그녀를 신나게 한다.
> (meet, make, people, excited)

→ _______________________________

____

5
> 그녀의 새로운 직업은 컴퓨터 소프트웨어를 개발하는 것이다.
> (new job, develop, be, computer software)

→ _______________________________

____

6
> 망원경으로 별을 보는 것은 흥미롭다.
> (stars, be, with, look at, a telescope, interesting)

→ _______________________________

____

7
> 내게 가장 어려운 것은 나의 여동생을 돌보는 것이다.
> (take care of, the hardest thing, little sister, be)

→ For me, _______________________________

_______________________________ .

8
> 조용한 장소에서 공부하는 것은 너를 졸리게 할 수 있다.
> (a quiet place, sleepy, in, make, can)

→ _______________________________

____

9 우리말과 일치하도록 〈조건〉에 맞게 문장을 완성하세요.

> 패스트푸드를 너무 자주 먹는 것은 너의 건강을 해칠 수 있다.

〈조건〉
- 동명사 형태로 쓸 것
- can, fast food, harm, eat, too often, health를 사용할 것

→ _______________________________

____

---

excited 신난 develop 개발하다 telescope 망원경 harm 해치다

POINT 2 동명사 = ~하는 것을, ~하기를(목적어)

나는 공포영화 보는 것을 꺼리지 않는다.
나는 / 꺼리지 않는다 / 공포영화 보는 것을.
주어   동사   목적어

→ I / *don't mind* / **watching** horror movies.

- to부정사처럼 동명사도 '**～하는 것을, ～하기를**'의 의미로 동사의 **목적어 자리**에 올 수 있어요.
- 다음과 같은 동사는 to부정사를 목적어로 취하는 동사와 구분해 사용해야 해요.

📢 동명사를 목적어로 쓰는 동사들

enjoy doing	～하는 것을 즐기다	**avoid** doing	～하는 것을 피하다
finish doing	～하는 것을 끝내다	**keep** doing	계속해서 ～하다
practice doing	～하는 것을 연습하다	**mind** doing	～하는 것을 꺼리다
give up doing	～하는 것을 포기하다	**consider** doing	～하는 것을 고려하다
imagine doing	～하는 것을 상상하다	**quit** doing	～하는 것을 그만두다[끊다]
suggest doing	～하는 것을 제안하다	**put off** doing	～하는 것을 연기하다, 미루다
recommend doing	～하는 것을 권장하다, 권하다	**stop** doing	～하는 것을 멈추다

주의! to부정사와 동명사를 모두 목적어로 쓰는 동사

like, love, hate, begin, start, continue, prefer 등은 to부정사와 동명사 둘 다 목적어로 쓸 수 있어요.
Most boys **like playing[to play]** soccer. (대부분의 남자아이들은 축구하는 것을 좋아한다.)
I **hate being[to be]** alone. (나는 혼자 있는 것을 싫어한다.)
I **began writing[to write]** an essay. (나는 에세이를 쓰기 시작했다.)

대표 기출 문제

🔒 주어진 <조건>을 이용하여 문장을 완성하시오.

<조건>
1. 주어진 단어를 동명사로 바꿔 사용할 것
2. 주어, 동사를 포함한 완전한 문장으로 쓸 것

그는 저녁 식사 후에 음악 듣는 것을 즐깁니다.
(listen to music)

→ _______________________________________

CLUE 1
동명사(동사원형+-ing)는 '～하는 것, ～하기'의 의미로 명사처럼 쓰여요.

CLUE 2
'즐기다'라는 의미의 동사 enjoy는 동명사를 목적어로 취해요. 주어가 He이므로 동사 enjoys를 쓰고, 목적어 자리에는 동명사 형태(listening to music)로 써야 해요.

정답: He enjoys listening to music after dinner.

 Point Exercise

[1-3] 우리말과 일치하도록 주어진 단어를 올바르게 배열하세요.

1
우리는 강을 따라 조깅하는 것을 즐긴다.
(enjoy / along / the river / jogging / we)

→ ______________________________

______________________________ .

2
Mia는 어려운 상황에서도 계속 미소를 지었다.
(smiling / Mia / situation / a / kept / difficult / in)

→ ______________________________

______________________________ .

3
엄마는 밤에 장거리를 운전하는 것을 피하신다.
(long / avoids / at / distances / driving / night / Mom)

→ ______________________________

______________________________ .

[4-8] 우리말과 일치하도록 주어진 단어를 사용하여 문장을 완성하세요.

4
그들은 그 울타리를 파란색으로 칠하는 것을 끝냈다.
(the fence, finish, paint)

→ ______________________________

____

5
나는 새로운 일을 해 보는 것을 꺼리지 않는다.
(mind, jobs, try)

→ ______________________________

____

6
나의 아빠는 작년에 그 회사에서 일하는 것을 그만두셨다.
(quit, dad, work, the company, at)

→ ______________________________

______________________________ last year.

7
Mike는 시 대신에 공상 과학 소설을 쓰기 시작했다.
(start, science fiction, write)

→ ______________________________

______________________________ instead of poetry.

8
그녀는 내년 여름에 제주도로 여행 갈 것을 제안했다.
(suggest, on a trip, Jeju Island, to, go)

→ ______________________________

______________________________ next summer.

9 우리말과 일치하도록 〈조건〉에 맞게 문장을 완성하세요.

민주는 교실에서 기타 치는 것을 연습했다.

〈조건〉
· 7 단어로 쓸 것
· in, play, the classroom, the guitar을 사용할 것

→ Minju ______________________________

______________________________ .

situation 상황 distance 거리 fence 울타리 science fiction 공상 과학 소설[영화]

POINT 3 동명사/to부정사 목적어 의미가 다른 동사

나는 너에게 메시지를 보낸 것을 기억한다.
나는 / 기억한다 / 메시지를 보낸 것을 / 너에게.

→ I / remember / **sending** a message / to you.

나는 내일 아침에 너에게 전화할 것을 기억할 것이다.
나는 / 기억할 것이다 / 너에게 전화할 것을 / 내일 아침에.

→ I / will **remember** / **to call** you / tomorrow morning.

- 동사 **remember**, **forget**, **try**는 목적어 자리에 to부정사와 동명사를 쓰면 각각 뜻이 달라집니다.
- 다음과 같이 **to부정사 목적어**는 **미래에 할 행동**을 의미하고 **동명사 목적어**는 **과거/현재의 행동**을 나타내는 경향이 있어요.

remember＋동명사	∼했던 것을 기억하다 (과거)
remember＋to부정사	∼할 것을 기억하다 (미래)
forget＋동명사	∼했던 것을 잊어버리다 (과거)
forget＋to부정사	∼할 것을 잊어버리다 (미래)
try＋동명사	시험 삼아 ∼해 보다
try＋to부정사	∼하려고 노력하다

- 동사 **stop** 뒤에 오는 to부정사는 목적어가 아니라 '목적(∼하기 위해)'을 나타내는 부사적 쓰임이에요.

stop＋동명사	∼하는 것을 멈추다
stop＋to부정사	∼하기 위해 멈추다

He *stopped* **drinking** coffee to sleep better at night. 그는 밤에 잠을 더 잘 자기 위해 커피 마시는 것을 멈췄다.

I *stopped* **to answer** the phone. 나는 전화를 받기 위해서 멈췄다.

대화의 밑줄 친 (A)의 어구들을 이용하여 다음 우리말에 맞는 문장을 <조건>에 맞게 완성하시오.

A: Cool. Is there anything else we should do?
B: (A) our names / register / forget / by this Friday.

우리 이름을 이번 주 금요일까지 등록하는 것을 잊지 마.

<조건>
1. 주어진 어구를 모두 활용할 것
2. 필요한 경우에는 다른 어구를 추가하거나 주어진 어구의 형태를 바꿀 것

→ ___________________________________

CLUE 1
동사 forget(잊다)은 목적어로 to부정사와 동명사가 모두 올 수 있어요.

CLUE 2
주어진 우리말이 '∼하는[할] 것을'이고, 문맥상 '미래'에 할 일을 잊지 말라는 의미이므로 목적어 자리에 to부정사를 써야 해요.

정답: Don't[Do not] forget to register our names by this Friday.

Point Exercise

배열 영작

[1-3] 우리말과 일치하도록 주어진 단어를 올바르게 배열하세요.

1
> 그는 그의 딸에게 아이스크림 사줄 것을 잊어버렸다.
> (daughter / forgot / an ice cream / his / to / he / buy)

→ _______________________________________

_______________________________________.

2
> Tony는 지난달에 우리를 만났던 것을 기억하지 못한다.
> (doesn't / meeting / last month / us / Tony / remember)

→ _______________________________________

_______________________________________.

3
> 그 새로운 학생은 그녀의 반 친구들과 친해지려고 노력하고 있다.
> (classmates / trying / is / get familiar with / to / her / the new student)

→ _______________________________________

_______________________________________.

주어진 단어로 영작

[4-8] 우리말과 일치하도록 주어진 단어를 사용하여 문장을 완성하세요.

4
> Susan은 초콜릿 머핀을 만들어 보았다.
> (try, chocolate muffins)

→ _______________________________________

5
> 그녀의 차는 집에 가는 길에 작동을 멈췄다.
> (stop, on the way home, work)

→ _______________________________________

____

6
> 너는 개에게 먹이를 줄 것을 기억해야 한다.
> (should, feed, remember, the dog)

→ _______________________________________

____

7
> 그녀는 기차에 그녀의 가방을 놔둔 것을 잊어버렸다.
> (leave, on, forget, bag, the train)

→ _______________________________________

____

8
> 우리는 거리에서 한 노부인을 도와드리기 위해 멈췄다.
> (stop, on, an old woman, help, the street)

→ _______________________________________

____

기출: 조건 영작

9 다음 글을 읽고 〈조건〉에 맞게 우리말을 영작하세요.

> Yumi got up late today. <u>그녀는 알람을 7시로 맞춰 놓는 것을 잊어버렸다.</u> It was already 7:40. She hurried to school.

〈조건〉
- 9 단어로 쓸 것
- set, o'clock, the alarm, for를 사용할 것

→ _______________________________________

____

familiar with ~에 익숙한, 친숙한

자주 쓰이는 동명사 표현

POINT 4 전치사+동명사

그는 한마디도 하지 않고 서 있었다.
그는 서 있었다 / 말 한마디 하는 것 없이.

→ He stood / ***without* saying** a word.

우리는 같이 테니스를 치면서 친해졌다.
우리는 친해졌다 / 같이 테니스를 치면서(침으로써).

→ We became close / ***by* playing** tennis together.

- 전치사는 주로 〈전치사+(대)명사〉 형태로 쓰이는데, 전치사 뒤에 오는 (대)명사를 '전치사의 목적어'라고 해요.
- of, by, without, for, in 등과 같은 전치사의 목적어 자리에 동사가 쓰일 때는 반드시 동명사 형태로 써야 합니다.

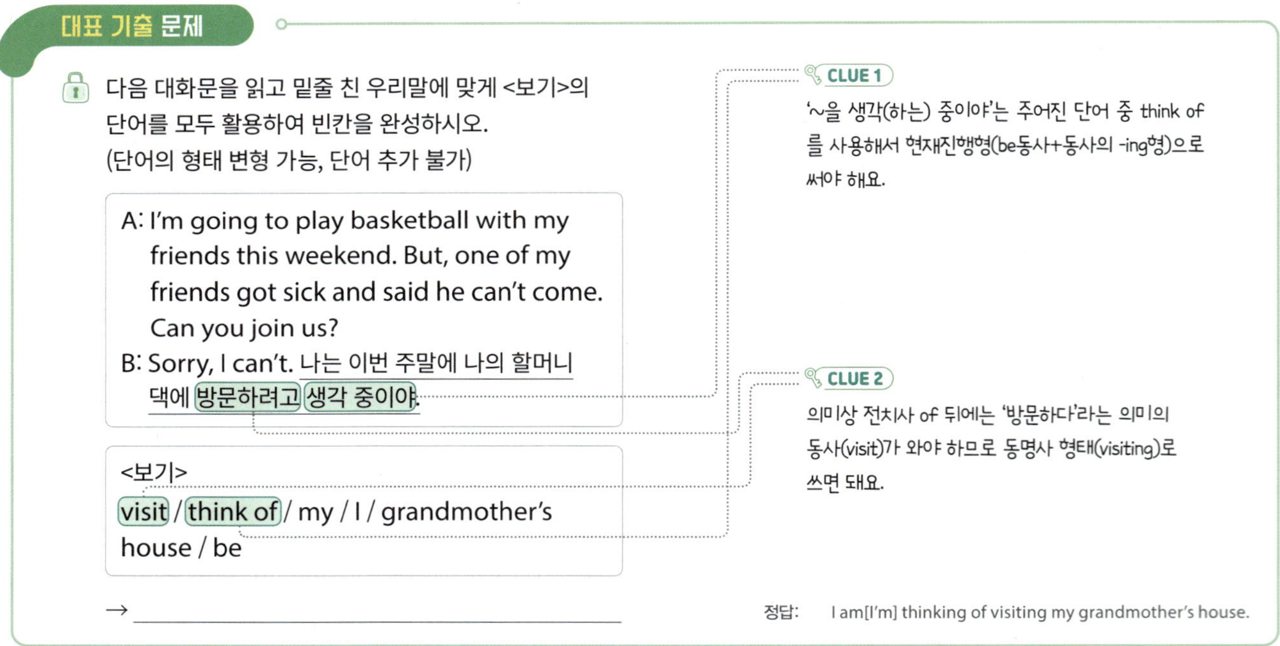

대표 기출 문제

다음 대화문을 읽고 밑줄 친 우리말에 맞게 <보기>의 단어를 모두 활용하여 빈칸을 완성하시오.
(단어의 형태 변형 가능, 단어 추가 불가)

A: I'm going to play basketball with my friends this weekend. But, one of my friends got sick and said he can't come. Can you join us?
B: Sorry, I can't. 나는 이번 주말에 나의 할머니 댁에 방문하려고 생각 중이야.

<보기>
visit / think of / my / I / grandmother's house / be

→ _______________________________________

CLUE 1
'~을 생각(하는) 중이야'는 주어진 단어 중 think of 를 사용해서 현재진행형(be동사+동사의 -ing형)으로 써야 해요.

CLUE 2
의미상 전치사 of 뒤에는 '방문하다'라는 의미의 동사(visit)가 와야 하므로 동명사 형태(visiting)로 쓰면 돼요.

정답: I am[I'm] thinking of visiting my grandmother's house.

함정 피하기 전치사 뒤에 동명사 형태 대신 동사원형이나 to부정사를 쓰지 않도록 주의하세요.
I'm thinking of ~~visit~~(→ visiting) my grandmother's house.

Point Exercise

배열 영작

[1-3] 우리말과 일치하도록 주어진 단어를 올바르게 배열하세요.

1

그녀는 그녀의 방을 청소한 뒤에 저녁을 만들기 시작했다.
(she / her / to make / cleaning / after / started / room / dinner)

→ __________________________________

__________________________________ .

2

우리는 실수를 함으로써 교훈을 배울 수 있다.
(a mistake / can / we / by / a lesson / making / learn)

→ __________________________________

__________________________________ .

3

이 책은 시간을 효율적으로 관리하는 것에 대한 책이다.
(about / effectively / this / time / is / book / managing)

→ __________________________________

__________________________________ .

주어진 단어로 영작

[4-7] 우리말과 일치하도록 주어진 단어를 사용하여 문장을 완성하세요.

4

네 허락 없이 너의 일기장을 읽어서 미안해.
(for, be, diary, read, sorry)

→ __________________________________

__________________________ without your permission.

5

그들은 높은 건물을 설계하는 데 있어 전문가들이다.
(experts, design, buildings, be, in, high)

→ __________________________________

____

6

침묵은 너의 생각을 표현하는 또 다른 방법이다.
(express, another, be, thoughts, of, way, silence)

→ __________________________________

____

7

너는 도움을 구하지 않고 그 문제를 해결해야 한다.
(help, solve, without, ask for, the problem, should)

→ __________________________________

____

기출: 조건 영작

8 다음 대화를 읽고 〈조건〉에 맞게 우리말을 영작하세요.

A: Lilly, what are you looking at?
B: 나는 나의 집을 꾸미는 것에 대한 정보를 찾고 있어.
We're going to invite many people this weekend.

〈조건〉
• 9 단어로 쓸 것
• search for, decorate, about, house, information을 사용할 것

→ __________________________________

____

---

effectively 효율적으로, 효과적으로 manage 관리하다 permission 허락, 허가 expert 전문가 express 표현하다 silence 침묵 search for ~을 찾다, 검색하다

동명사 주요 표현

나는 곧 당신을 보기를 기대하고 있어요.
나는 **기대하고 있어요** / 곧 당신을 **보기를**.

→ I **am looking forward to** / **seeing** you soon.

• 다음과 같이 동명사를 이용하여 숙어처럼 사용되는 여러 표현들이 있어요.

📢 동명사를 포함한 주요 표현

spend 시간/돈 -ing	~하는 데 시간을 보내다/돈을 쓰다
keep[stop, prevent] A from -ing	A가 ~하는 것을 막다
cannot help -ing(= cannot but 동사원형)	~하지 않을 수 없다
have difficulty[trouble, a hard time] (in) -ing	~하는 데 어려움을 겪다
be interested in -ing	~하는 데 관심이 있다
Thank you for -ing	~해줘서 고맙습니다
feel like -ing	~하고 싶다
be worth -ing	~할 만한 가치가 있다
be good at -ing	~을 잘하다
be busy -ing	~하느라 바쁘다
end up -ing	결국 ~하게 되다
How[What] about -ing ~?	~하는 게 어때?
be afraid of -ing	~하는 것을 두려워하다
look forward to -ing	~하기를 기대하다
be used to -ing	~하는 것에 익숙하다

주의!

전치사 to가 사용된 표현에서 to부정사의 to와 혼동하여 동사원형을 쓰지 않도록 주의하세요.
I'm looking forward to go(→ going) there. (나는 그곳에 가기를 기대하고 있어.)
We're used to use(→ using) smartphones when we take pictures. (우리는 사진 찍을 때 스마트폰을 이용하는 것에 익숙하다.)

대표 기술 문제

🔒 글의 (가)를 <조건>에 맞게 영작하시오.

Hello, Dr. Money. I'm Steve.
(가) "저는 돈을 모으는 **데 어려움을 겪고 있어요**."

<조건>
1. 주어진 한글 해석과 일치하게 영작할 것
2. 'difficulty'란 단어를 꼭 사용할 것

→ ___________________________________

CLUE

'~하는 데 어려움을 겪다'는
「have difficulty (in)+동사의 -ing형」으로
나타낼 수 있어요. 주어진 우리말의 '겪고 있어요'는
현재진행형이며, 주어는 I이므로 동사는 am having
으로 써야 해요.

정답: I am[I'm] having difficulty (in) saving (money).

Point Exercise

배열 영작

[1-3] 우리말과 일치하도록 주어진 단어를 올바르게 배열하세요.

1
> Tim은 혼자 영화 보러 가는 것에 익숙하다.
> (to / alone / is / the movies / Tim / going / to / used)

→ ______________________________

______________________________ .

2
> 보라는 새로운 전자기기를 사용하는 것을 잘한다.
> (good / Bora / devices / at / is / using / electronic / new)

→ ______________________________

______________________________ .

3
> 우리는 그 슬픈 장면에서 울지 않을 수 없었다.
> (at / help / we / crying / not / the sad scene / could)

→ ______________________________

______________________________ .

빈칸 완성

[4-5] 우리말과 일치하도록 주어진 단어를 사용하여 빈칸에 알맞은 말을 쓰세요.

4
> 나는 오늘 번화가에 있는 새로운 카페를 가보고 싶다.
> (feel, go)

→ I ______________ ______________ ______________
to the new café downtown today.

5
> 나의 삼촌은 그의 새로운 일을 시작하는 것을 기대하고 있다. (forward, start)

→ My uncle ______________ ______________

______________ ______________ ______________

his new career.

주어진 단어로 영작

[6-8] 우리말과 일치하도록 주어진 단어를 사용하여 문장을 완성하세요.

6
> 나의 여동생은 치과에 가는 것을 두려워한다.
> (be, afraid, to the dentist, go, little sister)

→ ______________________________

____

7
> 그들은 쇼핑몰에서 구경하는 데 두 시간을 보냈다.
> (spend, look around, the shopping mall, in)

→ ______________________________

____

8
> Andrew는 한국에서 매운 음식을 먹는 데 어려움이 있었다.
> (difficulty, eat, have, the spicy food, Korea)

→ ______________________________

____

기출: 조건 영작

9 다음 대화를 읽고 〈조건〉에 맞게 우리말을 영작하세요.

> A: Sofia, will you come out and play
>   badminton with me?
> B: I'm sorry, I can't. 나는 나의 엄마를 도와드리느라
>   바빠. How about tomorrow instead?

> 〈조건〉
> • 5 단어로 쓸 것
> • help, busy를 사용할 것

→ ______________________________

____

electronic device 전자기기 scene 장면 career 직업, 일

Chapter Test ✳

○ 정답 및 해설 p.12

STAGE 1 Go for it!

자신 있게 풀어보는 기초 문제!

○ 배열 영작

[1-4] 우리말과 일치하도록 주어진 단어를 배열하여 문장을 완성하세요.

1
> 내 계획은 내일 온종일 수영장에서 노는 것이다.
> (is / a pool / my / in / plan / playing)

→ ______________________________

______________________ all day long tomorrow.

2
> 충분한 휴식을 취하는 것은 건강에 필수적이다.
> (rest / getting / necessary / is / enough)

→ ______________________________

______________________________ for health.

3
> Dean은 지난여름에 살을 좀 빼려고 노력했다.
> (lose / weight / tried / Dean / to / some)

→ ______________________________

______________________________ last summer.

4
> 아빠는 우리의 휴가 동안에 해외여행을 가자고 제안하셨다.
> (going / Dad / vacation / suggested / our / abroad / for)

→ ______________________________

______________________________ .

○ 주어진 단어로 영작

[5-7] 우리말과 일치하도록 주어진 단어를 사용하여 문장을 완성하세요.

5
> 생명체는 물을 마시지 않고서는 살 수 없다.
> (drink, cannot, without, live)

→ Living creatures ______________________

______________________________ .

6
> 하루를 계획하지 않으면, 너는 결국 시간을 낭비하게 될지도 모른다.
> (waste, end up, might)

→ If you don't plan your day, ______________

______________________________ .

7
> 나는 역사 시간에 제2차 세계 대전에 대해 배운 것을 기억한다.
> (learn, World War II, remember, about)

→ ______________________________

______________________________ in history class.

최신 기출

8 주어진 단어를 알맞은 형태로 바꾸어 다음 글을 완성하세요.

> Here are some tips for ⓐ ______________
> (improve) your speaking skills in English.
> First, try to watch or listen to many things
> in English. Second, remember
> ⓑ ______________ (practice) speaking
> often. Lastly, try to stop ⓒ ______________
> (think) in your native language.

○─ 어법에 맞게 영작

[9-15] 주어진 단어를 사용하여 빈칸에 알맞은 말을 쓰세요.

9
Don't worry ________________________
the final exams. (take, about)
You'll do well.

10
These days, I cannot fall asleep
________________________ slow music.
(listen to, without)

11
Would you ________________________
my cat for two days? (take care of, mind)

12
I ________________________ your
reply soon. (receive, to, look forward)

13
Lucy remembers ____________ the
same food at this restaurant last week. (eat)

14
Dan stopped ____________ his nails.
(bite) He finally broke his bad habit.

15
My sister ________________________
Chinese two years ago. (have, learn,
a hard time)
But, she is good at it now.

○─ 보기에서 골라 영작

[16-17] 우리말과 일치하도록 〈보기〉에서 알맞은 동사를 골라
문장을 완성하세요.

〈보기〉
stop　　　　remember　　　　forget

16
시끄럽게 이야기하는 것을 멈춰 줄래?
(will, loudly, talk)

→ ________________________

17
Jade는 방을 나갈 때 불을 끄는 것을 잊어버렸다.
(the light, turn off)

→ ________________________

________________________ when she left the room.

最新 기출

18 다음 대화를 읽고 〈조건〉에 맞게 우리말을 영작하세요.

Grace: Why are you trying to drink a lot of
　　　　water?
Daniel: 물을 많이 마시는 것이 우리의 에너지
　　　　수준을 향상시켜주기 때문이야.
Grace: That's amazing. I'll try that, too.

〈조건〉
• 주어진 단어를 사용할 것
• 9 단어로 쓸 것

→ Because ________________________

________________________.

(energy levels, a lot of, drink, improve)

[19-22] 주어진 단어를 사용하여 각 대화를 완성하세요.

19
A: What can we do to protect our planet?
B: We can bring our own cups ____________
____________________________ .
(paper cups, instead of, use)

20
A: You rarely use an elevator, do you?
B: That's right. I ____________________
____________________________ .
(the stairs, used, take, to)

21
A: Do you have any plans for this weekend?
B: Well, I'm considering ________________
____________________________ .
(go, with, to, friends, the beach, my)
Would you join us?

22
A: Linda, you look nervous.
B: I broke my sister's hair pin.
I ________________________________
____________________________ to her.
(afraid, the truth, tell, of)

[23-26] 다음 각 문장에서 어법상 <u>틀린</u> 부분을 찾아 바르게 고쳐 쓰세요.

23 Lisa participates in volunteer work by visit a nursing home.
____________ → ____________

24 I'm looking forward to see my favorite singer.
____________ → ____________

25 Ted continued to asking questions until I answered them.
____________ → ____________

26 Tell your brother to remember buy a cake when he comes home.
____________ → ____________

27 다음 표를 보고 〈조건〉에 맞게 문장을 완성하세요.

	Isabel	Logan
(1) dream	dancer	cook
(2) talent	play instruments	cook food
(3) hobby	listen to music	bake cookies

〈조건〉
- 주어진 단어를 사용할 것
- (1)은 3 단어, (2)는 5 단어, (3)은 4 단어로 쓸 것

(1) Isabel is thinking about ________________
____________________________ . (become)

(2) Logan ________________________________
____________________________ . (good at)

(3) Isabel ________________________________
____________________________ as a hobby. (enjoy)

조건 영작

28 다음 글을 읽고 빈칸에 알맞은 말을 〈조건〉에 맞게 완성하세요.

〈조건〉
• 〈보기〉의 단어를 한 번씩만 사용할 것

〈보기〉

write	improve	read	help
do	memorize	take	

　　　Emma loves studying French. She enjoys
(1) ________________ books and keeps
(2) ________________ new words every day.
Sometimes she minds (3) ________________
difficult grammar exercises, but she never gives
up. Her teacher suggested (4) ________________
a diary in French, and she tried it. Emma also
decided (5) ________________ a French course.
Her friend promised (6) ________________ her
study. She's looking forward (7) ________________
her French skills soon!

어법 오류 수정

29 다음 대화를 읽고 ⓐ~ⓔ 중 어법상 **틀린 두 개**를 찾아 그 기호를 쓰고, 바르게 고쳐 쓰세요.

Lily: Did you see the soccer match last night?
Jed: Yes. I did! It was an exciting game.
Lily: I enjoyed it so much! ⓐ I couldn't help
　　 watching it again online.
Jed: Oh, you like soccer very much, don't you?
Lily: Yes, I do. ⓑ I love watching soccer games,
　　 ⓒ but I'm not good at play it.
Jed: ⓓ If you keep practicing, I'm sure you'll be
　　 a good player.
Lily: Really?
Jed: Of course. ⓔ Try to spend lots of time to
　　 practice it.

________ → ________________________

　　　　　 ________________________

________ → ________________________

　　　　　 ________________________

🎯 **Challenge!**　　　　　누적 문제 Ch 03-05

30 다음 중 어법상 **틀린 문장 두 개**를 찾아 그 기호를 쓰고, 문장 전체를 바르게 고쳐 쓰세요.

ⓐ He often looks after his younger sisters.
　 He is used to take care of them.
ⓑ The song was being played on the radio.
ⓒ The staff brought chairs for us to sit on.
ⓓ We need to decide where to go this
　 weekend.
ⓔ I was allowed leave school early by my
　 teacher.

________ → ________________________

　　　　　 ________________________

________ → ________________________

　　　　　 ________________________

✓ Before You Write

- ✓ 수식받는 명사와 분사의 관계를 파악하여 현재분사 또는 과거분사를 올바르게 사용할 수 있나요?
- ✓ 접속사가 쓰인 부사절을 분사구문의 형태로 바꿔 쓸 수 있나요?
- ✓ 적절한 접속사를 사용해 분사구문을 부사절로 바꿔 쓸 수 있나요?
- ✓ 수동태가 쓰인 부사절을 분사구문으로 바꿔 쓸 수 있나요?

내신 기출 다음 우리말을 보고 머릿속으로 한번 영어 문장을 떠올려 보세요.

1 도서관에서 공부하고 있는 남자는 Alex이다. (study, at)

~하고 있는 명사(남자) → 능동 → 명사+현재분사 → **The boy studying at the library** `POINT 1`

2 ⓐ 개미는 민감한 털로 덮인 다리가 있기 때문에,

~된 명사(다리) → 수동 → 명사+과거분사 → **legs covered with sensitive hairs** `POINT 1`

3 (2) Tom은 그의 구두(신발)를 광이 나도록 했다. (shine)

→ Tom had ____.

목적어가 ~되도록 하다 → 사역동사(have)+목적어+과거분사 → **had his shoes shone** `POINT 2`

4 (가) 청중의 모든 사람들이 깊이 감명받았다.

(audience / everyone / move / deep)

주어가 ~한 감정을 느낌 → 과거분사 → **was deeply moved** `POINT 3`

5 감기에 걸려서, 나는 하루 종일 침대에 있었다.

<보기> stay in bed / have a cold / I / all day

<조건> 분사구문을 이용할 것

~해서 → 능동 분사구문 → 동사+-ing → **Having a cold** `POINT 4·5`

6 홀로 남겨져서, 그는 울기 시작했다.

~되어서 → 수동 분사구문 → Being+과거분사 → **Being left alone** `POINT 6`

7 (A) 그는 눈을 감은 채로 공을 잡았다.

(his eyes / the ball / close / catch / he / with)

~가 …한 채로 → with+(대)명사+분사 → his eyes와 close는 수동 관계

→ **with his eyes closed** `POINT 6`

정답: **1** The boy studying at the library is Alex. **2** Since ants have legs covered with sensitive hairs **3** his shoes shone **4** Everyone in the audience was deeply moved. **5** Having a cold, I stayed in bed all day. **6** (Being) Left alone, he began to cry[crying]. **7** He caught the ball with his eyes closed.

명사를 수식하는 분사

POINT 1 명사(구)를 수식하는 분사(~하는, ~된)

떨어진 나뭇잎을 보고 있는 소녀는 내 여동생이다.
떨어진 나뭇잎을 보고 있는 소녀는 / 내 여동생이다.

분사구의 수식을 받아 주어(The girl)가
동사(is)와 멀리 떨어지게 되는 경우
동사의 수에 주의해야 해요.

→ *The girl* [looking at the **fallen** *leaves*] / is my sister.

그녀는 불타는 집에서 구조된 소년을 돌보았다.
그녀는 / 돌보았다 / 불타는 집에서 구조된 소년을.

→ She / looked after / *the boy* [rescued from the **burning** *house*].

나는 떨어진 쓰레기를 줍고 있는 학생 몇 명을 보았다.
나는 보았다 / 떨어진 쓰레기를 줍고 있는 몇 명의 학생들을.

→ I saw / *some students* [picking up the **dropped** *garbage*].

- 분사는 동사의 형태를 바꾸어 형용사처럼 명사(구)를 수식하는 역할을 합니다.
- **현재분사(-ing)**는 수식받는 명사와 분사와의 관계가 **능동, 진행(~하는, ~하는 중인)**일 때 사용하며,
  과거분사(p.p.)는 수식받는 명사와 분사와의 관계가 **수동, 완료(~된)**일 때 사용합니다.
- 이때 분사의 위치에 주의해야 하는데, **분사가 단독으로 명사를 수식할 때는 명사 앞에 오지만**,
  분사 뒤에 여러 어구가 딸려 있어 **분사구의 형태로 명사를 수식할 때는 명사 뒤에 옵니다.**

대표 기출 문제

🔒 다음 문장에서 밑줄 친 부분을 어법에 맞게 고쳐 완벽한
문장으로 다시 쓰시오.

I bought a camera make in Japan.
(나는 일본에서 만들어진 카메라를 샀다.)

→ _______________________

CLUE 1

make in Japan이 a camera를 뒤에서 수식해요.

CLUE 2

의미상 카메라가 '만들어진 것'이므로 명사와 그것을
수식하는 분사는 수동 관계예요. 따라서 과거분사
(made)를 사용해 분사구를 쓰면 돼요.

정답: I bought a camera made in Japan.

Point Exercise

[1-2] 우리말과 일치하도록 주어진 단어를 사용하여 빈칸에 알맞은 말을 쓰세요.

1

그녀는 떨리는 내 손을 잡아주었다.
(hand, shake)

→ She held my ＿＿＿＿＿＿＿ ＿＿＿＿＿＿＿.

2

Aaron은 영어로 쓰인 소설을 한 권 샀다.
(write, a novel)

→ Aaron bought ＿＿＿＿＿＿＿ ＿＿＿＿＿＿＿
＿＿＿＿＿＿＿ in English.

[3-5] 우리말과 일치하도록 주어진 단어를 올바르게 배열하세요.
(필요시 형태를 바꿀 것)

3

우리를 보고 있는 그 남자는 누구니?
(look / who / us / is / at / the man)

→ ＿＿＿＿＿＿＿＿＿＿＿＿＿＿＿＿＿＿＿ ?

4

Tom은 붐비는 버스 안에서 그의 휴대 전화를 잃어버렸다.
(cell phone / crowd / lost / in / his / Tom / the / bus)

→ ＿＿＿＿＿＿＿＿＿＿＿＿＿＿＿＿＿＿＿
＿＿＿＿＿＿＿＿＿＿＿＿＿＿＿＿＿＿＿ .

5

Jane과 이야기하고 있는 그 소년은 내 사촌이다.
(Jane / with / the boy / cousin / is / my / talk)

→ ＿＿＿＿＿＿＿＿＿＿＿＿＿＿＿＿＿＿＿
＿＿＿＿＿＿＿＿＿＿＿＿＿＿＿＿＿＿＿ .

[6-8] 우리말과 일치하도록 주어진 단어를 사용하여 문장을 완성하세요.

6

나는 이 고장 난 손목시계를 수리해야 한다.
(watch, should, break, fix)

→ ＿＿＿＿＿＿＿＿＿＿＿＿＿＿＿＿＿＿＿
＿＿＿＿＿＿＿＿＿＿＿＿＿＿＿＿＿＿＿

7

Rachel은 파스텔 색상들로 칠해진 그녀의 방을 좋아했다.
(room, paint, pastel colors, in)

→ ＿＿＿＿＿＿＿＿＿＿＿＿＿＿＿＿＿＿＿
＿＿＿＿＿＿＿＿＿＿＿＿＿＿＿＿＿＿＿

8

줄 서 있는 사람들은 두 시간이 넘게 그 공연을 기다렸다.
(wait for, stand, the people, in line, over)

→ ＿＿＿＿＿＿＿＿＿＿＿＿＿＿＿＿＿＿＿
＿＿＿＿＿＿＿＿＿＿＿＿＿＿＿＿ for the show.

9 다음 글을 읽고 〈조건〉에 맞게 우리말을 영작하세요.

Hi, class. Today, we're going to learn about ancient Korean buildings. Look at this picture. 이것은 1395년에 지어진 궁궐입니다. It is called Gyeongbokgung.

〈조건〉
• 7 단어로 쓸 것
• a palace, build를 사용할 것

→ ＿＿＿＿＿＿＿＿＿＿＿＿＿＿＿＿＿＿＿
＿＿＿＿＿＿＿＿＿＿＿＿＿＿＿＿＿＿＿

---

shake (몸이) 떨리다; 흔들다 stand in line 줄을 서다 ancient 고대의 palace 궁궐, 궁전

분사의 보어 역할

POINT 2   주격보어/목적격보어 역할

비가 온 후 공기는 상쾌하게 느껴졌다.
공기는 / 상쾌하게 느껴졌다 / 비가 온 후.

→ *The air* / **felt refreshing** / after the rain. ⟨주격보어⟩
　　주어　　　　　　주격보어(-ing)

• 분사는 보어 자리에 와서 주어나 목적어의 동작이나 상태를 보충 설명할 수 있어요.
• 주어와 주격보어의 관계가 **능동**이라면 **현재분사(-ing)**를, **수동**이면 **과거분사(p.p)**를 사용해요.

나의 아빠는 어제 자동차를 수리받으셨다.
나의 아빠는 (~하도록) 하셨다 / 그의 자동차가 고쳐지도록 / 어제.

→ My dad **had** / *his car* **repaired** / yesterday. ⟨목적격보어⟩
　　　　　　　　 목적어　　목적격보어(p.p)

• 목적어와 목적격보어의 관계도 **능동**이라면 **현재분사(-ing)**를, **수동**이면 **과거분사(p.p)**를 사용해요.

📢 목적격보어로 분사를 쓰는 주요 동사

keep/leave/find 등＋목적어＋-ing/p.p.	～가 계속 …하게[되게] 하다/～을 …한[된] 채로 두다/ ～가 …하는[된] 것을 발견하다[알다]
사역동사(have/get/make)＋목적어＋p.p.	～가 …되도록 하다/시키다 (목적격보어 = 원형부정사 ☞ Ch 04)
지각동사(see/hear/feel 등)＋목적어＋-ing/p.p.	～가 …하고 있는[된] 것을 보다/듣다/느끼다 (목적격보어 = 원형부정사[현재분사] ☞ Ch 04)

He **got** *his car* **cleaned** after the trip. ⟨수동⟩ 그는 여행 후에 그의 차를 세차되게 했다.
I **heard** *someone* **calling** my name. ⟨능동⟩ 나는 누군가 내 이름을 부르는 것을 들었다.
I **heard** *my name* **called** by someone. ⟨수동⟩ 나는 누군가에 의해 내 이름이 불리는 것을 들었다.

대표 기출 문제

🔒 다음 A의 질문에 대한 대답을 괄호 안의 단어를 이용하여 쓰시오. (단, 필요시 단어 변형 가능)

A: You got a new hairstyle, didn't you?
B: Yes, I did. I ＿＿＿＿＿＿＿＿＿＿＿＿＿ .
(my hair, yesterday, pink, have, dye)

<조건>
• 문장으로 쓸 것
• 5형식 문장으로 나타낼 것

→ I ＿＿＿＿＿＿＿＿＿＿＿＿＿＿＿＿＿ .

CLUE 1
주어진 조건에 따라 「주어+동사+목적어+목적격보어」의 5형식(SVOC) 문장으로 써야 하므로, 주어(I) 뒤에는 목적격보어를 취하는 동사인 have를 써야 해요.

CLUE 2
have 동사 뒤에 오는 목적어(my hair)와 목적격보어(dye)의 관계는 수동이므로 과거분사(dyed)를 보어 자리에 써야 해요.

정답: had my hair dyed pink yesterday

# Point Exercise

[1-4] 다음 빈칸에 주어진 단어를 알맞은 형태로 쓰세요.

1 The mystery remained _______________ for years. (hide)

2 I heard Mason _______________ on the phone. (talk)

3 This song sounds _______________ before bed. (calm)

4 Tom made his car _______________ before the trip. (wash)

[5-7] 우리말과 일치하도록 주어진 단어를 올바르게 배열하세요.

5
> 나는 오늘 머리를 자르도록 할 것이다.
> (cut / going to / am / I / have / my hair)

→ _______________________________________

_______________________________ today.

6
> Taylor는 나를 두 시간 동안 기다리게 했다.
> (waiting / kept / for / me / Taylor / two hours)

→ _______________________________________

_______________________________________ .

7
> 그 호수는 매년 1월부터 2월까지 얼어붙는다.
> (to February / frozen / the lake / becomes / from January)

→ _______________________________________

_______________________________________ .

[8-10] 우리말과 일치하도록 주어진 단어를 사용하여 문장을 완성하세요.

8
> 폭설은 도로를 막히게 했다.
> (block, the heavy snow, the roads, make)

→ _______________________________________

____

9
> 나는 Max가 그의 여동생과 길을 건너고 있는 것을 봤다. (the road, see, cross)

→ _______________________________________

_______________________________ with his sister.

10
> 대부분의 사람들이 기념식 동안 서 있었다.
> (remain, most people, the ceremony, stand, during)

→ _______________________________________

____

11 우리말과 일치하도록 〈조건〉에 맞게 영작하세요.

> 그는 6개월마다 그의 치아를 검진 받도록 한다.

> 〈조건〉
> • 8 단어로 쓸 것
> • 사역동사 have를 사용할 것
> • check, every six months, teeth를 사용할 것

→ _______________________________________

____

---

remain 계속 ~이다 calm 진정시키다 frozen (호수 등이) 얼어붙은 block 막다 ceremony 의식, 식

감정을 나타내는 분사

그 식당은 실망스러운 평가를 받았다.
그 식당은 / 받았다 / 실망스러운 평가를.

→ The restaurant / received / **disappointing** *reviews*.

야생 동물에 관한 그 다큐멘터리는 흥미로웠다.
그 다큐멘터리는 / 야생 동물에 관한 / 흥미로웠다.

→ *The documentary* / *on wildlife* / was **interesting**.

그는 밤중에 큰 소리에 놀랐다.
그는 / 놀랐다 / 큰 소리에 / 밤중에.

> 과거분사 형태가 주격보어로 쓰인 문장은 수동태(be+p.p.)의 형태를 띠어요.
> 수동태 챕터(☞ Ch 03)에서 학습한 관용 표현의 p.p. 형태도 과거분사예요.
> *e.g.* be surprised at

→ *He* / **was surprised** / at the loud sound / during the night.

• 감정을 나타내는 분사는 형용사처럼 명사를 수식할 수 있고, 동사 뒤에서 주어를 설명하는 보어로도 쓸 수 있어요.
• 어떤 일이 다른 대상에게 **감정을 일으키면 현재분사(-ing)**를, 어떤 사람이 **감정을 느낄 때는 과거분사(p.p.)**를 써야 합니다.

📢 감정을 나타내는 현재분사/과거분사

surprising/surprised	놀라운/놀란	tiring/tired	피곤하게 하는/피곤한
amazing/amazed	놀라운/놀란	annoying/annoyed	짜증나게 하는/짜증난
shocking/shocked	충격적인/충격을 받은	boring/bored	지루한/지루해하는
exciting/excited	신나는/신난	confusing/confused	혼란스럽게 하는/혼란스러운
interesting/interested	재미있는/재미를 느낀	depressing/depressed	우울하게 하는/우울한
touching/touched	감동적인/감동한	disappointing/disappointed	실망스러운/실망한
pleasing/pleased	기쁘게 하는/기쁜	embarrassing/embarrassed	당황스러운/당황한
satisfying/satisfied	만족시키는/만족한	frightening/frightened	무섭게 하는/무서워하는

대표 기출 문제

🔒 다음 주어진 문장에서 밑줄 친 부분을 어법에 맞게 바르게 고쳐 쓰시오.

People were (1) amaze at the (2) surprise news.

CLUE 1
주어인 People이 '놀란' 감정을 느낀 것이므로 과거분사(p.p) 형태로 써야 해요.

CLUE 2
수식받는 명사인 news가 다른 대상에게 '놀라운' 감정을 불러일으키는 것이므로 현재분사(-ing) 형태로 써야 해요.

정답: (1) amazed (2) surprising

Point Exercise

빈칸 완성

[1-2] 우리말과 일치하도록 주어진 단어를 알맞은 형태로 바꿔 쓰세요.

1
> 오늘은 아주 피곤한 날이었다. (tire)

→ Today was a very ________________ day.

2
> 독자들은 그 작가의 충격적인 이야기에 놀랐다.
> (surprise, shock)

→ Readers were ________________ by the

　writer's ________________ story.

배열 영작

[3-5] 우리말과 일치하도록 주어진 단어를 올바르게 배열하세요.
(필요시 형태를 바꿀 것)

3
> Paul은 그 유령 이야기에 무서워했다.
> (the ghost story / Paul / by / felt / frighten)

→ _______________________________________

　_______________________________________ .

4
> 너는 야외 스포츠에 관심이 있니?
> (in / outdoor sports / are / interest / you)

→ _______________________________________

　_______________________________________ ?

5
> 그들은 만족스러운 저녁 식사에 기뻐했다.
> (dinner / please / the / with / satisfy / were /
> they)

→ _______________________________________

　_______________________________________ .

주어진 단어로 영작

[6-8] 우리말과 일치하도록 주어진 단어를 사용하여 문장을 완성하세요.

6
> 그 타워에서의 전망은 놀라워!
> (the tower, amaze, the view, be, from)

→ _______________________________________

　_______________________________________

7
> 나는 그의 지루한 이야기에 짜증이 났다.
> (bore, annoy, be, story, with)

→ _______________________________________

8
> 우리는 그 실망스러운 결과에 당황했다.
> (embarrass, by, result, the, be, disappoint)

→ _______________________________________

　_______________________________________

기출: 알맞은 형태로 영작

9 〈보기〉와 같이 주어진 문장과 같은 의미가 되도록 괄호 안의 단어를 빈칸에 알맞은 형태로 고쳐 쓰세요.

> 〈보기〉
> Brian watched a movie. He liked the movie.
> (satisfy)
> → The movie was <u>satisfying</u> to Brian.
> → Brian was <u>satisfied</u> with the movie.

> Many students find difficult math problems
> annoying. (annoy)

(1) Many students are ________________ by
　difficult math problems.

(2) Difficult math problems are
　________________ to many students.

annoy 짜증나게 하다

Unit 03 분사구문

POINT 4 　분사구문의 기본 형태

> (나는) 빵집에 들어갔을 때, // 나는 갓 구운 빵 냄새를 맡았다.
>
> → **When I entered the bakery,** // I smelled freshly baked bread. <부사절>
> → **Entering the bakery,** // I smelled freshly baked bread. <분사구문>

- 「접속사+주어+동사 ~」 형태의 부사절은 분사를 이용해 간략하게 바꿔 쓸 수 있는데, 이것을 **분사구문**이라고 해요.
- '부사절의 주어 = 주절의 주어'인 경우, **부사절의 접속사와 주어를 생략하고 동사를 현재분사(-ing) 형태로** 바꿉니다.
- 부사절의 동사가 부정형이면 분사구문으로 바꿀 때도 분사 앞에 부정어 Not이나 Never를 씁니다.

  As I **didn't have** much time, I took a taxi. 시간이 많이 없었기 때문에 나는 택시를 탔다.

  → **Not having** much time, I took a taxi.

  MORE + 부사절의 주어와 주절의 주어가 다를 경우, 분사구문의 주어를 그대로 남겨둡니다.
  The wind **blowing** hard, the trees started shaking a lot. (바람이 세게 불자 나무들이 많이 흔들리기 시작했다.)

> (Ted는) 당황해서, // Ted는 아무 말도 하지 못했다.
>
> → **As he was embarrassed,** // Ted couldn't say anything. <부사절>
> → **(Being) Embarrassed,** // Ted couldn't say anything. <분사구문>

- 부사절의 동사가 be동사일 때, 분사구문은 Being으로 시작하며 이때 Being은 생략 가능해요.

주의!

1 분사구문의 뜻을 정확히 하기 위해 접속사를 생략하지 않고 분사 앞에 써주는 것도 가능해요.
  After sharing my worries with my friends, I felt much better. (고민에 대해 친구들과 나눈 후, 나는 기분이 훨씬 나아졌다.)

2 부사절의 동사가 진행형(be동사＋-ing)일 때는 Being이 아닌 현재분사로 시작해요.
  While she was eating dinner, she watched the news → **(Being) Eating** dinner, she watched the news.
  (저녁을 먹는 동안, 그녀는 뉴스를 봤다.)

대표 기출 문제

🔒 다음 문장의 밑줄 친 부분을 분사구문으로 변형하시오.

> When you stop your bike, you need to use a hand signal.
> → ________________, you need to use a hand signal.

CLUE 1
부사절 「접속사(When)+주어(you)+동사(stop) ~」를 분사구문으로 바꾸려면?
— 접속사 생략, 부사절의 주어가 주절의 주어와 같으면 주어도 생략!

CLUE 2
남은 부사절의 동사(stop)에 -ing를 붙여 현재분사 형태(Stopping)로 만들어요.

정답: Stopping your bike

Point Exercise

배열 영작

[1-4] 우리말과 일치하도록 주어진 단어를 올바르게 배열하세요.

1

공항에 도착했을 때, 우리는 여행 가이드를 만났다.
(at / arriving / the airport)

→ _______________________,
we met a travel guide.

2

실망해서, 그는 방을 나갔다.
(left / being / he / disappointed / the room)

→ _______________________

_______________________.

3

식사를 마친 후, 그는 계산서를 요청했다.
(the check / his meal / finishing / asked for / he)

→ _______________________,

_______________________.

4

열심히 공부하지 않아서, Peter는 시험에 통과하지 못했다.
(hard / Peter / not / pass / studying / the test / couldn't)

→ _______________________,

_______________________.

문장 전환

[5-8] 다음 밑줄 친 부분을 분사구문으로 알맞게 바꿔 쓰세요.

5

When she cooked breakfast, she listened to music.

→ ___________ ___________, she listened to music.

6

Because he was too tired, he stayed at home.

→ ___________ ___________ ___________,
he stayed at home.

7

As I didn't follow his advice, I made lots of mistakes.

→ ___________ ___________ ___________

___________, I made lots of mistakes.

8

While she was waiting for Fred, she was sitting on a bench.

→ ___________ ___________ ___________,
she was sitting on a bench.

기출: 조건 영작

9 다음 글을 읽고 〈조건〉에 맞게 우리말을 영작하세요.

Ben's hobby is taking pictures. 새로운 장소에 방문할 때, 그는 항상 사진을 찍는다. He also likes to show the pictures to his friends. His friends call him a future photographer.

〈조건〉
• 분사구문을 사용하여 8 단어로 쓸 것
• take pictures, visit, a new place, always를 사용할 것

→ _______________________

_______________________.

check 계산서

그는 숨을 참으며 수영장에 뛰어들었다.
그의 숨을 참으며, / 그는 뛰어들었다 / 수영장에.

→ **Holding his breath**, / he dived / into the pool. <동시동작>
(= **As** he held his breath,)

- 분사구문에는 부사절 접속사가 없기 때문에, 분사구문이 나타내는 의미를 **문맥을 통해 파악**해야 합니다.
- 주로 **동시동작/연속동작/시간/이유** 등을 표현하는 데 쓰이며, 경우에 따라 두 가지 이상의 의미로 해석될 수도 있어요.
- 분사구문을 부사절로 전환하는 문제에서는 분사구문의 문맥상 의미를 파악하여, 적절한 접속사를 사용해 부사절로 바꿔 쓸 수 있어야 해요.

📢 분사구문 의미별 부사절 접속사

동시동작 (~하면서[~할 때] …하다)	while, as …	이유 (~하기 때문에)	because, as, since …
연속동작 (~하고 나서 …하다)	and, after …	조건 (~한다면)	if …
시간 (~할 때)	when, as …	양보 (~이지만)	though, although …

Feeling tired, she went to the bed early. 피곤함을 느껴서, 그녀는 일찍 잠자리에 들었다.
(← **Because[As, Since]** she felt tired, she went to the bed early.) 〈이유〉
Turning right, you'll see a tall building. 오른쪽으로 돌면, 높은 빌딩을 볼 수 있을 거예요.
(← **If** you turn right, you'll see a tall building.) 〈조건〉

대표 기출 문제

🔒 다음 문장에서 밑줄 친 부분을 접속사, 주어, 동사를 갖춘 완전한 문장으로 고쳐서 다시 쓰시오.

Having a lot of baggage, he took a taxi to the station.
→ _______________________,
he took a taxi to the station.

CLUE 1
주절의 주어가 he이므로 분사구문에서 생략된 주어도 he라는 것을 알 수 있어요. 또한 주절의 시제(took)는 과거로 쓰였어요.

CLUE 2
문맥상 '짐이 많아서 택시를 탔다'는 의미이므로, 생략된 부사절 접속사로는 이유를 나타내는 Because[As, Since]를 써야 해요.

정답: Because[As, Since] he had a lot of baggage

✓ **함정 피하기**　분사구문을 부사로 전환할 때, 주절의 주어와 동사를 참고하여 부사절의 주어와 동사를 적절한 형태로 써줘야 해요.

Having a bad cold, Jim didn't go to school. (Jim이 독감에 걸렸기 때문에 그는 학교에 가지 않았다.)
→ Because Jim had a bad cold, he didn't go to school.

Point Exercise

[1-4] 다음 밑줄 친 부분을 우리말과 일치하도록 주어진 접속사를 사용하여 바꿔 쓰세요.

1
> Eating pizza, he watched TV.
> 그는 피자를 먹으면서 TV를 보았다.

→ _______________________________

_______________________, he watched TV. (while)

2
> Entering the library, I saw people reading.
> 나는 도서관에 들어갔을 때 사람들이 독서하고 있는 것을 보았다.

→ _______________________________

_______________________, I saw people reading. (when)

3
> Exercising a lot, she is healthy.
> 그녀는 운동을 많이 하기 때문에 건강하다.

→ _______________________________

_______________________, she is healthy. (because)

4
> Staying in Korea, they will visit many interesting places.
> 그들이 한국에 머무른다면 많은 흥미로운 장소들을 방문할 것이다.

→ _______________________________,

they will visit many interesting places. (if)

[5-7] 주어진 접속사 중 알맞은 것을 골라 다음 밑줄 친 부분을 부사절로 바꿔 쓰세요.

5
> Getting off the bus, he dropped his wallet by mistake. (since / as)

→ _______________________________,

he dropped his wallet by mistake.

6
> Riding a bike, I got a call from my brother. (while / because)

→ _______________________________,

I got a call from my brother.

7
> Hearing the shocking news, she told us about it. (if / after)

→ _______________________________,

she told us about it.

8 다음 글을 읽고 밑줄 친 문장을 접속사를 포함하는 부사절 문장으로 바꿔 쓰세요.

> My friend James and I went climbing today. We chose to take an easy course for beginners. But the mountain was too high and steep. Being tired, we couldn't reach the top of the mountain.

→ _______________________________

____

by mistake 실수로 steep 가파른 reach ~에 이르다, 도달하다

그 남자아이는 혼자 남겨졌을 때 울기 시작했다.
(그는) 혼자 남겨졌을 때, // 그 남자아이는 울기 시작했다.
　　　　부사절　　　　　　　주절

→ **When he was left alone,** // the boy started crying. ＜부사절＞
→ **(Being) Left alone,** // the boy started crying. ＜분사구문＞

- 부사절에 수동태(be동사+과거분사(p.p.))가 쓰인 문장의 분사구문은 **접속사와 주어를 생략**하고 「**Being+과거분사**」의 형태로 씁니다.
- 이때 **Being은 보통 생략**되어 **과거분사**로 분사구문이 시작되는 경우가 많아요.

나는 눈을 감은 채로 지하철 좌석에 앉아 있었다.
나는 / 앉아 있었다 / 지하철 좌석에 / 나의 눈을 감은 채로.

→ I / was sitting / on a subway seat / **with *my eyes* closed.**

- 「**with+(대)명사+분사**」는 '**～가 …한 채로[하면서]**'라는 의미로, 문장에 동시에 일어나는 상황을 덧붙여 나타낼 때 쓸 수 있어요.
- 이때, (대)명사와 분사의 관계가 능동이면 현재분사(-ing)를, 수동이면 과거분사(p.p.)를 씁니다.
She worked in the garden **with *bees* flying around.** ⟨bees와 fly는 능동 관계⟩
그녀는 벌들이 주위에서 날아다니는 채로 정원에서 일했다.

She waited by the door **with *her luggage* packed.** ⟨her luggage와 pack은 수동 관계⟩
그녀는 자신의 짐을 싼 채로 문 옆에서 기다렸다.

대표 기출 문제

🔒 다음 괄호 안에 주어진 단어를 이용해 문장을 완성하시오.
(필요하면 단어를 변형하시오.)

Mr. Jones is sitting, ＿＿＿＿＿＿＿＿＿＿＿.
(with) / (his legs / cross)
Jones 씨는 그의 다리를 꼰 채로 앉아 있다.

CLUE 1
우리말의 '～한 채로'는 「with+(대)명사+분사」를 사용해 나타낼 수 있어요.

CLUE 2
with 뒤에 오는 명사(his legs)와 분사로 써야 하는 동사(cross)는 수동 관계이므로 과거분사(p.p.)로 써야 해요.

정답: with his legs crossed

[1-3] 다음 밑줄 친 부분을 분사구문으로 알맞게 바꿔 쓰세요.

1

> Because he was loved by many people, the actor was happy.

→ __________ __________ __________ __________ __________, the actor was happy.

2

> Since it was damaged by the storm, the bridge was closed for repairs.

→ __________ __________ __________ __________ __________, the bridge was closed for repairs.

3

> As I was invited to the party, I felt very excited.

→ __________ __________ __________ __________ __________, I felt very excited.

[4-6] 우리말과 일치하도록 주어진 단어를 올바르게 배열하세요. (필요시 형태를 바꿀 것)

4

> 1분을 남기고, 그는 결승골을 넣었다.
> (leave / he / one minute / the final goal / scored / with)

→ _______________________________,
_______________________________.

5

> 불을 켜둔 채로, 그는 집을 나섰다.
> (left / turn on / he / the house / the light / with)

→ _______________________________,
_______________________________.

6

> 아이들은 그들의 연을 하늘 높이 날리며 놀았다.
> (fly / the children / kites / with / played / their)

→ _______________________________
________________________ high in the sky.

7 다음 글을 읽고 〈조건〉에 맞게 빈칸에 알맞은 말을 쓰세요.

> Claire and Mark discovered a great place to watch stars last night. Claire counted the stars (1) ___________________ each one. Mark looked at the stars (2) __________ __________ through a telescope. They enjoyed the beautiful night together.

〈조건〉
- 「with＋명사＋분사」 형태를 사용할 것
- 주어진 단어를 사용하여 각각 5 단어로 쓸 것

(1) _______________________________
(finger, point at, her)

(2) _______________________________
(close, one eye, his)

---

damage 손상을 주다 closed 폐쇄된, 문을 닫은 repair 수리; 수리하다 count (수를) 세다 telescope 망원경

Chapter Test *

정답 및 해설 p.15

배열 영작

[1-4] 우리말과 일치하도록 주어진 단어를 배열하여 문장을 완성하세요.

1
> 나의 삼촌은 부산에 위치한 빌딩이 있으시다.
> (located / my uncle / a building / Busan / in / has)

→ _______________________

_______________________.

2
> 나는 Billy의 짜증나는 행동을 참을 수 없었다.
> (annoying / stand / couldn't / behavior / Billy's / I)

→ _______________________

_______________________.

3
> 우리를 향해 짖고 있는 저 개를 봐봐.
> (at / the dog / us / barking / look at)

→ _______________________

____

4
> 그는 집 앞에 차 몇 대가 주차된 것을 봤다.
> (parked / he / some cars / his house / saw / in front of)

→ _______________________

_______________________.

빈칸 완성

[5-7] 우리말과 일치하도록 주어진 단어를 사용하여 빈칸에 알맞은 말을 쓰세요. (필요시 형태를 바꿀것)

5
> 그 소년은 시험에 떨어진 후 우울해 보였다.
> (the boy, depress, look)

→ _______________________ _______________________

_______________________ after failing the exam.

6
> 꽃으로 장식된 그 웨딩 케이크는 아름다워 보인다.
> (decorate with, the wedding cake, flowers)

→ _______________________ _______________________

_______________________ _______________________

looks beautiful.

7
> 그녀는 클래식 음악이 편안하게 해 준다는 것을 알게 되었다. (relax, find, the classical music)

→ She _______________________ _______________________

_______________________ _______________________ _______________________.

최신 기출

8 ⓐ~ⓓ를 알맞은 분사 형태로 바꾸어 다음 글을 완성하세요.

> I read a fantasy book yesterday. The story was ⓐ _______________ (excite). I was ⓑ _______________ (amaze) by the magical scenes in the book. The book also had a ⓒ _______________ (shock) ending. Overall, the book was very ⓓ _______________ (satisfy).

문장 전환

[9-14] 각 문장을 분사구문을 사용해 바꿔 쓰세요.

9
Since Danny felt cold in the evening, he put on his sweater.

→ ______________________________________

______________________, Danny put on his sweater.

10
As Jinny went to bed, she said good night to her sisters.

→ ______________________________________,

Jinny said good night to her sisters.

11
When Kelly bought a new T-shirt, she paid in cash.

→ ______________________________________

______________________, Kelly paid in cash.

12
Because I didn't go to the dentist, I felt my tooth getting worse.

→ ______________________________________,

I felt my tooth getting worse.

13
Because I don't like sweet things, I rarely eat desserts.

→ ______________________________________

______________________, I rarely eat desserts.

14
When John was called by his teacher, he became nervous.

→ ______________________________________

______________________, John became nervous.

조건 영작

15 (A)와 (B)에서 관련된 내용을 하나씩 골라 〈조건〉에 맞게 문장 세 개를 완성하세요.

(A)
• She speaks English well.
• She didn't wear her glasses.
• She received no answer from Jun.

(B)
• She sent a message again.
• She isn't afraid of meeting foreigners.
• She had trouble seeing today.

〈조건〉
• 각 문장은 한 번씩만 사용할 것
• (A)를 분사구문으로 바꿔 먼저 나오도록 쓸 것
• (A)의 제시 순서대로 쓸 것

(1) ______________________________________

____

(2) ______________________________________

____

(3) ______________________________________

____

최신 기출

16 우리말과 일치하도록 〈조건〉에 맞게 문장을 완성하세요.

〈조건〉
• 〈보기〉의 단어를 모두 사용할 것
• 〈보기〉의 단어는 필요시 중복 사용할 것

〈보기〉
the student, be, the question, answered, answering, very smart, by, difficult

(1) 질문에 대답하는 그 학생은 매우 똑똑하다.

→ ______________________________________

(2) 그 학생이 대답한 질문은 어려웠다.

→ ______________________________________

[17-21] 주어진 접속사 중 가장 알맞은 것을 골라 분사구문을
접속사가 있는 부사절로 바꿔 쓰세요.

17

| while   before   because |

Not keeping the promise, I had to apologize to
my friend.

→ ____ ,

   I had to apologize to my friend.

18

| because   while   since |

Eating fried rice, he tried not to spill anything
on the table.

→ ____ ,

   he tried not to spill anything on the table.

19

| as   since   because |

Entering her room, she started to cry loudly.

→ ____ ,

   she started to cry loudly.

20

| since   when   while |

Practicing hard, we could win the contest.

→ ____ ,

   we could win the contest.

21

| because   since   after |

Getting off the bus, I saw my friend in front of
the bank.

→ ____ ,

   I saw my friend in front of the bank.

[22-25] 다음 각 문장에서 어법상 <u>틀린</u> 부분을 찾아 바르게
고쳐 쓰세요.

22 The music festival was the most excited
moment of this year.

    ____________ → ____________

23 This bat was made from a tree hitting by
lightning.

    ____________ → ____________

24 Scaring of the dark, Ben couldn't sleep with
the light turned off.

    ____________ → ____________

25 Don't walk into the house with your shoes
covering in mud.

    ____________ → ____________

26 〈보기〉에서 빈칸에 들어갈 알맞은 부사절을 골라, 분사구문
으로 바꿔 다음 글을 완성하세요.
(단, 분사구문에 접속사는 포함하지 말 것)

〈보기〉
- Since we were excited about the win
- While we were eating dinner
- As we cheered for our team

Last Sunday, my family went to see a soccer
game. (1) ________________________________ ,
we had a really nice time together. Happily,
our team won the game. (2) ________________
________________________ , we celebrated
together. (3) ________________________________ ,
we kept talking about the game.

◖ 문장 전환 ▷

27 주어진 문장 ⓐ와 ⓑ를 〈조건〉에 맞게 바꿔 쓰세요.

> ⓐ Because the novel was written in French, it couldn't be understood by any of us.
> ⓑ Winning the game, he ran to his mom and hugged her.

〈조건〉
- ⓐ를 분사구문으로 바꿀 것
- ⓑ를 접속사 when을 사용하여 주어와 동사가 있는 완전한 절로 바꿀 것

ⓐ ____

____

ⓑ ____

____

◖ 도표 영작 ▷

28 다음 영화들의 평점을 참고하여 문장의 빈칸을 완성하세요.

	scary	interesting	thrilling	touching
The Incredible Man			★★★	
In the Dark	★★★★		★	
A Long Way to Home		★		★★★★

(1) The film *A Long Way to Home* is ____________ but not thrilling.

(2) If you watch the film *In the Dark*, you will probably feel very ____________ .

(3) A lot of viewers were ____________ while watching the film *The Incredible Man*.

◖ 어법 오류 수정 ▷

29 다음 대화를 읽고 어법상 **틀린** 문장 **두 개**를 찾아, 〈조건〉에 맞게 문장 전체를 바르게 고쳐 쓰세요.

> A: What did you do last weekend?
> B: ⓐ I went to a bookstore located near our school.
> A: ⓑ Did you find any interested books there?
> B: ⓒ I wanted to buy a new book written by Jeremy Martin.
> A: ⓓ Do you mean the one publishing last week?
> B: Yes, you're right. But it was sold out.
>   ⓔ I'll go to another bookstore selling more books.

〈조건〉
- 분사를 사용하여 고쳐 쓸 것

________ → ________________________________

____

________ → ________________________________

____

⦿ Challenge!   누적 문제 Ch 04-06

30 다음 중 어법상 **틀린** 문장 **두 개**를 찾아 그 기호를 쓰고, 문장 전체를 바르게 고쳐 쓰세요.

> ⓐ We booked a room faced the sea.
> ⓑ Thankfully, he let me stay at his place.
> ⓒ It was impossible for me to reach the top shelf.
> ⓓ I had difficulty to walk long distances due to my injury.
> ⓔ Being too young, she didn't understand the complex story.

________ → ________________________________

____

________ → ________________________________

____

Chapter 07

비교 표현

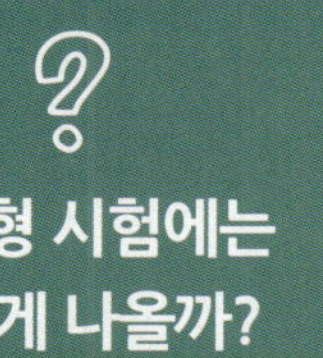

✅ Before You Write

- ✅ 형용사/부사의 원급, 비교급, 최상급 표현은 각각 어떻게 써야 할까요?
- ✅ 원급, 비교급, 최상급을 이용한 표현을 알맞은 형태와 어순으로 쓸 수 있나요?
- ✅ 원급, 비교급을 사용해 최상급의 의미를 나타내는 문장으로 쓸 수 있나요?

내신 기출 다음 우리말을 보고 머릿속으로 한번 영어 문장을 떠올려 보세요.

1 (2) Tom은 Bill만큼이나 빠르게 달린다.
…만큼 ~하게 → 원급 비교 → **as fast as**   `POINT 1`

2 (1) 오늘은 어제만큼 바람이 불지 않는다. (windy)
…만큼 ~하지 않는 → 원급 비교의 부정 → **not as windy as**   `POINT 1`

3 (2) 그 도시는 우리의 도시보다 2배 더 크다.
…의 몇 배 더 ~한 → 배수사+as+형용사의 원급+as → **twice as big as**   `POINT 2`

4 [B] 그것은 그의 집보다 훨씬 더 좋았다.
~보다 훨씬 더 …한 → 강조 부사+비교급+than → **much better than**   `POINT 3`

5 (2) 그들이 일찍 출발하면 할수록, 더 빨리 도착할 것이다. (early, soon)
더 ~할수록, 더 …하다 → The 비교급 ~ the 비교급 … → **The earlier ~, the sooner...**   `POINT 4`

6 (가) 그것은 세계에서 가장 유명한 성당들 중의 하나이다.
가장 ~한 … 중 하나 → one of the+최상급+복수명사+in[of]
→ **one of the most famous Catholic churches in**   `POINT 5`

7 주어진 문장과 내용이 일치하도록 원급 비교를 사용하여 문장을 완성하시오.
She is the best singer in my class.
→ _______________________________________
원급을 이용한 최상급 표현 → No (other) ~ as[so]+원급+as A (A만큼 …한 것은 없다)
→ **No (other) singer in my class is as good as her.**   `POINT 6`

정답: **1** Tom runs as fast as Bill. **2** Today is not[isn't] as[so] windy as yesterday. **3** The city is twice[two times] as big as our city. **4** It was much[still, even, far, a lot] better than his house. **5** The earlier they leave, the sooner they will[they'll] arrive. **6** It is[It's] one of the most famous Catholic churches in the world. **7** No (other) singer in my class is as[so] good as her[No (other) singer is as[so] good as her in my class].

01 원급

POINT 1 원급의 기본 쓰임

런던은 봄에 서울만큼 따뜻하다.
런던은 / 따뜻하다 / 서울만큼 / 봄에.

→ London / is **as warm** / **as** Seoul / in spring.

- 원급 비교란 형용사나 부사의 원래 형태로 비교의 의미를 나타내는 비교 방법을 말하며,
  비교의 대상이 되는 두 대상의 정도가 비슷하거나 같을 때 사용해요.
- 원급 비교는 「**as+형용사[부사]의 원급+as**」의 형태로 표현하며, '…**만큼 ~한[하게]**'라는 의미를 나타내요.

Dan은 경주에서 Jason만큼 빠르게 수영하지 못한다.
Dan은 / 수영하지 못한다 / Jason만큼 빠르게 / 경주에서.

→ Dan / ca**n't** swim / **as[so] fast as** Jason / in the race.
 (= Jason / can swim **faster** / **than** Dan / in the race.)

- '…**만큼 ~하지 않은[하지 않게]**'라는 의미의 원급 비교의 부정은 동사에 not을 붙여
  「**not+as[so]+형용사[부사]의 원급+as**」의 형태로 쓰면 돼요.
- 비교되는 두 대상의 정도에 차이가 있음을 나타내므로 「**형용사[부사]의 비교급+than**」의 형태로 바꿔 쓸 수 있어요.

> **주의**
>
> as를 떼고 봤을 때, 원급 자리에 오는 말이 보어 역할을 할 때는 형용사를, 동사를 수식할 때는 부사를 써야 해요.
> Paris *is* as **beautiful** as Rome. (파리는 로마만큼 아름답다.)
> She *can run* as **quickly** as an athlete. (그녀는 운동선수만큼 빠르게 뛸 수 있다.)

MORE+ **as many[much]+명사+as:** …와 같은 수[양]의 ~
She reads **as many books as** her brother does. 〈as many+셀 수 있는 명사의 복수형+as〉
Take **as much time as** you need. 〈as much+셀 수 없는 명사+as〉

대표 기출 문제

제시된 <조건>과 의미에 맞게 영어로 바르게 쓰시오.

<조건>
9 단어로 쓸 것

이 새 스마트폰은 컴퓨터만큼 비싸다.
→ ________________________________

CLUE 1

'…만큼 ~한'이라는 의미는 원급 비교 「as+형용사의
원급+as」로 나타낼 수 있어요. 형용사 자리에는
'비싼'이라는 의미의 expensive를 쓰면 돼요.
— as expensive as

CLUE 2

as expensive as 뒤에는 비교 대상인
a computer(컴퓨터)가 와야 해요.

정답: This new smartphone is as expensive as a computer.

Point Exercise

배열 영작

[1-3] 우리말과 일치하도록 주어진 단어를 올바르게 배열하세요.

1

> 그의 집은 나의 집만큼이나 학교에서 멀다.
> (is / my house / his house / far from school / as / as)

→ _______________________________

_______________________________ .

2

> 제주도는 내가 생각했던 것만큼 따뜻하지 않았다.
> (as / not / Jeju Island / was / I / as / thought / warm)

→ _______________________________

_______________________________ .

3

> 그는 영화를 보는 것만큼 독서하는 것을 즐긴다.
> (as / movies / he / reading / watching / as / enjoys / much)

→ _______________________________

_______________________________ .

문장 전환

[4-6] 다음 문장과 같은 의미가 되도록 원급 비교를 사용하여 문장을 완성하세요.

4

> My brother's room is messier than my room.

→ My room _______________________________

_______________________________ .

5

> Germany is larger than Switzerland.

→ Switzerland _______________________________

_______________________________ .

6

> The other teams in the league are stronger than our team.

→ Our team _______________________________

_______________________________ in the league.

주어진 단어로 영작

[7-8] 우리말과 일치하도록 주어진 단어를 사용하여 문장을 완성하세요.

7

> 그녀의 쿠키는 유명한 빵집의 것만큼 맛이 좋다.
> (cookies, as, the ones, good, taste)

→ _______________________________

_______________________________ from a famous bakery.

8

> 그의 강의는 그의 책만큼 흥미롭지 않았다.
> (interesting, lecture, as)

→ _______________________________

_______________________________ .

기출: 조건 영작

9 다음 대화의 내용과 일치하도록 〈조건〉에 맞게 문장을 완성하세요.

> 〈조건〉
> • as ~ as 표현을 쓸 것
> • 대화에 쓰인 단어를 사용하되 필요시 단어를 추가할 것

> A: Who is taller, Noah or Lisa?
> B: Lisa is taller than Noah.

→ Noah _______________________________

_______________________________ .

messy 지저분한, 엉망인 Switzerland 스위스 league 리그((스포츠 팀의 집단)) lecture 강의

이 건물은 근처의 다른 건물들보다 두 배 더 높다.
이 건물은 / 두 배 더 높다 / 근처의 다른 건물들보다.

→ This building / is **twice as tall** / **as** the other buildings nearby.

- 「배수사＋**as**＋형용사[부사]의 원급＋**as**」는 '···**보다 몇 배 더 ～한[하게]**'라는 뜻을 나타냅니다.
  배수사란 두 배, 세 배 등 어떤 수의 배를 나타내는 말이에요.
- 배수사는 two, three, four ... 뒤에 times를 붙여서 만들어요. 이때 '두 배'를 나타낼 때는 two times보다
  twice를 많이 씁니다.

우리는 좋은 자리를 얻기 위해 가능한 한 일찍 도착해야 한다.
우리는 도착해야 한다 / 가능한 한 일찍 / 좋은 자리들을 얻기 위해.

→ We have to arrive / **as early as possible** / to get good seats.
   (= We have to arrive / **as early as we can** / to get good seats.)

- 「**as**＋형용사[부사]의 원급＋**as possible**」은 '**가능한 한 ～한[하게]**'라는 의미입니다.
  주로 동사를 수식하는 어구로서 「**as**＋부사의 원급＋**as possible**」 또는 「**as**＋형용사의 원급＋명사＋**as possible**」의
  형태로 많이 쓰여요.
- 「**as**＋원급＋**as possible**」은 「**as**＋원급＋**as**＋주어＋**can[could]**」로 바꿔 쓸 수 있어요.
  이때 주어는 문장의 주어를 대명사를 이용하여 쓰고, can[could]는 문장의 시제에 맞게 써야 합니다.

대표 기출 문제

🔒 다음 우리말을 'as~ as'를 사용하여 영어로 쓰시오.

우리 할머니는 나보다 나이가 네 배만큼 더 많다.

→ My grandmother is ＿＿＿＿＿＿＿＿＿ I am.

CLUE 1

'···만큼 ～한[하게]'라는 의미는
「as＋형용사[부사]의 원급＋as」 표현을 사용해
나타낼 수 있어요.
여기에 '몇 배'라는 의미를 나타내는 배수사를 더해
쓰면 됩니다.

CLUE 2

'네 배'는 four times로 쓰며, 위치는 「as＋원급＋as」
앞에 와야 해요.

정답: four times as old as

Point Exercise

빈칸 완성

[1-4] 우리말과 일치하도록 주어진 단어를 사용하여 빈칸에 알맞은 말을 쓰세요.

1 새 교과서는 예전 것보다 두 배 더 두껍다. (thick, as)

→ The new textbook is ＿＿＿＿＿＿

＿＿＿＿＿ ＿＿＿＿＿ ＿＿＿＿＿

the old one.

2 만약 네가 일출을 보고 싶다면 가능한 한 일찍 일어나라. (early, can)

→ If you want to watch the sunrise, get up

＿＿＿＿＿ ＿＿＿＿＿ ＿＿＿＿＿

＿＿＿＿＿＿＿＿.

3 유기농 식품은 일반 식품보다 세 배 더 비쌌다. (expensive, as)

→ Organic food was ＿＿＿＿＿＿

＿＿＿＿＿ ＿＿＿＿＿ ＿＿＿＿＿

＿＿＿＿＿ regular food.

4 나는 가능한 한 많은 영어 단어를 외우려고 했다. (many, possible)

→ I tried to memorize ＿＿＿＿＿

＿＿＿＿＿ English words ＿＿＿＿＿

＿＿＿＿＿.

배열 영작

[5-8] 우리말과 일치하도록 주어진 단어를 올바르게 배열하세요.

5 그녀는 가능한 한 많은 친구를 사귀려고 노력했다.
(as / many / could / friends / as / she)

→ She tried to make ＿＿＿＿＿＿＿

＿＿＿＿＿＿＿＿.

6 과거의 실수는 가능한 한 빨리 잊어라.
(soon / forget about / as / past mistakes / as / possible)

→ ＿＿＿＿＿＿＿＿＿＿＿

＿＿＿＿＿＿＿＿＿＿.

7 풍선을 가능한 한 크게 불어라.
(big / can / as / the balloon / as / you / blow up)

→ ＿＿＿＿＿＿＿＿＿＿.

8 이 방은 다른 방들보다 세 배 더 크다.
(large / is / as / three / times / as / this room / the other rooms)

→ ＿＿＿＿＿＿＿＿＿＿＿

＿＿＿＿＿＿＿＿＿＿.

기출: 조건 영작

9 우리말과 일치하도록 〈조건〉에 맞게 문장을 완성하세요.

〈조건〉
• 주어진 단어를 사용할 것
• 각각 7 단어, 8 단어로 쓸 것

(1) 그는 가능한 한 멀리 공을 던졌다.
(the ball, far, throw, as)

→ He ＿＿＿＿＿＿＿＿＿

＿＿＿＿＿＿＿＿＿＿.

(2) 이 컴퓨터는 나의 지난번 것보다 두 배 더 가볍다.
(as, light, last one, be)

→ This computer ＿＿＿＿＿＿＿

＿＿＿＿＿＿＿＿＿＿.

---

organic 유기농의 regular 일반적인, 보통의 memorize 암기하다 past 과거의 mistake 실수

POINT 3　　비교급의 기본 쓰임

> 파란색 셔츠는 검은색 셔츠보다 더 멋져 보인다.
> 파란색 셔츠는 / 더 멋져 보인다 / 검은색 셔츠보다.

→ The blue shirt / looks **fancier** / **than** the black one.

- 비교급이란 두 대상을 비교하여 정도가 서로 차이가 날 때 사용하는 표현이에요.
「**형용사[부사]의 비교급+than**」의 형태로 쓰며, '∼**보다 더 …한[하게]**'라는 의미를 나타냅니다.

> 오렌지는 보통 사과보다 훨씬 더 즙이 많다.
> 오렌지는 / 보통 훨씬 더 즙이 많다 / 사과보다.

→ Oranges / are usually **much juicier** / **than** apples.

- 비교급은 강조 어구를 더해 '훨씬 더 …한[하게]'이라는 의미를 나타낼 수 있어요.
- 비교급을 강조하는 어구로 가장 많이 쓰이는 것은 **much**이고, 그 밖에 **far, even, still, a lot** 등을 씁니다.
- 부사 **very**는 원급을 강조하는 부사로 비교급 앞에는 쓸 수 없다는 점에 주의해야 합니다.

> **주의!**
>
> **1** 비교하는 두 대상은 문법적인 성격이 같은 형태로 써야 해요.
> *Hiking* is **more challenging than** ~~swim~~ (→ *swimming*) for me. 〈동명사 – 동명사〉
> (하이킹 하는 것은 내게 수영하는 것보다 더 도전적이다.)
> *This juice* is **fresher than** ~~the ones~~ (→ *the one*) in the bottle. 〈단수명사 – 단수명사〉
> (이 주스는 병에 들어 있는 주스보다 더 신선하다.)
>
> **2** 「less+원급+than(∼보다 덜 …한)」은 「not as[so]+원급+as」로 바꿔 쓸 수 있어요.
> The red apple is **less sour than** the green one. (빨간 사과는 초록 사과보다 덜 시다.)
> (= The red apple is **not as[so] sour as** the green one.)

대표 기출 문제

🔒 다음 두 문장에서 어색한 표현 <u>두 개</u>를 찾아 바르게 고치시오.

> My house was larger, cleaner, and comfortable.
> It was very better than his house!

CLUE 1

비교급 larger와 cleaner에 and로 연결되는 말인 comfortable도 동일한 형태로 쓰여야 해요. 따라서 비교급인 more comfortable로 고쳐 써야 해요.

CLUE 2

very는 원급을 수식하는 부사이므로, 비교급(better)을 강조할 때는 much[far, even, still, a lot 등]를 써야 해요.

정답: comfortable → more comfortable,
very → much[far, even, still, a lot 등]

Point Exercise

[1-3] 우리말과 일치하도록 주어진 단어를 사용하여 빈칸에 알맞은 말을 쓰세요.

1

미국에서는 여름 방학이 겨울 방학보다 더 길다.
(long)

→ Summer vacation is ___________________
___________________ winter vacation in the U.S.

2

그는 책보다 옷에 돈을 더 많이 쓴다. (much)

→ He spends money on clothes ___________
___________________ on books.

3

17세기 네덜란드에서는 튤립이 금보다 비쌌다.
(expensive)

→ In the 17th century, tulips were
___________________ gold
in the Netherlands.

[4-7] 우리말과 일치하도록 주어진 단어를 올바르게 배열하세요.

4

검은색은 흰색보다 빛을 더 많이 흡수한다.
(absorbs / light / more / black / white / than)

→ ___________________
___________________.

5

나는 예전에 그보다 훨씬 더 빨리 달렸었다.
(faster / used to / than / I / run / him / much)

→ ___________________
___________________.

6

우리는 비행기보다 기차로 여행하는 것을 더 즐긴다.
(by plane / we / traveling / enjoy / by train /
than / more)

→ ___________________
___________________.

7

나에게, 일본어를 배우는 것은 중국어를 배우는 것보다
훨씬 더 쉽다.
(learning / Chinese / still / than / easier / is /
Japanese / learning)

→ To me, ___________________
___________________.

8 우리말과 일치하도록 〈보기〉에서 알맞은 말을 골라 주어진 단어를 사용하여 문장을 완성하세요.

〈보기〉 powerful　　well　　expensive

(1)

이번 허리케인은 지난 허리케인보다 훨씬 더
강력했다.

→ This hurricane was ___________________
___________________ the last one. (even)

(2)

아이들은 어른들보다 외국어를 훨씬 더 잘 배운다.

→ Children learn foreign languages
___________________ adults. (still)

(3)

바다 경관의 방은 산 경관의 방보다 훨씬 더 비싸다.

→ A room with a sea view is ___________
____
a room with a mountain view. (far)

---

century 세기, 100년　absorb 흡수하다　powerful 강력한　hurricane 허리케인

POINT 4 · 비교급의 활용

새는 더 높이 날수록, 더 멀리 볼 수 있다.
더 높이 / 새가 날수록, // 더 멀리 / 그것은 볼 수 있다.

→ **The higher** / a bird flies, // **the farther** / it can see.
(← **As** a bird flies **higher**, it can see **farther**.)

- 비교급은 「The＋비교급 (주어＋동사 ~), the＋비교급 (주어＋동사 …)」의 형태로 써서 '더 ~할수록, 더 …하다'
라는 뜻을 나타낼 수 있습니다. 접속사 As, If, When 등이 쓰인 문장으로도 바꿔 쓸 수 있어요.

주의!

「The＋비교급 (주어＋동사 ~), the＋비교급 (주어＋동사 …)」 표현을 쓸 때는 형용사나 부사, 명사의 어순에 주의하세요.
The more *nervous* I am, the faster I speak. 〈the＋비교급(more~)〉 (나는 더 긴장할수록, 더 빨리 말한다.)
(→ The more I am nervous (×))

The more *foreign friends* you make, the faster you learn English. 〈the＋비교급＋명사〉
(→ The more you make foreign friends (×))
(네가 더 많은 외국인 친구들을 사귈수록, 너는 더 빨리 영어를 배운다.)

겨울이 오면서 낮이 점점 더 짧아지고 있다.
낮이 / 점점 더 짧아지고 있다 // 겨울이 오면서.

→ The days / are getting **shorter and shorter** // as winter comes.

- 「**비교급 and 비교급**」은 '점점 더 ~한[하게]'라는 뜻으로 쓰여요.
- 이때 비교급이 「more＋원급」의 형태인 경우, 「**more and more＋원급**」의 형태로 써야 해요.
The city is becoming more and more crowded. 그 도시는 점점 더 붐비고 있다.

MORE＋ than 대신 전치사 to를 쓰는 비교급 표현
prefer A to B(B보다 A를 더 선호하다), superior[inferior] to A(A보다 더 월등한[열등한]) 등이 있어요.
She **prefers** summer **to** winter. (그녀는 겨울보다 여름을 더 선호한다.)

대표 기출 문제

🔒 「The 비교급, the 비교급」을 사용하여 주어진 문장과
같은 뜻의 문장을 쓰시오.

As you study more, you will become
smarter.

→ _______________________________

CLUE 1
접속사 As와 비교급이 함께 쓰여 '~함에 따라
더 …해지다'라는 의미를 나타낼 수 있어요.

CLUE 2
「The＋비교급 (주어＋동사 ~), the＋비교급
(주어＋동사 …)」 표현을 사용해, 첫 번째 절은
The more ~로, 두 번째 절은 the smarter ~로
쓰면 돼요.

정답: The more you study, the smarter you will become.

Point Exercise

빈칸 완성

[1-3] 우리말과 일치하도록 주어진 단어를 사용하여 빈칸에 알맞은 말을 쓰세요.

1
> 아이들은 점점 더 신이 났다. (excited)

→ The children became ______________
______________ ______________ ______________.

2
> 우리가 동굴로 더 깊이 들어갈수록, 더 어두워졌다.
> (deep, dark)

→ ______________ ______________ we went into
the cave, ______________ ______________
it was.

3
> 불에 더 가까이 갈수록, 우리는 더 따뜻함을 느꼈다.
> (close, warm)

→ ______________ ______________ we got to
the fire, ______________ ______________ we felt.

문장 전환

[4-6] 주어진 문장을 「The+비교급 ~, the+비교급 …」을 사용하여 바꿔 쓸 때, 빈칸에 알맞은 말을 쓰세요.

4 If you drink more water, your skin will look healthier.
→ ______________ you drink,
______________ your skin will look.

5 If you are taller, you can jump higher.
→ ______________,
______________ you can jump.

6 When you read more news articles, you'll know more about the world.
→ ______________,
______________ about the world.

주어진 단어로 영작

[7-9] 우리말과 일치하도록 주어진 단어를 사용하여 문장을 완성하세요.

7
> 내 다리의 통증이 점점 더 심해졌다.
> (bad, the pain, get, in my leg)

→ ______________
____

8
> 내가 더 많이 웃을수록, 나는 더 행복하게 느낀다.
> (much, laugh, happy, feel)

→ ______________,
______________.

9
> 과일이 더 신선할수록, 맛이 더 좋다.
> (the fruit, taste, it, fresh, good, be)

→ ______________,
______________.

기출: 조건 영작

10 우리말과 일치하도록 〈조건〉에 맞게 문장을 완성하세요.

> 네가 더 적게 소비할수록, 너는 더 많이 저축할 수 있다.

〈조건〉
- 「The+비교급 ~, the+비교급 …」을 사용할 것
- save, spend, little, much, can을 사용하되 필요시 형태를 바꿀 것
- 9 단어로 쓸 것

→ ______________,
______________.

cave 동굴 article (신문, 잡지의) 글, 기사 pain 통증, 고통

최상급

POINT 5 최상급의 기본 쓰임

사하라 사막은 세계에서 가장 더운 사막이다.
사하라 사막은 / 가장 더운 사막이다 / 세계에서.

→ The Sahara Desert / is **the hottest** desert / **in** the world.

- 최상급은 '~ 중에서 가장 …한[하게]'이라는 의미로 셋 이상의 비교 대상 중 하나가 나머지보다 정도가 가장 심하다는 것을 나타낼 때 쓰며, 「**the+형용사[부사]의 최상급(+명사)+in[of] ~**」의 형태로 표현해요.

그 축제는 세계에서 가장 인기 있는 축제 중 하나이다.
그 축제는 / 가장 인기 있는 축제 중 하나이다 / 세계에서.

→ The festival / is **one of the most popular** festivals / **in** the world.

- 최상급을 이용한 표현인 「**one of the+최상급+복수명사+in[of]**」 구문은 '가장 ~한 … 중 하나'라는 뜻을 나타냅니다.

> **주의**
>
> 1 「one of the+최상급+복수명사+in[of]」의 표현에서 최상급 뒤에는 항상 복수명사를 써야 해요.
>   She is **one of the smartest student** (→ **students**) in the class. (그녀는 반에서 가장 똑똑한 학생 중 한 명이다.)
>
> 2 「one of the+최상급+복수명사」가 주어로 쓰일 때는 주어인 One에 수를 일치시켜 단수동사를 써야 해요.
>   동사 바로 앞에 복수명사가 오는 경우, 복수동사를 쓰지 않도록 주의하세요.
>   **One** of the longest bridges **are** (→ **is**) the Golden Gate Bridge in San Francisco.
>   　주어　　　　　　　　　　　　　　　　　　　단수동사
>   (가장 긴 다리 중 하나는 샌프란시스코의 금문교이다.)

대표 기출 문제

다음 우리말을 영어로 쓸 때 <u>어색한 부분을 두 곳</u> 찾아 바르게 고치시오.

남자아이들에게 가장 인기 있는 직업 중 하나는 의사가 되는 것이다.
→ One of the most popular job for boys are to be a doctor.

CLUE 1
'가장 ~한 … 중 하나'라는 의미를 나타낼 때 최상급 (the most popular) 뒤에 오는 명사의 형태는?
— 복수명사

CLUE 2
「one of the+최상급+복수명사」가 주어로 쓰일 때 문장의 동사는 주어인 One에 맞춰 단수동사로 써야 해요.

정답: job → jobs, are → is

Point Exercise

○─ 빈칸 완성

[1-4] 우리말과 일치하도록 주어진 단어를 사용하여 빈칸에 알맞은 말을 쓰세요.

1
> 그는 농구팀에서 가장 키가 큰 선수이다.
> (player, tall)

→ He is ___________________________
___________________ on the basketball team.

2
> 꿀벌은 식물에게 가장 중요한 곤충이다.
> (insect, important)

→ The honeybee is ___________________
___________________ for plants.

3
> 이것은 내 인생에서 최고의 책 중 하나이다.
> (good, book)

→ This is one of ___________________
___________________ in my life.

4
> 아이스하키는 미국에서 가장 인기 있는 스포츠 중 하나이다. (popular, sport)

→ Ice hockey is one of ___________________
___________________ in the U.S.

○─ 배열 영작

[5-7] 우리말과 일치하도록 주어진 단어를 올바르게 배열하세요. (필요시 형태를 바꿀 것)

5
> 1월은 한국에서 가장 추운 달 중 하나이다.
> (of / the / January / months / is / one / cold)

→ ___________________________
___________________ in Korea.

6
> 종이는 역사상 가장 위대한 발명품 중 하나이다.
> (the / great / paper / one / is / inventions / of)

→ ___________________________
___________________ in history.

7
> 목성은 태양계에서 가장 큰 행성이다.
> (big / the / the solar system / Jupiter / planet / is / in)

→ ___________________________
___________________.

기출: 조건 영작

8 우리말과 일치하도록 〈조건〉에 맞게 문장을 완성하세요.

> 〈조건〉
> • 주어진 단어를 사용할 것
> • 필요시 단어의 형태를 바꿀 것

(1)
> 비행기를 놓친 것은 내 인생에서 최악의 경험이었다.

→ Missing my flight was ___________________
___________________.

(bad, experience, life, of)

(2)
> 바르셀로나는 스페인에서 가장 매력적인 도시 중 하나이다.

→ Barcelona is ___________________
___________________ in Spain.

(attractive, city)

insect 곤충 invention 발명품 solar system 태양계 Jupiter 목성 planet 행성 experience 경험 attractive 매력적인

도쿄는 일본에서 가장 큰 도시이다.

도쿄는 / 가장 큰 도시이다 / 일본에서.

→ Tokyo / is **the largest** city / in Japan.

도쿄는 / 더 크다 / 다른 어떤 도시보다 / 일본에서.

= Tokyo / is **larger** / **than any other** city / in Japan.

어떤 도시도 / 일본에서 / 크지 않다 / 도쿄만큼.

= **No (other)** city / in Japan / is **as large** / **as** Tokyo.

어떤 도시도 / 일본에서 / 더 크지 않다 / 도쿄보다.

= **No (other)** city / in Japan / is **larger** / **than** Tokyo.

- '가장 ~하다'라는 최상급의 의미는 다음과 같이 원급이나 비교급을 이용해서 다르게 표현할 수도 있어요.
- 아래 표현 중 than any other 뒤와 No (other) 뒤에는 주로 단수명사가 쓰여요.

the+최상급	가장 ~한[하게]
= A 비교급+than any other ~	A가 다른 어떤 (명사)보다 더 …하다
= No (other) ~ as[so]+원급+as A	A만큼 …한 것은 없다
= No (other) ~ 비교급+than A	A보다 더 …한 것은 없다

MORE 「There is nothing ~ 비교급+than ….」은 '…보다 더 ~한 것은 없다'라는 의미로 최상급의 의미를 나타낼 수 있습니다.
There is nothing more delicious than homemade food.
(집에서 만든 음식보다 더 맛있는 것은 없다.)

대표 기출 문제

다음 세 문장이 같은 의미일 때 괄호 안의 지시대로
빈칸에 들어갈 알맞은 말을 쓰시오.

Minho is the cleverest boy in this class.

= No boy is ___________ Minho in this class.
(비교급 이용)

= No boy is ___________ Minho in this class.
(원급 이용)

CLUE 1

the cleverest라는 최상급의 의미를 비교급을
이용하여 어떻게 나타낼까?
— 「No (other) ~ 비교급+than」

CLUE 2

the cleverest라는 최상급의 의미를 원급을
이용하여 어떻게 나타낼까?
— 「No (other) ~ as[so]+원급+as」

정답: cleverer than, as[so] clever as

Point Exercise

[1-3] 우리말과 일치하도록 주어진 단어를 올바르게 배열하세요.

1

나에게 어떤 과목도 수학만큼 어렵지 않다.
(subject / is / difficult / as / other / no / as / math)

→ _________________________________

_________________________ to me.

2

그 어떤 것도 시간보다 더 중요하지는 않다.
(no / more / is / important / time / than / other thing)

→ _________________________________

_________________________ .

3

남극은 세계에서 다른 어떤 곳보다 더 춥다.
(the Antarctic / colder / other place / than / in the world / any / is)

→ _________________________________

_________________________ .

[4-6] 우리말과 일치하도록 빈칸에 들어갈 알맞은 말을 쓰세요.

4

어떤 소년도 그보다 더 정직할 수는 없다.

→ ___________ ___________ boy is more honest than him.

5

Harry는 다른 어떤 학생보다 학교에 일찍 온다.

→ Harry comes to school earlier ___________

___________ ___________ student.

6

우리 학교의 어떤 선생님도 Wallace 선생님만큼 친절하시지 않다.

→ No other teacher in our school is

___________ ___________ ___________

Ms. Wallace.

[7-9] 다음 문장과 같은 의미가 되도록 주어진 단어를 사용하여 문장을 바꿔 쓰세요.

7

This chair is the most comfortable in the store. (as)

→ No other chair in the store is ___________

___________ this one.

8

Science is the most boring class to me. (than)

→ No other class is ___________

___________ to me.

9

He speaks English the most fluently in my class. (other, any, than)

→ He speaks English ___________

___________ student in my class.

10 우리말과 일치하도록 〈조건〉에 맞게 문장을 완성하세요.

〈조건〉
· no, than, tall, other를 반드시 사용할 것
· 7 단어로 쓸 것

Jenny는 그녀의 반에서 가장 키가 큰 소녀이다.

→ _________________________________

_________________________ in her class.

the Antarctic 남극 comfortable 편안한 fluently 유창하게

Chapter Test *

정답 및 해설 p.17

STAGE 1 Go for it!

자신 있게 풀어보는 기초 문제!

○ 배열 영작

[1-4] 우리말과 일치하도록 주어진 단어를 배열하여 문장을 완성하세요.

1
> Alex는 점점 더 느리게 걸었다.
> (slowly / Alex / and / more / more / walked)

→ _______________________________

_______________________________.

2
> 열차는 비행기만큼 빠르지 않다.
> (as / isn't / a train / a plane / fast / as)

→ _______________________________

_______________________________.

3
> 네가 더 많이 연습할수록, 너는 축구를 더 잘할 수 있다.
> (the / practice / you / better / play / can / more / you / the)

→ _______________________________,

_______________________________ soccer.

4
> Emily는 우리 학교에서 가장 부지런한 학생 중 한 명이다.
> (Emily / the most / students / our school / in / is / one / diligent / of)

→ _______________________________

_______________________________.

○ 주어진 단어로 영작

[5-7] 우리말과 일치하도록 주어진 단어를 사용하여 문장을 완성하세요.

5
> Andy는 내 친구들 중 우리 학교로부터 가장 멀리 산다. (far, live, from, school)

→ _______________________________

_______________________________ of my friends.

6
> 가능한 한 빨리 답장 부탁드립니다.
> (the reply, as, send, soon)

→ Please _______________________________

_______________________________.

7
> 나의 고향은 이 도시보다 두 배 더 크다.
> (big, as, hometown, twice)

→ _______________________________

____

최신 기출

8 주어진 문장과 같은 의미가 되도록 〈조건〉에 맞게 바꿔 쓰세요.

> The Pacific Ocean is larger than the Indian Ocean.

> 〈조건〉
> • 8 단어로 쓸 것
> • 「as ~ as」 표현을 쓸 것

→ The Indian Ocean _______________________________

_______________________________.

어법 오류 수정

[9-15] 다음 각 문장에서 어법상 **틀린** 부분을 찾아 바르게 고쳐 쓰세요.

9 Tomas got highest score on the science test in my class.

_____________ → _____________

10 Good-quality socks are almost as importantly as running shoes.

_____________ → _____________

11 Air pollution is getting seriouser and seriouser.

_____________ → _____________

12 The older people become, the carefuler people become.

_____________ → _____________

13 Dubai is one of the most international city in the world.

_____________ → _____________

14 Getting along with friends is more important than make friends.

_____________ → _____________

15 Monica can run as twice fast as her friends.

_____________ → _____________

조건 영작

16 다음 Jessy와 Ashley가 나눈 대화를 읽고, 우리말과 일치하도록 〈조건〉에 맞게 영작하세요.

> Jessy: Ashley, do you know why (1) 왜 높은 산의 공기가 낮은 계곡의 공기보다 더 차가운지?
> Ashley: No, but I've wondered about that when going climbing.
> Jessy: I've recently read an article about it. (2) 우리가 더 높이 올라갈수록, 공기가 더 희박해진다고 해.
> Ashley: Wow, that's interesting.

> 〈조건〉
> • 주어진 단어를 사용해 비교 표현으로 쓸 것
> • (1)은 13 단어, (2)는 9 단어로 쓸 것

(1) _______________________________

____

(the air, on high mountains, cold, be, in low valleys)

(2) It says that _______________________

_______________. (high, go, the air, thin, get)

최신 기출

17 우리말과 일치하도록 주어진 단어를 사용하여 문장을 완성하세요.

> Do you know about Serengeti National Park in Africa? Serengeti means "endless field." As the name shows, (1) 그곳은 세계에서 가장 넓은 야생 동물 공원 중 하나이다. (2) 그곳은 한국의 충청도만큼 넓다. There, you can see how animals live in the wild.

(1) _______________________________

_______________________________.

(in the world, wildlife park, it, large)

(2) _______________________________

Chungcheong-do in Korea. (it, large)

[18-22] 주어진 단어를 사용하여 각 대화를 완성하세요.

18
> A: Jenny is older than you, right?
> B: No, she's not. ________________________
> ________________________. (as, old, her, I)

19
> A: How much do babies usually sleep?
> B: ________________________
> adults. (they, twice, sleep, as)

20
> A: Is the U.S. the biggest country in the world?
> B: No, it isn't. ________________________
> ________________________
> (big, in the world, country, Russia)

21
> A: What is the hottest month of the year?
> B: I think ________________________
> ________________________.
> (August, month of the year, no other, as, hot)

22
> A: Who do you think is the greatest musician in history?
> B: I think ________________________
> ________________________.
> (Mozart, any other, great, in, musician, history)

23 다음 학교 생활에 대한 설문지를 보고 〈조건〉에 맞게 문장을 완성하세요.

> **Questionnaire**
> (1) Who comes to school first in your class?
> _____Cindy_____
> (2) What subject do you think is the most interesting? Number from 1 to 4.
> ___1___ English ___4___ math
> ___3___ science ___2___ music

> 〈조건〉
> • 주어진 단어를 사용해 비교 표현으로 쓸 것

(1) Cindy ________________________
I do. (come, early, than, to school)

(2) I think music ________________________
________________________ math. (interesting, than, be)

최신 기출

24 〈A〉와 〈B〉에서 의미상 연결이 자연스러운 표현을 하나씩 골라 〈조건〉에 맞게 문장을 완성하세요.

> <A>
> • the (little) you worry
> • the (early) we buy the tickets
> • the (much) I know about Hannah
> <B>
> • the (much) I like her
> • the (well) you sleep
> • the (soon) we can find good seats

> 〈조건〉
> • 〈A〉의 표현을 첫 번째로 쓸 것
> • 〈A〉의 제시 순서대로 쓸 것

(1) ________________________,
________________________.

(2) ________________________,
________________________.

(3) ________________________,
________________________.

문장 전환

[25-28] 다음 문장과 같은 의미가 되도록 주어진 단어를 사용해 빈칸을 완성하세요.

25

Melissa isn't as good at playing badminton as Lisa.

→ Lisa ________________________________

________________________________. (than)

26

First-class tickets are three times more expensive than economy-class tickets.

→ First-class tickets ________________________

________________________ economy-class

tickets. (as)

27

If you use your phone less, you can focus more on studying.

→ ________________________________

________________________________ (the+비교급)

28

Venus is the most beautiful goddess in Greek myths.

→ ________________________________

________________________ in Greek myths.

(beautiful, than, no other, goddess)

대화문 완성

29 다음 대화를 읽고 우리말과 일치하도록 〈보기〉의 단어를 사용하여 문장을 완성하세요.

A: (1) 내 방은 네 것만큼 깨끗하지 않아.
   How do you keep it so neat?
B: I clean a little bit every day. The more often you clean, the easier it gets.
A: I only clean once a week, so it's really tiring.
B: Try doing a quick clean every day.
A: I'll try that!
B: (2) 네 방이 깨끗할수록, 너는 더 편안하게 느낄 거야.

〈보기〉 feel   comfortable   clean   will

(1) ________________________________

(2) ________________________________

🎯 **Challenge!**   누적 문제 Ch 05-07

30 다음 중 어법상 틀린 문장 두 개를 찾아 그 기호를 쓰고, 문장 전체를 바르게 고쳐 쓰세요.

ⓐ Yujin gave me cookies baking by her.
ⓑ He has difficulty cooking without a recipe.
ⓒ The new movie wasn't as worse as I expected.
ⓓ Watching documentaries expands your knowledge.
ⓔ We were disappointed with the meal at the new restaurant.

________ → ________________________________

____

________ → ________________________________

____

✓ Before You Write

✓ 짝으로 이루어진 접속사로 연결되는 어구가 주어일 때 수일치는 어떻게 할까요?

✓ 「so ~ that ...」과 「so that」은 어떻게 구분해서 사용해야 할까요?

✓ 의문문이 문장의 일부가 되어 연결될 때 어순은 어떻게 바뀔까요?

✓ 의문사가 있는 의문문과 없는 의문문은 간접의문문으로 쓰일 때 각각 어떤 차이가 있을까요?

내신 기출 다음 우리말을 보고 머릿속으로 한번 영어 문장을 떠올려 보세요.

1 나뿐만 아니라 그녀도 그 소설을 좋아한다.

→ Not _________________________ the novel.

A뿐만 아니라 B도 → Not only A but (also) B → B에 수일치

→ **Not only I but also she likes**　　　POINT 1

2 음악 소리가 너무 커서 우리는 서로 이야기할 수 없었다.

너무[매우] ~해서 …하다 → so+형용사[부사]+that ... → **so loud that we couldn't**　　　POINT 2

3 (2) 나는 모든 사람들이 내 말을 들을 수 있도록 큰 소리로 말했다.

~하도록 (목적) → so that → **so that everybody could hear me**　　　POINT 3

4 (가) 나는 내 이야기가 당신에게 영감을 줄 수 있기를 바란다.

나는 ~하기를 바란다. + 내 이야기가 당신에게 영감을 줄 수 있다.

→ 목적어 자리에 접속사 that으로 연결 → **I hope (that) my story can inspire**　　　POINT 4

5 그는 새들이 어떻게 날 수 있는지 궁금했다.

<조건> 1. how, wonder, bircs, can을 사용하되, 필요시 어형을 바꿀 것

　　　　2. 과거시제를 사용할 것

그는 궁금했다. + 새들은 어떻게 날 수 있니? → 의문사가 있는 간접의문문

→ **wondered how birds could fly**　　　POINT 5

6 (1) Eddie는 Jake가 그 문제를 풀 수 있는지 알고 싶다. (solve)

→ Eddie wants to know _______ _______ _______ _______ _______

_______ .

Eddie는 알고 싶다. + Jake가 그 문제를 풀 수 있니? → 의문사가 없는 간접의문문

→ 접속사 if/whether로 연결 → **if[whether] Jake can solve**　　　POINT 5

정답: **1** only I but (also) she likes **2** The music was so lcud that we couldn't[could not] talk to each other. **3** I talked loudly so (that) everybody could hear me. **4** I hope (that) my story can inspire you. **5** He wondered how birds could fly. **6** if[whether] Jake can solve the problem

짝으로 이루어진 접속사

POINT 1 짝을 이루는 and, but, or

학생들뿐만 아니라 선생님도 교실을 청소한다.
학생들**뿐만 아니라** 선생님**도** / 청소한다 / 교실을.
　Not only A　　but (also) B

→ **Not only the students but (also) the teacher** / *cleans* / the classroom.
　　　　　　A　　　　　　　　　　　B

= **The teacher as well as the students** / *cleans* / the classroom.
　　　　　　B　　　　　　　　　　A

- 접속사 and, but, or는 다른 단어와 함께 짝을 이루어 또 다른 의미의 접속사로 쓰이기도 해요.
- 짝을 이루는 접속사로 연결된 어구가 문장의 주어일 때, **동사는 주로 동사와 가까운 B의 인칭과 수에 일치시키지만,** **both A and B**는 항상 **복수** 취급해요.

📢 짝을 이루는 and, but, or (상관접속사)

both A and B	A와 B 둘 다
either A or B	A와 B 둘 중 하나
neither A nor B	A와 B 둘 다 아닌
not A but B	A가 아니라 B인
not only A but (also) B = B as well as A	A뿐만 아니라 B도

- and, but, or가 단독으로 연결할 때뿐만 아니라 짝을 이루는 접속사로 연결될 때도 어구 A와 B는 서로 문법적인 성격이 같아야 합니다. ('단어-단어', '구-구', '절-절')

Join the club **either** by phone **or** by email. 전화나 이메일 둘 중 하나로 모임에 가입하세요.
　　　　　　　　전치사구　　　　전치사구

I enjoy **both** watching **and** playing soccer. 나는 축구를 보는 것과 하는 것 둘 다 즐긴다.
　　　　　　　동명사　　　　동명사

대표 기출 문제

🔒 다음 주어진 문장의 의미와 같도록 as well as 구문을 활용하여 아래 문장을 완성하시오.

Not only you but also he wants to see the movie.

→ ____

🔖 **CLUE 1**
「not only A but (also) B」는 「B as well as A」로 바꿔 쓸 수 있어요.

🔖 **CLUE 2**
이때 A(you)와 B(he)는 순서가 바뀌므로, 주어는 He as well as you로 써야 해요. 그 뒤에 오는 동사는 B(he)에 인칭과 수를 일치시켜야 해요.

정답: He as well as you wants to see the movie.

Point Exercise

◐ 배열 영작

[1-3] 우리말과 일치하도록 주어진 단어를 올바르게 배열하세요.

1
> Emily는 야구와 농구 둘 다 좋아하지 않는다.
> (baseball / likes / nor / Emily / neither /
> basketball)

→ _______________________________

_______________________________.

2
> 진호는 대구뿐만 아니라 부산에서도 살았다.
> (in Daegu / but also / Jinho / lived / in Busan
> / not only)

→ _______________________________

_______________________________.

3
> 그녀뿐만 아니라 그녀의 아버지도 노래를 잘 부르신다.
> (good / father / singing / she / at / her / is /
> as well as)

→ _______________________________

_______________________________.

◐ 주어진 단어로 영작

**[4-7] 우리말과 일치하도록 주어진 단어를 사용하여 문장을
완성하세요.**

4
> 민수나 지나 둘 중 한 명이 오늘 오후에 너를 방문할
> 것이다.
> (will, Jina, visit, Minsu, either)

→ _______________________________

_______________________________ this afternoon.

5
> 지구뿐만 아니라 다른 행성들도 태양 주위를 돈다.
> (the Sun, other planets, the Earth, as,
> go around)

→ _______________________________

____

6
> 그 노래는 그의 딸을 위한 것이 아니라 그의 어머니를
> 위한 것이었다.
> (daughter, the song, for, be, but, mother)

→ _______________________________

____

7
> 나의 언니와 나 둘 다 외국어를 배우고 있다.
> (learning, both, be, a foreign language,
> older sister)

→ _______________________________

____

기출: 조건 영작

8 우리말과 일치하도록 〈조건〉에 맞게 문장을 완성하세요.

> Julia뿐만 아니라 그녀의 친구들도 추리 소설을 읽는
> 것을 좋아한다.

> 〈조건〉
> • 「not only ~ but also ...」 표현을 사용할 것
> • reading, mystery novels, like를 사용할 것

→ _______________________________

____

foreign language 외국어 mystery novel 추리 소설

부사절을 이끄는 접속사

POINT 2 **시간, 이유[원인], 결과를 나타내는 접속사**

나는 수업을 듣는 동안에, 항상 필기한다.
나는 수업을 듣는 동안에, // 나는 / 항상 필기한다.

부사절이 문장 앞에 올 때는 반드시 부사절 뒤에
콤마(,)를 써야 합니다.

→ **While** I'm in class, // I / always take notes.

- 시간, 이유, 결과를 나타내는 접속사는 절과 절의 시간적 순서와 원인·결과 관계를 잘 파악해서 써야 해요.
  The light is **so** *bright* **that** I can't open my eyes. 빛이 너무 밝아서 나는 눈을 뜰 수 없다.
  <u>이유[원인]</u> <u>결과</u>
- 시간을 나타내는 부사절은 그 내용이 미래를 나타내더라도 미래시제를 쓰지 않고 현재시제를 씁니다.
  I will buy you lunch *when* I **meet** you next time. 내가 다음번에 너를 만날 때 너에게 점심을 살게.

📢 시간, 이유, 결과를 나타내는 접속사

when	~할 때	since	~한 이후로
while	~하는 동안에	as soon as	~하자마자
before/after	~하기 전에/~한 후에	because[since, as]	~하기 때문에
until[till]	~할 때까지	so+형용사[부사]+that	너무[매우] ~해서 …하다

주의❗

하나의 접속사가 다양한 의미로 쓰일 수 있으므로 문맥을 통해 의미를 파악하는 것이 중요해요.

	~할 때, ~하면서 (시간)	**As** I was jogging, I saw her taking a walk.
as	~하기 때문에 (이유)	He has a stomachache **as** he ate too much.
	~처럼, ~대로	He followed the recipe **as** it was written.
since	~한 이후로 (시간)	I haven't seen him **since** he moved to another city.
	~하기 때문에 (이유)	She was tired **since** she stayed up all night.

🔖 대표 기출 문제

🔒 「so ~ that …」을 이용하여 두 문장을 한 문장으로 바꿔
쓰시오.

> The book was very popular.
> It was sold out quickly.

→ _______________________________

CLUE 1
「so ~ that …」은 '너무[매우] ~해서 …하다'라는
뜻의 접속사로 쓰여요.

CLUE 2
'원인'에 해당하는 부분은 「so+형용사[부사]」의
형태로 쓰므로, The book was so popular라고 씁니다.

CLUE 3
'결과'에 해당하는 부분은 「that+주어+동사」의 형태로 쓰므로,
that it was sold out quickly라고 씁니다.

정답: The book was so popular that it was sold out quickly.

✓ 함정 피하기 「so+형용사[부사]+that」을 쓸 때, that이 이끄는 부사절의 시제를 문장의 시제와 일치시켜야 합니다.
You *walked* **so** fast **that** I ~~can't~~(→ couldn't) follow you. (네가 너무 빨리 걸어서 따라갈 수 없었어.)

Point Exercise

정답 및 해설 p.19

배열 영작

[1-4] 우리말과 일치하도록 주어진 단어를 올바르게 배열하세요.

1

나의 부모님은 내가 집에 올 때까지 절대 주무시지 않는다.
(until / never / come / go to bed / home / I)

→ My parents ___________________________

___________________________ .

2

Leo는 빙판길에서 넘어졌기 때문에, 그는 심하게 다쳤다.
(the icy road / fell / was / on / because / Leo / he / hurt)

→ ___________________________ ,

___________________________ seriously.

3

수진이는 수영장에서 수영하는 동안에 그녀의 목걸이를 잃어버렸다.
(she / in the pool / necklace / while / was / lost / her / swimming)

→ Sujin ___________________________

___________________________ .

4

방이 너무 어두워서 나는 아무것도 볼 수 없었다.
(dark / that / see / I / so / was / couldn't / anything)

→ The room ___________________________

___________________________ .

주어진 단어로 영작

[5-7] 우리말과 일치하도록 주어진 단어를 사용하여 문장을 완성하세요.

5

네가 나의 집에 방문할 때 내가 너에게 요리를 해줄게.
(visit, cook, will, house, for)

→ When ___________________________

___________________________ .

6

그는 그의 발목에 부상을 입어서 경기를 할 수 없었다.
(can't, injure, in the game, ankle, since, play)

→ He ___________________________

___________________________ .

7

음악이 너무 시끄러워서 나는 그의 말을 들을 수 없었다.
(words, the music, loud, hear, was, so, can't)

→ ___________________________

____

기출: 한 문장으로 영작

8 다음 두 문장을 주어진 접속사를 사용하여 한 문장으로 바꿔 쓰세요.

(1)

The table was too big.
I couldn't carry it by myself.

→ ___________________________

___________________________ (so ~ that)

(2)

Peter is getting smarter.
He reads a newspaper every day.

→ ___________________________

___________________________ every day. (because)

seriously 심하게 injure 부상을 입다[입히다] ankle 발목

POINT 3　조건, 양보, 목적을 나타내는 접속사

비록 그 피아노는 낡았지만, 그것은 아름다운 소리를 낸다.
비록 그 피아노는 낡았지만, // 그것은 / 낸다 / 아름다운 소리를.

→ **Although** the piano is old, // it / makes / beautiful sounds.

if	만약 ~한다면[라면]	though[although]	비록 ~이긴 하지만
unless (= if ~ not)	만약 ~하지 않으면	even though	비록 ~일지라도
while	~할지라도, ~하는 반면	even if	~이라고 할지라도

• 조건을 나타내는 부사절도 그 내용이 미래를 나타내더라도, 미래시제가 아닌 현재시제를 씁니다.
If it *rains* tomorrow, we won't go camping. 만약 내일 비가 온다면, 우리는 캠핑을 가지 않을 것이다.

> **주의!**
> 접속사 while도 다양한 의미로 쓰일 수 있으므로 문맥을 통해 의미를 파악해야 해요.
> **While** we were in Paris, we visited many museums. 〈시간〉 (파리에 있는 동안 우리는 많은 박물관을 방문했다.)
> The sports car looks nice **while** it uses a lot of gas. 〈양보〉 (스포츠카는 기름을 많이 사용하지만 멋져 보인다.)

우리는 아무도 듣지 못하도록 목소리를 낮췄다.
우리는 / 낮췄다 / 우리의 목소리를 // 아무도 / 듣지 못하도록.
　　　　　　　　　　　　　　　　　　　　목적

'목적'의 so (that)은 in order that, (in order) to부정사 등으로 바꿔 쓸 수 있어요. (☞ Ch 04 to부정사)

→ We / *lowered* / our voices // so (that) no one / *could hear*.

• 접속사 so (that)는 '~하기 위해'라는 의미로 '목적'을 나타내는 절 앞에 씁니다. 이때 that은 생략할 수 있어요.
• so (that)가 이끄는 절의 시제는 문장의 시제와 일치해야 해요.

> **주의!**　so (that) vs. so ~ that ...
> 목적을 나타낼 때는 접속사 「so (that)」를 쓰며, 결과를 나타내는 「so + 형용사[부사] + that」과 혼동하여 쓰지 않도록 합니다.
> He studied hard **so that** he could pass the exam. 〈목적〉 (그는 시험에 통과하기 위해 열심히 공부했다.)
> He studied **so** *hard* **that** he could pass the exam. 〈결과〉 (그는 매우 열심히 공부해서 시험에 통과할 수 있었다.)

대표 기출 문제

🔒 다음 <보기>처럼 'so that' 구문을 활용하여 하나의 완전한 문장으로 바꾸어 쓰시오.

CLUE 1
so that은 '~하기 위해, ~하도록'이라는 의미의 '목적'을 나타내는 접속사로 쓰여요.

<보기>
I went to bed early.
I could wake up early in the morning.
→ I went to bed early so that I could wake up in the morning.

CLUE 2
<보기>와 같이 주절을 먼저 쓰고, '목적'에 해당하는 절은 so that 다음에 써야 해요.

We turned on the TV.
We could watch a baseball game.
→ _______________________________

정답: We turned on the TV so that we could watch a baseball game.

Point Exercise

[1-3] 우리말과 일치하도록 주어진 단어를 올바르게 배열하세요.

1

평가가 나쁠지라도 그 영화는 인기가 있다.
(bad / is / the reviews / popular / are / while)

→ The movie _______________________________

____ .

2

네가 그 서점을 찾을 수 없다면, 나에게 다시 전화해.
(the bookstore / aren't / call / you / me / if / find / able to)

→ ____

________________ , ________________ again.

3

만약 네가 안전모를 쓰지 않는다면, 너는 스케이트보드를 탈 수 없다.
(a skateboard / you / can't / a helmet / ride / unless / wear)

→ You _____________________________________

____ .

[4-7] 우리말과 일치하도록 주어진 단어를 사용하여 문장을 완성하세요.

4

거미는 벌레를 잡기 위해 거미줄을 만든다.
(webs, catch, so, insects, make, spiders, can)

→ ____

____

5

비록 그는 배가 매우 고팠지만, 아무것도 먹지 않았다.
(nothing, hungry, be, eat, very, though)

→ He ______________________________________

____ .

6

Daniel은 대회에서 우승할 수 있도록 열심히 바이올린을 연습한다.
(practice, so, win, hard, the violin, can, the contest)

→ ____

____

7

만약 네가 우리의 약속을 어긴다면 나는 정말 실망할 것이다.
(be, break, disappointed, so, will, promise)

→ I _______________________________________

____ .

8 우리말과 일치하도록 〈조건〉에 맞게 문장을 완성하세요.

〈조건〉
- so that을 사용할 것
- 주어진 단어를 사용하되 필요시 형태를 바꿀 것

우리는 일출을 보기 위해 일찍 일어났다.

→ ____

____

(early, watch, get up, the sunrise, could)

POINT 4 접속사 that

> 그녀가 실수했다는 것은 놀랍다.
> 그녀가 실수했<u>다는 것은</u> // ~하다 / 놀라운.
>   주어   동사   보어
>
> → **That** she made a mistake // is / surprising.
> = **It** is surprising // **that** she made a mistake.
>   가주어   진주어

- 접속사 that은 문장에서 주어, 보어, 목적어 역할을 하는 **명사절**을 이끌어요.
  The fact is **that** he is very lazy. 〈보어 역할〉 사실은 그가 매우 게으르다는 것이다.
- 주어로 쓰인 that절은 대부분 그 자리에 가주어 It을 대신 쓰고, 진짜 주어인 that절은 문장 뒤로 보내요.

> 우리는 기말 시험이 아주 어렵다고 생각했다.
> 우리는 / 생각했다 // 기말 시험이 아주 어렵<u>다고</u>.
> 주어   동사   목적어
>
> → We / thought // **(that)** the final exam was so difficult.

- 접속사 that이 이끄는 절은 동사 뒤에 쓰여서 목적어 역할을 할 수 있으며, 이때의 that은 생략할 수 있습니다.

  MORE + 주절의 시제가 과거일 때, 목적어로 쓰인 that절은 과거 또는 과거완료로 써야 해요. (시제 일치 ☞ Ch 11)
  I *heard* that you **won** the competition. (네가 대회에서 우승했다고 들었어.)
  I *didn't know* that the tickets **had sold out**. (나는 표가 매진되었는지 몰랐다.)

대표 기출 문제

🔒 다음 우리말을 주어진 단어를 한 번 사용하여 영작하시오.

수의사는 그 개가 영리하고 사람들에게 친절하다는 것을 확실히 해주었단다.

→ ________________________________ (sure)

CLUE 1
문장의 동사는 주어진 단어 sure를 사용하여
'확실히 하다'라는 뜻의 make sure를 써요.
과거의 일을 나타내므로 과거시제(made sure)로
써야 해요.

CLUE 2
문장의 목적어로 절이 와야 하므로 접속사 that을
쓰며, 이는 생략할 수도 있어요. 이때 that절의 시제도
과거시제(was)로 씁니다.

정답: A vet made sure (that) the dog was smart and
friendly to people.

Point Exercise

[1-3] 우리말과 일치하도록 주어진 단어를 올바르게 배열하세요.

1
> Luna가 우리의 약속을 잊은 것은 실망스럽다.
> (forgot / our / it / disappointing / that / appointment / is / Luna)

→ ____ .

2
> 모두가 운동이 우리의 건강에 좋다는 것을 알고 있다.
> (exercise / our / knows / for / is / everyone / that / good / health)

→ ____ .

3
> 좋은 소식은 음악 축제가 우리 마을에서 열린다는 것이다.
> (the good news / held / is / that / in / town / the music festival / is /our)

→ ____ .

[4-7] 우리말과 일치하도록 주어진 단어를 사용하여 문장을 완성하세요.

4
> 몇몇 사람들은 외계인이 어딘가에 존재한다고 믿는다.
> (aliens, people, somewhere, believe, some, exist)

→ ____

5
> 나는 그 꽃가게가 오늘 문을 열었는지 확인했다.
> (the flower shop, made sure, opened, today)

→ ____

6
> 여름방학이 거의 끝나가는 것은 슬프다.
> (it, almost, the summer vacation, sad, over, is)

→ ____

7
> 네가 작곡할 수 있다니 멋지다.
> (a song, wonderful, it, write, can, be)

→ ____

8 우리말과 일치하도록 〈조건〉에 맞게 문장을 완성하세요.

> 선생님은 우리의 아이디어가 좋다고 생각하셨다.

> 〈조건〉
> • 8 단어로 쓸 것
> • 주어진 단어를 사용할 것

→ ____

(think, the teacher, good, was)

---

appointment 약속 alien 외계인 exist 존재하다 make sure 확인하다; 확실히 하다

간접의문문

너는 새 학기가 언제 시작하는지 알고 있니?
너는 알고 있니 // 언제 새 학기가 시작하는지?

→ Do you know // **when** the new semester starts?
　　　　　　　　　의문사　　　　주어　　　　동사

- 의문사가 이끄는 절이 문장의 일부가 되어 명사절 역할을 할 때 이를 **간접의문문**이라고 해요.
  의문사가 이끄는 절은 「**의문사＋주어＋동사 ~**」의 어순으로 씁니다.
- 그러나 의문사가 주어일 때는 「**의문사(주어)＋동사 ~**」의 어순으로 써요.
  Do you know **who lives next door**? 너는 누가 옆집에 사는지 알고 있니?
- 의문사가 이끄는 절이 think, believe, guess, suppose, imagine 등 생각이나 추측을 나타내는 동사의 목적어로
  쓰일 때는 의문사를 문장 맨 앞에 써야 해요.
  단, 알고 있는지 여부(Yes/No)를 묻는 경우에는 「의문사＋주어＋동사」로 씁니다.

Do you *think*? ＋ **Who is the best soccer player**?　　　　Can you *guess*? ＋ **Why is he crying**?

→ A: **Who** do you *think* **the best soccer player is**?　　→ A: Can you *guess* **why he is crying**?
　　B: I think it's Lionel Messi.　　　　　　　　　　　　　　　　　B: Yes, I can. / No, I can't.

나는 우리가 그 대회에 참가할 수 있는지 알고 싶다.
나는 알고 싶다 // 우리가 그 대회에 참가할 수 있는지.

→ I want to know // **if[whether]** we can join the contest.
　　　　　　　　　　if[whether]　　주어　　동사　　　목적어

- 의문사를 포함하지 않는 의문문이 간접의문문에 쓰일 때는, '~인지 (아닌지)'라는 의미의 접속사 if나 whether를
  사용해서 나타냅니다. if[whether]가 이끄는 절의 어순도 「**if[whether]＋주어＋동사 ~**」임에 유의하세요.

대표 기출 문제

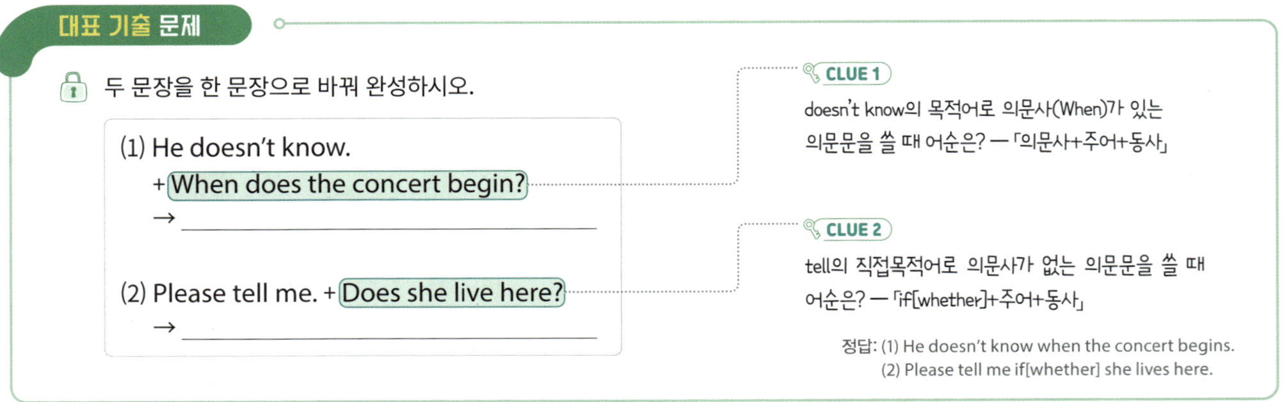

🔒 두 문장을 한 문장으로 바꿔 완성하시오.

(1) He doesn't know.
　+ When does the concert begin?
　→ ________________________________

(2) Please tell me. + Does she live here?
　→ ________________________________

CLUE 1
doesn't know의 목적어로 의문사(When)가 있는
의문문을 쓸 때 어순은? — 「의문사＋주어＋동사」

CLUE 2
tell의 직접목적어로 의문사가 없는 의문문을 쓸 때
어순은? — 「if[whether]＋주어＋동사」

정답: (1) He doesn't know when the concert begins.
　　(2) Please tell me if[whether] she lives here.

✅ **함정 피하기** 　일반동사가 쓰인 의문문을 간접의문문으로 바꿔 쓸 때, 동사의 수와 시제에 주의하세요.

I wonder. ＋ When **does** the next bus **arrive**?
→ I wonder when the next bus **arrives**. (다음 버스는 언제 도착하는지 궁금하다.)

Do you know? ＋ **Did** he **arrive** on time?
→ Do you know if[whether] he **arrived** on time? (그가 제시간에 도착했는지 아니?)

Point Exercise

[1-3] 우리말과 일치하도록 주어진 단어를 올바르게 배열하세요.

1
> 너는 나에게 그 콘서트가 언제 끝나는지 말해주겠니?
> (the concert / you / ends / can / when / me / tell)

→ _______________________________________

_______________________________________ ?

2
> 나는 네가 그 문제에 대한 정답을 아는지 궁금하다.
> (know / you / to the question / I / wonder / the right answer / if)

→ _______________________________________

_______________________________________ .

3
> 너는 Susan이 왜 학교에 늦었다고 생각하니?
> (was / do / Susan / for school / you / why / late / think)

→ _______________________________________

_______________________________________ ?

[4-7] 주어진 두 문장을 〈보기〉와 같이 한 문장으로 바꿔 쓰세요.

> 〈보기〉
> Can you tell me?
> What did you eat yesterday?
> → Can you tell me what you ate yesterday?

4
> I wonder.
> Will it rain throughout next week?

→ _______________________________________

5
> Do you know?
> Is there a library near our school?

→ _______________________________________

____

6
> Let me know.
> What happened last night?

→ _______________________________________

____

7
> Can you explain?
> How did you solve the problem?

→ _______________________________________

____

8 우리말과 일치하도록 〈조건〉에 맞게 문장을 완성하세요.

> 〈조건〉
> • 간접의문문을 사용할 것
> • 주어진 단어를 사용할 것
> • (1)은 5 단어, (2)는 7 단어로 쓸 것

(1)
> Sophia는 그녀의 친구들이 언제 도착할지 모른다.
> (will, arrive)

→ Sophia doesn't know _______________

_______________________________________ .

(2)
> 과학자들은 다른 행성에 물이 있는지 알고 싶어 한다.
> (other planets, on, be, there)

→ Scientists want to know _______________

_______________________________________ .

wonder 궁금하다 throughout 내내, ~동안

Chapter Test *

정답 및 해설 p.20

STAGE 1 Go for it!

자신 있게 풀어보는 기초 문제!

배열 영작

[1-4] 우리말과 일치하도록 주어진 단어를 배열하여 문장을 완성하세요.

1

Lily는 모두가 소풍 후에 매우 지쳤다는 것을 알아 차렸다.
(that / was / Lily / very / everyone / noticed / tired)

→ ______________________________

______________________ after the picnic.

2

엄마는 아침 식사로 빵뿐만 아니라 수프도 준비하셨다.
(soup / but also / breakfast / prepared / for / not only / bread)

→ Mom ______________________

______________________ .

3

나의 언니는 건강을 유지하기 위해 매일 수영한다.
(that / healthy / every day / stay / she / so / can / swims)

→ My sister ______________________

______________________ .

4

나는 지금 한가하기 때문에, 내가 너 대신에 도서관에 그 책들을 반납해줄게.
(I'm / now / the books / since / return / I'll / to the library / free)

→ ______________________, __________

______________________ instead of you.

주어진 단어로 영작

[5-7] 우리말과 일치하도록 주어진 단어를 사용하여 문장을 완성하세요.

5

네가 그 봉사 활동 단체에 가입할지 나에게 말해줘.
(the voluntary work group, join, will, tell)

→ ______________________

____

6

너는 누가 나에게 이 편지를 보냈는지 아니?
(this letter, know, send, to)

→ ______________________

____

7

비록 준호는 야구를 잘하지 않지만, 그는 그것을 아주 많이 좋아한다.
(Junho, good at, though, baseball, like)

→ ______________________

______________________ very much.

최신 기출

8 〈보기〉와 같이 다음 문장을 가주어 It으로 시작하는 문장으로 바꿔 쓰세요.

〈보기〉
She speaks three languages. (amazing)
→ It is amazing that she speaks three languages.

We follow the safety rules in the lab. (important)

→ ______________________

____

○ 도표 영작

9 다음은 서점 세 곳을 비교한 표입니다. 표의 내용과 일치하도록 알맞은 상관접속사를 사용하여 문장을 완성하세요.

	The Book Cave	Ben's Books	Novels and More
sell used books	×	×	○
offer membership cards	○	×	○
take credit cards	○	○	×

(1) A: Which one sells used books?

　B: _______________ Ben's Books _______________ Novels and More sells used books.

(2) A: Which ones offer membership cards?

　B: _______________ The Book Cave _______________ Novels and More offer membership cards.

(3) A: Which ones take credit cards?

　B: _______________ _______________ The Book Cave _______________ _______________ Ben's Books takes credit cards.

○ 어법 오류 수정

[10-14] 다음 각 문장에서 어법상 틀린 부분을 찾아 바르게 고쳐 쓰세요.

10 Both Spain and Italy is located in Europe.

_______________ → _______________

11 My favorite singer will hold concerts not only in Korea but also Japan.

_______________ → _______________

12 Can you tell me how did you find your lost wallet?

_______________ → _______________

13 My brother as well as my parents are interested in the environment.

_______________ → _______________

14 As soon as you will arrive in our town, please call me.

_______________ → _______________

최신 기출

15 ⟨A⟩와 ⟨B⟩에서 서로 관련 있는 문장을 골라, so that을 사용하여 한 문장으로 쓰세요. (단, ⟨A⟩의 제시 순서대로 쓸 것)

⟨A⟩
• She spoke slowly.
• We followed the map.
• I saved some money.

⟨B⟩
• I could buy a new jacket.
• Everyone could understand her.
• We wouldn't get lost.

(1) She _______________________________

_______________________________.

(2) We _______________________________

_______________________________.

(3) I _______________________________

_______________________________.

[16-21] 주어진 두 문장을 〈보기〉와 같이 한 문장으로 바꿔 쓰세요.

〈보기〉
I wonder.
How many books does Sora read in a year?
→ I wonder how many books Sora reads in a year.

16

Can you tell me?
Will you come to my Halloween party?

→ ______________________________

____

17

Do you know?
What time does Tony arrive here?

→ ______________________________

____

18

I wonder.
Does your family travel once a year?

→ ______________________________

____

19

Do you think?
How did the accident happen yesterday?

→ ______________________________

____

20

Can you tell me?
Which school did you graduate from?

→ ______________________________

____

21

I wonder.
Did Minji's family move to Busan?

→ ______________________________

____

22 다음의 한 학생이 응답한 설문 조사표를 보고, 〈조건〉에 맞게 대화를 완성하세요.

Musical Survey
(1) Did you enjoy the musical?
☑ Yes, I did.　　☐ No, I didn't.

(2) How often do you watch a musical?
☐ Never　　☑ Once a year
☐ A few times a year

〈조건〉
• 설문지의 질문을 사용하여 간접의문문으로 쓸 것
• (1)은 5 단어, (2)는 6 단어로 쓸 것

Q: I'd like to know (1) ______________________________

______________________________.

A: Of course, I enjoyed everything!

Q: Could you tell me (2) ______________________________

______________________________?

A: I usually watch a musical once a year.

---

23 다음 중 어법상 **틀린** 문장 **두 개**를 찾아 그 기호를 쓰고, 문장 전체를 바르게 고쳐 쓰세요.

> Today the weather was so hot, and Minju worked out very hard. ⓐ After Minju finished exercising, she came home. ⓑ She poured some cold water in a glass because she was so thirsty. She also put some ice into the water.
> ⓒ Then she found what there were water drops on the glass. She thought to herself, ⓓ "I wonder where do the water drops come from." Minju couldn't wait to go to school to ask about it to her teacher the next day. ⓔ She was so excited that she couldn't sleep.

______ → ____________________

____

______ → ____________________

____

24 다음 민호가 쓴 일기를 읽고 문맥에 맞게 주어진 단어를 배열하여 문장을 완성하세요.

> Yesterday, I hurt my leg at a soccer game at school. The injury was (1) __________________
> ___________________________.
> (walk easily / so / couldn't / that / I / serious)
> I was worried because it was not easy to walk alone.
> However, my friend Yuri was waiting for me outside this morning! She carried my school bag (2) __________________________.
> (walk / so / I / comfortably / more / could / that)
> Many of my classmates came over and cheered me up. I felt so lucky to have such wonderful friends.

(1) __________________________

____

(2) __________________________

____

Challenge!

누적 문제 Ch 06-08

25 다음 중 어법상 **틀린** 문장 **두 개**를 찾아 그 기호를 쓰고, 문장 전체를 바르게 고쳐 쓰세요.

> ⓐ It is possible that it will rain tonight.
> ⓑ Felt tired, she didn't want to go out.
> ⓒ There were many people asking her questions.
> ⓓ I wonder if he will pass the exam.
> ⓔ This skirt is not as better as that one.

______ → ____________________

____

______ → ____________________

____

관계사*

✅ Before You Write

- ✓ 주격/목적격/소유격 관계대명사 중 알맞은 것을 쓸 수 있나요?
- ✓ 선행사를 포함한 관계대명사 what을 구별하여 쓸 수 있나요?
- ✓ 계속적 용법의 관계대명사를 사용하여 선행사를 보충 설명할 수 있나요?
- ✓ 관계대명사와 관계부사를 구분하여 쓸 수 있나요?
- ✓ 선행사의 종류에 따라 알맞은 관계부사를 사용할 수 있나요?

내신 기출 다음 우리말을 보고 머릿속으로 한번 영어 문장을 떠올려 보세요.

1 (A) 마들렌은 조개껍데기처럼 보이는 작은 케이크이다.
작은 케이크 [조개껍데기처럼 보이는] → 주격 관계대명사로 연결
→ *a small cake* [**which**] *looks like a seashell*] **POINT 1**

2 (1) 내가 저녁으로 원하는 것은 스파게티이다.
~한 것 [내가 원하는] → 선행사를 포함한 관계대명사 what → **What I want for dinner** **POINT 2**

3 그는 딸이 한 명 있는데, 그녀는 파리(Paris)에서 공부하고 있다.
~하는데, …은 → 콤마(,) 뒤에 선행사 보충 설명 → *a daughter,* **who** *is studying* **POINT 3**

4 칸쿤은 480만 명의 관광객이 여행하는 도시입니다.
(Cancun / travel / 4.8 million tourists / where / is / a city)
장소 선행사(a city) → 관계부사 where로 연결
→ *a city* [**where** *4.8 million tourists travel*] **POINT 5**

5 나는 그녀를 처음 만났던 날을 절대 잊지 못할 것이다.
<보기> I'll / when / her / never / met / forget / I / first / the day
시간 선행사(the day) → 관계부사 when으로 연결 → *the day* [**when** *I first met her*] **POINT 5**

6 그것이 그녀가 학교에 지각했던 이유이다.
→ That's the reason ______________________ for school.
이유 선행사(the reason) → 관계부사 why로 연결 → *the reason* [**why she was late**] **POINT 5**

정답: **1** A madeleine is a small cake which[that] looks like a seashell. **2** What I want for dinner is spaghetti. **3** He has a daughter, who is studying in Paris. **4** Cancun is a city where 4.8 million tourists travel. **5** I'll never forget the day when I first met her. **6** why she was late

관계대명사

POINT 1 관계대명사 who(m), which, that, whose

이 레스토랑에서 일하는 요리사는 유명하다.
요리사는 [이 레스토랑에서 일하는] / 유명하다.

선행사가 단수명사(The chef)이므로 관계대명사절 내의 동사도 단수동사(cooks)로 써야 해요.

→ *The chef* [**who** cooks at this restaurant] / is famous.

- 관계대명사절에서 관계대명사가 주어 역할을 하는 경우 **주격 관계대명사**라고 합니다.
  이때 관계대명사절 내의 동사는 선행사의 수에 맞춰 써야 해요.
- 또한, 문장의 주어가 관계대명사절의 수식을 받아 동사와 멀리 떨어지는 경우, 동사의 수에 주의해야 해요.
  The book [that inspires readers] ***is*** always a bestseller. 독자들에게 영감을 주는 그 책은 언제나 베스트셀러이다.
  주어(단수명사)　　　　　　　　　　　동사(단수동사)

Aiden이 추천해 준 요리법은 매우 좋았다.
요리법은 [Aiden이 추천해 준] / 매우 좋았다.

→ *The recipe* [**(which)** Aiden recommended ●] / was very good.

- 주격 이외에도 목적격, 소유격 관계대명사가 있어요. **목적격 관계대명사**는 **생략**할 수 있습니다.
- 관계대명사절에서 **소유격 관계대명사**는 소유격을 대신해서 쓰입니다.
  선행사의 종류에 상관없이 모두 whose를 쓰며, 뒤에는 반드시 명사가 뒤따릅니다.
  I have *an uncle* **whose** job is to fix cars. 나에게는 차를 고치는 것이 직업인 삼촌이 있다.

📢 선행사 종류에 따른 관계대명사

	사람	사물, 동물	모두 가능
주격	who	which	that
목적격	who/whom	which	that
소유격	whose		

대표 기출 문제

🔒 다음 문장을 주어진 조건에 맞추어 영어로 쓰시오.

<조건>
1. 주어진 단어를 반드시 활용할 것 (필요시 변형 가능)
2. 관계대명사를 반드시 사용할 것

Jack에게는 의사가 된 딸 하나가 있다.
(become, have)

→ _______________________________

CLUE 1

주어진 우리말을 'Jack은 (~가) 있다 / 딸 하나 [의사가 된]'과 같이 바꿔 봅니다. became a doctor의 주어는 a daughter이므로 필요한 관계대명사는 주격 who[that]! — a daughter who[that] became ~

CLUE 2

주어 Jack이 3인칭 단수이며 현재시제로 쓰였으므로 알맞은 동사는 has — Jack has a daughter ~

정답: Jack has a daughter who[that] became a doctor.

Point Exercise

[1-5] 주어진 두 문장을 관계대명사를 사용하여 한 문장으로 바꿔 쓰세요. (단, that은 제외)

1

> The author got many awards.
> She wrote this novel.

→ The author ________________________

________________________ .

2

> The teacher gives me helpful advice.
> I like the teacher.

→ The teacher ________________________

________________________ .

3

> The building is famous around the world.
> It has 163 floors.

→ The building ________________________

________________________ .

4

> We know the boy.
> His sister is a college student.

→ We ________________________

________________________ .

5

> She drew the picture.
> The picture got a lot of attention.

→ The picture ________________________

________________________ .

[6-8] 우리말과 일치하도록 주어진 단어를 사용하여 문장을 완성하세요.

6

> 내가 탁자 위에 놔둔 그 가방이 사라졌다.
> (left, the bag, the table, disappear)

→ ________________________

____

7

> Karen은 이름이 Max인 귀여운 개를 기른다.
> (have, name, dog, cute, be)

→ ________________________

____

8

> 우리는 3시에 출발하는 그 기차를 타야 한다.
> (should, the train, leave, 3 o'clock, catch)

→ ________________________

____

9 다음 대화를 읽고 〈조건〉에 맞게 우리말을 영작하세요.

> A: Jake, will you join our dance club?
> B: I don't know. I'm not good at dancing.
> A: But you like dancing. Look at this poster.
> 춤추는 것에 관심 있는 누구나 이 동아리에 가입할 수 있어.

> 〈조건〉
> • 관계대명사를 사용할 것 (단, that은 제외)
> • anyone, interested, join, club을 사용할 것
> • 10 단어로 쓸 것

→ ________________________

____

---

author 작가 award 상 college 대학 attention 주목, 주의 (집중) disappear 사라지다

POINT 2　관계대명사 what

내가 하고 싶은 것은 휴식을 좀 더 취하는 것이다.
내가 하고 싶은 것은 / ~이다 / 휴식을 좀 더 취하는 것.

➜ **What** I want to do / is / to take more rest.
　　주어

선생님이 방금 말씀하신 것을 적었니?
너는 적었니 / 선생님이 방금 말씀하신 것을?

➜ Did you write down / **what** the teacher just said?
　　　　　　　　　　　　　　　목적어

- 관계대명사 what은 the thing(s) that[which]를 의미하며 '**~한 것**'이라는 의미의 명사절을 이끕니다.
  이때 what은 **선행사를 포함**하므로 앞에 선행사를 따로 쓰지 않아요.
- 관계대명사 what이 이끄는 절은 문장에서 명사처럼 쓰여 주어, 목적어, 보어 역할을 합니다.
  Your advice was **what** I needed to make a decision. 〈보어〉 네 충고가 내가 결정을 내리는 데 필요한 것이었어.

> **주의!** 관계대명사 what vs. 접속사 that
>
> | 관계대명사 what | 접속사 that |
> | --- | --- |
> | what+불완전한 구조
→ **What** I want ● is a warm hug.
　　　주어 동사
(내가 원하는 것은 따뜻한 포옹이다.) | that+완전한 구조
→ Make sure **that** you close the window.
　　　　　　　주어　동사　　목적어
(창문을 확실히 닫도록 해라.) |

대표 기출 문제

🔒 다음 질문에 대한 답을 <조건>에 맞게 쓰시오.

<조건>
- 완전한 영어문장으로 쓸 것
- 반드시 관계대명사 what 을 사용할 것
- 뜻: 내가 저녁으로 먹고 싶은 것은 피자이다.

Q: What do you want to eat for dinner?
A: ________________________________

CLUE 1
주어진 우리말이 '~하는 것은'이므로 관계대명사 what이 이끄는 절 「What+주어+동사 ~」가 문장의 주어가 돼요.

CLUE 2
질문에 있는 표현을 활용하여 What I want to eat for dinner가 주어가 되고, 동사 자리에는 be동사의 현재시제 단수형 is(~이다)가 와야 해요.

정답: What I want to eat for dinner is pizza.

✅ **함정 피하기**　관계대명사 what이 이끄는 절은 단수로 취급하는 것에 주의하세요.
What I need right now *is* a cup of coffee. (지금 내가 필요한 것은 한 잔의 커피이다.)
　　　주어　　　　　　　동사

Point Exercise

(배열 영작)

[1-3] 우리말과 일치하도록 주어진 단어를 올바르게 배열하세요.

1
> Gary는 그때 그가 말했던 것을 기억하지 못한다.
> (what / Gary / remember / he / doesn't /
> said / at that time)

→ ____

____ .

2
> 등산하는 것은 나의 아빠가 주말에 하기 좋아하시는
> 것이다.
> (mountains / to do / what / dad / is / my /
> climbing / likes / on weekends)

→ ____

____ .

3
> 내가 책꽂이 뒤에서 발견한 것은 나의 오래된 일기장
> 이었다.
> (old diary / behind / was / I / what / found /
> the bookshelf / my)

→ ____

____ .

(주어진 단어로 영작)

**[4-8] 우리말과 일치하도록 주어진 단어와 관계대명사 what을
사용하여 문장을 완성하세요.**

4
> 저 조각상은 Lucas가 이 박물관에서 가장 좋아하는
> 것이다.
> (statue, like, the most, in, be, museum)

→ ____

____

5
> 그 학생은 수업시간에 그녀가 이해하지 못했던 것에
> 관해 물었다.
> (couldn't, ask about, understand,
> the student)

→ ____

________________________ during the class.

6
> 내가 내 친구 수호로부터 배운 것은 자신감이다.
> (confidence, from, be, Suho, learned)

→ ____

____

7
> 그 옷 가게는 십 대들이 입고 싶어 할 만한 것들을
> 판다. (teenagers, the clothing shop, to, like,
> wear, sell, would)

→ ____

____

8
> 그 연구팀이 발견한 것은 믿기 어려울 정도로 놀라웠다.
> (discovered, the research team, be,
> unbelievable)

→ ____

____

기출: 조건 영작

9 우리말과 일치하도록 〈조건〉에 맞게 문장을 완성하세요.

> Suzy가 본 것은 그녀가 기대했던 것과 달랐다.

> 〈조건〉
> • 9 단어로 쓸 것
> • see, different from, expect를 사용할 것

→ ____

____

---

statue 조각상 confidence 자신감 clothing shop 옷 가게 discover 발견하다 research 연구; 연구하다 unbelievable (너무나 엄청나서) 믿기 어려운

Unit 02 주의해야 할 관계대명사의 쓰임

POINT 3 · 계속적 용법: 콤마(,)+관계대명사

나는 책을 한 권 읽고 있는데, 그 책은 내가 도서관에서 빌린 것이다.
나는 책을 한 권 읽고 있는데, // 그 책은 내가 도서관에서 빌린 것이다.

→ I am reading *a book*, // **which** I borrowed from the library.
　　　　　　　　　(= **and** I borrowed **it** from the library.)

- **관계대명사 절 앞에 콤마(,)**를 쓰면 관계사절은 선행사에 대한 **추가적인 정보를 뒤에서 보충 설명**하는 역할을 해요.
  이러한 관계대명사의 쓰임을 **계속적 용법**이라고 하며, 문맥상 알맞은 「접속사+대명사」로 해석하면 돼요.
- 앞에서 학습한 콤마를 쓰지 않는 관계대명사절에 비해, 관계사 앞에 콤마가 있으면 관계사절이 선행사 이해에
  필수적인 정보는 아니에요.
  That is *the Statue of Liberty*, **which** is in New York. 저것은 자유의 여신상인데, 뉴욕에 있다.
- 문장의 주어에 관한 보충 설명이 바로 뒤에 이어지는 경우 관계대명사절 앞뒤에 콤마를 씁니다.
  Amy, **who** is my cousin, likes singing. Amy는 내 사촌인데, 노래하는 것을 좋아한다.
- 관계대명사 that은 계속적 용법으로 쓰지 않아요.
  The cat, **that**(→ **which**) he adopted from a shelter, is very friendly.
  그 고양이는 그가 보호소에서 입양했는데, 아주 온순하다.

> **MORE ➕** 계속적 용법의 선행사
> 계속적 용법으로 쓰인 관계대명사 which는 어구뿐만 아니라 절 전체를 선행사로 받을 수 있어요.
> *The car broke down on the highway*, **which** caused a traffic jam.
> (고속도로에서 차가 고장 났는데, 그것이 교통 체증을 일으켰다.)

대표 기출 문제

🔒 다음 우리말을 아래의 <조건>에 따라 영작하시오.

Sally는 그녀의 새 가방을 아주 좋아하는데, 그것은
그녀가 지난주에 산 것이다.
(her new bag, bought, loves, she, last week

<조건>
1. 괄호 안에 주어진 단어를 이용할 것
2. 전체 10개의 단어를 사용할 것

→ _______________________________________

🔍 **CLUE 1**
관계대명사로 보충 설명하는 말을 덧붙일 때는
계속적 용법으로 써야 해요.
— 「콤마(,)+관계대명사」

🔍 **CLUE 2**
선행사가 her new bag이므로 관계대명사 which로
연결해요. 이때 관계대명사 that은 계속적 용법으로
쓰지 않으니 주의하세요.

정답: Sally loves her new bag, which she bought last week.

Point Exercise

배열 영작

[1-3] 우리말과 일치하도록 주어진 단어를 올바르게 배열하세요.

1

> 준호는 영어를 공부하고 있는데, 그는 미국에 가 본 적이
> 없다. (who / studying / is / English)

→ Junho, _______________________,
  has never been to the United States.

2

> 그 다리는 100년 전에 지어졌는데, 그것은 이 도시의
> 랜드마크이다.
> (built / ago / which / 100 years / was)

→ The bridge, _______________________
  _______________, is the landmark of this city.

3

> 나는 그녀의 집을 방문했는데, 그 집은 도서관 옆에
> 있다. (which / next to / is / the library)

→ I visited her house, _______________________
  _______________________.

한 문장으로 영작

[4-5] 다음 두 문장을 콤마(,)와 관계대명사를 사용하여
한 문장으로 바꿔 쓰세요.

4

> I learned to play soccer from my uncle.
> He was a soccer player.

→ I learned to play soccer from _______________
  _______________________.

5

> We went to the amusement park.
> It was crowded with families.

→ We went to _______________________
  _______________________.

주어진 단어로 영작

[6-7] 우리말과 일치하도록 주어진 단어와 「콤마(,)+관계대명사」를
사용하여 문장을 완성하세요.

6

> 파리는 프랑스의 수도인데, 그곳은 볼 것들이 많다.
> (the capital, France, have, of, to see, be,
> many things)

→ Paris, _______________________
  _______________________.

7

> 나는 한 수영 선수에 대한 기사를 읽었는데,
> 그는 올림픽 챔피언이다.
> (read, an article, a swimmer, about, be,
> an Olympic champion)

→ _______________________
  ____

기출: 조건 영작

8 다음 글을 읽고 〈조건〉에 맞게 우리말을 영작하세요.

> Scott went shopping last weekend.
> After looking around a few shops, he found
> something he liked. 그는 검은색 재킷을 골랐는데,
> 그것은 그 가게에서 가장 인기 있는 상품이었다.

> 〈조건〉
> · 콤마(,)와 함께 적절한 관계대명사를 사용할 것
> · the black jacket, item, the most popular,
>   choose, in the store를 사용할 것

→ _______________________
  ____

---

landmark 랜드마크((멀리서 보고 위치 파악에 도움이 되는 대형 건물 같은 것)) capital 수도 article (신문, 잡지의) 글, 기사

전치사＋관계대명사

> 나는 내가 앉을 수 있는 의자가 하나 필요하다.
> 나는 필요하다 / 의자 하나가 [내가 (위에) 앉을 수 있는].
>
> → I need / a chair [(which) I can sit **on**].
> → I need / a chair [**on which** I can sit].
>   (← I need *a chair*. + I can sit **on** *the chair*.)

- 관계대명사가 **전치사의 목적어**로 쓰일 경우, 위 예문과 같이 전치사는 **관계대명사절의 맨 끝**이나 **관계대명사 바로 앞**에 쓸 수 있습니다.
- 관계대명사가 which, whom일 경우 전치사를 관계대명사 앞으로 이동시켜 「**전치사＋관계대명사**」 형태로 쓸 수 있는데, 이때는 관계대명사를 생략할 수 없습니다.

  She is *the girl*. Everybody wants to talk **with** *her*.
  → She is *the girl* **with whom** everybody wants to talk. 그녀는 모두가 이야기하고 싶어 하는 소녀이다.
  → She is *the girl* **(who/whom)** everybody wants to talk **with**.

- 「**전치사＋관계대명사**」 형태에서 관계대명사 **who와 that은 쓸 수 없으므로**, 전치사가 관계대명사절 끝에 와야 해요.

  This is *the book*. I am looking **for** *the book*.
  → This is *the book* **for that** I am looking. (×)
  → This is *the book* **that** I am looking **for**. (○) 이것은 내가 찾고 있는 책이다.
  → This is *the book* **for which** I am looking. (○)

> **주의**
>
> 서술형에서는 다음과 같이 두 문장을 한 문장으로 연결하는 문제가 자주 출제되는데, 전치사를 빠뜨리지 않도록 주의해야 합니다.
> This is *the painting*. The museum is famous **for** *it*.
> → This is *the painting* **which** the museum is famous. (×)
> → This is *the painting* **for which** the museum is famous. (○) (이것은 그 박물관을 유명하게 만든 그림이다.)

대표 기출 문제

다음 두 문장을 한 문장으로 바꿀 때 빈칸에 들어갈 말을 쓰시오.

> I visited a city.
> My old friends lived in the city.
>
> → I visited a city ________ ________ my old friends lived.

CLUE 1
선행사 a city가 수식받는 내용은 my old friends lived 'in'이에요.

CLUE 2
관계대명사 자리에 두 개의 빈칸이 있으므로 전치사 in을 관계대명사 앞으로 써야 해요. 이때 전치사 뒤에 목적격 관계대명사 that은 쓸 수 없다는 점에 주의하세요.

정답: in which

Point Exercise

정답 및 해설 p.22

◦─ 한 문장으로 영작

[1-4] 다음 두 문장을 〈보기〉와 같이 「전치사+관계대명사」를 사용하여 한 문장으로 바꿔 쓰세요.

> 〈보기〉
> They are the singers.
> She talked about them yesterday.
> → They are the singers <u>about whom she talked yesterday.</u>

1
> Can you see that little bird?
> I'm pointing at that little bird.

→ Can you see that little bird ___________
_________________________________?

2
> What's the name of the song?
> You are listening to the song.

→ What's the name of the song ___________
_________________________________?

3
> I didn't recognize the person.
> She was looking at the person.

→ I didn't recognize the person ___________
_________________________________.

4
> The bus hasn't come yet.
> I'm waiting for the bus.

→ The bus ___________________________
_________________________ hasn't come yet.

◦─ 주어진 단어로 영작

[5-7] 우리말과 일치하도록 주어진 단어를 사용하여 「전치사+관계대명사」 문장을 완성하세요.

5
> Mason은 그가 의지할 수 있는 몇 명의 친구들이 있다.
> (have, can, on, some friends, depend)

→ _________________________________
____

6
> 우리는 모두가 앉을 수 있는 더 많은 의자를 가져와야 한다.
> (bring, have to, on, can, some more chairs, sit, everyone)

→ _________________________________
____

7
> Sara는 그녀의 언니가 졸업한 그 대학교에 입학하고 싶어 한다.
> (to enter, want, the college, graduated, from, older sister)

→ _________________________________
____

기출: 한 문장으로 영작

8 다음 두 문장을 〈조건〉에 맞게 한 문장으로 바꿔 쓰세요.

> I got a call from the teacher.
> I wrote a letter to her last week.

> 〈조건〉
> • 「전치사+관계대명사」 형태로 쓸 것
> • 두 문장의 의미가 한 문장 안에 모두 담기도록 할 것

→ _________________________________
____

---

point 가리키다 recognize 알아보다, 인식하다 depend 의지하다, 의존하다 graduate 졸업하다

03 관계부사

POINT 5 관계부사 when, where, why, how

저곳이 우리가 휴가 동안 머무를 호텔이다.
저곳이 ~이다 / 호텔 [우리가 휴가 동안 머무를].

→ That is / *the hotel* [**where** we will stay during the vacation].
 (← That is **the hotel**. + We will stay **at the hotel** during the vacation.)

• **시간, 장소, 이유 등**을 나타내는 선행사를 수식할 때는 **관계부사**를 사용합니다.
 관계부사라는 명칭에서 알 수 있듯이 관계부사는 '접속사+부사' 역할을 해요.

	선행사	관계부사
시간	the time, the day, the year 등	when
장소	the place, the house, the hotel 등	where
이유	the reason	why
방법	the way	how

• 관계부사 how는 선행사와 함께 the way how 형태로 쓰지 않고 the way나 how 중 하나만 사용해요.
 Eric explained **the way[how]** he solved the problem. Eric은 그가 문제를 푼 방법을 설명했다.

주의

1 선행사가 시간, 장소, 이유를 나타내는 the time, the place, the reason 등 일반적인 명사이면
 선행사와 관계부사 둘 중 하나를 생략할 수 있습니다.
 We don't know **the reason** he's late. = We don't know **why** he's late. (우리는 그가 늦은 이유를 모른다.)

2 관계대명사가 이끄는 절은 관계대명사를 제외하면 불완전한 의미의 절이 돼요. 관계대명사는 주어, 목적어, 보어의 역할을
 대신하는 대명사로 쓰이기 때문이에요. 하지만 관계부사는 부사구의 역할을 하므로, 이를 제외해도 의미가 완전해요.
 The woman **whom** you met ● yesterday is my aunt. (관계대명사절: 목적어가 없어 문장의 의미가 불완전)
 The restaurant **where** we had dinner last night was excellent. (관계부사절: 문장의 의미가 완전)

MORE+ 관계부사는 「전치사+관계대명사」로 표현할 수 있습니다.
 Do you know *the time* **when (= at which)** the flight departs? (너는 비행기가 출발하는 시간을 아니?)

대표 기출 문제

🔒 관계부사를 이용해 두 번째 밑줄 친 문장을 관계부사절로
바꿔 두 문장을 하나로 합치시오.

The house was very expensive.
He used to live in the house.
→ ___________________________

CLUE 1
관계부사 when, where, why, how 중 적절한 것을
사용해야 해요.

CLUE 2
장소를 나타내는 선행사 The house를 수식하는
관계부사로는 where를 사용해야 해요.

정답: The house where he used to live was very expensive.

Point Exercise

○ 한 문장으로 영작

[1-3] 다음 두 문장을 관계부사를 사용하여 한 문장으로 바꿔 쓰세요.

1
> My sister and I still live in the city.
> We were born in the city.

→ _______________________________________

____

2
> Do you remember the day?
> You entered middle school on the day.

→ _______________________________________

____

3
> The teacher told us the reason.
> We should read books for the reason.

→ _______________________________________

____

○ 배열 영작

[4-5] 우리말과 일치하도록 주어진 단어를 올바르게 배열하세요.

4
> 이것이 그가 개들을 훈련시킨 방법이다.
> (trained / is / the dogs / he / the way / this)

→ _______________________________________

_______________________________________.

5
> 3월은 새 학기가 시작하는 달이다.
> (the month / the new semester / is / starts / when / March)

→ _______________________________________

_______________________________________.

○ 주어진 단어로 영작

[6-7] 우리말과 일치하도록 주어진 단어와 관계부사를 사용하여 문장을 완성하세요.

6
> 우리가 지난주에 만났던 그 식당에서 저녁을 먹자.
> (the restaurant, meet, have, let's, dinner, at)

→ _______________________________________

____

7
> 사람들은 그에게 그가 성공적인 사업가가 된 방법을 물었다.
> (people, ask, how, become, successful, businessman)

→ _______________________________________

____

기출: 조건 영작

8 다음 대화를 읽고 〈조건〉에 맞게 우리말을 영작하세요.

> A: I haven't seen Jinho today.
> <u>너는 그가 학교에 오지 않은 이유를 아니?</u>
> B: He's in the hospital with a broken leg.
>   Why don't we go and see him after school?
> A: That's a great idea!

> 〈조건〉
> • 관계부사를 사용할 것
> • know, come, the reason, to school을 사용할 것
> • 11 단어로 쓸 것

→ _______________________________________

____

semester 학기 successful 성공적인, 성공한 businessman 사업가 be in the hospital 입원하다

Chapter Test [*]

STAGE 1) Go for it!

자신 있게 풀어보는 기초 문제!

배열 영작

[1-3] 우리말과 일치하도록 주어진 단어를 배열하여 문장을 완성하세요.

1

> Iris는 이름이 Blacky인 검은 고양이가 있다.
> (name / Blacky / a black cat / is / whose / has)

→ Iris ___________________________

___________________________ .

2

> 스케치북에 네가 되고 싶은 것을 그려라.
> (to / what / draw / be / want / you)

→ ___________________________

___________________________ in the sketchbook.

3

> 나는 네가 수영을 배운 방법을 알고 싶다.
> (you / to swim / to know / learned / how / want)

→ I ___________________________

___________________________ .

주어진 단어로 영작

[4-6] 우리말과 일치하도록 주어진 단어와 관계사를 사용하여 문장을 완성하세요.

4

> 이것은 치즈케이크인데, 그것은 우리 가족이 가장 좋아하는 디저트이다.
> (favorite, family's, dessert, be)

→ This is a cheesecake, ___________________

___________________________ .

5

> 테이블 위에 있는 저 잡지는 나의 누나의 것이다.
> (the table, the magazine, be, on)

→ ___________________________

___________________________ belongs to my sister.

6

> Jason은 학교가 축제를 미룬 이유를 알지 못했다.
> (the school, its festival, delay)

→ Jason didn't know the reason ___________

___________________________ .

최신 기출

7 다음 그림을 묘사하는 문장을 〈조건〉에 맞게 완성하세요.

〈조건〉
• 관계부사를 사용할 것
• 주어진 단어를 모두 사용할 것

(1)   (2)

(1) This is the park ___________________

___________________________ .

(walks / Timmy / every day / his dog)

(2) I still remember the night ______________

___________________________ .

(saw / I / shooting stars / beautiful)

● 한 문장으로 영작

[8-12] 다음 두 문장을 관계부사를 사용하여 한 문장으로 바꿔 쓰세요.

8

> Do you remember the day?
> Our family moved to this city on that day.

→ Do you remember the day _______________
_______________________________?

9

> This is the gym.
> I used to exercise with my friend here.

→ This is the gym _______________________
_______________________________.

10

> Tell me the way.
> I can use this machine in the way.

→ Tell me _______________________________
_______________________________.

11

> What is the reason?
> Linda won't attend the school picnic for that reason.

→ What is the reason ___________________
_______________________________?

12

> I don't know the time.
> The library closes at that time on weekends.

→ I don't know the time _________________
_______________________________.

● 조건 영작

[13-15] 우리말과 일치하도록 〈조건〉에 맞게 문장을 완성하세요.

〈조건〉
• 「전치사+관계대명사」를 사용할 것
• 주어진 문장을 한 번씩 사용할 것
  - I take care of it.
  - I slept in it yesterday.
  - I go to school with him every day.

13

> 내가 어제 잠들었던 그 침대는 컸다.

→ The bed __________________________
__________________________ was big.

14

> 그 소년은 나와 매일 학교에 함께 가는 반 친구이다.

→ The boy is my classmate ____________
_______________________________.

15

> 내가 돌보는 강아지가 내 손을 물었다.

→ The puppy ________________________
__________________________ bit my hand.

● 최신 기출

16 다음 Jake의 내일 계획을 보고 〈조건〉에 맞게 문장을 완성하세요.

• **Tomorrow's Plan:** playing tennis
• **Things He Needs:** a tennis ball, a racket

〈조건〉
• (1), (2) 모두 관계대명사 what을 사용할 것
• (1)에는 현재진행형을, (2)에는 will을 사용할 것
• 주어진 단어를 사용할 것

(1) _______________________________
playing tennis. (for tomorrow, plan, he, be)

(2) A tennis ball and a racket are ___________
_______________________ tomorrow. (bring, he)

[17-21] 주어진 문장과 같은 의미가 되도록 〈조건〉에 맞게 바꿔 쓰세요.

〈조건〉
• 관계대명사의 계속적 용법으로 쓸 것

17

My aunt has two sons, and they are soccer players.

→ My aunt has ________________

________________.

18

We watched a new TV program, but we found it boring.

→ We watched ________________

________________.

19

I can't solve this question, and it is the last question on the test.

→ I can't solve ________________

________________.

20

My friend won the first prize in the writing contest, and he wants to be a writer.

→ ________________

won the first prize in the writing contest.

21

My neighbor plants flowers every spring, and she loves gardening.

→ ________________

plants flowers every spring.

[22-25] 다음 각 문장에서 어법상 <u>틀린</u> 부분을 찾아 바르게 고쳐 쓰세요.

22 My school, that is very old, was built in 1990.

________________ → ________________

23 I really like the way how Sandra dresses herself.

________________ → ________________

24 Levi gave me the postcard what he had written in Paris.

________________ → ________________

25 Is this the book for that you were looking?

________________ → ________________

26 다음 대화의 밑줄 친 부분을 계속적 용법의 관계대명사를 사용하여 한 문장으로 바꿔 쓰세요.

A: Hey, it's been a while!
B: Yeah, it's great to see you!
　 How's everything going?
A: Pretty well. <u>My dad is in the U.S. now, and he is working as a reporter.</u>
　 I'm planning to visit him soon.
B: That sounds fantastic!

→ ________________

____

한 문장으로 영작

27 다음 각 두 문장을 〈조건〉에 맞게 한 문장으로 바꿔 쓰세요.

〈조건〉
• 반드시 관계사를 사용할 것
• 하나의 빈칸에 한 단어만 쓸 것
• (3)은 「전치사+관계대명사」를 사용할 것

(1) The movie was amazing.
    We watched it yesterday.
(2) Do you know the way?
    She baked the delicious cake in the way.
(3) The lady is his mother.
    He sent flowers to his mother.

(1) ___________ ___________ ___________

    ___________ ___________ ___________

    ___________ ___________ .

(2) ___________ ___________ ___________

    ___________ ___________ ___________

    ___________ ___________ ___________ ?

(3) ___________ ___________ ___________

    ___________ ___________ ___________

    ___________ .

어법 오류 수정

28 다음 중 어법상 <u>틀린</u> 문장 <u>두 개</u>를 찾아 그 기호를 쓰고, 문장 전체를 바르게 고쳐 쓰세요.

ⓐ The book I read last night was really interesting.
ⓑ There are many plants that is grown in this garden.
ⓒ We talked about the places where we want to travel next year.
ⓓ The thing what I need right now is a little bit of rest.
ⓔ I don't like people who don't keep their words.

___________ → ___________

____

___________ → ___________

____

Challenge!

누적 문제 Ch 07-09

29 다음 중 어법상 <u>틀린</u> 문장 <u>두 개</u>를 찾아 그 기호를 쓰고, 문장 전체를 바르게 고쳐 쓰세요.

ⓐ I appreciate what you did for me.
ⓑ I'm not sure if it will rain tomorrow.
ⓒ Do you have any idea when does the concert begin?
ⓓ Cooking at home is often more satisfying than eat out.
ⓔ The Eiffel Tower is one of the most visited landmarks in the world.

___________ → ___________

____

___________ → ___________

____

Chapter 10

가정법*

✔ Before You Write

☑ 사실이 아닌 일 또는 가능성이 희박한 일을 가정하거나 소망할 때는 영어로 어떻게 표현해야 할까요?

☑ 가정하는 내용에 따라 동사의 형태는 어떻게 달라질까요?

☑ 가정법이 쓰인 문장을 알맞은 어순으로 쓸 수 있나요?

내신 기출 다음 우리말을 보고 머릿속으로 한번 영어 문장을 떠올려 보세요.

1 만약 내 반려동물이 말을 한다면, 나는 그와 대화 할 수 있을 텐데. (pet, speak, talk)

현재나 미래에 실현 가능성이 희박한 일을 가정 → if 가정법 과거

→ If my pet spoke, I could talk ~ **POINT 1**

2 (1) 내가 너와 지금 함께 있다면, 나는 슬프지 않을 텐데. (be with you / sad)

현재 사실과 반대되는 일을 가정 → if 가정법 과거

→ If I were with you, I would not be ~ **POINT 1**

3 그녀가 항공편을 놓치지 않았다면, 오늘 아침에 공항에 도착했을 텐데.

과거 사실과 반대되는 일 가정 → if 가정법 과거완료

→ If she had not missed ~, she could have arrived ~ **POINT 2**

4 내가 많은 돈을 가지면 좋을 텐데.

(현재) ~하면 좋을 텐데 → 현재 사실과 반대되는 일 소망 → I wish 가정법 과거

→ I wish I had ~ **POINT 3**

5 (가) 너는 마치 예전에 거기 방문했던 것처럼 말한다.

마치 ~인 것처럼 …한다 → 현재 사실과 반대되는 일 가정 → as if 가정법 과거

→ You talk as if you visited ~ **POINT 4**

정답: **1** If my pet spoke, I could talk with him. **2** If I were with you, I would not[wouldn't] be sad. **3** If she had not[hadn't] missed the flight, she could have arrived at the airport this morning. **4** I wish I had much[a lot of, lots of 등] money. **5** You talk as if you visited there.

Unit 01
if 가정법 과거, if 가정법 과거완료

POINT 1 — if 가정법 과거: 만약 ~라면, …일[할] 텐데

내가 그 남자아이의 이름을 안다면, 너에게 말해 줄 수 있을 텐데.
내가 안다면 / 그 남자아이의 이름을, // 나는 말해 줄 수 있을 텐데 / 너에게.

→ **If** I **knew** / the boy's name, // I **could tell** / you.
(← As I **don't know** the boy's name, I **can't tell** you.)

- 가정법 과거는 '만약 ~라면, …일[할] 텐데'의 의미로, '현재' 사실과 반대되거나 '현재'나 '미래'에 실현 가능성이 희박한 일을 가정하거나 상상할 때 쓰입니다.
- 가정법 과거에서 be동사는 주어의 인칭이나 수에 관계없이 원칙적으로 were를 쓰지만, 구어에서는 was도 자주 쓰여요.
  If Brody **were** not sick, he **would go** to school. Brody가 아프지 않다면, 그는 학교에 갈 텐데.
- 이때 가정법 과거에 쓰이는 (조)동사의 과거형은 과거의 일을 의미하는 것이 아니므로 쓰임에 주의하세요.

If+주어+동사의 과거형/were ~,	주어+would[could, might]+동사원형 …
만약 ~라면,	…일[할] 텐데

- 가정법 과거 문장은 접속사 as, because, since, so를 사용하는 직설법 문장으로 바꿔 쓸 수 있어요.
  직설법은 사실 그대로 서술하므로 가정법 과거 문장과 긍정·부정이 뒤바뀌고,
  if절과 주절의 과거형 동사가 모두 현재형 동사로 바뀌어요.
  If she **were** here, she **could help** us. (가정법) → **Because** she **isn't** here, she **can't help** us. (직설법)
  As I **don't have** a car, I **can't drive** him home. (직설법) → **If** I **had** a car, I **could drive** him home. (가정법)

> **주의**
>
> 실제로 발생 가능한 일을 의미하는 단순 조건문과 가정법을 혼동하지 않도록 주의하세요.
> If it **rains**, I **will stay** at home. (조건문 – 실제로 비가 올 가능성이 있음)
> (비가 오면, 나는 집에 있을 거야.)
> If it **rained**, I **would stay** at home. (가정법 과거 – 비가 올 가능성이 낮거나, 현재 비가 오지 않는 상황을 가정)
> (만약 비가 온다면, 나는 집에 있을 텐데.)

대표 기출 문제

다음 문장을 if를 활용한 가정법 문장으로 바꾸어 쓰시오.

As he is busy, we can't visit his house.

→ _______________________________________

CLUE 1
현재 사실과 반대되는 상황을 가정할 때는
if 가정법 과거인 「If+주어+동사의 과거형/were ~,
주어+would[could, might]+동사원형」의 형태를 써요.

CLUE 2
현재 사실과 반대되는 가정이므로 주어진 문장과
긍정·부정을 뒤바꿔 써야 해요. 이때 be동사는
were로 쓰는 것에 주의하세요.

정답: If he were not[weren't] busy, we could visit his house.

Point Exercise

문장 전환

[1-3] 주어진 문장과 같은 의미가 되도록 〈보기〉와 같이 바꿔 쓰세요.

> 〈보기〉
> As Daniel is sick, he cannot go on a picnic.
> → If Daniel were not sick, he could go on
>   a picnic.

1
> As I don't live near my school, I can't walk to school.

→ If ______________________________,

______________________________.

2
> As I don't know Sam's phone number, I cannot call him now.

→ If ______________________________,

______________________________.

3
> Because Mia is busy, she won't go to the movies with me.

→ If ______________________________,

______________________________.

주어진 단어로 영작

[4-7] 우리말과 일치하도록 주어진 단어를 사용하여 문장을 완성하세요.

4
> 내가 너라면, Jake에게 먼저 사과할 텐데.
> (be, apologize to, will)

→ If ______________________, __________

______________________________ first.

5
> 내 여동생이 나에게 부탁한다면, 나는 그녀에게 내 재킷을 빌려줄 텐데. (ask, will, little sister, lend)

→ If ______________________________,

______________________________ my jacket.

6
> Fred가 충분한 돈이 있다면, 그는 새 자전거를 살 수 있을 텐데. (can, have, enough, buy)

→ If ______________________________,

______________________________ a new bicycle.

7
> 나의 오빠가 대학교에 합격한다면, 그는 다른 도시로 이사 갈 텐데.
> (enter, move, older brother, will, a university)

→ If ______________________________,

______________________________ to another city.

기출: 보기에서 골라 영작

8 〈보기〉에서 알맞은 단어를 골라 〈조건〉에 맞게 가정법 문장을 완성하세요.

> 〈보기〉　eat　　be　　make　　have

> 〈조건〉
> • 〈보기〉의 단어를 한 번씩만 사용할 것
> • 줄임말을 쓰지 말 것

(1) 내가 영화감독이라면, 액션 영화를 만들 텐데.

→ ______________________________,

______________________________.

(a movie director, action movies)

(2) Peter가 알레르기가 없다면, 그는 땅콩을 먹을 수 있을 텐데.

→ ______________________________,

______________________________.

(an allergy, peanuts)

go to the movies 영화 보러 가다 apologize to ~에게 사과하다 university 대학교 movie director 영화감독 allergy 알레르기 peanut 땅콩

if 가정법 과거완료: 만약 (그때) ~했다면, …했을 텐데

> 내가 충분한 시간이 있었더라면, 나는 저 책을 다 읽었을 텐데.
> 만약 내가 있었더라면 / 충분한 시간이, // 나는 다 읽었을 텐데 / 저 책을.
>
> → If I **had had** / enough time, // I **would have finished** / that book.
> (← As I **didn't have** enough time, I **didn't finish** that book.)

- if 가정법 과거완료는 '과거'의 사실을 반대로 가정하거나 '과거'에 실현 가능성이 희박했던 일을 가정하거나 상상하는 데 쓰여요. '만약 (그때) ~했다면, …했을 텐데 (안 했다)'라는 의미입니다.

If+주어+had p.p. ~ ,	주어+would[could, might]+have p.p. …
만약 (그때) ~했다면,	…했을 텐데 (안 했다), …할 수 있었는데 (못했다)

- 가정법 과거완료 문장 또한 직설법 문장으로 바꿔 쓸 수 있어요.
  이때도 가정법 과거완료 문장과 직설법 문장은 긍정·부정이 뒤바뀌고, if절과 주절의 동사는 모두 과거형 동사로 바뀌어요.

  If he **had told** me the truth, I **wouldn't have been** upset. (가정법)

  → **As** he **didn't tell** me the truth, I **was** upset. (직설법)

  I **skipped** breakfast, so I **felt** so hungry. (직설법)

  → If I **hadn't skipped** breakfast, I **wouldn't have felt** so hungry. (가정법)

대표 기출 문제

🔒 다음 주어진 문장을 반대의 상황으로 가정하여 문장을 바꾸세요. (단어 수를 맞추어 쓸 것)

> You helped me, so I could solve the math problem.
>
> → If ________ ________ ________
> ________ ________, I ________
> ________ ________ ________
> ________ ________ ________.

CLUE 1
주어진 문장의 시제가 과거이므로, 과거의 상황을 반대로 가정하는 가정법 과거완료 「If+주어+had p.p. ~, 주어+would[could, might]+have p.p.」를 쓸 수 있어요.

CLUE 2
과거 사실과 반대되는 가정이므로 주어진 문장과 긍정·부정을 뒤바꿔 쓰면 돼요.

정답: you had not helped me, could not have solved the math problem

---

✓ **함정 피하기** 가정법 과거완료 문장으로 바꿔 쓸 때, 동사의 불규칙 과거완료형(p.p.)에 주의하세요. (☞ p.190 동사 변화형)
As I didn't **have** a car, I couldn't **go** there. (내가 차가 없었기 때문에 나는 거기에 갈 수 없었다.)
→ If I had **had** a car, I could have **gone** there. (내가 차가 있었더라면, 나는 거기에 갈 수 있었을 텐데.)

Point Exercise

정답 및 해설 p.24

문장 전환

[1-4] 주어진 문장과 같은 의미가 되도록 〈보기〉와 같이 바꿔 쓰세요.

〈보기〉
I missed the bus, so I didn't arrive at school on time.
→ If I had not missed the bus, I would have arrived at school on time.

1
I didn't practice the piano every day, so I couldn't win the piano contest.

→ If I ________________ the piano every day, I ________________ the piano contest.

2
Iris didn't bring her wallet, so she couldn't buy that book.

→ If Iris ________________ her wallet, she ________________ that book.

3
Sue didn't bring her textbook because she was in a hurry.

→ If Sue ________________ in a hurry, she ________________ her textbook.

4
Fred hurt his leg, so he couldn't participate in the soccer match.

→ If Fred ________________ his leg, he ________________ the soccer match.

주어진 단어로 영작

[5-7] 우리말과 일치하도록 주어진 단어를 사용하여 문장을 완성하세요.

5
내가 조심했더라면, 그 유리잔을 깨뜨리지 않았을 텐데. (careful, be, break, will)

→ If ________________________,
____
________________________ the glass.

6
Cathy가 그 가수의 콘서트에 갔다면, 그와 사진을 찍을 수 있었을 텐데. (go, can, take a picture)

→ If ________________ to the singer's concert, ________________
________________ with him.

7
만약 그가 알람을 들었다면, 오늘 아침에 늦지 않았을 텐데. (hear, be late, will, the alarm)

→ If ________________________,
____
________________________ this morning.

기출: 문맥에 맞게 영작

8 다음 글을 읽고 밑줄 친 부분의 반대 상황을 가정하는 문장을 〈조건〉에 맞게 완성하세요.

Yesterday, I paid a fine because I threw trash on the street. I won't ever do that again.

〈조건〉
• 주어진 윗글에 있는 단어만을 사용할 것
• 필요시 형태를 바꿀 것

→ If ________________________
on the street, ________________
________________________ a fine.

be in a hurry 서두르다 hurt 다치게 하다 participate in ~에 참여하다 fine 벌금

I wish/as if 가정법

 I wish+가정법 과거: (현재) ~하면 좋을 텐데

나에게 언니가 있다면 좋을 텐데.
나는 좋을 텐데 // 내가 언니가 있다면.

→ **I wish** // I **had** an older sister.
(← I **want to have** an older sister, **but** I **don't have** an older sister.)

내가 일본으로 여행을 갈 수 있다면 좋을 텐데.
나는 좋을 텐데 // 내가 여행을 갈 수 있다면 / 일본으로.

→ **I wish** // I **could travel** / to Japan.
(← I **want to travel** to Japan, **but** I **can't**.)

- if절을 사용하지 않고 가정법의 의미를 나타내는 표현들이 있어요. I wish 가정법은 '(현재) ~하면 좋을 텐데'라는 의미로, '현재' 이루기 힘든 일이나 '현재'의 사실과 반대되는 것을 소망하는 표현입니다.
- 「**I wish+주어+동사의 과거형**」 또는 「**I wish+주어+could+동사원형**」의 형태를 사용하며, 주로 현재 상황에 대한 유감이나 아쉬움을 나타낼 때 사용해요.

주의!

「I wish+가정법 과거」에서도 be동사는 were로 써야 해요.
I wish I **were** rich. (내가 부자라면 좋을 텐데.)

MORE+ 「I wish+가정법 과거완료」는 '(그때) ~했다면 (현재) 좋을 텐데'라는 의미로, 「**I wish+주어+had p.p.**」의 형태를 사용해요.
'과거'에 이루지 못한 일, '과거 사실과 반대'되는 것을 소망하는 표현이에요.
I wish I **had listened** to my parents' advice. (내가 나의 부모님의 조언을 들었다면 좋을 텐데.)
(← I'm sorry I didn't listen to my parents' advice.)

대표 기출 문제

🔒 다음과 같이 주어진 문장처럼 변화가 되도록 문장을
바꾸어 쓰세요.

<보기>
I am not good at singing songs.
→ I wish I sang songs very well.

The concert tickets are sold out. I can't go
there.
→ _______________________________

CLUE 1
주어진 문장이 현재 상황에 대해 아쉬움을 나타내고
있으므로 'I wish+가정법 과거'를 쓸 수 있어요.

CLUE 2
'I wish+가정법 과거'는
「I wish+주어+동사의 과거형」 또는
「I wish+주어+could+동사원형」으로 나타내므로
I wish 뒤에는 I could go ~로 쓰면 됩니다.

정답: I wish I could go to the concert.

Point Exercise

[1-5] 우리말과 일치하도록 주어진 단어를 올바르게 배열하세요.
(필요시 형태를 바꿀 것)

1

내가 영어를 잘하면 좋을 텐데.
(at / wish / I / be / English / I / good)

→ _______________________________

_______________________________ .

2

내가 고양이나 개를 키운다면 좋을 텐데.
(have / wish / I / a cat or dog / I)

→ _______________________________

_______________________________ .

3

내가 나의 언니처럼 스페인어를 잘 말할 수 있다면
좋을 텐데.
(can / I / wish / Spanish / speak / I / well)

→ _______________________________

_______________________ like my sister.

4

내가 내 가장 친한 친구와 더 가까이 살면 좋을 텐데.
(I / best / closer / friend / live / to / I / wish /
my)

→ _______________________________

_______________________________ .

5

내가 너와 함께 그 뮤지컬을 볼 수 있다면 좋을 텐데.
(I / can / you / wish / the musical / I / see /
with)

→ _______________________________

_______________________________ .

[6-8] 주어진 문장과 같은 의미가 되도록 〈보기〉와 같이 바꿔
쓰세요.

〈보기〉
I want to be good at singing, but I'm not.
→ I wish I <u>were good at</u> singing.

6

I want to take a nap, but I don't have time.

→ I wish _______________________________
   to take a nap.

7

I want to go to the same school as Paul,
but I don't.

→ I wish _______________________________

_______________________________ as Paul.

8

I want to take my puppy on my trip,
but I can't.

→ I wish _______________________________

_______________________________ on my trip.

9 Alex의 상황을 보고 〈조건〉에 맞게 우리말을 영작하세요.

Alex: I haven't seen my grandmother for a
while. <u>내가 이번 여름방학에 나의 할머니를
뵐 수 있으면 좋을 텐데.</u>

〈조건〉
• 주어진 단어를 사용하고 가정법을 사용할 것
• 7 단어로 쓸 것

→ _______________________________

_______________ during this summer vacation.
(see, wish, grandmother)

Spanish 스페인어; 스페인의 take a nap 낮잠을 자다 for a while 한동안

as if+가정법 과거: 마치 ~인 것처럼

Tim과 David는 마치 그들이 서로를 아는 것처럼 보인다.
Tim과 David는 / 보인다 // 마치 그들이 아는 것처럼 / 서로를.

→ Tim and David // **look** // **as if** they **knew** / each other.
(← In fact, Tom and David **don't know** each other.)

Dorothy는 마치 그녀가 유명한 것처럼 행동했다.
Dorothy는 / 행동했다 // 마치 그녀가 유명한 것처럼.

→ Dorothy / **acted** // **as if** she **were** famous.
(← In fact, Dorothy **was not** famous.)

- 「**as if+주어+동사의 과거형/were**」는 '마치 ~인 것처럼'의 의미로, '현재' 사실과 반대되는 내용을 가정할 때 씁니다.
- as if 절은 주절이 나타내는 때와 '같은 때'를 나타냅니다.
- 주절의 시제가 현재일 때와 과거일 때 각각 우리말 의미와 동사의 형태에 주의해서 사용해야 해요.

주절의 시제가 현재일 때	(현재) 마치 ~인 것처럼 …한다 (현재 사실과 반대)
주절의 시제가 과거일 때	(그때) 마치 ~인 것처럼 …했다 (과거 사실과 반대)

주의!

'as if+가정법 과거'가 의미하는 문장으로 바꿔 쓸 때, 동사의 시제와 형태에 주의하세요.
아래와 같이 주절의 시제가 현재일 때 현재 사실과 반대되는 내용이므로 동사의 현재형으로 바꿔 써야 해요.
He *acts* **as if** he **knew** everything. (그는 그가 모든 것을 알고 있는 것처럼 행동한다.)
→ In fact, he **doesn't know** everything.

MORE+ 「**as if+가정법 과거완료**」는 '마치 ~였던 것처럼'의 의미로, 「**as if+주어+had p.p.**」의 형태를 사용해요.
과거나 그 이전의 과거 사실과 반대되는 일을 가정할 때 써요.
He behaved **as if** he **had known** me for years. (그는 나를 수년간 알았던 것처럼 행동했다.)
(← In fact, he **hadn't known** me for years.)

대표 기출 문제

🔒 주어진 상황과 해석에 맞도록 가정법 문장을 쓰세요.

He is not a teacher, but he talks like a teacher.

→ He talks as if ___________________.

CLUE 1
as if 가정법으로 써야 해요.

CLUE 2
현재 사실과 반대되는 내용을 가정하고 있으므로
'as if+가정법 과거'의 형태인
「as if+주어+동사의 과거형/were」으로 나타내요.

정답: he were a teacher

Point Exercise

[1-3] 주어진 문장과 같은 의미가 되도록 〈보기〉와 같이
「as if+가정법 과거」를 사용하여 바꿔 쓰세요.
(단, 주어로 대명사를 쓸 것)

〈보기〉
In fact, Emma doesn't enjoy reading.
→ Emma talks as if she enjoyed reading.

1

In fact, the restaurant isn't closed.

→ The restaurant seems ______________
______________________________.

2

In fact, I am not Daisy's brother.

→ Daisy behaves ______________
______________________________.

3

In fact, Cindy knew Tom.

→ Cindy talked ______________
______________________________.

[4-8] 우리말과 일치하도록 주어진 단어를 사용하여 문장을
완성하세요.

4

내 여동생은 마치 그녀가 어른인 것처럼 행동한다.
(behave, be, as if, my sister)

→ ______________________________
______________________________ a grown-up.

5

Dean은 마치 그 문제의 답을 알고 있는 것처럼
보인다. (know, as if, the answer, look)

→ ______________________________
______________________________ to the question.

6

내 강아지는 마치 문밖에 누가 서 있는 것처럼 짖었다.
(bark, standing, puppy, as if, be, someone)

→ ______________________________
______________________________ outside the door.

7

Steven은 마치 그가 그 공원에 처음 와 본 것처럼
행동했다. (act, come, as if, to the park)

→ ______________________________
______________________________ for the first time.

8

Amy는 마치 그녀가 이해하지 못하는 것처럼 고개를
가로저었다.
(her head, understand, as if, shake, can't)

→ ______________________________
______________________________.

9 다음 대화를 보고 〈조건〉에 맞게 문장을 완성하세요.

Ben: Sean, let's go out to play baseball.
Sean: Sorry, I can't. I need to prepare
      a presentation.
Ben: You can do it after playing baseball!
Sean: No, I don't think putting things off is
      a good habit.
Ben: Wow, you talk ______________
______________________________.

〈조건〉
• 주어진 단어를 사용할 것
• 가정법을 쓸 것

→ Wow, you talk ______________
______________________________.

(a big brother, be, as if)

behave 행동하다 grown-up 어른 for the first time 처음으로 presentation 발표 put off 미루다, 연기하다

Chapter Test *

정답 및 해설 p.25

STAGE 1 Go for it!

자신 있게 풀어보는 기초 문제!

배열 영작

[1-4] 우리말과 일치하도록 주어진 단어를 배열하여 문장을 완성하세요.

1

Jack은 마치 그가 인기 있는 소년인 것처럼 행동한다.
(were / if / acts / as / a popular boy / he)

→ Jack _______________________________

_______________________________ .

2

내가 새 스마트폰을 살 수 있다면 좋을 텐데.
(I / buy / a new smartphone / could / wish / I)

→ _______________________________

_______________________________ .

3

내가 숙제가 없다면, 나는 나의 형과 함께 축구를 할 텐데.
(have / my / play / I / with / I / brother / didn't / homework / would / soccer)

→ If _______________________________ ,

_______________________________ .

4

Kate가 지하철을 탔더라면, 그녀는 늦지 않았을 텐데.
(taken / would / had / late / been / the subway / she / not / have)

→ If Kate _______________________________ ,

_______________________________ .

주어진 단어로 영작

[5-7] 우리말과 일치하도록 주어진 단어를 사용하여 문장을 완성하세요.

5

내가 시간이 있다면, 너와 함께 할 텐데.
(have, join)

→ If _______________________________ ,

I _______________________________ you.

6

Sandra가 야구를 좋아한다면, 나는 그녀와 함께 야구장에 갈 수 있을 텐데.
(like, to the baseball stadium, baseball, go)

→ If Sandra _______________________________ ,

_______________________________ with her.

7

Tracy는 마치 그녀가 버스에 혼자 있는 것처럼 전화를 했다. (as if, alone, on the bus, be)

→ Tracy talked on the phone _______________________________

_______________________________ .

최신 기출

8 다음 글을 읽고 주어진 단어를 사용하여, 반대 상황을 가정하는 문장을 완성하세요.

This morning, I checked the weather forecast on the Internet. I saw it might rain, so I put an umbrella in my bag. In the afternoon, it rained heavily while I was going home. Luckily, I didn't get wet.

→ If I _______________________________ (check)

the weather forecast, I would _______________________________

_______________________________ wet. (get)

STAGE 2 Step forward!

[9-14] 다음 각 문장의 밑줄 친 부분을 어법상 바르게 고쳐 쓰세요.

9 If she <u>has</u> a sister or brother, she would not be lonely.

→ _______________________________________

10 If I <u>had been</u> a little taller, I could be model.

→ _______________________________________

11 If I were good at speaking English, I <u>can talk</u> with her.

→ _______________________________________

12 If you hadn't helped me with math, I <u>couldn't finish</u> my homework.

→ _______________________________________

13 If my friends <u>were</u> here with me, I would have been very happy.

→ _______________________________________

14 If I had not been so hungry, I <u>didn't eat</u> too much.

→ _______________________________________

15 다음 대화를 읽고 〈조건〉에 맞게 우리말을 영작하세요.

> A: What's wrong with the subway? I've been waiting for the subway for 30 minutes.
> B: Which line will you take? I heard the green line subway has an engine problem, so it won't be working for 30 minutes.
> A: You must be kidding! I need to be in Jamsil in an hour to go to a concert!
> (1) <u>내가 거기로 날아갈 수 있다면 좋을 텐데.</u>
> B: Sorry to hear that.
> (2) <u>내가 너라면 버스를 탈 텐데.</u>
> A: No, the bus takes more than an hour. I should take a taxi.
> B: Hurry! I hope you get there on time.
> A: Thank you!

> 〈조건〉
> • 가정법 과거를 사용할 것
> • 주어진 단어를 사용할 것

(1) _______________________________________

_______________________________. (there, wish, fly)

(2) _______________________________________,

_______________________________________.

(if, a bus, take)

16 다음 글을 읽고 수지가 Jane에게 할 말을 주어진 단어를 사용하여 쓰세요.

> Suji needs to study for an important exam today. So, she's really sorry she can't go to the amusement park with Jane.

Suji: _______________________________________

_______________________ with you today.

(the amusement park, wish)

[17-23] 주어진 문장과 같은 의미가 되도록 〈조건〉에 맞게 바꿔 쓰세요.

〈조건〉
• 가정법을 사용할 것
• 주어진 문장의 동사와 단어를 사용할 것

17

I want to go to the final match, but the tickets are sold out. I can't go there.

→ I wish ___________________________

___________________________ .

18

I can't take a trip to America alone because I don't speak English well.

→ If ___________________________ ,

___________________________ .

19

My sister can't help me to do my homework, because she is busy.

→ If ___________________________ ,

___________________________ .

20

I can't hear your voice because people are talking loudly.

→ If ___________________________ ,

___________________________ .

21

I slipped on the ice, and I hurt my arm.

→ If ___________________________ ,

___________________________ .

22

Erica didn't invite Wendy to her birthday party, so Wendy was disappointed.

→ If ___________________________ ,

____

___________________________ .

23

As he went to bed early, he missed his favorite TV program.

→ If ___________________________ ,

____

___________________________ .

24 다음 〈보기 A〉와 〈보기 B〉에서 의미상 연결이 자연스러운 표현을 하나씩 골라 〈조건〉에 맞게 문장을 완성하세요.

〈보기 A〉
• win the lottery
• study harder
• not tired

〈보기 B〉
• can pass the exam
• play basketball with my little brother
• buy a sports car

〈조건〉
• if 가정법 과거를 사용하되 주어로 I를 쓸 것
• 〈보기 A〉의 제시 순서대로 쓸 것

(1) ___________________________

____

(2) ___________________________

____

(3) ___________________________

____

조건 영작

25 다음 Ashley의 일기를 읽고 〈조건〉에 맞게 문장을 완성하세요.

December 2nd
I'll visit my uncle this winter vacation. I feel so excited! He lives in Canada. I'll take an airplane next week. (1) <u>I want to have a time machine to go there right now.</u>

December 10th
I finally arrived in Canada. It took 10 hours to get here. (2) <u>I wanted to look around my uncle's town, but I was too tired.</u> I needed to take a rest.

〈조건〉
• 반대 상황을 가정하는 문장을 각각 쓸 것
• 주어진 단어를 사용할 것
• 줄임말을 쓰지 말 것

(1) _______________________________,
_______________________________.
(if, a time machine, go, right now, have)

(2) _______________________________,
_______________________________.
(if, my uncle's town, look around, too, tired)

문맥에 맞게 영작

[26-27] 다음 글을 읽고 주어진 단어를 사용하여 반대 상황을 가정하는 문장을 완성하세요.

26

Jay is climbing Mt. Halla with his parents. The view from the top is beautiful. He wants to take a picture of the view, but he doesn't have a camera.

→ _______________________________,
_______________________________ of the view.
(have, take, can)

27

Yesterday was my sister's birthday. However, I forgot because I was so busy doing my homework. She was angry at me.

→ _______________________________,
_______________________________.
(forget, angry, be, will, birthday)

Challenge! 누적 문제 Ch 08-10

28 다음 중 어법상 <u>틀린</u> 문장 <u>두 개</u>를 찾아 그 기호를 쓰고, 문장 전체를 바르게 고쳐 쓰세요.

ⓐ Can you tell me what you did yesterday?
ⓑ If I were you, I would try everything I want to do.
ⓒ These shoes were exactly that I was looking for.
ⓓ The city we traveled to last year was great.
ⓔ If she hadn't lost her wallet last week, she could buy her brother a present.

_______ → _______________________________
____

_______ → _______________________________
____

일치/화법/강조 구문

✅ Before You Write

- ☑ 주어의 단수/복수를 구분하여 동사의 수일치를 알맞게 할 수 있나요?
- ☑ 구/절/부분 표현 주어의 동사의 수일치를 알맞게 할 수 있나요?
- ☑ 주절의 시제에 따라 that절의 시제는 어떻게 달라질까요?
- ☑ 평서문/의문문/명령문의 간접화법 전환은 각각 어떻게 할까요?
- ☑ 강조하는 어구에 따라 알맞은 강조 표현을 사용할 수 있나요?

내신 기출 다음 우리말을 보고 머릿속으로 한번 영어 문장을 떠올려 보세요.

1 그 길을 따라 많은 차가 주차되어 있었다.

(number / park / be / along the street / cars)

a number of(많은 ~)+복수명사 → 복수동사 → **A number of cars were** `POINT 1`

2 (1) 그 꿀의 3분의 2가 사용되었다.

분수 of+명사 → of 뒤의 명사에 수일치 → 셀 수 없는 명사 → 단수동사

→ **Two-thirds of the honey was** `POINT 2`

3 (B) 나는 그가 학교에 늦은 것 같다고 생각해. (is / for)

접속사 that → 주절 현재, 종속절 현재 → **I think that he is** `POINT 3`

4 Jessica said to me, "The concert tickets will be sold out tomorrow."

(간접화법으로)

평서문의 간접화법 전환 → said to는 told로 → 주절 과거–종속절 과거 → tomorrow는 the next day로

→ **told me that ~ would be ~ the next day** `POINT 4`

5 People asked him, "Where did you get the furniture?"

(과거완료 사용, 간접화법으로)

의문사 의문문의 간접화법 전환 → 주절 과거–종속절 과거완료

→ ask(+목적어)+의문사+주어+동사 → **asked him where he had got** `POINT 5`

6 A: Mary and Jack met in the park, right?

B: No, ＿＿＿＿＿＿＿＿＿＿＿＿＿＿. (그들이 만났던 곳은 바로 도서관이야.)

<보기> they / it / in / the / was / library / met / that

…한 것은 바로 ~이다 → It is[was] ~ that 강조 구문 → 부사구(장소) 강조

→ **It was in the library that** `POINT 6`

정답: **1** A number of cars were parked along the street. **2** Two-thirds of the honey was used. **3** I think (that) he is[he's] late for school.
4 Jessica told me (that) the concert tickets would be sold out the next[following] day. **5** People asked him where he had got[ten] the furniture.
6 it was in the library that they met

수일치

POINT 1 ## 단수 취급하는 주어, 복수 취급하는 주어

> 모든 언어는 고유한 규칙과 문법을 가지고 있다.
> 모든 언어는 / 가지고 있다 / 그것만의 고유한 규칙과 문법을.
>
> → *Every language* / **has** / its own rules and grammar.

- 영어 문장에서는 주어와 동사의 수를 일치시켜 쓰는 것이 중요해요. 형태나 의미 때문에 복수로 착각하기 쉽지만 **단수 취급하는 주어**들이 있어요. 다음과 같은 형태의 주어 뒤에는 항상 **단수동사**를 써야 해요.

-s로 끝나는 과목[학과]명	mathematics 수학 politics 정치학	physics 물리학 ethics 윤리학	economics 경제학
-s로 끝나는 국가명	the United States 미국	the Philippines 필리핀	the Netherlands 네덜란드
시간, 거리, 금액, 무게 등의 단위	two hours 두 시간	five kilometers 5킬로미터	ten dollars 10달러
each+단수명사	*Each team* **wears** different colors of uniforms. 각 팀은 다른 색의 유니폼을 입는다.		
every+단수명사	*Every student* **is** excited about the field trip. 모든 학생은 현장 학습에 신이 났다.		
-one, -body, -thing으로 끝나는 대명사	*Something* **smells** delicious in the kitchen. 부엌에서 무언가 맛있는 냄새가 난다.		

- 다음과 같은 형태의 주어 뒤에는 항상 **복수동사**를 씁니다.

the+형용사(~한 사람들)	the elderly 노인들 the young 젊은 사람들 the rich 부유한 사람들
a number of(다수의, 여러 ~)+복수명사 (*cf.* **the number of**(~의 수)+복수명사+단수동사)	*A number of tourists* **visit** this city every year. 매년 다수의 관광객들이 이 도시를 방문한다. *The number of tourists* visiting the city **is** growing every year. 그 도시를 방문하는 관광객의 수는 매년 증가하고 있다.
(both) A and B (*cf.* 하나의 개념을 나타내는 **A and B**+단수동사)	*Both soccer and baseball* **are** my favorite sports. 축구와 야구는 내가 가장 좋아하는 스포츠이다. *Fish and chips* **is** a popular dish in the UK. 영국에서 피시 앤 칩스는 인기 있는 요리이다.

대표 기출 문제

🔒 다음 우리말과 일치하도록 괄호 안에 주어진 단어를
이용하여 빈칸을 완성하시오. (필요시 맞게 어형 변형 가능)

각자의 학생들은 그 문제에 대한 다양한 해결책을
가지고 있다.
(each / have / different / a / solution)

→ _______________________________
  to the problem.

🔍 **CLUE 1**

주어(각자의 학생들)는 「each+단수명사」를 사용해
나타낼 수 있어요. 이때 우리말에 복수형(학생들)이
쓰였더라도, each 뒤에는 단수명사 student를 써야
해요.

🔍 **CLUE 2**

주어(each student)가 단수이므로, 그 뒤에 오는 동사도
현재시제 단수형인 has를 써야 해요.

정답: Each student has a different solution

Point Exercise

정답 및 해설 p.27

[1-4] 주어진 단어를 사용하여 빈칸에 알맞은 말을 쓰세요.
(단, 현재시제로 쓸 것)

1 Economics _______________ a study about how people use money. (be)

2 A number of teenagers _______________ the science fair. (participate in)

3 The number of cars in the city _______________ every year. (grow)

4 Everything in the classroom _______________ to the school. (belong)

[5-6] 다음 밑줄 친 부분을 어법상 바르게 고쳐 쓰세요.

5 <u>Each team have</u> 5 members in basketball.

→ _______________________________

6 <u>The young learns</u> quicker than the elderly.

→ _______________________________

[7-10] 우리말과 일치하도록 주어진 단어를 올바르게 배열하세요.
(필요시 형태를 바꿀 것)

7
모든 부모는 그들의 자식들을 걱정한다.
(about / children / parent / worry / their / every)

→ _______________________________

_______________________________ .

8
필리핀은 그곳의 아름다운 해변들로 유명하다.
(the Philippines / its / famous for / be / beaches / beautiful)

→ _______________________________

_______________________________ .

9
30달러는 그 목걸이의 적정한 가격이다.
(for / thirty dollars / reasonable / a / be / price / the necklace)

→ _______________________________

_______________________________ .

10
화학과 물리학은 과학에서 중요한 과목이다.
(in science / physics / important / chemistry / be / subjects / and)

→ _______________________________

_______________________________ .

11 우리말과 일치하도록 〈조건〉에 맞게 문장을 완성하세요.

시험의 모든 문제는 3점이었다.

〈조건〉
• 9 단어로 쓸 것
• 숫자는 영어로 쓸 것
• on, worth, the test, question, be, every, points를 사용할 것

→ _______________________________

study 학문, 연구 participate in ∼에 참가하다 reasonable 적정한, 타당한 chemistry 화학 worth ∼이 되는, ∼의 가치가 있는

POINT 2 주의해야 할 주어의 수일치

새로운 친구를 사귀는 것은 학교 생활의 중요한 부분이다.
새로운 친구들을 사귀는 것은 / ~이다 / 중요한 부분 / 학교 생활의.

동사 바로 앞에 오는 복수명사(friends)를 보고
주어로 착각해서 복수동사(are)를 쓰면 안 돼요.

→ ***Making new friends*** / **is** / an important part / of school life.

- 동명사구, to부정사구, 또는 명사절(의문사, 접속사 등이 이끄는 절) 주어는 한 덩어리로 여겨 **단수** 취급해요.

동명사구 주어+단수동사	*Trying new foods from different countries* **is** fun for me. 다양한 나라의 새로운 음식을 시도하는 것은 나에게 즐겁다.
to부정사구 주어+단수동사	*To meet my favorite singer in person* **was** amazing. 내가 가장 좋아하는 가수를 직접 만난 것은 놀라웠다.
명사절 주어+단수동사	*Whether she joins the team* **depends on** her decision. 그녀가 팀에 합류할 지는 그녀의 결정에 달려있다.

학생의 3분의 1이 오늘 결석이다.
학생들의 3분의 1이 / 결석이다 / 오늘.

→ *One-third of **the students*** / **are** absent / today.

- 「some of+명사(~중 일부), most of+명사(대부분의 ~), all of+명사(모든 ~), half of+명사(~의 절반), 분수 of+명사, 퍼센트 of+명사」처럼 부분이나 전체를 나타내는 표현이 주어로 쓰일 때는 **of 뒤의 명사**에 동사의 **수를 일치**시킵니다.

Some of the questions in the test **were** too hard. 시험의 일부 문제는 너무 어려웠다.

Two-thirds of the Earth **is** covered by water. 지구의 3분의 2는 물로 덮여 있다.

20 percent of the items in the store **are** on sale. 매장에 있는 품목의 20%가 할인 중이다.

> **주의**
>
> 「one of+복수명사」는 '~중 하나'라는 의미로, 항상 단수 취급합니다.
> ***One*** of my friends **is** studying abroad. (내 친구 중 한 명은 해외에서 공부하는 중이다.)

대표 기출 문제

글의 (A)의 우리말을 <보기>의 단어를 어법에 맞게
사용하여 문장을 완성하시오. 단, 빈칸 하나에 한 단어만
쓰시오.

(A) 돈을 관리하는 것은 쉽지 않고, 현명한 소비자가
되는 것에는 노력이 필요하다.

<보기>
manage / be / become / take

→ _________ money _________ not easy, and
_________ a smart spender _________
effort.

CLUE 1

첫 번째 절과 두 번째 절의 주어는 둘 다
'~하는 것은'이며, 빈칸 하나에 한 단어씩만 쓸 수
있어요. 주어진 단어 중 manage와 become을
빈칸 수에 맞게 동명사 형태로 바꿔 주어 자리에
쓰면 돼요.

CLUE 2

동명사 주어는 단수 취급하므로 동사 자리에는
'~하다'와 '(노력이) 필요하다'라는 의미의 동사
be와 take를 현재시제 단수형으로 써야 해요.

정답: Managing, is, becoming, takes

Point Exercise

○ 배열 영작

[1-3] 우리말과 일치하도록 주어진 단어를 올바르게 배열하세요.
(필요시 형태를 바꿀 것)

1

내 친구들과 축구를 하는 것은 재미있다.
(soccer / exciting / my / with / playing / be /
friends)

→ ____________________________________

____________________________________ .

2

오늘 비가 올 지는 확실하지 않다.
(rains / uncertain / today / be / it / whether)

→ ____________________________________

____________________________________ .

3

오늘 우리가 결정하는 것이 우리의 미래를 바꾼다.
(future / decide / we / today / what / our /
change)

→ ____________________________________

____________________________________ .

○ 주어진 단어로 영작

[4-7] 우리말과 일치하도록 주어진 단어를 사용하여 문장을
완성하세요.

4

그의 돈의 60퍼센트가 매달 저축된다.
(sixty percent, be saved, money, of)

→ ____________________________________

____________________________________ every month.

5

내 취미 중 하나는 판타지 소설을 읽는 것이다.
(reading, be, one, of, fantasy novels,
hobbies)

→ ____________________________________

____

6

절반의 학생들이 학교의 결정에 동의한다.
(of, agree with, the students, half,
the school's decision)

→ ____________________________________

____

7

시민들의 3분의 1이 매일 대중교통을 이용한다.
(a third, public transportation, the citizens,
use, of)

→ ____________________________________

____________________________________ every day.

기출: 조건 영작

8 다음 글을 읽고 〈조건〉에 맞게 우리말을 영작하세요.

I enjoy spending time outdoors, especially
on sunny days. When I'm walking in the
park or riding my bike, I always feel happy.
I also love the fresh air and the sounds of
nature. 밖에서 시간을 보내는 것은 나를 기분 좋게
만든다.

〈조건〉
• 7 단어로 쓸 것
• 동명사를 사용할 것
• feel, outside, make, spend, good을 사용할 것

→ ____________________________________

____

uncertain 확실하지 않은 agree with ～에 동의하다 public transportation 대중교통 citizen 시민 especially 특히

POINT 3 시제 일치와 시제 일치의 예외

나는 네 가장 친한 친구가 캐나다로 이민을 간다고 들었다.
나는 들었다 // 네 가장 친한 친구가 이민을 가는 것을 / 캐나다로.

→ **I heard** // that your best friend **moved** / to Canada. <주절 과거-종속절 과거>

- 접속사 that이 이끄는 명사절을 종속절이라 하며, **주절의 시제가 현재일 때는 종속절에 모든 시제**가 올 수 있어요.
  I *think* that the festival **is** popular. 〈종속절 현재〉 나는 그 축제가 인기 있다고 생각한다.
  I *think* that the festival **was** popular. 〈종속절 과거〉 나는 그 축제가 인기 있었다고 생각한다.
  I *think* that the festival **will be** popular. 〈종속절 미래〉 나는 그 축제가 인기 있을 거라고 생각한다.
  I *think* that the festival **has been** popular. 〈종속절 현재완료〉 나는 그 축제가 (지금까지) 인기 있었다고 생각한다.

- **주절의 시제가 과거일 때는 종속절에 과거 또는 과거완료시제**가 쓰여야 해요.
  종속절에 조동사가 쓰일 때는 would, could, might 등과 같이 과거형으로 써야 해요.
  I *heard* that Sumin **would move** to Canada. 〈종속절 과거〉 나는 수민이가 캐나다로 이민을 갈 거라고 들었다.
  I *heard* that Sumin **had moved** to Canada. 〈종속절 과거완료〉 나는 수민이가 캐나다로 이민을 갔다고 들었다.

나는 문어가 3개의 심장을 갖고 있다는 것을 몰랐다.
나는 몰랐다 // 문어가 3개의 심장을 갖고 있다는 것을.

→ **I didn't know** // that octopuses **have** three hearts. <종속절-과학적 사실>

- **과학적[일반적] 사실, 속담, 격언, 현재의 습관** 등을 나타내는 종속절은 주절의 시제와 상관없이 항상 **현재시제**를 써요.
  My dad *said* that honesty **is** the best policy. 나의 아빠는 정직함이 최고의 방책이라고 말씀하셨다.
- **역사적 사실**을 나타내는 종속절은 주절의 시제와 상관없이 항상 **과거시제**를 씁니다.
  Do you *know* that World War II **ended** in 1945? 너는 2차 세계전쟁이 1945년에 끝났다는 것을 알고 있니?

대표 기출 문제

🔒 다음을 읽고, 우리말을 <조건>에 맞도록 영작하시오.

> After a long talk, I realized (2) 나의 강아지가 사라진 것을.

<조건>
1. 주어와 동사는 반드시 있어야 함
2. 동사는 문맥에 맞도록 변형 가능
3. 필요한 단어는 추가 가능

→ ________________________________

CLUE 1
주절의 동사는 realized로 과거시제로 쓰였음을 알 수 있어요.

CLUE 2
'~하는 것을'이라는 의미의 목적어는 접속사 that으로 시작하는 절로 나타낼 수 있어요. 주절의 시제가 과거이므로, that절에도 과거 또는 과거완료시제가 쓰여야 해요.

정답: (that) my puppy disappeared[had disappeared]

Point Exercise

[1-3] 다음 문장의 주절을 과거시제로 바꿔 쓸 때 빈칸에 알맞은 말을 쓰세요.

1

> Many people think that she is a great actor.

→ Many people ＿＿＿＿＿＿ that she ＿＿＿＿＿＿ a great actor.

2

> I know that the human body is about 60% water.

→ I ＿＿＿＿＿＿ that the human body ＿＿＿＿＿＿ about 60% water.

3

> Sujin says that she will volunteer at the local library from next week.

→ Sujin ＿＿＿＿＿＿ that she ＿＿＿＿＿＿ ＿＿＿＿＿＿ at the local library from next week.

[4-7] 우리말과 일치하도록 주어진 단어를 올바르게 배열하세요. (필요시 형태를 바꿀 것)

4

> 나는 물은 섭씨 100도에서 끓는다는 것을 배웠다.
> (water / learned / at 100℃ / I / that / boil)

→ ＿＿＿＿＿＿＿＿＿＿＿＿＿ .

5

> 나는 그들이 이미 공항으로 떠났다는 걸 몰랐다.
> (have / I / left / didn't know / they / that / already)

→ ＿＿＿＿＿＿＿＿＿＿＿＿＿ ＿＿＿＿＿＿＿＿＿＿＿ for the airport.

6

> 나는 내 생일 선물이 곧 도착할 것이라고 예상한다.
> (that / birthday present / my / arrive / expect / soon / I / will)

→ ＿＿＿＿＿＿＿＿＿＿＿＿＿ ＿＿＿＿＿＿＿＿＿＿＿ .

7

> 대부분의 사람들은 콜럼버스가 1492년에 미국을 발견했다는 것을 알고 있다.
> (know / Columbus / most people / that / discover / in 1492 / America)

→ ＿＿＿＿＿＿＿＿＿＿＿＿＿ ＿＿＿＿＿＿＿＿＿＿＿ .

8 우리말과 일치하도록 〈조건〉에 맞게 문장을 완성하세요.

(1)

> Alice는 나에게 매일 요가를 연습한다고 말했다.

〈조건〉
- 7 단어로 쓸 것
- tell, practice, yoga를 사용할 것

→ ＿＿＿＿＿＿＿＿＿＿＿＿＿ ＿＿＿＿＿＿＿＿＿＿＿ every day.

(2)

> 나는 네가 말해주기 전에 네 오빠가 결혼했다는 것을 들었다.

〈조건〉
- 9 단어로 쓸 것
- hear, older brother, get married를 사용할 것

→ ＿＿＿＿＿＿＿＿＿＿＿＿＿ ＿＿＿＿＿＿＿＿＿＿＿ before you told me.

local 지역의 boil 끓다, 끓이다 get married 결혼하다

화법 전환

POINT 4 평서문의 화법 전환

그는 말했다, // "나는 이번 주말에 낚시를 갈 거야."라고.
→ He **said**, // "I **will go** fishing **this weekend.**" <직접화법>

그는 말했다 // 그가 그 주말에 낚시를 갈 거라고.
→ He **said** // **(that) he would go** fishing **that weekend.** <간접화법>

- 따옴표(" ")를 사용하여 다른 사람이 한 말을 그대로 전달하는 것을 **직접화법**이라 하며,
따옴표 없이 전달하는 사람의 입장에 맞게 바꿔서 전달하는 것을 **간접화법**이라고 해요.

〈평서문의 화법 전환〉
① 주절의 동사가 say[said]이면 그대로 쓰고, say[said] to인 경우 tell[told]로 바꿉니다.
② 콤마(,)와 따옴표(" ")를 없애고 전달하는 말을 접속사 that으로 연결합니다. 단, that은 생략이 가능해요.
③ 전달하는 말의 주어, 목적어, 보어로 쓰인 인칭대명사는 전달하는 사람의 입장에 맞게 바꿉니다.
④ 전달하는 말, 즉 종속절의 시제는 주절의 시제와 일치시킵니다.
⑤ 지시대명사나 부사(구)를 전달하는 사람의 입장에 맞게 바꿉니다.

Amy **said to** me, "**I need your** help **now.**" 〈직접화법〉 Amy는 내게 "나는 지금 네 도움이 필요해."라고 말했다.

→ Amy **told** me **(that) she needed my** help **then.** 〈간접화법〉 Amy는 내게 그녀가 내 도움이 필요하다고 말했다.
　　①　　　 ②　　 ③　　 ④　　 ③　　　 ⑤

주의 화법 전환 시 지시대명사와 부사(구) 변화

this/these → **that/those**, here → **there**	
now → **then[at the moment]**, ago → **before**, today → **that day**, tonight → **that night**	
yesterday → **the day before[the previous day]**, last night[week, month] → **the previous night[week, month]**	
tomorrow → **the next[following] day**, next day[week, month] → **the following day[week, month]**	

대표 기출 문제

🔒 다음 문장을 간접화법으로 바꾸어 쓰시오.

My brother said to me, "I am going to recycle the garbage."

→ _______________________________

CLUE 1
평서문을 간접화법으로 바꿔 쓸 때, 주절의 동사
said to는 told로 바꿔 써야 해요.

CLUE 2
콤마와 따옴표는 없애고, 따옴표 안의 문장은 that
으로 연결해야 해요. that절에 쓰이는 주어(I)는
전달하는 사람의 입장에 맞게 he로 바꿔 써야 해요.

CLUE 3
that절에 쓰이는 동사는 주절의 시제(said)에 일치시켜야 하므로
과거형인 was going to로 바꿔 쓰면 돼요.

정답: My brother told me (that) he was going to recycle the garbage.

Point Exercise

[1-5] 다음 문장을 간접화법으로 바꿔쓸 때 빈칸에 알맞은 말을 쓰세요.

1

> My mom says to me, "Drinking soda is bad for your teeth."

→ My mom ____________ me that drinking soda is bad for ____________ teeth.

2

> She said, "I want to get a refund for this skirt."

→ She ____________ that ____________ wanted to get a refund for ____________ skirt.

3

> Tom said to us, "I have been to France twice."

→ Tom ____________ us that ____________ ____________ ____________ to France twice.

4

> The weather forecaster said, "Heavy rain will fall tonight."

→ The weather forecaster ____________ that heavy rain ____________ fall ____________ ____________.

5

> Emily said to me, "I am planning to study abroad next year."

→ Emily ____________ me that ____________ ____________ planning to study abroad ____________ ____________.

[6-8] 다음 문장을 각 사람들의 말을 참고하여 바꿔 쓰세요.

6

> Sam: I can meet you tomorrow.

→ Sam said that ____.

7

> Sarah: I am going back to London next month.

→ Sarah said that ____.

8

> The teacher: You will have a pop quiz today.

→ The teacher told us that ____.

9 다음 글을 읽고 밑줄 친 문장을 간접화법으로 바꿔 쓰세요. (단, that을 포함할 것)

> I wasn't feeling well one day at school, so I went to see a doctor after school. The doctor examined me and said, "You have the flu." He also said to me, "You need to take some medicine for your cold."

→ ____

get a refund 환불받다 weather forecaster 일기예보관 heavy rain 폭우 pop quiz 쪽지 시험 examine 진찰하다; 조사하다 flu 독감

내 친구는 내가 가장 좋아하는 작가가 누구인지 물었다.
내 친구는 물었다 // 누가 내가 가장 좋아하는 작가인지.

→ My friend **asked** // **who my favorite author was**. <간접화법>
(← My friend **said, "who is your favorite author?"**) <직접화법>

- 직접화법의 의문문을 간접화법으로 바꿔 쓸 때는 먼저 주절의 동사 say[said]나 say[said] to를 **ask[asked]**로 바꿔 써요. 그 뒤에는 의문사의 유무에 따라 다음과 같은 형태로 나타내요.

의문사가 있는 경우	ask(＋목적어)＋의문사＋주어＋동사 ~ *cf.* 의문사가 주어로 쓰인 경우: 의문사(주어)＋동사 ~
의문사가 없는 경우	ask(＋목적어)＋if[whether]＋주어＋동사 ~

He said to me, "Do you have time tomorrow?" 그는 나에게 "내일 시간이 있니?"라고 말했다.
　→ He **asked** me **if[whether] I had** time **the next day**. 그는 나에게 그 다음 날 시간이 있는지 물었다.
- 이때도 인칭대명사, 부사(구)는 전달하는 사람의 입장에 맞게 바꿔 써야 하며,
동사의 시제는 주절의 시제에 맞춰야 해요.

선생님은 우리에게 숙제를 금요일까지 제출하라고 요청하셨다.
선생님은 우리에게 요청하셨다 // 금요일까지 숙제를 제출해달라고.

→ The teacher **asked** us // **to hand out the homework** by Friday. <간접화법>
(← The teacher **said to** us, **"Hand out the homework** by Friday."**)** <직접화법>

- 명령문을 간접화법으로 바꿔 쓸 때는 주절의 동사 say[said]나 say[said] to를 명령문이 전달하는 내용에 따라 **tell, ask, advise, order** 등으로 바꿔 써요. 그 뒤에 오는 명령문의 **동사원형은 to부정사로** 바꾸면 돼요.

긍정 명령문	tell[ask, advise, order 등]＋목적어＋to부정사
부정 명령문	tell[ask, advise, order 등]＋목적어＋not[never]＋to부정사

The coach said to us, "Don't give up!" 코치님이 우리에게 "포기하지 마!"라고 말씀하셨다.
　→ The coach **told** us **not to give up**. 코치님이 우리에게 포기하지 말라고 말씀하셨다.

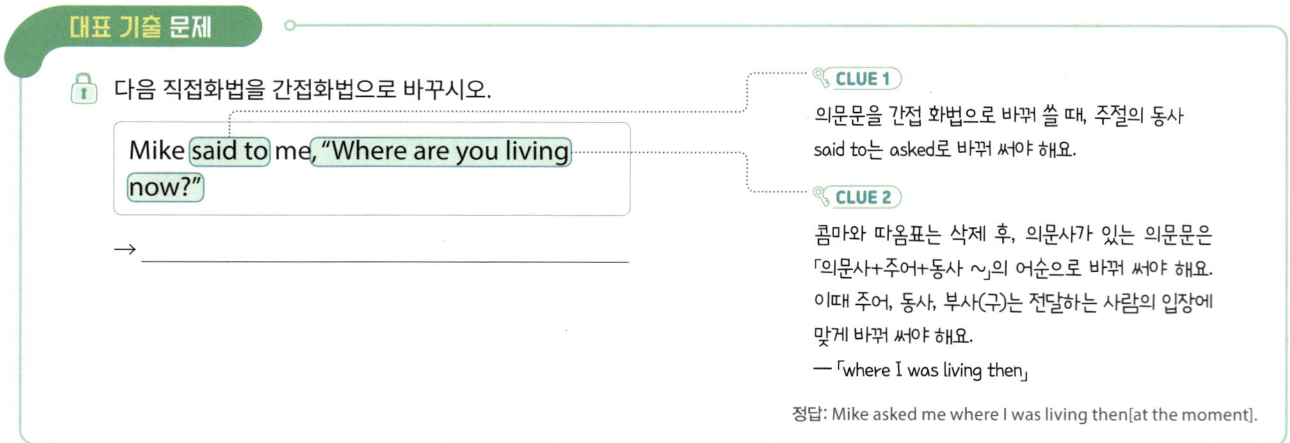

대표 기출 문제

🔒 다음 직접화법을 간접화법으로 바꾸시오.

Mike said to me, "Where are you living now?"

→ _______________________________

CLUE 1
의문문을 간접 화법으로 바꿔 쓸 때, 주절의 동사 said to는 asked로 바꿔 써야 해요.

CLUE 2
콤마와 따옴표는 삭제 후, 의문사가 있는 의문문은 「의문사＋주어＋동사 ~」의 어순으로 바꿔 써야 해요.
이때 주어, 동사, 부사(구)는 전달하는 사람의 입장에 맞게 바꿔 써야 해요.
— 「where I was living then」

정답: Mike asked me where I was living then[at the moment].

정답 및 해설 p.28

● 문장 전환

[1-3] 다음 문장을 간접화법으로 바꿔 쓸 때 빈칸에 알맞은 말을 쓰세요.

1

My aunt said to me, "When is your graduation ceremony?"

→ My aunt asked me ____________ ____________ graduation ceremony ____________.

2

The doctor said to me, "Do you have an allergy to peanuts?"

→ The doctor asked me ____________ ____________ ____________ an allergy to peanuts.

3

Mr. Evans said to us, "Don't forget to lock the classroom today."

→ Mr. Evans asked us ____________ ____________ ____________ to lock the classroom door ____________ ____________.

● 문장 전환

[4-8] 다음 문장을 간접화법으로 바꿔 쓸 때 빈칸에 알맞은 말을 쓰세요.

4

A foreigner said to me, "Where is the nearest subway station?"

→ A foreigner asked me ____________ ____________.

5

Dad said, "Who will set the table?"

→ Dad asked ____________.

6

The police officer said to him, "Drive under 30 km/h in this area."

→ The police officer told him ____________ ____________.

7

The nurse said to me, "Don't eat anything before the surgery."

→ The nurse ordered me ____________ ____________.

8

I said to my classmate, "Do we have an English presentation next Friday?"

→ I asked my classmate ____________ ____________.

9 다음 그림 속 인물의 말을 전달하는 문장을 〈조건〉에 맞게 완성하세요.

〈조건〉
• 9 단어로 쓸 것
• 인칭대명사는 알맞게 바꿔쓸 것

→ The boy is asking the woman ____________ ____________.

graduation ceremony 졸업식 foreigner 외국인 surgery 수술 gate 출입구; 문

강조 구문

POINT 6 It is[was] ~ that 강조 구문/동사 강조

John visited his grandparents last month.
주어　　동사　　　　목적어　　　　부사구

바로 John이었다 // 그의 조부모님을 지난달에 방문한 것은.
→ **It was *John*** // **that** visited his grandparents last month. <주어 강조>

바로 그의 조부모님이었다 // John이 지난달에 방문한 것은.
→ **It was *his grandparents*** // **that** John visited last month. <목적어 강조>

바로 지난달이었다 // John이 조부모님을 방문한 것은.
→ **It was *last month*** // **that** John visited his grandparents. <부사구(시간) 강조>

- 「**It is[was] ~ that ...**」 구문을 사용하여 주어, 목적어, 부사구 등과 같은 어구를 강조할 수 있는데 '…**한 것은 바로 ~이다**'라는 의미를 나타내요. 강조하고자 하는 부분을 It is[was]와 that 사이에 넣고, 나머지 부분은 that 뒤에 쓰면 돼요. 현재시제를 강조할 때는 is, 과거시제를 강조할 때는 was를 써요.
- 이 구문으로 동사는 강조할 수 없어요. **It was *visited* that** John his grandparents last month. (×)
- 대부분 that을 사용하긴 하지만, 강조하는 (대)명사가 사람이면 that 대신 who를, 사물이면 which를, 장소면 where를, 시간이면 when을 쓸 수도 있어요.

Carrots **contain** lots of vitamin A.

당근들은 / 정말 함유하고 있다 / 많은 비타민 A를.
→ Carrots / **do contain** / lots of vitamin A. <동사 강조>

- 동사를 강조할 때는 동사원형 앞에 do[does/did]를 붙이는데, '**정말(로) ~하다**'란 의미를 나타냅니다.
- 주어나 시제에 따라 do를 알맞게 변형시켜야 해요.
  I **called** you yesterday. → I **did call** you yesterday. 나는 어제 너한테 정말로 전화했어.

대표 기출 문제

🔒 다음 밑줄 친 부분을 강조하는 문장을 <조건>에 맞도록 빈칸에 쓰시오.

<조건>
- 'It ~ that …' 강조 구문을 활용할 것
- 주어와 동사를 갖춘 완전한 영어 문장으로 작성할 것

This museum is closed on Sundays.
→ ___________________________________

CLUE 1
현재시제의 문장을 It ~ that 강조 구문을 사용하여 강조할 때는 be동사의 시제를 is로 써야 해요.
— It is ~ that …

CLUE 2
강조하고자 하는 어구는 It is와 that 사이에 쓰고 나머지는 모두 that 뒤에 순서대로 쓰면 돼요.

정답: It is on Sundays that this museum is closed.

✓ **함정 피하기** It is[was]와 that 사이에 강조 어구를 넣을 때 어구의 일부를 빠뜨리지 않도록 주의하세요.
It is *Sundays* that this museum is closed. (×)

Point Exercise

문장 전환

[1-7] 「It is[was] ~ that ...」을 사용하여 주어진 문장의 밑줄 친 부분을 강조하는 문장으로 바꿔 쓰세요.

1 <u>My brother</u> baked this delicious cake.

→ ___________________________

____

2 They moved to this city <u>last year</u>.

→ ___________________________

____

3 <u>She</u> suggested the new idea to the team.

→ ___________________________

____

4 She loves visiting <u>the ocean</u> every summer.

→ ___________________________

____

5 He bought these shoes <u>at this shop</u> last weekend.

→ ___________________________

____

6 <u>The teachers</u> organize the school events.

→ ___________________________

____

7 She loves listening to <u>the song</u> every day.

→ ___________________________

____

문장 전환

[8-10] 주어진 문장의 밑줄 친 동사를 강조하는 문장으로 바꿔 쓰세요.

8 You <u>look</u> nice with short hair.

→ ___________________________

9 The team <u>achieved</u> their goal.

→ ___________________________

10 He <u>remembers</u> meeting you before.

→ ___________________________

주어진 단어로 영작

[11-13] 우리말과 일치하도록 주어진 단어를 사용하여 문장을 완성하세요.

11
> Danny는 정말로 정답을 알고 있다.
> (know, the correct answer, do)

→ ___________________________

12
> 그는 그의 실수에 대해 정말로 사과했다.
> (mistake, for, do, apologize)

→ ___________________________

13
> 보통 가장 먼저 도착하는 사람은 바로 Sarah이다.
> (it, that, usually, first, arrive)

→ ___________________________

기출: 문장 전환

14 다음 문장의 밑줄 친 부분을 강조하는 각각의 문장을 It ~ that을 사용하여 쓰세요.

> Ted ate <u>cookies</u> on the bed <u>last night</u>.
>   (1)   (2)   (3)

(1) ___________________________

(2) ___________________________

(3) ___________________________

organize 준비하다, 조직하다 achieve 달성하다, 성취하다

Chapter Test *

정답 및 해설 p.28

STAGE 1 — Go for it!

자신 있게 풀어보는 기초 문제!

배열 영작

[1-4] 우리말과 일치하도록 주어진 단어를 배열하여 문장을 완성하세요.

1
> 피자의 3분의 2는 그녀에 의해 먹어졌다.
> (of / two-thirds / the pizza / was eaten / her / by)

→ ________________________________

________________________________ .

2
> 여러 사람들이 야구 경기 후에 경기장을 떠나고 있다.
> (the stadium / of / a number / are / people / leaving)

→ ________________________________

________________________ after the baseball game.

3
> Clara가 나에게 그녀가 교통 체증 때문에 늦게 도착할 것이라고 말했다.
> (me / that / Clara / told / late / arrive / she / would)

→ ________________________________

________________ because of the traffic jam.

4
> 우리는 태풍이 우리 마을을 덮치지 않았다는 것에 감사했다.
> (the typhoon / thankful / not / that / struck / our town / had / were)

→ We ____________________________

________________________________ .

주어진 단어로 영작

[5-7] 우리말과 일치하도록 주어진 단어를 사용하여 문장을 완성하세요.

5
> 세 시간은 이 영화를 보는 것을 끝내기에 충분한 시간이다. (enough, be, to finish, hours, time)

→ ________________________________

________________________ watching this movie.

6
> 그는 어젯밤에 그의 숙제를 정말로 끝냈다.
> (homework, finish, do)

→ ________________________________

7
> 그녀가 파티에 가져왔던 것은 집에서 만든 케이크였다.
> (brought, the homemade cake, what, be, to the party)

→ ________________________________

____

최신 기출

8 우리말과 일치하도록 주어진 단어를 배열하여 다음의 대화를 완성하세요. (필요시 형태를 바꿀 것)

> A: Why have you started taking vitamins lately?
> B: 비타민을 섭취하는 것이 나의 면역 체계를 향상시키는 걸 도와주기 때문이야.
> A: I didn't know that! I should start taking them too.

→ It's because ____________________

________________________________ .

(vitamins / immune system / help / taking / to improve / my)

9 다음 그림을 보고 주어진 단어를 사용하여 문장을 완성하세요. (단, 현재시제로 쓸 것)

(1)

→ ________________________________

________________________ in the jar.

(the honey, be, a third, left)

(2)

→ ________________________________

________________________ in the carton.

(be, half, the eggs, left)

[10-14] 다음 문장의 주절을 〈보기〉와 같이 과거시제로 바꿔 쓸 때, 빈칸에 알맞은 말을 쓰세요.

〈보기〉
I believe that she is telling the truth.
→ I believed that she was telling the truth.

10　I hear that the band's new song is a big hit.

→ I heard that ________________________

________________________________ .

11　My grandfather says that time is gold.

→ My grandfather said that ______________

________________________________ .

12　She hopes that the train won't be late.

→ She hoped that ______________________

________________________________ .

13　I think that I have seen him before.

→ I thought that ______________________

________________________________ .

14　He doesn't know that oil is lighter than water.

→ He didn't know that __________________

________________________________ .

15 다음 대화를 읽고 〈조건〉에 맞게 우리말을 영작하세요.

I did many earthquake drills in school, 하지만 내가 실제 지진을 경험할 거라고 전혀 생각하지 못했다. I still get scared when I remember that night. Everything shook and things fell to the floor. Earthquakes can occur at any time, so we all should be prepared.

〈조건〉
• 8 단어로 쓸 것
• think, will, real, earthquake, experience를 사용할 것

→ but I never ________________________

________________________________ .

[16-20] 다음 문장을 간접화법으로 바꿔 쓸 때, 빈칸에 알맞은 말을 쓰세요.

16

> I said to Jiwon, "The new bakery has various cakes and cookies."

→ I told Jiwon that _______________

_______________ .

17

> Lizzy said to me, "What time is it now?"

→ Lizzy asked me _______________

_______________ .

18

> Ms. Harper said to Tony, "Who lent you the umbrella?"

→ Ms. Harper asked Tony _______________

_______________ .

19

> She said to me, "Did you watch the soccer game last night?"

→ She asked me _______________

_______________ .

20

> Our teacher said to us, "Don't use your cell phones during the class."

→ Our teacher told us _______________

_______________ .

[21-25] 다음 각 문장에서 어법상 <u>틀린</u> 부분을 찾아 바르게 고쳐 쓰세요.

21 It was Seoul that the concert took place.

_______________ → _______________

22 One of my favorite cities are Sydney.

_______________ → _______________

23 My father said that practice made perfect.

_______________ → _______________

24 The staff in the mall told him not running on the escalator.

_______________ → _______________

25 Amelia does enjoys reading mystery novels on weekends.

_______________ → _______________

26 다음 대화를 읽고 〈조건〉에 맞게 우리말을 영작하세요.

> A: I think you have a lovely name.
> B: Thanks! 나를 Joy라고 이름 지어주신 건 바로 나의 아빠였어. (Joy / name)

〈조건〉
• It ~ that 강조 구문을 사용할 것
• 괄호 안에 주어진 단어를 반드시 사용할 것
• 필요시 주어진 단어를 변형할 것

→ _______________

____

27 다음 대화를 읽고 각 밑줄 친 문장을 간접화법으로 바꿔 쓰세요.

> Liam: Minju, (1) <u>do you have your own comfort food?</u>
> Minju: Yes, I do. I like tteokbokki the most. When I eat it, my stress just disappears.
> Liam: (2) <u>Isn't it too spicy for you?</u>
> Minju: No, not at all. Liam, (3) <u>what is your comfort food?</u>
> Liam: I love chicken soup, especially when it's homemade. It's so relaxing and reminds me of my childhood.
> Minju: (4) <u>Can you tell me how to cook it?</u>
> Liam: Sure. I can share my recipe with you.
> Minju: Thank you so much.

(1) Liam asked Minju ___________________

_______________________________________ .

(2) Liam asked Minju ___________________

_______________________________________ .

(3) Minju asked Liam ___________________

_______________________________________ .

(4) Minju asked Liam ___________________

_______________________________________ .

28 다음 글을 읽고 ⓐ~ⓔ 중 어법상 **틀린 두 개**를 찾아 그 기호를 쓰고, 바르게 고쳐 쓰세요.

> **Marshmallow and Toothpick Tower Challenge!**
>
> • **What you need:** 1-2 bags of mini marshmallows, 1-2 boxes of toothpicks.
>
> • **Rules**
> (1) ⓐ <u>Each team has</u> four people.
> (2) You must build the tallest tower. (Use only marshmallows and toothpicks.)
> (3) ⓑ <u>15 minutes are</u> offered.
>
> ⓒ <u>What matters most is</u> that the tower can stand by itself. ⓓ <u>Building marshmallow towers are</u> very difficult but exciting. ⓔ <u>Every team can build</u> their tower differently.

_____________ → _________________________

_____________ → _________________________

 누적 문제 Ch 09-11

29 다음 중 어법상 **틀린 문장 두 개**를 찾아 그 기호를 쓰고, 문장 전체를 바르게 고쳐 쓰세요.

> ⓐ If I knew the answer, I would solve the math problem.
> ⓑ She told her kids not to touch the stove.
> ⓒ I know the dog, that lives next door.
> ⓓ I realized that I had left my homework at home.
> ⓔ It is chocolate cake that my dad doesn't like it.

_____________ → _________________________

____

_____________ → _________________________

동사 변화형

✳ A-B-B형

동사원형	과거형	과거분사형 (p.p.)	현재분사형 (-ing)
bleed (피를 흘리다)	bled	bled	bleeding
bring (가져오다)	brought	brought	bringing
build (짓다)	built	built	building
buy (사다)	bought	bought	buying
catch (잡다)	caught	caught	catching
feed (먹이를 주다)	fed	fed	feeding
feel (느끼다)	felt	felt	feeling
fight (싸우다)	fought	fought	fighting
find (찾다)	found	found	finding
flee (도망치다)	fled	fled	fleeing
get (얻다)	got	got/gotten	getting
have (가지다)	had	had	having
hang (걸다)	hung	hung	hanging
hear (듣다)	heard	heard	hearing
hold (잡다)	held	held	holding
keep (유지하다)	kept	kept	keeping
kneel (무릎을 꿇다)	knelt	knelt	kneeling
lay (눕히다, 놓다)	laid	laid	laying
lead (인도하다)	led	led	leading
learn (배우다)	learned/learnt	learned/learnt	learning
leave (떠나다)	left	left	leaving
lose (잃다)	lost	lost	losing
lend (빌려주다)	lent	lent	lending
make (만들다)	made	made	making
mean (의미하다)	meant	meant	meaning
meet (만나다)	met	met	meeting
pay (지불하다)	paid	paid	paying
say (말하다)	said	said	saying
seek (찾다)	sought	sought	seeking
sell (팔다)	sold	sold	selling
send (보내다)	sent	sent	sending
sleep (잠자다)	slept	slept	sleeping
smell (냄새 맡다)	smelled/smelt	smelled/smelt	smelling
shine (빛나다)	shone	shone	shining
shoot (쏘다)	shot	shot	shooting
sit (앉다)	sat	sat	sitting
spend (소비하다)	spent	spent	spending
spill (엎지르다)	spilled/spilt	spilled/spilt	spilling
stand (서다, 서 있다)	stood	stood	standing
sweep (청소하다)	swept	swept	sweeping
teach (가르치다)	taught	taught	teaching
tell (말하다)	told	told	telling
think (생각하다)	thought	thought	thinking
win (이기다)	won	won	winning

✳ A-B-A형

동사원형	과거형	과거분사형 (p.p.)	현재분사형 (-ing)
become (되다)	became	become	becoming
come (오다)	came	come	coming
run (달리다)	ran	run	running

✳ A-B-C형

동사원형	과거형	과거분사형 (p.p.)	현재분사형 (-ing)
bite (물다)	bit	bitten	biting
blow (불다)	blew	blown	blowing

break (깨뜨리다)	broke	broken	breaking
choose (고르다)	chose	chosen	choosing
do (하다)	did	done	doing
draw (그리다)	drew	drawn	drawing
drink (마시다)	drank	drunk	drinking
drive (운전하다)	drove	driven	driving
eat (먹다)	ate	eaten	eating
fall (떨어지다)	fell	fallen	falling
fly (날다)	flew	flown	flying
forget (잊다)	forgot	forgotten	forgetting
forgive (용서하다)	forgave	forgiven	forgiving
freeze (얼다)	froze	frozen	freezing
give (주다)	gave	given	giving
go (가다)	went	gone	going
grow (자라다)	grew	grown	growing
hide (숨다)	hid	hidden	hiding
know (알다)	knew	known	knowing
lie (눕다)	lay	lain	lying
ride (타다)	rode	ridden	riding
ring (울리다)	rang	rung	ringing
rise (오르다)	rose	risen	rising
see (보다)	saw	seen	seeing
shake (흔들다)	shook	shaken	shaking
show (보여주다)	showed	shown/ showed	showing
sing (노래하다)	sang	sung	singing
speak (말하다)	spoke	spoken	speaking
steal (훔치다)	stole	stolen	stealing
swell (부풀다)	swelled	swollen/ swelled	swelling
swim (수영하다)	swam	swum	swimming

take (잡다)	took	taken	taking
throw (던지다)	threw	thrown	throwing
wake (잠이 깨다)	woke	woken	waking
wear (입다)	wore	worn	wearing
write (쓰다)	wrote	written	writing

✳ A-A-A형

동사원형	과거형	과거분사형 (p.p.)	현재분사형 (-ing)
cast (던지다)	cast	cast	casting
cost (비용이 들다)	cost	cost	costing
cut (베다)	cut	cut	cutting
hit (치다, 때리다)	hit	hit	hitting
hurt (다치다)	hurt	hurt	hurting
let (~하게 하다)	let	let	letting
put (놓다)	put	put	putting
set (놓다)	set	set	setting
shut (닫다)	shut	shut	shutting
spread (퍼지다)	spread	spread	spreading
read[riːd] (읽다)	read [red]	read [red]	reading
upset (화나게 하다)	upset	upset	upsetting

✳ A-A-B형

동사원형	과거형	과거분사형 (p.p.)	현재분사형 (-ing)
beat (치다, 때리다)	beat	beaten	beating

논술형 [*] 수행평가

논술형 수행평가 1회

Chapter 01~03

평가 개요	
주제	온라인 수업의 장점과 단점에 관한 글쓰기
세부 내용	① 온라인 수업의 장점 (2가지 이상) ② 온라인 수업의 단점 (2가지 이상)
언어 형식	① 조동사 (3가지 이상) ② 수동태

Step 1 | 예시 글 분석하기

✚ 형광펜 친 부분에 유의하여 예시 글을 읽은 후, 표의 빈칸을 완성해 보세요.

The Advantages and Disadvantages of Online Classes

도입부	➜	Online classes have both advantages and disadvantages.
장점 ①	➜	An advantage is that it saves our time, as we can learn from anywhere, not just at school.
장점 ②	➜	Also, we are able to use various tools like videos and quizzes.
단점 ①	➜	However, a disadvantage is that we can be unfocused during class.
		Tip however(그러나, 하지만)는 앞의 내용에 반대되는 내용을 덧붙일 때 사용해요.
단점 ②	➜	In addition, we might be distracted easily by things around us.
맺음말	➜	Overall, online classes are a useful tool, but they should be used effectively.

장점 ①	**1**	An advantage is that ________________________, as ________________________, not just at school.
장점 ②	**2**	Also, ________________________ ________________________.
단점 ①	**3**	However, a disadvantage is that ________________________ ________________________.
단점 ②	**4**	In addition, ________________________ ________________________.

1 it saves our time, we can learn from anywhere **2** we are able to use various tools like videos and quizzes **3** we can be unfocused during class
4 we might be distracted easily by things around us

논술형 수행평가 1회   Chapter 01~03

Step 2 | 글의 뼈대 만들기

✚ 온라인 수업의 장점과 단점을 떠올리며, 다음 표의 빈칸을 완성해 보세요.

The Advantages and Disadvantages of Online Classes

도입부	Online classes have both advantages and disadvantages.
장점 ①	An advantage is that ______________________________ ______________________________ .
장점 ②	Also, ______________________________ ______________________________ .
단점 ①	However, a disadvantage is that ______________________________ ______________________________ .
단점 ②	In addition, ______________________________ ______________________________ .
맺음말	Overall, online classes are a useful tool, but they should be used effectively.

Useful Words & Expressions

장점	**be available anywhere** 어디서나 이용 가능하다 **manage time better** 시간을 더 잘 관리하다 **use various tools** 다양한 도구를 사용하다 **improve computer skills** 컴퓨터 기술을 향상시키다 **study in our own place** 우리 혼자만의 장소에서 공부하다 **participate in various activities** 다양한 활동에 참여하다 **be in a comfortable environment** 편안한 환경에 있다 **save on transportation costs** 교통비를 아끼다
단점	**feel lonely** 외로움을 느끼다 **lose motivation** 동기를 잃다 **be interrupted by technical issues** 기술적인 문제로 방해를 받다 **be distracted by other things at home** 집에서 다른 것들에 의해 산만해지다 **buy expensive electronic devices** 비싼 전자기기를 사다 **miss the social aspect of school** 학교의 사회적 측면을 놓치다 **have difficulty in concentrating** 집중하는 데 어려움을 겪다 **be unfocused during class** 수업 중에 집중하지 못 하다

✚ 앞에서 작성한 내용을 바탕으로 다음 〈조건〉에 맞게 글을 완성해 보세요.

〈조건〉
① 4문장 이상 작성할 것
② 다음 언어 형식을 사용해 작성할 것
  • 조동사 (3가지 이상)
  • 수동태

The Advantages and Disadvantages of Online Classes

Online classes have both advantages and disadvantages.

____

____.

Also, ____

____.

However, ____

____.

In addition, ______________________________________

____.

Overall, online classes are a useful tool, but they should be used effectively.

평가 개요	
주제	내가 가장 좋아하는 공휴일 소개하기
세부 내용	① 가장 좋아하는 공휴일 ② 하는 일 (4가지 이상) ③ 내게 주는 의미
언어 형식	① 현재완료 ② 현재완료진행 ③ 수동태

Step 1 | 예시 글 분석하기

✚ 형광펜 친 부분에 유의하여 예시 글을 읽은 후, 각 질문에 답해보세요.

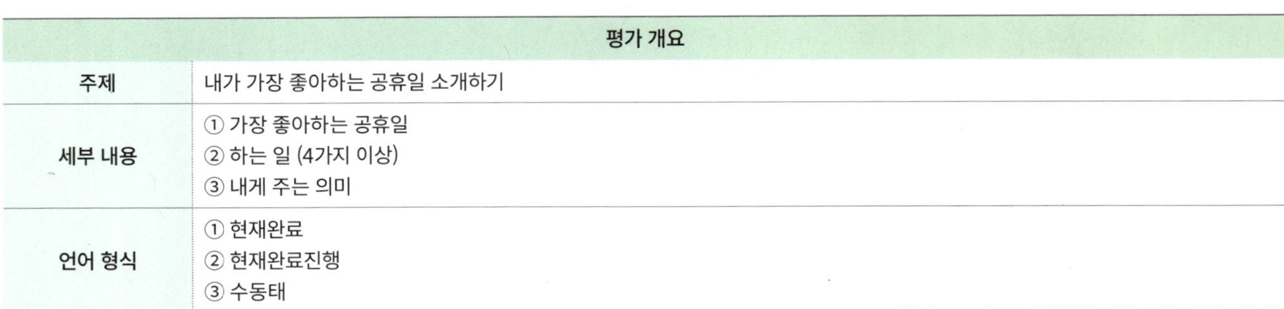

My Favorite Holiday

좋아하는 공휴일과 이유	→	Christmas is my favorite holiday because I have always enjoyed spending time with my family.
하는 일	→	I usually spend my time doing the following things during the holiday.
하는 일 ①	→	My family and I have decorated our house with lights every year.
하는 일 ②	→	Also, we have been baking cookies together since I was little.
하는 일 ③	→	Gifts are exchanged in the morning, and everyone gets excited.
하는 일 ④	→	Later, we watch Christmas movies after having a big meal.
의미	→	Christmas has always been a special time for me.

1 **What is the writer's favorite holiday, and why does he[she] like the holiday?**

→ The writer's favorite holiday is _______________ because he[she] _______________

____ .

2 **How does the writer spend that day with his[her] family? Write down 4 sentences.**

→ They ____ every year.

→ They _________________________________ since the writer was little.

→ ____ in the morning.

→ They ____ .

3 **What's the meaning of that day to the writer?**

→ ____ for him[her].

1 Christmas, has always enjoyed spending time with his[her] family **2** have decorated their house with lights, have been baking cookies together, Gifts are exchanged, watch Christmas movies after having a big meal **3** Christmas has always been a special time

✦ 내가 가장 좋아하는 공휴일을 떠올리며, 다음 표의 빈칸을 완성해 보세요.

My Favorite Holiday

좋아하는 공휴일과 이유	______________________________ is my favorite holiday because ______________________________ .
하는 일	I usually spend my time doing the following things during the holiday.
하는 일 ①	______________________________ .
하는 일 ②	______________________________ .
하는 일 ③	______________________________ .
하는 일 ④	______________________________ .
의미	______________________________ .

Useful Words & Expressions

공휴일	좋아하는 이유	하는 일
Christmas 크리스마스	enjoy spending time with my family 가족과 시간 보내는 것을 즐기다	decorate the house with lights 전등으로 집을 장식하다 bake Christmas cookies 크리스마스 쿠키를 굽다 exchange gifts 선물을 교환하다 watch Christmas movies 크리스마스 영화를 보다
New Year's Day 새해 첫날 Lunar New Year's Day 설날	enjoy spending time with my relatives 친척들과 시간 보내는 것을 즐기다 get New Year's gift money from adults 어른들로부터 세뱃돈을 받다	eat tteokguk 떡국을 먹다 bow to my grandparents for New Year's 조부모님께 세배하다 visit relatives and exchange New Year's greetings 친척들을 방문하고 새해 인사를 나누다
Chuseok 추석	enjoy delicious traditional foods 맛있는 전통 음식을 즐기다	make songpyeon 송편을 만들다 see the full moon 보름달을 구경하다 visit our ancestors' graves 조상들의 묘를 방문하다 play traditional games 전통 놀이를 하다

✚ 앞에서 작성한 내용을 바탕으로 다음 〈조건〉에 맞게 글을 완성해 보세요.

〈조건〉
① 6문장 이상 작성할 것
② 다음 언어 형식을 사용해 작성할 것
  • 현재완료
  • 현재완료진행
  • 수동태

My Favorite Holiday

_______________________________________ is my favorite holiday because

_______________________________________.

I usually spend my time doing the following things during the holiday.

____

_______________________________________.

_______________________________________.

_______________________________________.

_______________________________________.

_______________________________________.

_______________________________________.

평가 개요	
주제	10년 후 나에게 편지 쓰기
세부 내용	① 현재 관심사와 원하는 것 ② 현재 걱정되는 것 ③ 미래의 나에게 바라는 점 (3가지 이상)
언어 형식	① 현재완료 ② 수동태의 관용 표현 (be interested in) ③ 수동태의 관용 표현 (be worried about)

Step 1 | **예시 글 분석하기**

➕ 형광펜 친 부분에 유의하여 예시 글을 읽은 후, 각 질문에 답해보세요.

A Letter to My Future

도입부 → Hi! I hope you've been doing well over the past 10 years.
I wonder how you're living and how it's different from before.

현재 관심사와 원하는 것 → At the moment, I am interested in traveling, and I want to go backpacking in the future.

현재 걱정거리 → But right now, I am worried about my foreign language skills.

미래의 나에게 바라는 점 ① → I hope you have improved your English and other language abilities.

미래의 나에게 바라는 점 ② → I imagine that you have traveled to many interesting new places.

미래의 나에게 바라는 점 ③ → Always stay positive and keep finding happiness!

Take care,   (Tip) 편지는 Take care, Best wishes, Sincerely, With love 등으로 맺음말을 써요.
Your Past Self

1 **What is the writer interested in now, and what does he[she] want to do in the future?**

→ He[She] is interested in ________________, and he[she] wants to ________________ in the future.

2 **What is the writer worried about right now?**

→ He[She] is worried about ________________.

3 **What are the writer's wishes for his[her] future self? Write down 3 sentences.**

→ He[She] hopes he[she] ________________.

→ He[She] imagines that he[she] ________________.

→ He[She] wants him[her] to ________________.

1 traveling, go backpacking   **2** his[her] foreign language skills   **3** has improved his[her] English and other language abilities, has traveled to many interesting new places, always stay positive and keep finding happiness

Step 2 | 글의 뼈대 만들기

✚ 나의 현재와 미래의 모습을 떠올리며, 다음 표의 빈칸을 완성해 보세요.

A Letter to My Future

도입부	Hi! I hope you've been doing well over the past 10 years. I wonder how you're living and how it's different from before.
현재 관심사와 원하는 것	At the moment, __________________________________, and __________________________________.
현재 걱정거리	But right now __________________________________.
미래의 나에게 바라는 점 ①	I hope __________________________________.
미래의 나에게 바라는 점 ②	I imagine that __________________________________.
미래의 나에게 바라는 점 ③	__________________________________

Useful Words & Expressions

관심사	traveling 여행 fashion and style 패션과 스타일 volunteering 자원봉사 활동 making friends 친구 사귀기 making recipes 레시피 만들기 popular YouTubers 유명한 유튜버들	sports activities 스포츠 활동 the environment 환경 taking pictures 사진 찍기 raising pets 반려동물 키우기 writing songs 작곡하기 favorite celebrities 좋아하는 연예인들
걱정거리	my exam results 시험 결과 relationships with friends 친구들과의 관계 get injured 부상을 당하다 balance A and B A와 B의 균형을 잡다	foreign language ability 외국어 능력 parents' expectations 부모님의 기대 manage time 시간을 관리하다 have enough time/money 충분한 시간/돈을 갖다
바라는 점	travel a lot 여행을 많이 다니다 manage stress well 스트레스를 잘 관리하다 gain more knowledge 더 많은 지식을 쌓다 chase my dreams 나의 꿈을 좇다 enjoy every moment 모든 순간을 즐기다 make a positive impacts on others 다른 사람들에게 긍정적인 영향을 주다	keep good friendships 좋은 우정을 유지하다 enjoy hobbies 취미를 즐기다 stay positive 긍정적으로 지내다 keep moving forward 계속해서 앞으로 나아가다 find happiness 행복을 찾다

➕ 앞에서 작성한 내용을 바탕으로 다음 〈조건〉에 맞게 글을 완성해 보세요.

〈조건〉
① 5문장 이상 작성할 것
② 다음 언어 형식을 사용해 작성할 것
  • 현재완료
  • 수동태의 관용 표현 (be interested in)
  • 수동태의 관용 표현 (be worried about)

A Letter to My Future

Hi! I hope you've been doing well over the past 10 years. I wonder how you're living and how it's different from before.

At the moment, ____

____.

But right now ____

____.

____.

____.

____.

Take care,

Your Past Self

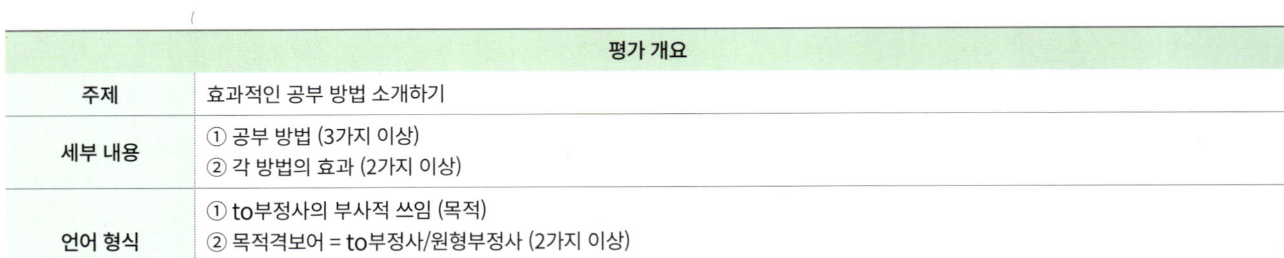

평가 개요	
주제	효과적인 공부 방법 소개하기
세부 내용	① 공부 방법 (3가지 이상) ② 각 방법의 효과 (2가지 이상)
언어 형식	① to부정사의 부사적 쓰임 (목적) ② 목적격보어 = to부정사/원형부정사 (2가지 이상) ③ 분사구문

Step 1 | 예시 글 분석하기 ....○

✚ 형광펜 친 부분에 유의하여 예시 글을 읽은 후, 각 질문에 답해보세요.

My Useful Study Tips

도입부 ➡ If you want to study better, there are a few tips I can share with you.

방법+효과 ① ➡ First, I make my environment quiet and clean. It helps me concentrate.

방법+효과 ② ➡ Second, I make a schedule to organize my study time.
I can manage my time better and keep focused.

방법+효과 ③ ➡ Third, I let my mind relax by taking short walks during breaks, refreshing my
energy. This makes me feel less tired and ready to keep learning.

맺음말 ➡ I hope my tips can lead to better results and more confidence in your studies.

1 **What does the writer do to help with concentration?**

→ The writer ____ to help with
concentration.

2 **Why does the writer make a schedule for study time?**

→ The writer makes a schedule ____

so he[she] ____.

3 **What does the writer do to relax during study breaks?**

→ The writer ________________________ during breaks to ________________________
his[her] energy.

---

1 makes his[her] environment quiet and clean **2** to organize his[her] study time, can manage his[her] time better and keep focused
3 takes short walks, relax and refresh

✚ 나의 공부 방법을 떠올리며, 다음 표의 빈칸을 완성해 보세요.

My Useful Study Tips

도입부	If you want to study better, there are a few tips I can share with you.
방법+효과 ①	First, _______________________________________ . _______________________________________ .
방법+효과 ②	Second, _______________________________________ . _______________________________________ .
방법+효과 ③	Third, _______________________________________ . _______________________________________ .
맺음말	I hope my tips can lead to better results and more confidence in your studies.

Useful Words & Expressions

방법	효과
take short breaks 짧은 휴식을 갖다	
review consistently 꾸준히 복습하다	save time 시간을 절약하다
summarize key points 중요한 점을 요약하다	reduce stress 스트레스를 줄이다
practice past exams 과거의 시험을 공부하다	build confidence 자신감을 기르다
use flashcards 플래시 카드를 사용하다	stay focused 집중한 상태를 유지하다
join study groups 스터디 그룹에 참여하다	boost long-term memory 장기 기억을 증진시키다
use online resources 온라인 자료를 사용하다	improve concentration 집중력을 향상시키다
set a study schedule 학습 일정을 세우다	remember for longer 더 오랫동안 기억하다
set specific study goals 구체적인 학습 목표를 정하다	make complex things simpler 복잡한 것을 단순화하다
teach someone else the material 다른 사람에게 가르치다	get used to the test format 시험 방식에 익숙해지다
discuss with classmates 반 친구들과 논의하다	

✚ 앞에서 작성한 내용을 바탕으로 다음 〈조건〉에 맞게 글을 완성해 보세요.

〈조건〉
① 6문장 이상 작성할 것
② 다음 언어 형식을 사용해 작성할 것
  • to부정사의 부사적 쓰임 (목적)
  • 목적격보어 = to부정사/원형부정사 (2가지 이상)
  • 분사구문

My Useful Study Tips

If you want to study better, there are a few tips I can share with you.

____ .

____ .

____ .

____ .

____ .

____ .

I hope my tips can lead to better results and more confidence in your studies.

평가 개요	
주제	교복 착용을 찬성하거나 반대하는 글쓰기
세부 내용	① 주장 ② 주장에 대한 근거 (3가지 이상) ③ 각 근거에 대한 보충 설명 (2가지 이상)
언어 형식	① 가주어 It ~ for+목적격+to부정사 ② 목적격보어 = 원형부정사 ③ 동명사 주어

Step 1 | **예시 글 분석하기**

✛ 형광펜 친 부분에 유의하여 예시 글을 읽은 후, 각 질문에 답해보세요.

Should Schools Have Uniforms?

주장 ➡ I think it is necessary for schools to have uniforms.

근거+보충 설명 ① ➡ First, wearing the same clothes helps students feel united.
Everyone looks the same regardless of their background.

근거+보충 설명 ② ➡ Also, students don't need to think about what to wear every day.
As a result, they can save time in the morning.

근거+보충 설명 ③ ➡ In addition, uniforms let teachers identify students more easily. This helps keep everyone safe by ensuring only students are on school grounds.

결론 ➡ For these reasons, I believe schools should have uniforms.

1 **What does the writer think about having uniforms in school?**

→ The writer thinks ____ .

2 **Why does the writer think wearing uniforms helps students?**

→ It makes them ___________________ and ___________________________ .

3 **What advantage do students have by not thinking about what to wear every day?**

→ Students ____ .

4 **How do uniforms help keep everyone safe at school?**

→ Uniforms ___________________________________, ensuring that only students
are on school grounds.

1 it is necessary for schools to have uniforms　**2** feel united, look the same regardless of their background　**3** can save time in the morning　**4** let teachers identify students more easily

Step 2 | 글의 뼈대 만들기

✚ 교복의 필요성에 대해 생각해 보고, 다음 표의 빈칸을 완성해 보세요.

Should Schools Have Uniforms?

입장	찬성 ☐	반대 ☐
주장	I think _____________ for schools _____________ .	
근거+보충 설명 ①	First, _____________ . _____________ .	
근거+보충 설명 ②	Also, _____________ . _____________ .	
근거+보충 설명 ③	In addition, _____________ . _____________ .	
결론	For these reasons, _____________ .	

Useful Words & Expressions

교복을 찬성하는 이유	교복을 반대하는 이유
feel united 결속력을 느끼다	tight 꽉 조이는
reduce bullying 괴롭힘을 줄이다	uncomfortable to wear 입기 불편한
wear the same clothes 똑같은 옷을 입다	not suitable for all body types 모든 체형에 맞지 않는
focus on learning 배움에 집중하다	encourage creativity 창의성을 북돋우다
save time 시간을 절약하다	limit personal expression 자기표현을 통제하다
spot strangers 낯선 사람을 분별하다	can't express unique personality 독특한 개성을 표현할 수 없다
keep school safe 학교를 안전하게 하다	not suit all weather conditions 모든 기상 조건에 적합한 것은 아니다
create a sense of belonging 소속감을 형성하다	can be seen as outdated 시대에 뒤떨어진 것으로 여겨지다

✚ 앞에서 작성한 내용을 바탕으로 다음 〈조건〉에 맞게 글을 완성해 보세요.

〈조건〉
① 7문장 이상 작성할 것
② 다음 언어 형식을 사용해 작성할 것
 • 가주어 It ~ for+목적격+to부정사
 • 목적격보어 = 원형부정사
 • 동명사 주어

Should Schools Have Uniforms?

I think ____.

____.

____.

____.

____.

____.

____.

For these reasons, _______________________________.

논술형 수행평가 6회 Chapter 04~07

○ 예시 답안 p.228

평가 개요	
주제	기후 변화가 미치는 영향과 그 대책에 관한 글쓰기
세부 내용	기후 변화가 미치는 영향과 그 대책 (3가지 이상)
언어 형식	① see+목적어+-ing ② too ~ to부정사 ③ the+비교급, the+비교급

Step 1 | 예시 글 분석하기

✚ 형광펜 친 부분에 유의하여 예시 글을 읽은 후, 표의 빈칸을 완성해 보세요.

The Impact of Climate Change and Solutions

도입부	→	Climate change is affecting our lives in many ways, and we need to take action.
영향 ①	→	First, we see temperatures rising every summer.
대책 ①	→	We should reduce air conditioning use to cool the air.
영향 ②	→	Second, we are seeing the sea level rising, and some places may become too dangerous to live in.
대책 ②	→	By using less energy, we can slow this process.
영향 ③	→	Third, the more factories pollute, the dirtier the air becomes.
대책 ③	→	We should use clean energy sources like wind or solar power to stop pollution.
맺음말	→	In conclusion, if we all work together, we can protect our planet.

영향+대책 ①	**1**	First, we ________________________. We ________________ to cool the air.
영향+대책 ②	**2**	Second, we are ________________, and some places ________________. By using less energy, we can slow this process.
영향+대책 ③	**3**	Third, ________________, ________________. ________________. We ________________ like wind or solar power to stop pollution.

1 see temperatures rising every summer, should reduce air conditioning use　**2** seeing the sea level rising, may become too dangerous to live in
3 the more factories pollute, the dirtier the air becomes, should use clean energy sources

✚ 기후 변화가 우리에게 미치는 영향을 떠올리며, 다음 표의 빈칸을 완성해 보세요.

The Impact of Climate Change and Solutions

도입부	Climate change is affecting our lives in many ways, and we need to take action.
영향+대책 ①	First, ________________________________. ________________________________.
영향+대책 ②	Second, ________________________________. ________________________________.
영향+대책 ③	Third, ________________________________. ________________________________.
맺음말	In conclusion, if we all work together, we can protect our planet.

Useful Words & Expressions

영향	drought 가뭄 heavy snow 폭설 heavy rain 폭우 typhoon 태풍 hail 우박 forest burns 숲이 타다	sea level rises 해수면이 상승하다 temperature rises 기온이 상승하다 the number of A increases/decreases A의 개체수가 많아지다/감소하다 unpredictable weather 예측할 수 없는 날씨 put coastal cities in danger 해안 도시를 위험에 빠뜨리다
대책	plant more trees 나무를 더 많이 심다 protect forests 삼림을 보호하다 use less fossil fuel 더 적은 화석 연료를 사용하다 use renewable energy sources 재생 가능한 에너지를 사용하다 reduce our greenhouse gas emissions 온실가스 배출을 줄이다 make factories use less energy 공장이 에너지를 덜 쓰게 하다 agree with other countries to work together 다른 나라들과 협력하기로 합의하다 educate people about climate change 사람들에게 기후변화에 대해 교육하다	

➕ 앞에서 작성한 내용을 바탕으로 다음 〈조건〉에 맞게 글을 완성해 보세요.

〈조건〉
① 6문장 이상 작성할 것
② 다음 언어 형식을 사용해 작성할 것
   • see+목적어+-ing
   • too ~ to부정사
   • the+비교급, the+비교급

The Impact of Climate Change and Solutions

Climate change is affecting our lives in many ways, and we need to take action.

____ .

____ .

____ .

____ .

____ .

____ .

In conclusion, if we all work together, we can protect our planet.

평가 개요	
주제	내 성격 소개하기
세부 내용	① 내 성격의 장점 (2가지 이상) ② 내 성격의 단점 ③ 단점을 극복하려는 노력 (2가지 이상)
언어 형식	① 부사절 접속사 ② 명사절 접속사 ③ 관계대명사의 계속적 용법

Step 1 | **예시 글 분석하기**

✚ 형광펜 친 부분에 유의하여 예시 글을 읽은 후, 각 질문에 답해보세요.

My Personality

도입부	→	I am a friendly person who enjoys talking to others.
내 성격의 장점 ①	→	One of my strengths is that I can make friends easily.
내 성격의 장점 ②	→	Another strength is that I am always positive, which makes people feel comfortable around me.
내 성격의 단점	→	However, I can sometimes be too shy when I meet new people.
극복하려는 노력 ①	→	To overcome this, I try to practice talking to new people at school.
극복하려는 노력 ②	→	I also remind myself that everyone feels nervous at first, but it gets easier.
노력의 결과	→	By taking small steps, I become more confident in social situations.
맺음말	→	This way, I can be a better person.

1　What are the writer's strengths? Write down 2 sentences.

→ The writer ____ .

→ The writer is _____________________ , which makes _____________________
around the him[her].

2　What does the writer do to overcome being shy when meeting new people?

→ The writer practices ____ .

3　What does the writer remind himself[herself] of when he[she] feels nervous?

→ The writer reminds himself[herself] that ___________________________ .

---

1 can make friends easily, always positive, people feel comfortable　**2** talking to new people at school　**3** everyone feels nervous at first, but it gets easier

Step 2 | 글의 뼈대 만들기 ·· ○

✦ 내 성격의 장단점을 떠올리며, 다음 표의 빈칸을 완성해 보세요.

My Personality

도입부	I am a(n) _____________ person who _____________ .
내 성격의 장점 ①	One of my strengths is that _____________ .
내 성격의 장점 ②	Another strength is that _____________ .
내 성격의 단점	However, _____________ .
극복하려는 노력 ①	To overcome this, _____________ .
극복하려는 노력 ②	I also _____________ .
노력의 결과	_____________ .
맺음말	This way, I can be a better person.

Useful Words & Expressions

장점 **Strengths**	**help others easily** 다른 사람을 쉽게 돕다 **stay organized** 정리 정돈을 잘하다 **work well in groups** 그룹에서 잘 협력하다 **show responsibility for work** 일에 책임감을 보이다 **listen carefully to others** 다른 사람의 말을 주의 깊게 듣다 **stay positive in difficult situations** 어려운 상황에서도 긍정적이다 **make friends quickly** 친구를 빠르게 사귀다 **finish tasks on time** 제시간에 일을 끝내다 **follow directions well** 지시를 잘 따르다
단점 **Weaknesses**	**get distracted easily** 쉽게 집중을 잃다 **be too shy** 수줍음이 너무 많다 **feel stressed easily** 쉽게 스트레스를 받다 **ignore small details** 작은 세부 사항을 무시하다 **talk too much** 말을 너무 많이 하다 **struggle to manage time** 시간 관리를 잘 못하다 **get frustrated easily** 쉽게 좌절하다 **avoid asking for help** 도움을 요청하는 것을 피하다
단점을 극복하려는 노력	**take notes** 메모를 적다 **focus on one task** 한 가지 일에 집중하다 **ask for help** 도움을 요청하다 **set small goals** 작은 목표를 세우다 **take short breaks** 짧은 휴식을 취하다 **create a schedule** 일정을 만들다

✚ 앞에서 작성한 내용을 바탕으로 다음 〈조건〉에 맞게 글을 완성해 보세요.

〈조건〉
① 7문장 이상 작성할 것
② 다음 언어 형식을 사용해 작성할 것
　• 부사절 접속사
　• 명사절 접속사
　• 관계대명사의 계속적 용법

My Personality

I am ____ .

____ .

____ .

____ .

However, ____ .

____ .

____ .

____ .

This way, I can be a better person.

논술형 수행평가 8회 Chapter 08~11

예시 답안 p.230

평가 개요	
주제	학교에서의 휴대 전화 제출을 찬성하거나 반대하는 글쓰기
세부 내용	① 주장 ② 주장에 대한 근거 (2가지 이상) ③ 각 근거에 대한 보충 설명 (2가지 이상)
언어 형식	① 부사절 접속사 ② 명사절 접속사 ③ 관계부사

Step 1 | 예시 글 분석하기

✚ 형광펜 친 부분에 유의하여 예시 글을 읽은 후, 표의 빈칸을 완성해 보세요.

Handing in Cell Phones at School: Yes or No?

주장	→	I think that students should hand in their cell phones at school.
근거 ①	→	First, they need to concentrate on their classes.
근거에 대한 보충 설명	→	Cell phones disturb learning because they are full of entertaining content.
근거 ②	→	Second, school is the place where students develop important social skills.
근거에 대한 보충 설명	→	They should interact with their friends and teachers directly.
맺음말	→	For these reasons, students should hand in their cell phones at school.

주장	1	The writer thinks ________________________________.
근거 ①	2	First, they need to ________________.
근거에 대한 보충 설명	3	________________ because they are full of entertaining content.
근거 ②	4	Second, school is the place ________________.
근거에 대한 보충 설명	5	They should ________________.

1 that students should hand in their cell phones at school 2 concentrate on their classes 3 Cell phones disturb learning 4 where students develop important social skills 5 interact with their friends and teachers directly

✚ 학교에서의 휴대 전화 제출에 관한 나의 생각을 떠올리며, 다음 표의 빈칸을 완성해 보세요.

Handing in Cell Phones at School: Yes or No?

주장	I think that students (should / don't have to) ______________________ ______________________.
근거 ①	First, ______________________ ______________________.
근거에 대한 보충 설명	______________________ ______________________.
근거 ②	Second, ______________________ ______________________.
근거에 대한 보충 설명	______________________ ______________________.
맺음말	For these reasons, students ______________________ ______________________.

Useful Words & Expressions

근거	focus/concentrate on ~에 집중하다 distract 집중이 안 되게 하다 enjoy my free time 자유 시간을 즐기다 interfere with ~을 방해하다 enjoy the break time 쉬는 시간을 즐기다 give attention to ~에 주의하다 refresh 생기를 되찾게 하다 respect 존중하다 feel free 자유로움을 느끼다 assist learning 학습을 돕다 be lost 분실되다 prevent cyberbullying 사이버 폭력을 예방하다 search information 정보를 찾다 use a dictionary 사전을 이용하다 develop important social skills 중요한 사회적 기술을 기르다 interact with their friends and teachers directly 친구들, 선생님들과 직접 소통하다 use phones for educational purposes 교육적인 목적으로 휴대 전화를 사용하다 can contact their parents in emergencies 긴급 상황에서 부모님께 연락할 수 있다

✚ 앞에서 작성한 내용을 바탕으로 다음 〈조건〉에 맞게 글을 완성해 보세요.

〈조건〉
① 6문장 이상 작성할 것
② 다음 언어 형식을 사용해 작성할 것
  • 부사절 접속사
  • 명사절 접속사
  • 관계부사

Handing in Cell Phones at School: Yes or No?

I think that students ____.

First, ____

____.

____.

____.

Second, ____

____.

____.

____.

For these reasons, students ________________________________

____.

○ 예시 답안 p.231

평가 개요	
주제	'내가 슈퍼히어로가 된다면' 가정·상상해보는 글쓰기
세부 내용	① 하고 싶은 일 가정·상상 (2가지 이상) ② 보충 설명 (2가지 이상)
언어 형식	① if 가정법 과거 (2번 이상) ② It is ~ that ... 강조 구문

Step 1 | 예시 글 분석하기

✚ 형광펜 친 부분에 유의하여 예시 글을 읽은 후, 각 질문에 답해보세요.

If I Were a Superhero...

하고 싶은 일 ①	→	If I were a superhero, I would protect the world from harm.
보충 설명	→	I would use my powers to help people in danger. If someone were in trouble, I would be there to save them.
중요한 것	→	It is the safety of others that matters the most to me.
하고 싶은 일 ②	→	I would also rescue animals and protect the environment.
보충 설명	→	My powers would allow me to stop any crisis from getting worse.
맺음말	→	I believe that being a superhero means helping everyone equally.

하고 싶은 일 ①	**1**	If I were a superhero, _______________________________________.
보충 설명	**2**	I would use my powers to help people in danger. If ____________________________, ____________________________.
중요한 것	**3**	____ the most to me.
하고 싶은 일 ②	**4**	I would also ____.
보충 설명	**5**	My powers would allow me ____________________________________.

1 I would protect the world from harm **2** someone were in trouble, I would be there to save them **3** It is the safety of others that matters
4 rescue animals and protect the environment **5** to stop any crisis from getting worse

Step 2 | 글의 뼈대 만들기

✚ 만약 내가 슈퍼히어로라면 어떤 일들을 할지 떠올리며, 다음 표의 빈칸을 완성해 보세요.

If I Were a Superhero...

하고 싶은 일 ①	If I were a superhero, I would ____________________ ____________________ .
보충 설명	____________________ . ____________________ .
중요한 것	It is ____________________ .
하고 싶은 일 ②	I would also ____________________ .
보충 설명	____________________ .
맺음말	I believe ____________________ .

Useful Words & Expressions

하고 싶은 일	**protect the world from harm** 세상을 해로부터 보호하다 **help people in danger** 위험에 처한 사람들을 돕다 **rescue animals from dangerous situations** 위험한 상황에 있는 동물들을 구하다 **stop natural disasters before they happen** 자연재해가 발생하기 전에 막다 **save people from accidents** 사고에서 사람들을 구하다 **prevent wars from starting** 전쟁이 시작되는 것을 막다 **treat the sick and injured** 아픈 사람들과 부상자들을 치료하다 **protect the environment from pollution** 환경을 오염으로부터 보호하다 **stop criminals from committing crimes** 범죄자들이 범죄를 저지르는 것을 막다 **create a safer world for children** 아이들을 위해 더 안전한 세상을 만들다 **stop the bullies** 괴롭히는 사람들을 막다 **stop fires and save lives** 화재를 막고 사람들의 생명을 구하다 **make vegetables taste like pizza** 야채를 피자 맛이 나도록 바꾸다 **do my homework with super speed** 초스피드로 내 숙제를 하다 **turn Mondays into Fridays** 월요일을 금요일로 바꾸다 **make every day a holiday** 매일을 휴일로 만들다 **never let homework exist** 숙제를 존재하지 않게 하다

✚ 앞에서 작성한 내용을 바탕으로 다음 〈조건〉에 맞게 글을 완성해 보세요.

〈조건〉
① 6문장 이상 작성할 것
② 다음 언어 형식을 사용해 작성할 것
  • if 가정법 과거 (2번 이상)
  • It is ~ that ... 강조 구문

If I Were a Superhero...

If I were a superhero, ____.

____.

____.

____.

____.

____.

____.

____.

평가 개요	
주제	한국의 위인 소개하기
세부 내용	① 최고의 업적 ② 부연 설명 ③ 그 외 업적 (2가지 이상)
언어 형식	① 간접의문문 ② 목적격 관계대명사의 생략 ③ 관계대명사 what

Step 1　｜　예시 글 분석하기

✚ 형광펜 친 부분에 유의하여 예시 글을 읽은 후, 각 질문에 답해보세요.

One of the Great People in Korean History

위인 이름	→	King Sejong is one of the greatest people in Korean history.
도입부	→	Have you ever wondered what made him such an important leader?
업적 ①	→	He is best known for creating Hangul, the Korean alphabet.
부연 설명	→	What he did helped many people learn to read and write.
그 외 업적 ①	→	He also helped advance science by supporting inventions like the water clock.
그 외 업적 ②	→	Another great thing (that) he did was to encourage farming by writing books about agriculture.
맺음말	→	It is hard to imagine what Korea would be like without his contributions.

1　What is King Sejong best known for?

→ King Sejong is best known for _______________________________________ .

2　What did King Sejong do to promote education?

→ He promoted education _______________________________________ .

3　What else did King Sejong do? Write down 2 sentences.

→ He _______________________________________ like the water clock.

→ He _______________________________________ .

---

1 creating Hangul, the Korean alphabet　**2** by helping many people learn to read and write　**3** helped advance science by supporting inventions, encouraged farming by writing books about agriculture

✚ 한국 역사 속 소개하고 싶은 위인을 떠올리며, 다음 표의 빈칸을 완성해 보세요.

One of the Great People in Korean History

위인 이름	________________________ is one of the greatest people in Korean history.
도입부	Have you ever wondered ________________________?
업적 ①	________________________.
부연 설명	________________________.
그 외 업적 ①	________________________.
그 외 업적 ②	Another great thing he[she] did ________________________.
맺음말	It is hard to imagine ________________________.

Useful Words & Expressions

위인	업적
King Sejong 세종대왕	create Hangul 한글을 창제하다 help advance science 과학의 발전을 돕다 encourage farming by writing books about agriculture 농업에 관한 책을 써서 농업을 장려하다
Kim Gu 김구	fight for Korea's independence from Japan 일본으로부터 한국의 독립을 위해 싸우다 lead the Korean Provisional Government in China 중국에서 임시정부를 이끌다 bring people together among all Koreans 모든 한국인을 하나로 모으다
Shin Saimdang 신사임당	develop Korean art during her time 그 당시 한국 미술을 발전시키다 set a strong example of family values in Korean society 한국 사회에서 가족 가치의 강한 본보기를 세우다

➕ 앞에서 작성한 내용을 바탕으로 다음 〈조건〉에 맞게 글을 완성해 보세요.

〈조건〉
① 6문장 이상 작성할 것
② 다음 언어 형식을 사용해 작성할 것
  • 간접의문문
  • 목적격 관계대명사의 생략
  • 관계대명사 what

One of the Great People in Korean History

_______________________________ is one of the greatest people in Korean history.

____

____

____

____

____

It is hard to imagine _______________________________

____ .

 논술형 수행평가 1회

평가 기준			배점
내용 **(5점)**	**<내용> 채점 조건** ① 온라인 수업의 장점 (2가지 이상)　② 온라인 수업의 단점 (2가지 이상)		
	내용 조건 (2점)	<내용 조건> 중 2가지 모두 만족한 경우	2
		<내용 조건> 중 1가지를 만족한 경우	1
	문장 개수 (3점)	4문장 이상 작성한 경우	3
		3문장 이상 작성한 경우	2
		2문장 이하로 작성한 경우	1
언어 형식 **(5점)**	**<언어 형식> 채점 조건** ① 조동사 (3가지 이상)　② 수동태		
	언어 형식 사용 (2점)	제시된 <언어 형식 조건> 2가지를 목적에 맞게 사용한 경우	2
		제시된 <언어 형식 조건> 2가지 중 1가지를 목적에 맞게 사용한 경우	1
	정확한 언어 사용 (3점)	문법적 오류가 3개 이하인 경우	3
		문법적 오류가 4개 이상 6개 이하 포함되었으나 내용 전달에 무리가 없는 경우	2
		문법적 오류가 7개 이상 있고, 내용이 제대로 전달되지 않는 경우	1
총점 **(10점)**			

예시 답안 1

Online classes have both advantages and disadvantages.
An advantage is that we are able to save on transportation costs because we don't have to go to school.
Also, it allows us to feel comfortable in our own place.
However, a disadvantage is that we may be interrupted by technical issues.
In addition, we might need to buy expensive electronic devices like laptops.
Overall, online classes are a useful tool, but they should be used effectively.

온라인 수업에는 장점과 단점이 있습니다.
장점은 학교에 갈 필요가 없으므로 교통비를 절약할 수 있다는 것입니다.
또한, 온라인 수업은 우리 혼자만의 장소에서 우리가 편안함을 느끼도록 해줍니다.
하지만 단점은 기술적 문제로 방해받을 수 있다는 것입니다.
게다가, 우리는 노트북과 같은 비싼 전자기기를 사야 할지도 모릅니다.
종합적으로, 온라인 수업은 유용한 도구이지만 효율적으로 사용되어야 합니다.

예시 답안 2

Online classes have both advantages and disadvantages.
An advantage is that we can participate in various activities.
Also, we are able to improve computer skills by using digital tools.
However, a disadvantage is that we may feel lonely, as we cannot meet friends and teachers face-to-face.
In addition, the social aspect of school can be missed.
Overall, online classes are a useful tool, but they should be used effectively.

온라인 수업에는 장점과 단점이 있습니다.
장점은 우리가 다양한 활동에 참여할 수 있다는 것입니다.
또한, 우리는 디지털 도구를 사용함으로써 컴퓨터 기술을 향상시킬 수 있습니다.
하지만 단점은 우리가 친구들과 선생님들을 대면으로 만날 수 없기 때문에 외로움을 느낄 수도 있다는 겁니다.
게다가, 학교의 사회적 측면을 놓치게 될 수 있습니다.
종합적으로, 온라인 수업은 유용한 도구이지만 효율적으로 사용되어야 합니다.

논술형 수행평가 2회

평가 기준			배점
내용 (6점)	**<내용> 채점 조건** ① 가장 좋아하는 공휴일　② 하는 일 (4가지 이상)　③ 내게 주는 의미		
	내용 조건 (3점)	<내용 조건> 중 3가지 모두 만족한 경우	3
		<내용 조건> 중 2가지를 만족한 경우	2
		<내용 조건> 중 1가지를 만족한 경우	1
	문장 개수 (3점)	6문장 이상 작성한 경우	3
		5문장 이상 작성한 경우	2
		4문장 이하로 작성한 경우	1
언어 형식 (6점)	**<언어 형식> 채점 조건** ① 현재완료　② 현재완료진행　③ 수동태		
	언어 형식 사용 (3점)	제시된 <언어 형식 조건> 3가지를 목적에 맞게 사용한 경우	3
		제시된 <언어 형식 조건> 3가지 중 2가지를 목적에 맞게 사용한 경우	2
		제시된 <언어 형식 조건> 3가지 중 1가지를 목적에 맞게 사용한 경우	1
	정확한 언어 사용 (3점)	문법적 오류가 3개 이하인 경우	3
		문법적 오류가 4개 이상 6개 이하 포함되었으나 내용 전달에 무리가 없는 경우	2
		문법적 오류가 7개 이상 있고, 내용이 제대로 전달되지 않는 경우	1
총점 (12점)			

예시 답안 1

Lunar New Year is my favorite holiday because I have always liked spending time with my relatives.
I usually spend my time doing the following things during the holiday.
My family has visited my grandparents' house every year. Also, we have been making traditional foods together since I was little.
New Year's gift money is given to us after we bow to the elders. Later, we eat tteokguk and talk about the past year.
Lunar New Year has always been a time for family and happiness for me.

설날은 제가 친척들과 함께 시간을 보내는 것을 항상 좋아했기 때문에 제가 가장 좋아하는 공휴일입니다.
저는 보통 명절 동안 다음과 같은 일들을 하며 시간을 보냅니다.
우리 가족은 매년 할아버지, 할머니 댁을 방문해 왔습니다. 또한 어렸을 때부터 전통 음식을 함께 만들어 왔습니다.
세배를 한 후에 어른들께 세뱃돈을 받습니다. 이후에 우리는 떡국을 먹으며 지난 한 해에 관해 이야기를 나눕니다.
설날은 항상 저에게 가족과 행복을 위한 시간이었습니다.

예시 답안 2

Chuseok is my favorite holiday because I can enjoy many different kinds of traditional foods.
I usually spend my time doing the following things during the holiday.
My family has been making delicious foods like jeon and japchae together. Various traditional foods are prepared, and everyone enjoys the meal.
Also, We have visited our ancestors' graves every year. Later, I play traditional games like yunnori with my cousins.
Chuseok has always been a time to reconnect with my family and traditions.

추석은 다양한 전통 음식을 즐길 수 있기 때문에 제가 가장 좋아하는 명절입니다.
저는 보통 명절 동안 다음과 같은 일들을 하며 시간을 보냅니다.
우리 가족은 함께 전과 잡채 같은 맛있는 음식을 만들어 왔습니다. 다양한 전통 음식이 준비되고, 모두가 그 음식을 즐깁니다.
또한, 우리는 매년 조상의 묘를 방문해 왔습니다. 이후에 저는 사촌들과 윷놀이 같은 전통 놀이를 합니다.
추석은 항상 가족과 전통을 다시 연결해 주는 시간이었습니다.

 # 논술형 수행평가 3회

평가 기준			배점
내용 (6점)	**<내용> 채점 조건** ① 현재 관심사와 원하는 것　② 현재 걱정되는 것　③ 미래의 나에게 바라는 점 (3가지 이상)		
	내용 조건 (3점)	<내용 조건> 중 3가지 모두 만족한 경우	3
		<내용 조건> 중 2가지를 만족한 경우	2
		<내용 조건> 중 1가지를 만족한 경우	1
	문장 개수 (3점)	5문장 이상 작성한 경우	3
		4문장 이상 작성한 경우	2
		3문장 이하로 작성한 경우	1
언어 형식 (6점)	**<언어 형식> 채점 조건** ① 현재완료　② 수동태의 관용 표현 (be interested in)　③ 수동태의 관용 표현 (be worried about)		
	언어 형식 사용 (3점)	제시된 <언어 형식 조건> 3가지를 목적에 맞게 사용한 경우	3
		제시된 <언어 형식 조건> 3가지 중 2가지를 목적에 맞게 사용한 경우	2
		제시된 <언어 형식 조건> 3가지 중 1가지를 목적에 맞게 사용한 경우	1
	정확한 언어 사용 (3점)	문법적 오류가 3개 이하인 경우	3
		문법적 오류가 4개 이상 6개 이하 포함되었으나 내용 전달에 무리가 없는 경우	2
		문법적 오류가 7개 이상 있고, 내용이 제대로 전달되지 않는 경우	1
총점 (12점)			

예시 답안 1

Hi! I hope you've been doing well over the past 10 years. I wonder how you're living and how it's different from before.
At the moment, I am interested in reading books, and I want to write my own novels in the future. But right now I am worried about balancing reading books and schoolwork.
I hope you have enjoyed many great books. I imagine that your book will become a bestseller. Always chase your dreams!
Take care,
Your Past Self

안녕! 지난 10년 동안 잘 지냈길 바라. 나는 네가 어떻게 살고 있는지, 전과 어떻게 다른지 궁금해.
지금 나는 책을 읽는 것에 관심이 있고, 미래에 나만의 소설을 쓰고 싶어. 하지만 나는 지금 책을 읽는 것과 학교 공부의 균형을 잡는 게 걱정돼.
나는 네가 훌륭한 책을 많이 읽었길 바라. 나는 너의 책이 베스트셀러가 될 거라고 상상해. 항상 너의 꿈을 좇으렴!
잘 지내,
과거의 너로부터.

예시 답안 2

Hi! I hope you've been doing well over the past 10 years. I wonder how you're living and how it's different from before.
At the moment, I am interested in volunteering, and I want to help my community in the future. But right now I am worried about not having enough time.
I hope you have made a positive impact on others. I imagine that you have organized many successful events. Enjoy every moment!
Take care,
Your Past Self

안녕! 지난 10년 동안 잘 지냈길 바라. 나는 네가 어떻게 살고 있는지, 전과 어떻게 다른지 궁금해.
지금 나는 자원봉사에 관심이 있고, 미래에 지역 사회를 돕고 싶어. 하지만 지금은 시간이 충분하지 않아서 걱정이야.
나는 네가 다른 사람들에게 긍정적인 영향을 주었으면 좋겠어. 나는 네가 성공적인 행사를 많이 조직했을 거라고 상상해. 모든 순간을 즐기렴!
잘 지내,
과거의 너로부터.

 # 논술형 수행평가 4회

평가 기준			배점
내용 **(5점)**	**<내용> 채점 조건** ① 공부 방법 (3가지 이상)　② 각 방법의 효과 (2가지 이상)		
	내용 조건 (2점)	<내용 조건> 중 2가지 모두 만족한 경우	2
		<내용 조건> 중 1가지를 만족한 경우	1
	문장 개수 (3점)	6문장 이상 작성한 경우	3
		5문장 이상 작성한 경우	2
		4문장 이하로 작성한 경우	1
언어 형식 **(6점)**	**<언어 형식> 채점 조건** ① to부정사의 부사적 쓰임 (목적)　② 목적격보어 = to부정사/원형부정사 (2가지 이상)　③ 분사구문		
	언어 형식 사용 (3점)	제시된 <언어 형식 조건> 3가지를 목적에 맞게 사용한 경우	3
		제시된 <언어 형식 조건> 3가지 중 2가지를 목적에 맞게 사용한 경우	2
		제시된 <언어 형식 조건> 3가지 중 1가지를 목적에 맞게 사용한 경우	1
	정확한 언어 사용 (3점)	문법적 오류가 3개 이하인 경우	3
		문법적 오류가 4개 이상 6개 이하 포함되었으나 내용 전달에 무리가 없는 경우	2
		문법적 오류가 7개 이상 있고, 내용이 제대로 전달되지 않는 경우	1
총점 **(11점)**			

예시 답안 1

If you want to study better, there are a few tips I can share with you.
First, I set specific study goals, making it easier to stay focused and motivated.
Second, I discuss with classmates by joining a study group. It helps me understand difficult concepts and learn from others.
Third, I use online resources such as video lectures to review. It allows me to replay confusing parts as many times as necessary.
I hope my tips can lead to better results and more confidence in your studies.

다음은 여러분이 공부를 더 잘하고 싶다면 제가 공유할 수 있는 몇 가지 팁입니다.
첫째, 저는 구체적인 학습 목표를 세워, 집중하고 동기부여를 유지하는 것이 더 쉬워집니다.
둘째, 저는 스터디 그룹에 참여하여 반 친구들과 논의합니다. 이는 어려운 개념을 이해하고 다른 사람들에게서 배울 수 있게 도와줍니다.
셋째, 저는 복습하는 데 비디오 강의와 같은 온라인 자료를 활용합니다. 필요한 만큼 헷갈리는 부분을 여러 번 다시 볼 수 있게 해줍니다.
제 팁이 여러분의 공부에 더 나은 결과와 더 많은 자신감을 가져다주길 바랍니다.

예시 답안 2

If you want to study better, there are a few tips I can share with you.
First, I practice and review past exams to become familiar with the test format. This helps me gain confidence.
Second, I try to summarize key points for every subject. It lets me understand important information more easily.
Third, I teach someone else the material, identifying my weak points. Teaching requires a deep understanding.
I hope my tips can lead to better results and more confidence in your studies.

다음은 여러분이 공부를 더 잘하고 싶다면 제가 공유할 수 있는 몇 가지 팁입니다.
첫째, 저는 시험 형식에 익숙해지기 위해 과거의 시험 문제를 연습하고 복습합니다. 이것은 제가 자신감을 얻도록 도와줍니다.
둘째, 저는 각 과목의 중요한 점을 요약하려고 노력합니다. 이것은 중요한 정보를 더 쉽게 이해할 수 있게 해줍니다.
셋째, 저는 다른 사람에게 자료를 가르치면서 제 약점을 파악합니다. 가르치는 것은 깊은 이해를 요구합니다.
제 팁이 여러분의 공부에 더 나은 결과와 더 많은 자신감을 가져다주길 바랍니다.

 # 논술형 수행평가 5회

평가 기준			배점
내용 (6점)		**<내용> 채점 조건** ① 주장 ② 주장에 대한 근거 (3가지 이상) ③ 각 근거에 대한 보충 설명 (2가지 이상)	
	내용 조건 (3점)	<내용 조건> 중 3가지 모두 만족한 경우	3
		<내용 조건> 중 2가지를 만족한 경우	2
		<내용 조건> 중 1가지를 만족한 경우	1
	문장 개수 (3점)	7문장 이상 작성한 경우	3
		6문장 이상 작성한 경우	2
		5문장 이하로 작성한 경우	1
언어 형식 (6점)		**<언어 형식> 채점 조건** ① 가주어 It ~ for+목적격+to부정사 ② 목적격보어 = 원형부정사 ③ 동명사 주어	
	언어 형식 사용 (3점)	제시된 <언어 형식 조건> 3가지를 목적에 맞게 사용한 경우	3
		제시된 <언어 형식 조건> 3가지 중 2가지를 목적에 맞게 사용한 경우	2
		제시된 <언어 형식 조건> 3가지 중 1가지를 목적에 맞게 사용한 경우	1
	정확한 언어 사용 (3점)	문법적 오류가 3개 이하인 경우	3
		문법적 오류가 4개 이상 6개 이하 포함되었으나 내용 전달에 무리가 없는 경우	2
		문법적 오류가 7개 이상 있고, 내용이 제대로 전달되지 않는 경우	1
총점 (12점)			

예시 답안 1

I think it is necessary for schools to have uniforms. First, they can reduce bullying related to clothing choices because all students wear the same clothes. Also, uniforms help students save time in the morning. As a result, uniforms can let students focus on learning more rather than their fashion. In addition, creating a sense of belonging helps students feel more connected to their school community. It can make students feel proud to represent their school.
For these reasons, I believe schools should have uniforms.

저는 학교에서 교복을 입는 것이 필요하다고 생각합니다. 첫째, 모든 학생이 같은 옷을 입기 때문에 옷 선택과 관련된 괴롭힘을 줄일 수 있습니다. 또한, 교복은 학생들이 아침에 시간을 절약하는 데 도움이 됩니다. 그 결과, 교복을 통해 학생들은 패션보다는 학습에 더 집중할 수 있습니다. 게다가, 소속감을 형성하는 것은 학생들이 학교 공동체에 더 연결된 느낌을 받게 도와줍니다. 이는 학생들이 학교를 대표하는 것에 자부심을 느끼게 할 수 있습니다.
이러한 이유로, 저는 학교에서 교복이 필요하다고 생각합니다.

예시 답안 2

I think it is unnecessary for schools to have uniforms. First, uniforms don't suit all weather conditions. Even with summer and winter uniforms, students can feel uncomfortable during changing seasons. Also, uniforms might be too tight. It may be hard for students to move freely during certain activities. In addition, limiting personal expression can make students feel less confident. It can make them feel restricted in showing their unique personality.
For these reasons, I don't believe schools need uniforms.

저는 학교에서 교복을 입는 것은 불필요하다고 생각합니다. 첫째, 교복은 모든 기상 조건에 적합하지는 않습니다. 여름용과 겨울용 교복이 있어도 환절기에는 학생들이 불편함을 느낄 수 있습니다. 또한, 교복이 너무 꽉 끼는 경우가 있습니다. 특정 활동을 하는 동안 학생들이 자유롭게 움직이기 어려울 수 있습니다. 게다가, 자기표현을 제한하는 것은 학생들이 자신감을 덜 느끼게 만들 수 있습니다. 이는 학생들이 독특한 개성을 표현하는 데 제한을 느끼게 할 수 있습니다.
이러한 이유로, 저는 학교에서 교복이 필요하지 않다고 생각합니다.

논술형 수행평가 6회

평가 기준			배점
내용 (6점)	**<내용> 채점 조건** 기후 변화가 미치는 영향과 그 대책 (3가지 이상)		
	내용 조건 (3점)	<내용 조건> 중 3가지 모두 만족한 경우	3
		<내용 조건> 중 2가지를 만족한 경우	2
		<내용 조건> 중 1가지를 만족한 경우	1
	문장 개수 (3점)	6문장 이상 작성한 경우	3
		5문장 이상 작성한 경우	2
		4문장 이하로 작성한 경우	1
언어 형식 (6점)	**<언어 형식> 채점 조건** ① see+목적어+-ing　② too ~ to부정사　③ the+비교급, the+비교급		
	언어 형식 사용 (3점)	제시된 <언어 형식 조건> 3가지를 목적에 맞게 사용한 경우	3
		제시된 <언어 형식 조건> 3가지 중 2가지를 목적에 맞게 사용한 경우	2
		제시된 <언어 형식 조건> 3가지 중 1가지를 목적에 맞게 사용한 경우	1
	정확한 언어 사용 (3점)	문법적 오류가 3개 이하인 경우	3
		문법적 오류가 4개 이상 6개 이하 포함되었으나 내용 전달에 무리가 없는 경우	2
		문법적 오류가 7개 이상 있고, 내용이 제대로 전달되지 않는 경우	1
총점 (12점)			

예시 답안 1

Climate change is affecting our lives in many ways, and we need to take action. First, we see forests disappearing due to wildfires. We should help by planting more trees and protecting forests. Second, the more the ice caps melt, the higher the sea levels rise. We should reduce our greenhouse gas emissions. Third, it is becoming too hard to grow food in some areas because of extreme heat. Farmers can try new methods like growing plants that need less water.
In conclusion, if we all work together, we can protect our planet.

기후 변화는 여러 가지 방식으로 우리의 삶에 영향을 미치고 있으며, 우리는 조치를 취해야 합니다. 첫째, 우리는 산불로 인해 숲이 사라지는 것을 보고 있습니다. 나무를 더 많이 심고 숲을 보호하는 데 도움을 줘야 합니다. 둘째, 빙하가 더 많이 녹을수록 해수면이 더 높아집니다. 우리는 온실가스 배출을 줄여야 합니다. 셋째, 극심한 더위 때문에 일부 지역에서는 음식을 재배하기가 너무 어려워지고 있습니다. 농부들은 물을 덜 필요로 하는 식물을 기르는 새로운 방법을 시도할 수 있습니다.
결론적으로, 모두가 함께 노력한다면 우리는 지구를 보호할 수 있습니다.

예시 답안 2

Climate change is affecting our lives in many ways, and we need to take action. First, we see animals moving to new places because their homes are becoming too hot to live in. Protecting their habitats can help them survive. Second, the more the planet warms, the less water we have in some places. We should save water by using it wisely. Third, more storms are happening due to warmer oceans. We should use less fossil fuel.
In conclusion, if we all work together, we can protect our planet.

기후 변화는 여러 가지 방식으로 우리의 삶에 영향을 미치고 있으며, 우리는 조치를 취해야 합니다. 첫째, 우리는 동물들이 새로운 곳으로 이동하는 것을 보고 있습니다. 그들의 집이 너무 뜨거워져서 살 수 없기 때문입니다. 그들의 서식지를 보호하는 것은 그들이 살아남는 데 도움이 될 수 있습니다. 둘째, 지구가 더 따뜻해질수록 일부 지역에서는 물이 더 적어집니다. 우리는 물을 현명하게 사용하여 절약해야 합니다. 셋째, 따뜻한 바다로 인해 더 많은 폭풍이 발생하고 있습니다. 우리는 화석 연료 사용을 줄여야 합니다.
결론적으로, 모두가 함께 노력한다면 우리는 지구를 보호할 수 있습니다.

 ## 논술형 수행평가 7회

평가 기준			배점
내용 (6점)	**<내용> 채점 조건** ① 내 성격의 장점 (2가지 이상) ② 내 성격의 단점 ③ 단점을 극복하려는 노력 (2가지 이상)		
	내용 조건 (3점)	<내용 조건> 중 3가지 모두 만족한 경우	3
		<내용 조건> 중 2가지를 만족한 경우	2
		<내용 조건> 중 1가지를 만족한 경우	1
	문장 개수 (3점)	7문장 이상 작성한 경우	3
		6문장 이상 작성한 경우	2
		5문장 이하로 작성한 경우	1
언어 형식 (6점)	**<언어 형식> 채점 조건** ① 부사절 접속사 ② 명사절 접속사 ③ 관계대명사의 계속적 용법		
	언어 형식 사용 (3점)	제시된 <언어 형식 조건> 3가지를 목적에 맞게 사용한 경우	3
		제시된 <언어 형식 조건> 3가지 중 2가지를 목적에 맞게 사용한 경우	2
		제시된 <언어 형식 조건> 3가지 중 1가지를 목적에 맞게 사용한 경우	1
	정확한 언어 사용 (3점)	문법적 오류가 3개 이하인 경우	3
		문법적 오류가 4개 이상 6개 이하 포함되었으나 내용 전달에 무리가 없는 경우	2
		문법적 오류가 7개 이상 있고, 내용이 제대로 전달되지 않는 경우	1
총점 (12점)			

예시 답안 1

I am a responsible person who always finishes tasks on time.
One of my strengths is that I manage my time well. Another strength is that I pay attention to details.
However, I sometimes feel stressed when I have too much work. To overcome this, I take short breaks to relax.
I also try to plan my day better so that I don't feel overwhelmed. When I stay calm under pressure, which is important for success, I complete my work more easily. This way, I can be a better person.

저는 항상 일을 제시간에 끝내는 책임감 있는 사람입니다.
제 장점 중 하나는 시간을 잘 관리한다는 것입니다. 또 다른 장점은 세부 사항에 신경을 쓴다는 것입니다.
그러나 일이 너무 많을 때 가끔 스트레스를 받습니다. 이를 극복하기 위해, 저는 짧은 휴식을 취하며 긴장을 풉니다. 또한, 하루 계획을 더 잘 세워 부담을 덜 느끼려고 노력합니다. 제가 압박 속에서도 침착함을 유지할 때, 이는 성공에 중요한데, 저는 더 쉽게 일을 완료합니다.
이렇게 해서 저는 더 나은 사람이 될 수 있습니다.

예시 답안 2

I am a kind person who likes to support my friends.
One of my strengths is that I am always there when someone needs help. Another strength is that I am a good listener.
However, I sometimes find it hard to say no, even when I am too busy. To overcome this, I try to set boundaries. I also practice saying no politely when I need to focus on my own tasks. Although it can be difficult, which is something I am working on, I know it's important for my well-being. This way, I can be a better person.

저는 친구들을 돕는 것을 좋아하는 친절한 사람입니다.
제 장점 중 하나는 누군가가 도움이 필요할 때 항상 함께해준다는 것입니다. 또 다른 장점은 제가 좋은 경청자라는 것입니다.
그러나 저는 때때로 너무 바쁠 때도 '아니요.'라고 말하기가 어렵습니다. 이를 극복하기 위해, 저는 경계를 설정하려고 노력합니다. 또한, 제 일에 집중해야 할 때 정중하게 거절하는 연습을 합니다. 비록 어렵지만, 이는 제가 노력하고 있는 부분이며, 제 행복을 위해 중요하다는 것을 알고 있습니다.
이렇게 해서 저는 더 나은 사람이 될 수 있습니다.

 ## 논술형 수행평가 8회

평가 기준			배점
내용 (6점)	**<내용> 채점 조건** ① 주장　② 주장에 대한 근거 (2가지 이상)　③ 각 근거에 대한 보충 설명 (2가지 이상)		
	내용 조건 (3점)	<내용 조건> 중 3가지 모두 만족한 경우	3
		<내용 조건> 중 2가지를 만족한 경우	2
		<내용 조건> 중 1가지를 만족한 경우	1
	문장 개수 (3점)	6문장 이상 작성한 경우	3
		5문장 이상 작성한 경우	2
		4문장 이하로 작성한 경우	1
언어 형식 (6점)	**<언어 형식> 채점 조건** ① 부사절 접속사　② 명사절 접속사　③ 관계부사		
	언어 형식 사용 (3점)	제시된 <언어 형식 조건> 3가지를 목적에 맞게 사용한 경우	3
		제시된 <언어 형식 조건> 3가지 중 2가지를 목적에 맞게 사용한 경우	2
		제시된 <언어 형식 조건> 3가지 중 1가지를 목적에 맞게 사용한 경우	1
	정확한 언어 사용 (3점)	문법적 오류가 3개 이하인 경우	3
		문법적 오류가 4개 이상 6개 이하 포함되었으나 내용 전달에 무리가 없는 경우	2
		문법적 오류가 7개 이상 있고, 내용이 제대로 전달되지 않는 경우	1
총점 (12점)			

예시 답안 1

I think that students don't have to hand in their cell phones at school. First, cell phones can be additional teachers because they assist students' learning. Students can search for the meanings of difficult words using their cell phones where they can find information. Second, students need some time to refresh themselves by doing what they enjoy. During break time, students can feel refreshed and relaxed by listening to music. For these reasons, students don't have to hand in their cell phones at school.

저는 학생들이 학교에서 휴대 전화를 제출할 필요가 없다고 생각합니다. 첫째, 휴대 전화는 학생들의 학습을 도와주기 때문에 추가적인 선생님이 될 수 있습니다. 학생들은 정보를 찾을 수 있는 휴대 전화를 사용하여 어려운 단어의 의미를 검색할 수 있습니다. 둘째, 학생들은 자신이 즐기는 활동을 함으로써 재충전할 시간이 필요합니다. 쉬는 시간 동안 학생들은 음악을 들으며 활력을 되찾고 편안함을 느낄 수 있습니다. 이러한 이유로, 학생들은 학교에서 휴대 전화를 제출할 필요가 없습니다.

예시 답안 2

I think that students should hand in their cell phones at school. First, it can prevent students' cell phones from being lost. Most schools have a place where all cell phones are stored safely. If students keep their cell phones all day at school, the chances of losing them will increase. Second, handing in cell phones can reduce cyberbullying during school hours. Without their phones, students are less likely to engage in harmful online behavior. For these reasons, students should hand in their cell phones at school.

저는 학생들이 학교에서 휴대 전화를 제출해야 한다고 생각합니다. 첫째, 이는 학생들의 휴대 전화를 분실하는 것을 방지할 수 있습니다. 대부분의 학교에는 모든 휴대 전화를 안전하게 보관하는 장소가 있습니다. 학생들이 학교에서 하루 종일 휴대 전화를 가지고 있으면, 분실할 가능성도 커집니다. 둘째, 휴대 전화를 제출하면 학교 시간 동안 사이버 폭력을 줄일 수 있습니다. 휴대 전화가 없으면 학생들이 유해한 온라인 행동에 가담할 가능성이 줄어듭니다. 이러한 이유로, 학생들은 학교에서 휴대 전화를 제출해야 합니다.

 ## 논술형 수행평가 9회

		평가 기준	배점
내용 (5점)	**<내용> 채점 조건** ① 하고 싶은 일 가정·상상 (2가지 이상) ② 보충 설명 (2가지 이상)		
	내용 조건 (2점)	<내용 조건> 중 2가지 모두 만족한 경우	2
		<내용 조건> 중 1가지를 만족한 경우	1
	문장 개수 (3점)	6문장 이상 작성한 경우	3
		5문장 이상 작성한 경우	2
		4문장 이하로 작성한 경우	1
언어 형식 (5점)	**<언어 형식> 채점 조건** ① if 가정법 과거 (2번 이상) ② It is ~ that ... 강조 구문		
	언어 형식 사용 (2점)	제시된 <언어 형식 조건> 2가지를 목적에 맞게 사용한 경우	2
		제시된 <언어 형식 조건> 2가지 중 1가지를 목적에 맞게 사용한 경우	1
	정확한 언어 사용 (3점)	문법적 오류가 3개 이하인 경우	3
		문법적 오류가 4개 이상 6개 이하 포함되었으나 내용 전달에 무리가 없는 경우	2
		문법적 오류가 7개 이상 있고, 내용이 제대로 전달되지 않는 경우	1
총점 (10점)			

예시 답안 1

If I were a superhero, I would clean the oceans by removing all the plastic from the water. If fish were ever in danger, I would do my best to save them. It is the health of our planet that is the most important to me. I would also teach people how to recycle. I would show them how easy it can be if we all try. Protecting the Earth is everyone's responsibility. I believe we should work together to keep it safe.

내가 슈퍼히어로라면, 바다에서 모든 플라스틱을 제거하여 바다를 깨끗하게 할 것이다. 물고기가 위험에 처한다면, 그것들을 구하기 위해 최선을 다할 것이다. 내가 가장 중요하게 생각하는 것은 우리 지구의 건강이다. 나는 사람들에게 재활용하는 방법을 가르칠 것이다. 우리가 모두 노력한다면, 얼마나 쉬운지 보여줄 것이다. 지구를 보호하는 것은 모두의 책임이다. 나는 지구를 안전하게 지키기 위해 우리가 함께 해야 한다고 믿는다.

예시 답안 2

If I were a superhero, I would stop all the bullies and make sure they couldn't hurt anyone. I would make sure no one ever feels bullied or unsafe at school. If someone were being bullied, I would immediately step in to protect them. It is the happiness of all students that matters the most to me. I would also help kids make more friends. I would teach them how to be kind. I believe that making school safe and happy for everyone is my most important job.

내가 슈퍼히어로라면, 모든 괴롭히는 사람들을 막고 그들이 아무도 해치지 못하게 할 것이다. 나는 아무도 학교에서 괴롭힘을 당하거나 불안함을 느끼지 않도록 할 것이다. 누군가 괴롭힘을 당하고 있다면, 즉시 나서서 그들을 보호할 것이다. 내가 가장 중요하게 생각하는 것은 모든 학생들의 행복이다. 나는 아이들이 더 많은 친구를 사귈 수 있도록 도울 것이다. 그들에게 친절하게 행동하는 방법을 가르칠 것이다. 나는 학교를 모두에게 안전하고 행복한 곳으로 만드는 것이 나의 가장 중요한 임무라고 믿는다.

논술형 수행평가 10회

평가 기준			배점
내용 (6점)	**<내용> 채점 조건** ① 최고의 업적 ② 부연 설명 ③ 그 외 업적 (2가지 이상)		
	내용 조건 (3점)	<내용 조건> 중 3가지 모두 만족한 경우	3
		<내용 조건> 중 2가지를 만족한 경우	2
		<내용 조건> 중 1가지를 만족한 경우	1
	문장 개수 (3점)	6문장 이상 작성한 경우	3
		5문장 이상 작성한 경우	2
		4문장 이하로 작성한 경우	1
언어 형식 (6점)	**<언어 형식> 채점 조건** ① 간접의문문 ② 목적격 관계대명사의 생략 ③ 관계대명사 what		
	언어 형식 사용 (3점)	제시된 <언어 형식 조건> 3가지를 목적에 맞게 사용한 경우	3
		제시된 <언어 형식 조건> 3가지 중 2가지를 목적에 맞게 사용한 경우	2
		제시된 <언어 형식 조건> 3가지 중 1가지를 목적에 맞게 사용한 경우	1
	정확한 언어 사용 (3점)	문법적 오류가 3개 이하인 경우	3
		문법적 오류가 4개 이상 6개 이하 포함되었으나 내용 전달에 무리가 없는 경우	2
		문법적 오류가 7개 이상 있고, 내용이 제대로 전달되지 않는 경우	1
총점 (12점)			

예시 답안 1

Kim Gu is one of the greatest people in Korean history. Have you ever wondered what made him such an important leader? He is best known for his fight for Korea's independence from Japan. What he did helped the independence movement grow stronger. He also led the Korean Provisional Government in China. Another great thing he did was to bring Koreans together as a community, even after liberation. It is hard to imagine what Korea would be like without his passion for independence.

김구는 한국 역사에서 가장 위대한 인물 중 한 명입니다. 그가 왜 그렇게 중요한 지도자가 되었는지 궁금해본 적 있나요? 그는 일본으로부터 한국의 독립을 위해 싸운 것으로 가장 잘 알려져 있습니다. 그가 한 일은 독립운동이 더 강해지는 데 기여했습니다. 그는 또한 중국에서 대한민국 임시정부를 이끌었습니다. 그가 한 또 다른 위대한 일은 해방 이후에도 한국인을 하나의 공동체로 단결시킨 것입니다. 그의 독립에 대한 열정이 없었다면, 한국이 지금 어떤 모습일지 상상하기 어렵습니다.

예시 답안 2

Shin Saimdang is one of the greatest people in Korean history. Have you ever wondered what made her such an important figure? She is best known for her beautiful paintings of nature, especially plants and insects. What she did to inspire other artists helped develop Korean art during her time. She was also a great teacher, raising her son Yulgok, who became one of Korea's most famous scholars. Another great thing she did was to set a strong example of family values in Korean society. It is hard to imagine what Korean art and education would be like without her influence.

신사임당은 한국 역사상 가장 위대한 인물 중 한 명입니다. 그녀가 왜 그렇게 중요한 인물이 되었는지 궁금해본 적 있나요? 그녀는 특히 식물과 곤충을 그린 아름다운 자연화로 가장 잘 알려져 있습니다. 그녀가 다른 예술가들에게 영감을 준 것은 그 당시 한국 미술의 발전에 기여했습니다. 그녀는 또한 훌륭한 교육자였으며, 한국의 가장 유명한 학자 중 한 명인 율곡 이이를 키웠습니다. 그녀가 한 또 다른 위대한 일은 한국 사회에서 가족 가치의 강한 본보기를 세운 것입니다. 그녀의 영향이 없었다면 한국의 미술과 교육이 어떻게 되었을지 상상하기 어렵습니다.

02-2088-0132
www.cedulearn.com
cafe.naver.com/cedulearnteacher
cedulearn@ceduenglish.com

프리미엄 VOCA 바로가기

1 '나'에게 딱! 맞는 암기&문제모드만 골라서 학습!

5가지 암기모드

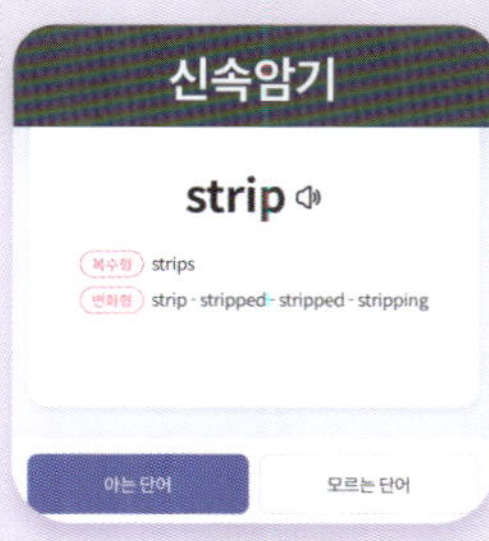

8가지 문제모드

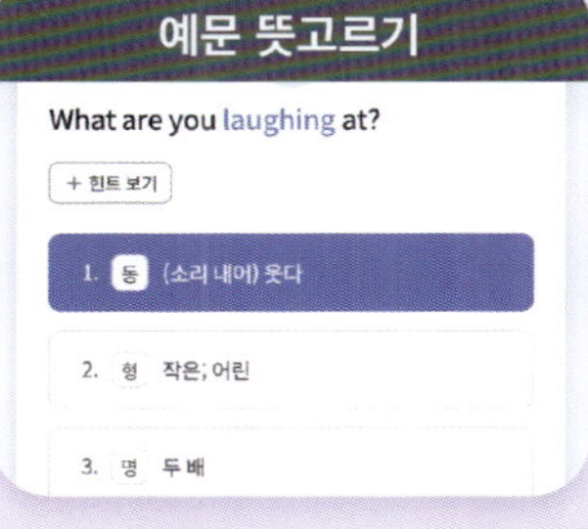

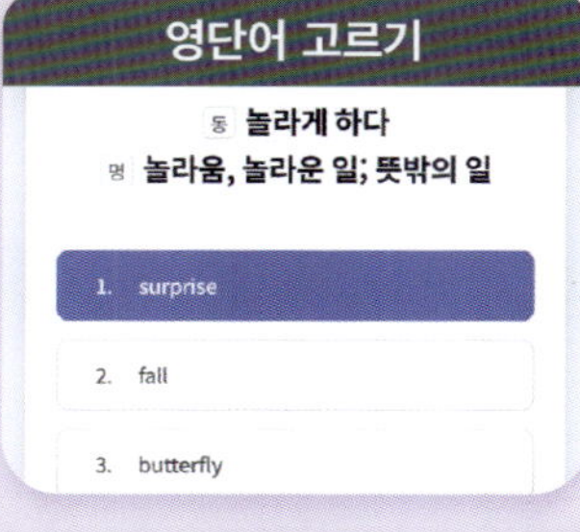

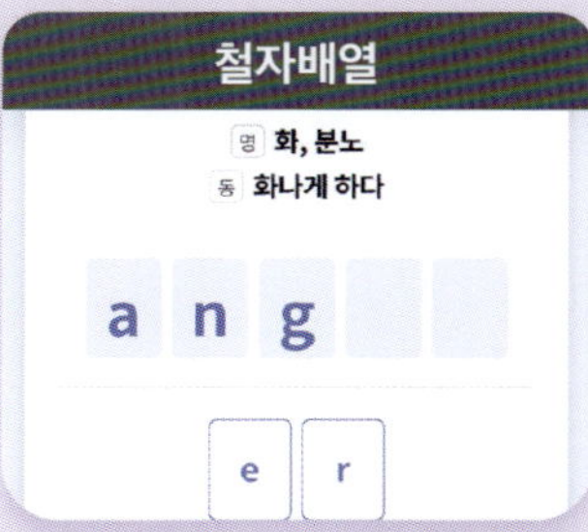

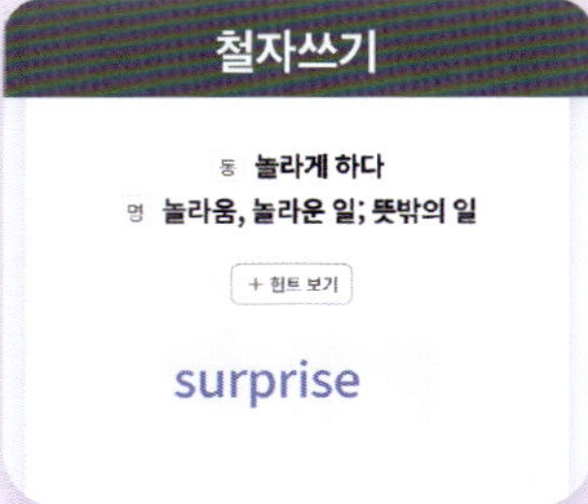

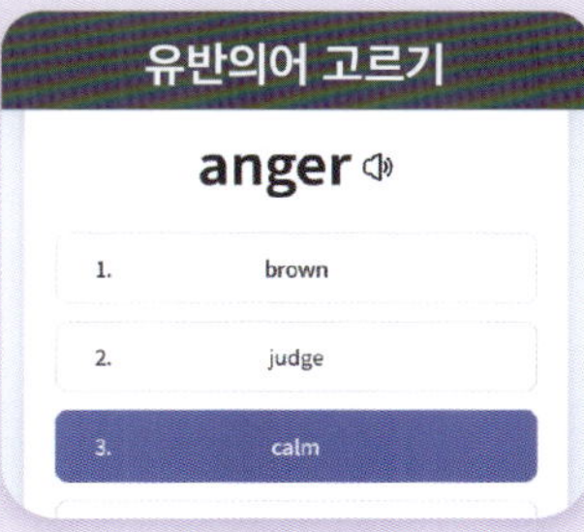

 암기모드를 선택하면, 최적의 문제 모드를 자동 추천!

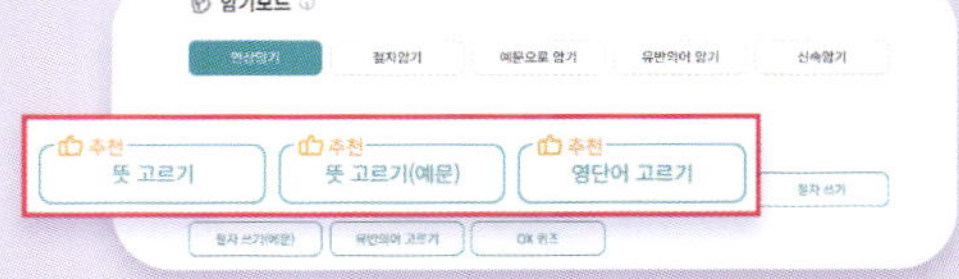

2 자동 생성 단어장! 단어장만 복습하는 다양한 액티비티!

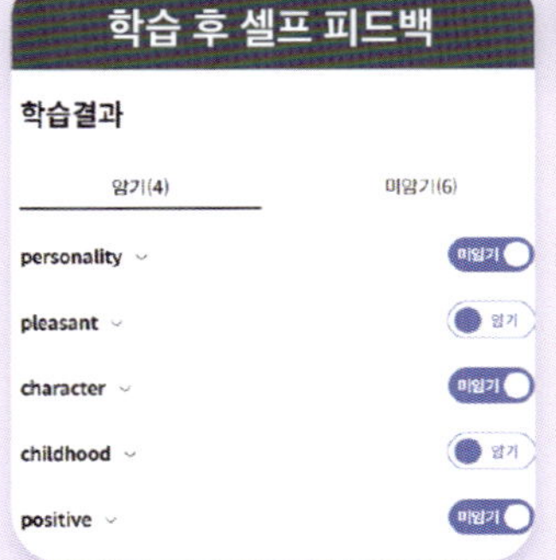

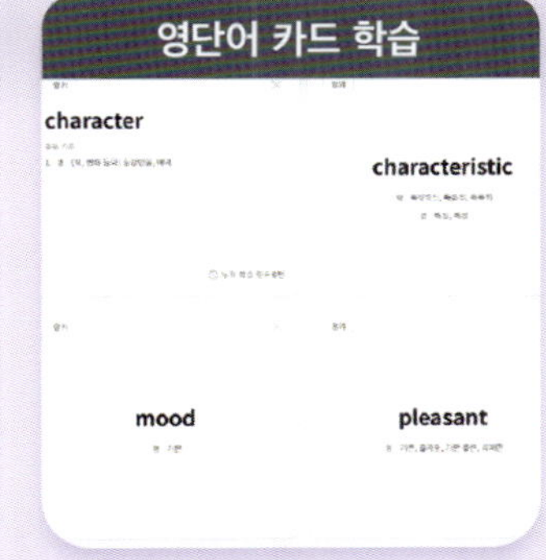

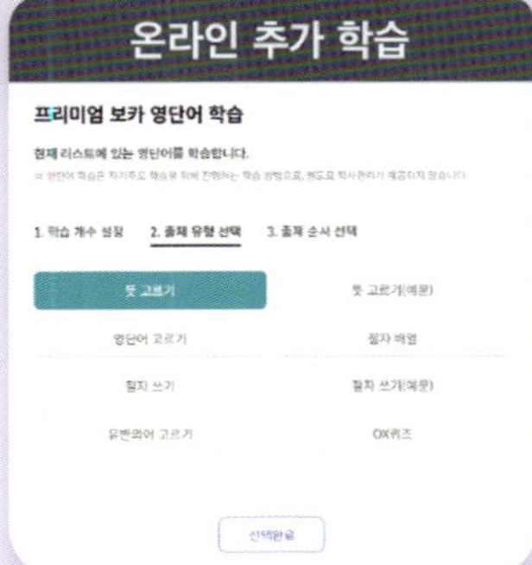

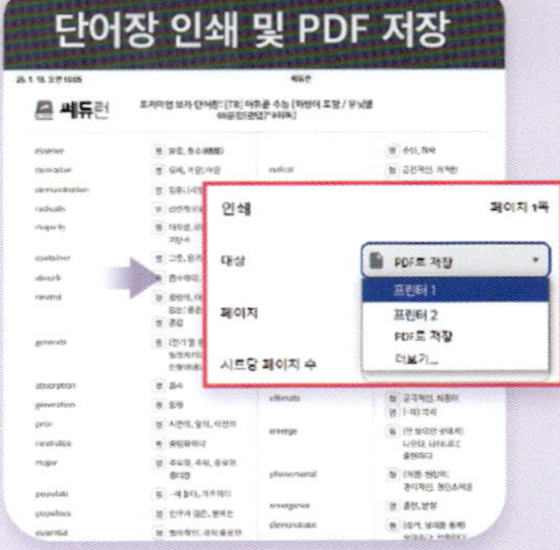

독해가 안 된다고
**독해 문제집만 풀면
될까요?**

'독해가 된다' 시리즈로
**근본적인 원인을
해결하세요!**

문법을
알면

구문을
알면

독해가 됩니다!

1 고등 독해가 읽히는 기본 문법사항 정리

2 문법 → 구문 → 독해로 단계별 학습

3 수능형 & 내신형을 아우르는 독해 유형

1 수능 독해가 풀리는 필수 구문 정리

2 구문이해 → 문장적용 → 독해적용으로
단계별 학습

3 최신 수능 & 모의고사에서 출제된
구문으로 구성

LEVEL **3**

천일문

중등

WRiTiNG

천일문

LEVEL 3

WORKBOOK

중등

WRiTiNG

Unit 01 + 현재완료

정답 및 해설 p.32

배열 영작

[1-4] 우리말과 일치하도록 주어진 단어를 올바르게 배열하세요.

1
너는 외국에 방문해 본 적이 있니?
(a foreign country / visited / have / ever / you)

→ _______________________________________

_______________________________________ ?

2
그는 집에 그의 도시락을 두고 왔다.
(he / his / at home / left / has / lunchbox)

→ _______________________________________ .

3
나는 이미 새 옷에 내 모든 용돈을 써버렸다.
(already / have / all / pocket money / I / spent / my)

→ _______________________________________

_______________________________________ on new clothes.

4
우리는 작년부터 이 집에 살았다.
(lived / since / in this house / we / last year / have)

→ _______________________________________ .

주어진 단어로 영작

[5-8] 우리말과 일치하도록 주어진 단어를 사용하여 현재완료 문장을 완성하세요.

5
나의 아버지는 출장에서 막 돌아오셨다.
(return, just, father)

→ _______________________________________

_______________________________________ from a business trip.

6
내 남동생이 내 노트북 컴퓨터를 고장 냈다.
(younger brother, laptop, break)

→ _______________________________________

____

7
우리는 이 식당에 와 본 적이 몇 번 있다.
(restaurant, to, be, a few)

→ _______________________________________

____

8
너는 이 양로원에서 얼마나 오래 자원봉사를 해왔니?
(volunteer, how)

→ _______________________________________

_______________________________________ at this nursing home?

기출: 조건 영작

9 다음 글을 읽고 〈조건〉에 맞게 우리말을 영작하세요.

My sister and I are planning a surprise party to celebrate our parents' 20th wedding anniversary. But 우리는 아직 세부사항을 논의하지 못했다. We should set a date and decide on a budget for the party.

〈조건〉
• 현재완료를 사용할 것
• the details, discuss를 사용할 것

→ But _______________________________________

_______________________________________ .

business trip 출장 nursing home 양로원 celebrate 기념하다, 축하하다 anniversary 기념일 budget 예산, 비용 detail 세부 사항

Unit 02⁺

현재완료진행

배열 영작

[1-3] 우리말과 일치하도록 주어진 단어를 올바르게 배열하세요.

1
> 그들은 지난 몇 달 동안 그들의 집을 수리하고 있다.
> (repairing / they / been / house / have / their)

→ _______________________________________

_______________________ for the last few months.

2
> 나는 지난 며칠 동안 계속 잠을 잘 자지 못했다.
> (well / been / I / not / sleeping / have)

→ _______________________________________

_______________________ for the last few days.

3
> 어젯밤부터 계속 눈이 오고 있니?
> (it / since / been / last night / has / snowing)

→ _______________________________________

_______________________________________ ?

빈칸 완성

[4-5] 우리말과 일치하도록 주어진 단어를 사용하여 빈칸에 알맞은 말을 쓰세요.

4
> 나의 여동생은 하루 종일 같은 책을 읽고 있다. (read)

→ My sister _______________ _______________

_______________ the same book all day.

5
> Sam과 나는 20분 동안 버스를 기다리고 있는 중이다.
> (wait for)

→ Sam and I _______________ _______________

_______________ _______________ the bus for

20 minutes.

주어진 단어로 영작

[6-7] 우리말과 일치하도록 주어진 단어를 사용하여 현재완료진행 문장을 완성하세요.

6
> 그 아이들은 정오부터 밖에서 놀고 있는 중이다.
> (play, noon, the children, outside)

→ _______________________________________

____

7
> 이 선생님은 얼마나 오래 아픈 개들을 돌보셨나요?
> (how, sick dogs, take care of, Dr. Lee)

→ _______________________________________

____

기출: 한 문장으로 영작

[8-9] 다음 두 문장을 〈조건〉에 맞게 한 문장으로 바꿔 쓰세요.

> 〈조건〉
> • 각각 9 단어, 10 단어로 쓸 것
> • 현재완료진행형을 사용할 것

8
> • Julia started traveling across Europe three months ago.
> • She is still traveling.

→ _______________________________________

____

9
> • The boys began playing computer games this morning.
> • They are still playing it.

→ _______________________________________

____

repair 수리하다

Unit 03

정답 및 해설 p.32

과거완료

○─ 배열 영작

[1-3] 우리말과 일치하도록 주어진 단어를 올바르게 배열하세요.

1
> 내가 그곳에 도착했을 때, 불꽃놀이는 이미 시작했었다.
> (there / I / already / started / the fireworks / got / had)

→ When _______________________,

_______________________.

2
> 그는 일본에 방문하기 전에는 스시를 먹어 본 적이 없었다.
> (visited / never / he / tried / Japan / had / sushi / he)

→ Before _______________________,

_______________________.

3
> 나는 Adam이 내게 거짓말을 한 것이 속상했다.
> (had / lied / upset / Adam / was / to me / that)

→ I _______________________.

○─ 한 문장으로 영작

[4-5] 다음 두 문장을 과거완료를 사용하여 한 문장으로 바꿔 쓸 때, 빈칸에 알맞은 말을 쓰세요.

4
> We packed our bags.
> Then, the taxi arrived.

→ We _______________ our bags

before the taxi _______________.

5
> The rain stopped.
> After that, we went for a walk.

→ We _______________ for a walk

after the rain _______________.

○─ 주어진 단어로 영작

[6-8] 우리말과 일치하도록 주어진 단어와 과거완료형을 사용하여 문장을 완성하세요.

6
> Grace는 그녀가 작년에 그를 만났었던 것을 기억했다.
> (meet, remember, that)

→ Grace _______________________

_______________________ last year.

7
> 행사가 시작하기 전에, 그들은 모든 것을 준비해두었다.
> (the event, prepare, everything, start)

→ Before _______________________,

_______________________.

8
> 비가 내리기 전에, 그녀는 이미 세탁물을 안으로 가져왔었다.
> (start, the laundry, take, to rain, already, it)

→ Before _______________________,

_______________________ inside.

○─ 기출: 한 문장으로 영작

9 〈보기〉와 같이 주어진 두 문장을 과거완료형을 사용하여 한 문장으로 바꿔 쓰세요.

> 〈보기〉
> He broke the vase.
> Later, he admitted it.
> → He admitted that he had broken the vase.

> Fred lost his passport at the airport.
> Later, he realized it.

→ _______________________

_______________________.

pack (짐을) 싸다 laundry 세탁물 admit 인정하다

Unit 01

조동사의 기본 쓰임

정답 및 해설 p.32

◦ 배열 영작

[1-5] 우리말과 일치하도록 주어진 단어를 올바르게 배열하세요.

1
> 너는 허가 없이 그 건물에 들어가서는 안 된다.
> (enter / you / the building / not / may)

→ ________________________

________________________ without permission.

2
> 너는 그 기침에 대해 의사의 진찰을 받아보는 게 좋겠다.
> (see / better / you / a doctor / about / had / that cough)

→ ________________________

________________________ .

3
> 그들은 어젯밤에 일찍 가게를 닫아야 했다.
> (they / the shop / early / to / close / had)

→ ________________________

________________________ last night.

4
> 저를 정류장까지 태워다 주시겠어요?
> (me / would / give / to / a ride / the station / you)

→ ________________________

________________________ ?

5
> 매일 연습한다면, 너는 네 영어 실력을 빨리 향상시킬 수 있을 것이다.
> (will / your English / able / improve / quickly / you / be / to)

→ If you practice every day, ________________________

________________________ .

◦ 주어진 단어로 영작

[6-8] 우리말과 일치하도록 주어진 단어와 알맞은 조동사를 사용하여 문장을 완성하세요.

6
> 그녀는 친구들이 도착하기 전에 거실을 정리해야 한다.
> (the living room, clean)

→ ________________________

________________________ before her friends arrive.

7
> 너는 현장학습 날 교복을 입을 필요가 없다.
> (a school uniform, wear)

→ ________________________

________________________ on the field trip day.

8
> 학생들은 새로운 학교 정책에 동의하지 않을지도 모른다.
> (agree with, the new school policy, students)

→ ________________________

____

기출: 조건 영작

9 우리말과 일치하도록 〈조건〉에 맞게 문장을 완성하세요.

> 〈조건〉
> • (1)은 6 단어, (2)는 8 단어로 쓸 것
> • 알맞은 조동사와 주어진 단어를 사용할 것

(1)
> 우리는 폭풍우가 치는 동안 외출하지 않는 게 좋겠다.

→ ________________________

during the storm. (go out)

(2)
> 제 발표를 위해 프로젝터를 사용해도 되나요?

→ ________________________

____

(the projector, presentation, for)

---

permission 허가, 허락 cough 기침; 기침하다 ride (차 등에) 태워 주기 policy 정책 storm 폭풍우 projector 프로젝터, 영사기

Unit 02+

과거 사실·추측을 나타내는 조동사의 쓰임

배열 영작

[1-3] 우리말과 일치하도록 주어진 단어를 올바르게 배열하세요.

1

> 그는 부끄러움을 많이 탔었지만, 지금은 꽤 사교적이다.
> (shy / he / to / very / used / be)

→ ________________________________,

________________ but now he's quite outgoing.

2

> 너는 네 재킷을 식당에 두고 왔을지도 몰라.
> (left / you / have / jacket / may / your)

→ ________________________________

________________ at the restaurant.

3

> 여행을 계획하기 전에 그들은 날씨를 확인했어야 했다.
> (the weather / checked / have / should / they)

→ ________________________________

________________ before planning the trip.

문장 전환

[4-5] 주어진 문장과 의미가 일치하도록 used to를 사용하여 빈칸을 완성하세요.

4

> We visited our grandparents every summer, but we don't anymore.

→ ________________________________

________________ every summer.

5

> There was a movie theater in the city center, but it closed down last year.

→ ________________________________

________________ in the city center.

주어진 단어로 영작

[6-8] 우리말과 일치하도록 주어진 단어와 알맞은 조동사를 사용하여 문장을 완성하세요.

6

> Chris는 아주 멋진 휴가를 보냈음이 틀림없다.
> 그는 매우 행복해 보인다.
> (a great vacation, have)

→ ________________________________

He looks so happy.

7

> 그녀는 이미 점심을 먹었을지도 몰라. 그녀에게 물어
> 보자. (lunch, eat)

→ ________________________________

________________ already. Let's ask her.

8

> 그는 파티에 있었을 수도 있어. 하지만 나는 그를 보지
> 못했어. (at the party, be)

→ ________________________________

But I didn't see him.

기출: 조건 영작

9 다음 대화를 읽고 〈조건〉에 맞게 우리말을 영작하세요.

> A: You look upset. What's wrong?
> B: I bought really expensive sneakers last
>   week, and now I'm regretting it.
> A: Oh, no. <u>너는 그것들에 그렇게 많은 돈을 쓰지
>   말았어야 했어.</u>
> B: I know. I will return them tomorrow.

> 〈조건〉
> · 7 단어로 쓸 것
> · money, spend, so much를 사용할 것

→ ________________________________

________________ on them.

---

quite 꽤, 상당히 outgoing 사교적인, 외향적인 close down (상점 등이) 문을 닫다, 폐업하다 sneakers (복수형) 운동화 return 반품하다

Unit 01

수동태의 형태

배열 영작

[1-3] 우리말과 일치하도록 주어진 단어를 올바르게 배열하세요.

1

네 과제는 마감 전에 제출되었니?
(assignment / was / handed in / your)

→ ____

_____ before the deadline?

2

그 박람회 표들은 빠르게 매진되었다.
(sold out / the fair / were / for / the tickets)

→ ____

_____ quickly.

3

그 집은 아직 아무에게도 팔리지 않았다.
(has / anybody / sold / been / not / to / the house)

→ ____

_____ yet.

문장 전환

[4-6] 다음 문장을 수동태로 바꿔 쓰세요.

4

The students will plan the graduation party for their class.

→ ____

_____ for their class.

5

Every participant should fill out the forms.

→ ____

____

6

The famous band is playing the hit song.

→ ____

주어진 단어로 영작

[7-9] 우리말과 일치하도록 주어진 단어를 사용하여 수동태 문장을 완성하세요.

7

편지들은 매일 아침 집배원에 의해 배달된다.
(deliver, the letters, the postman)

→ ____

_____ every morning.

8

그 도로는 어젯밤에 근로자들에 의해 수리되었다.
(the road, the workers, repair)

→ ____

_____ last night.

9

시험지를 교실 밖으로 가져가서는 안 됩니다.
(the classroom, must, the test papers, take, outside)

→ ____

____

기출: 어법 오류 수정

[10-12] 다음 각 문장의 밑줄 친 부분을 어법상 바르게 고쳐 쓰세요.

10 The groceries <u>will buy</u> by my mom tomorrow.

→ ____

11 The door had already <u>locked</u> when I tried to open it.

→ ____

12 The rainbow <u>was appeared</u> in the sky after the rain.

→ ____

assignment 과제, 숙제 deadline 마감 기한 fair 박람회 graduation 졸업 fill out 작성하다, 기입하다 form 서식, 양식 groceries (복수형) 식료품 및 잡화

Unit 02+

SVOO/SVOC 문형의 수동태

◯ 배열 영작

[1-5] 우리말과 일치하도록 주어진 단어를 올바르게 배열하세요.

1

> 그는 멘토에 의해 도움이 되는 조언을 받았다.
> (given / was / the mentor / helpful advice / by)

→ He ________________________________

________________________________.

2

> 공은 팀 동료에 의해 George에게 패스되었다.
> (his teammate / to / was / by / George / passed)

→ The ball ________________________________

________________________________.

3

> 잃어버린 개는 구조대에 의해 안전한 상태로 발견되었다.
> (safe / the rescue team / was / by / found / the lost dog)

→ ________________________________

________________________________.

4

> Lena는 그녀의 팀원들에 의해 발표자로 뽑혔다.
> (her / Lena / was / team members / elected / the presenter / by)

→ ________________________________

________________________________.

5

> 그 아이들은 그들의 부모님에 의해 밖에서 놀도록 허락받았다.
> (allowed / to / their / outside / the kids / by / play / were / parents)

→ ________________________________

________________________________.

◯ 주어진 단어로 영작

[6-8] 우리말과 일치하도록 주어진 단어를 사용하여 문장을 완성하세요. (필요시 단어를 추가하거나 형태를 바꿀 것)

6

> 아름다운 드레스가 디자이너에 의해 그녀에게 만들어졌다.
> (make, a beautiful dress)

→ ________________________________

________________________ by the designer.

7

> 그 개막식은 대중들에 의해 멋지다고 생각되었다.
> (wonderful, the opening ceremony, think)

→ ________________________________

________________________ by the public.

8

> 나는 부모님께 예의 바르게 행동하라는 말을 들었다.
> (well, tell, behave)

→ ________________________________

________________________ by my parents.

◯ 기출: 조건 영작

9 우리말과 일치하도록 〈조건〉에 맞게 문장을 완성하세요.

> 이 수영장에서 너는 수영모 없이 수영하는 것이 허용되지 않는다.

> 〈조건〉
> • 9 단어로 쓸 것
> • 주어진 단어를 사용할 것

→ ________________________________

________________________ in this pool.
(swim, without, allow, a swimming cap)

---

mentor 멘토 (경험 없는 사람에게 도움을 베풀어 주는 선배) rescue 구조; 구조하다 presenter 발표자 ceremony 식, 의식 public 대중, 일반 사람들

Unit 03

주의해야 할 수동태

[1-3] 우리말과 일치하도록 주어진 단어를 올바르게 배열하세요.
(필요시 단어를 추가할 것)

1
이 고기는 콩으로 만들어졌다.
(meat / beans / made / was / this)

→ ____________________________ .

2
Sam은 다양한 언어를 배우는 데 관심이 있다.
(Sam / languages / interested / various / is / learning)

→ ____________________________
____________________________ .

3
그 손님은 레스토랑의 서비스에 만족했다.
(the restaurant's / was / the customer / satisfied / service)

→ ____________________________
____________________________ .

[4-6] 다음 문장을 수동태로 바꿔 쓰세요.

4
My dad turns on the TV every morning.

→ ____________________________
every morning.

5
She put off the meeting until next week.

→ ____________________________
____________________________ until next week.

6
The campers will set up the tent in the forest.

→ ____________________________
____________________________ in the forest.

[7-9] 우리말과 일치하도록 주어진 단어를 사용하여 문장을 완성하세요.

7
우리 집은 파티 손님들로 가득 차 있다.
(fill, house, guests)

→ ____________________________
____________________________ for the party.

8
Nancy는 그녀의 친구의 행동에 실망했다.
(behavior, friend's, disappoint)

→ ____________________________
____

9
멸종 위기의 동물들은 그 사육사에 의해 돌봐진다.
(the zookeeper, the endangered animals, look after)

→ ____________________________
____

10 우리말과 일치하도록 〈조건〉에 맞게 문장을 완성하세요.

이 탑은 유명한 관광 명소로 알려져 있다.

〈조건〉
• 주어진 단어를 사용해 9 단어로 쓸 것
• 전치사 for, to, as 중 알맞은 하나를 골라 쓸 것

→ ____________________________
____

(tower, tourist attraction, know)

---

various 다양한, 여러 가지의 customer 손님, 고객 behavior 행동, 태도 endangered 멸종 위기의 tourist attraction 관광 명소

[1-3] 우리말과 일치하도록 주어진 단어를 올바르게 배열하세요.

1

그녀는 어려운 상황에서도 그녀의 감정을 조절할 수 있다.
(in / can / her / control / emotions / difficult / situations)

→ She ___________________________

___________________________ .

2

Tim은 10년 동안 똑같은 차를 몰고 있다.
(has / driving / been / ten / the same car / years / for)

→ Tim ___________________________

___________________________ .

3

너는 얼마나 오래 취미로 바이올린을 연주해왔니?
(you / playing / been / the violin / have / how long)

→ ___________________________

___________________________ as a hobby?

[4-6] 우리말과 일치하도록 주어진 단어를 사용하여 빈칸에 알맞은 말을 쓰세요.
(필요시 단어를 추가하거나 형태를 바꿀 것)

4

네 남동생이 그 쿠키들을 다 먹을지도 모른다.
(eat, all the cookies)

→ Your brother ___________ ___________

___________ ___________ ___________ .

5

나의 누나는 패션 디자인을 공부하러 이탈리아에 갔다.
(to, Italy, go)

→ My sister ___________ ___________

___________ ___________ to study

fashion design.

6

너는 두 시간 이상 줄을 서 본 적이 있니?
(stand, ever, in line)

→ ___________ ___________

___________ ___________ ___________

for more than two hours?

[7-9] 우리말과 일치하도록 주어진 단어를 사용하여 문장을 완성하세요. (필요시 단어를 추가하거나 형태를 바꿀 것)

7

법은 모두에 의해 지켜져야 한다.
(follow, laws, everyone, should, by)

→ ___________________________

____

8

멋진 스웨터 한 벌이 나의 할아버지에 의해 나에게 보내졌다.
(send, a nice sweater)

→ ___________________________

___________________________ by my grandfather.

9

그 콘서트홀은 지난 토요일에 그 가수의 팬들로 가득 찼다.
(the concert hall, of the singer, fill, fans)

→ ___________________________

___________________________ last Saturday.

[10-12] 〈보기〉와 같이 두 문장을 완료형을 사용해 한 문장으로 바꿔 쓸 때, 빈칸에 알맞은 말을 쓰세요.

〈보기〉
- Sujin started learning Chinese three months ago.
- She is still learning Chinese.
  → Sujin has learned Chinese for three months.

10
- Joel went back to his home country.
- He is not here now.

→ Joel ________________________________
to his home country.

11
- The tour bus left the bus stop.
- My mother got there after that.

→ The tour bus ________________________
________________ when my mother got there.

12
- Tony was really tired.
- He didn't sleep for 24 hours.

→ Tony was really tired because he __________
________________________ for 24 hours.

[13-16] 주어진 문장과 같은 의미가 되도록 〈조건〉에 맞게 바꿔 쓰세요.

〈조건〉
- 조동사 must를 사용해서 바꿔 쓸 것

13
- There's still no message from Mina.
- I'm sure that Mina forgot my birthday.

→ Mina ________________________________
________________________ my birthday.

14
- Everyone looks terrified.
- I'm sure that the movie was so scary.

→ The movie ______________________________
________________________________ .

〈조건〉
- 조동사 should를 사용해서 바꿔 쓸 것

15
- I didn't tell the truth to my mother.
- I had to tell the truth to my mother yesterday.

→ I ____________________________________
________________ to my mother yesterday.

16
- He drove so fast on the icy road.
- He regrets it.

→ He ___________________________________
__________________________ on the icy road.

[17-21] 다음 문장을 수동태로 바꿔 쓰세요.

17 My brother and I will order pizza and fried chicken.

→ ______________________________________
________________ by my brother and me.

18 She donated the clothes to the charity.

→ ______________________________________
________________________________ by her.

19 More and more people are reading the book.

→ ______________________________________
____

20 Where did Jay find the white cap?

→ ______________________________________
____

21 My family calls me Jimmy.

→ ______________________________________
____

[22-26] 다음 각 문장에서 어법상 틀린 부분을 찾아 바르게
　　　고쳐 쓰세요.

22 We had not better sit on the bench. It's wet.

　　　____________ → ____________

23 Chris is worried at his performance in the
　　　competition.

　　　____________ → ____________

24 My cat will be taken care by my friend while I'm
　　　away.

　　　____________ → ____________

25 My cell phone hasn't been worked well for
　　　days.

　　　____________ → ____________

26 Seho has never traveled abroad before he
　　　went to Japan last week.

　　　____________ → ____________

고난도
27 다음 글을 읽고 〈조건〉에 맞게 빈칸을 완성하세요.

> 　　　Last month, my older sister moved to
> England to learn English. She discovered
> that people drive on the left side of the
> road. But she (1) ____________
> on the right when she lived in Korea.
> 　　　Now she (2) ____________ on
> the left, and she does it well. Although she
> is a complete stranger in England, she is
> very excited about her new life.

> 〈조건〉
> • 각각 to, use, drive를 모두 사용할 것

(1) ____________

(2) ____________

고난도
28 다음 표를 보고 시간의 전후 관계가 나타나도록 과거형
　　　또는 과거완료형을 사용하여 문장을 완성하세요.

1:00 p.m.	Yuna gathered information from the library.
2:00 p.m.	Jim created the presentation slides.
3:00 p.m.	Yuna and Jim rehearsed their presentation.
4:00 p.m.	The class presented their projects.
4:30 p.m.	The teacher provided feedback.

(1) When Jim ____________
____________, Yuna ____________
already ____________
from the library.

(2) Before the class ____________
____________, Yuna and Jim ____________
____________ their presentation.

(3) After the class ____________
____________, the teacher
____________.

고난도
29 다음 글을 읽고 어법상 틀린 문장을 찾아 그 기호를 쓰고,
　　　문장 전체를 바르게 고쳐 쓰세요.

> 　　　ⓐ South Korea's largest film festival was
> held last Saturday. ⓑ Lots of movies were
> shown to movie fans during the festival.
> ⓒ People were asked vote for their favorite
> movies at the end of the festival. ⓓ Many
> gifts were given to the participants of the
> events. ⓔ Every visitor was pleased with
> the festival.

____________ → ____________

____

Unit 01

to부정사의 명사적 쓰임

정답 및 해설 p.34

● 배열 영작

[1-4] 우리말과 일치하도록 주어진 단어를 올바르게 배열하세요.

1

> 그들의 주요 목표는 팀워크를 향상시키는 것이다.
> (goal / improve / main / their / to / teamwork / is)

→ _________________________________ .

2

> 나는 언제 내 감정을 표현해야 하는지를 배웠다.
> (feelings / learned / to / I / my / express / when)

→ _________________________________ .

3

> 더운 날씨에는 물을 많이 마시는 것이 중요하다.
> (water / drink / it / plenty of / is / to / important)

→ _________________________________
> _________________ during hot weather.

4

> 그는 새로운 학교에서 좋은 친구들을 사귀기를 기대한다.
> (to / expects / friends / make / good / he)

→ _________________________________
>   in his new school.

● 주어진 단어로 영작

[5-8] 우리말과 일치하도록 주어진 단어와 to부정사를 사용하여 문장을 완성하세요.

5

> 우리가 우리의 실수를 인정하는 것은 쉽지 않다.
> (mistakes, easy, it, admit, we)

→ _________________________________

6

> Joel은 학교 연극에 참여하는 것이 흥미롭다는 것을 알게 되었다.
> (it, the school play, interesting, join, find)

→ _________________________________
> _________________________________

7

> 너는 내게 이 인쇄기를 사용하는 방법을 알려 줄 수 있니?
> (use, show, how, this printer, can)

→ _________________________________
> _________________________________

8

> 그녀가 Tim의 말을 믿은 것은 어리석었다.
> (believe, she, it, foolish, Tim's words)

→ _________________________________
> _________________________________

● 기출: 대화문 완성

9 우리말과 일치하도록 「의문사+to부정사」 형태를 사용하여 다음의 대화를 완성하세요.

> A: Can you tell me when we arrive at my stop?
> B: Sure. 제가 언제 내릴지 알려드릴게요.
>   (let, get off / 7 단어)
> A: Thanks! I don't want to miss my stop.

→ I will _________________________________
> _________________________ .

express 표현하다 admit 인정하다

Unit 02⁺

to부정사의 형용사적, 부사적 쓰임

○ 배열 영작

[1-4] 우리말과 일치하도록 주어진 단어를 올바르게 배열하세요.

1
> 인터뷰 중에 물어볼 몇 가지 질문이 있습니다.
> (a few / to / I / have / ask / questions)

→ ____

_________ during the interview.

2
> 우리에게 공유할 신나는 일이 있니?
> (exciting / have / do / share / you / anything / to)

→ ____

_________________________________ with us?

3
> 어떤 이름들은 기억하기에 어렵다.
> (remember / some / to / are / names / difficult)

→ ____

_________________________________.

4
> 그녀는 더 쉽게 여행하기 위해 영어를 배웠다.
> (in / easily / English / travel / learned / more / to / she / order)

→ ____

_________________________________.

○ 주어진 단어로 영작

[5-8] 우리말과 일치하도록 주어진 단어와 to부정사를 사용하여 문장을 완성하세요.

5
> 사람들은 그들이 우울할 때 이야기할 누군가가 필요하다.
> (to, someone, talk, people, need)

→ ____

_________ when they're feeling down.

6
> 그들은 신상품에 대한 긍정적인 피드백을 받아서 만족스러웠다.
> (positive, be, get, satisfied, feedback)

→ ____

_________________________ on the new product.

7
> 그 작가는 그의 차기작에 쓸 주제를 선택했다.
> (a topic, the writer, about, choose, write)

→ ____

_________________________ for his next book.

8
> Sally는 기말고사를 준비하기 위해 스터디 그룹에 참여했다.
> (the final exams, join, the study group, prepare for)

→ Sally _____________________________________

_________________________________.

기출: 조건 영작

9 다음 글을 읽고 〈조건〉에 맞게 우리말을 영작하세요.

> I recently realized that I've been wasting too much time on social media. 나는 학업에 집중하기 위해 소셜 미디어 앱을 삭제했다. Although I feel a bit uncomfortable now, I will get used to my new life soon.

> 〈조건〉
> • to부정사를 사용할 것
> • 주어진 단어를 사용해 8 단어로 쓸 것

→ ____

_________________________ my studies.

(focus on, delete, social media apps)

---

interview 인터뷰, 면접 share 공유하다 feel down (마음이) 우울하다 positive 긍정적인 product 상품, 제품 social media 소셜 미디어 uncomfortable 불편한

Unit 03

목적격보어로 쓰이는 부정사

○ 배열 영작

[1-3] 우리말과 일치하도록 주어진 단어를 올바르게 배열하세요.

1
> 그 트레이너는 선수들이 더 열심히 연습하기를 원한다.
> (practice / to / harder / wants / the trainer / the players)

→ ___________________________________

___________________________________.

2
> 나는 숲에서 반딧불이가 날아다니는 것을 보았다.
> (flying / I / the forest / saw / in / fireflies)

→ ___________________________________

___________________________________.

3
> 그 영화는 관객들이 그들의 어린 시절에 대해 생각하게 만들었다.
> (think / the movie / about / the audience / made / childhood / their)

→ ___________________________________

___________________________________.

○ 어법 오류 수정

[4-6] 다음 각 문장에서 어법상 **틀린** 부분을 찾아 바르게 고쳐 쓰세요.

4 The principal had students organized their own events.

___________ → ___________

5 My friend persuaded me participating in the talent show.

___________ → ___________

6 I warned her be careful with that hot pan.

___________ → ___________

○ 주어진 단어로 영작

[7-9] 우리말과 일치하도록 주어진 단어를 사용하여 문장을 완성하세요.

7
> 그 가이드는 우리가 시장에서 현지 음식을 먹어보게 해주었다.
> (try, the local food, let, the guide)

→ ___________________________________

___________________________ at the market.

8
> 그는 베개 밑에서 전화가 울리는 것을 들을 수 있었다.
> (the phone, hear, ring, could)

→ ___________________________________

___________________________ under his pillow.

9
> Tina는 직원에게 저녁 식사를 위한 테이블을 예약해 달라고 요청했다.
> (a table, the staff, for dinner, reserve, ask)

→ ___________________________________

___________________________________.

○ 기출: 대화문 완성

10 우리말과 일치하도록 주어진 단어를 사용하여 다음의 대화를 완성하세요.

> A: Elly, can you come to my pajama party?
> B: Yes! 나의 부모님은 내가 너희 집에서 자는 것을 허락해 주셨어.
> A: Great! We're going to watch romance movies and play board games.
> B: Wow, I'm so excited!

→ ___________________________________

___________________________ at your house.

(sleep over, parents, allow)

trainer 트레이너 firefly 반딧불이 audience 관객, 청중 principal 교장 organize 준비[조직]하다 local 현지의, 지역의 pillow 베개 reserve 예약하다 romance 로맨스

Unit 04⁺

to부정사를 포함한 주요 구문

배열 영작

[1-4] 우리말과 일치하도록 주어진 단어를 올바르게 배열하세요.

1
> Mike는 너무 바빠서 전화를 받을 수 없었다.
> (answer / too / to / the phone / busy)

→ Mike was _______________________

_______________________ .

2
> 날씨가 너무 좋아서 우리는 피크닉을 즐길 수 있었다.
> (we / a picnic / enjoy / nice / so / that / could)

→ The weather was _______________________

_______________________ .

3
> 그 방은 백 명이 넘는 사람들을 수용할 만큼 넓다.
> (to / enough / a hundred people / hold / more than / large)

→ The room is _______________________

_______________________ .

4
> 소음이 너무 시끄러워서 나는 일에 집중할 수가 없다.
> (can't / loud / on my work / concentrate / that / I / so)

→ The noise is _______________________

_______________________ .

문장 전환

[5-8] 다음 각 문장을 괄호 안의 지시대로 바꿔 쓰세요.

5
> Peter is so careful that he can't take risks.
> (「too ~ to부정사」 구문을 사용할 것)

→ _______________________

____

6
> She works hard enough to achieve her goals. (「so ~ that ...」 구문을 사용할 것)

→ _______________________

____

7
> He was so wise that he could handle the conflict calmly.
> (「enough+to부정사」 구문을 사용할 것)

→ _______________________

____

8
> The fireworks exploded so brightly that they lit up the entire sky.
> (「enough+to부정사」 구문을 사용할 것)

→ _______________________

____

기출: 주어진 단어로 영작

9 우리말과 일치하도록 주어진 단어를 사용하여 같은 의미의 문장 (1)과 (2)를 쓰세요.

> Lisa는 너무 수줍음이 많아서 새로운 사람들에게 자기소개를 할 수 없었다.
> (oneself, shy, to, introduce)

(1) _______________________

_______________________ (too)

(2) _______________________

_______________________ (so)

---

hold 수용하다 take a risk 위험을 감수하다 handle 다루다 conflict 갈등 explode 터지다, 폭발하다 light up 환하게 만들다 entire 전체의

Unit 01

정답 및 해설 p.35

명사로 쓰이는 동명사

● 배열 영작

[1-5] 우리말과 일치하도록 주어진 단어를 올바르게 배열하세요.

1
음악을 듣는 것은 네 기분을 좋게 할 수 있다.
(mood / can / listening to / your / music / lift)

→ _______________________________

_______________________________.

2
나의 선생님은 비판적 사고를 위해 이 책을 읽는 것을 권장하신다.
(recommends / this / teacher / book / my / reading)

→ _______________________________

_______________________ for critical thinking.

3
나에게 있어, 가장 큰 어려움은 시간을 효율적으로 관리하는 것이다.
(time / the biggest challenge / managing / effectively / is)

→ For me, _______________________

_______________________.

4
우리는 기후 변화에 대항하여 계속해서 싸울 것이다.
(fighting / climate change / will / against / we / continue)

→ _______________________________

_______________________________.

5
수업 중에 집중하지 않는 것은 중요한 정보를 놓치는 결과를 초래할 수 있다.
(can / attention / result in / not / in class / paying)

→ _______________________________

missing important information.

● 주어진 단어로 영작

[6-8] 우리말과 일치하도록 주어진 단어를 사용하여 문장을 완성하세요.

6
그들은 날씨 때문에 그들의 휴가 계획을 변경하는 것을 고려했다.
(consider, vacation plans, change)

→ _______________________________

_______________________ due to the weather.

7
우리는 공동의 목표를 달성하기 위해 협력하려고 노력해야 한다.
(together, try, work, should)

→ _______________________________

_______________________ to achieve common goals.

8
나는 미래에 대해 걱정하는 것을 멈추고 현재에 집중했다.
(the future, stop, worry about)

→ _______________________________

_______________________ and focused on the present.

● 기출: 조건 영작

9 우리말과 일치하도록 〈조건〉에 맞게 문장을 완성하세요.

나는 어렸을 때 내 친구들과 함께 모래성을 만들었던 것을 기억한다.

〈조건〉
• 7 단어로 쓸 것
• 주어진 단어를 사용할 것

→ _______________________________

_______________________ when I was a child.
(sandcastles, remember, make)

mood 기분, 분위기 lift (기분을) 좋아지게 하다; 들어 올리다 critical 비판적인 climate change 기후 변화 attention 주목, 주의 (집중) common 공동의, 공통의; 흔한 present 현재

Unit 02⁺ 자주 쓰이는 동명사 표현

배열 영작

[1-4] 우리말과 일치하도록 주어진 단어를 올바르게 배열하세요.

1 그는 팀을 성공적으로 이끈 것에 칭찬을 받았다.
(praised / the team / for / leading / was / he)

→ ____

___________________________ successfully.

2 나는 이 노래를 따라 부르지 않을 수 없다.
(song / help / to / I / this / singing along / cannot)

→ ____

___________________________ .

3 Sally는 가족과 함께 시간을 보내는 것의 즐거움을 소중히 여긴다.
(spending / of / values / the joy / time / Sally)

→ ____

___________________________ with her family.

4 그녀는 폭풍우 동안 아이들이 밖에서 노는 것을 막았다.
(the children / from / outside / kept / she / playing)

→ ____

___________________________ during the storm.

주어진 단어로 영작

[5-8] 우리말과 일치하도록 주어진 단어를 사용하여 문장을 완성하세요.

5 그는 외식하는 대신 집에서 요리함으로써 돈을 절약했다. (at home, cook, save, by, money)

→ ____

___________________________ instead of eating out.

6 지수는 밤에 깊이 잠을 자는 데 어려움을 겪는다.
(sleep deeply, have, trouble, Jisu)

→ ____

___________________________ at night.

7 그들은 머무를 곳을 예약하지 않고 여행을 떠났다.
(a place, book, a trip, go on, without)

→ ____

___________________________ to stay.

8 그 공원은 아름다운 경치 때문에 방문할 가치가 있다.
(for, visit, be, beautiful scenery, worth, its)

→ ____

____

기출: 조건 영작

9 다음 글을 읽고 〈조건〉에 맞게 우리말을 영작하세요.

Last month, my cousins visited Korea during their summer vacation. Before they arrived, I planned several exciting activities for them. Unfortunately, when they got here, it started raining heavily. <u>우리는 결국 하루 종일 실내에서 시간을 보내게 되었다.</u>

〈조건〉
• 6 단어로 쓸 것
• all day, spend, end up을 사용할 것

→ ____

___________________________ indoors.

praise 칭찬하다 successfully 성공적으로 sing along 노래를 따라 부르다 value 소중히 여기다; 가치 book 예약하다 unfortunately 안타깝게도, 불행하게도 indoors 실내에서

Unit 01

명사를 수식하는 분사

배열 영작

[1-4] 우리말과 일치하도록 주어진 단어를 올바르게 배열하세요.

1
> 빛나는 별들이 밤하늘을 가득 채웠다.
> (filled / the / stars / night sky / the / glowing)

→ ______________________________

______________________________ .

2
> 나는 오래된 상자에서 잊힌 사진 앨범을 발견했다.
> (forgotten / photo album / the / I / discovered)

→ ______________________________

______________________________ in the old box.

3
> 그는 공을 쫓고 있는 개의 사진을 찍었다.
> (the dog / took / of / the ball / he / chasing / a picture)

→ ______________________________

______________________________ .

4
> 오늘 아침에 배달된 소포가 테이블 위에 있다.
> (on / this morning / the package / delivered / is / the table)

→ ______________________________

______________________________ .

주어진 단어로 영작

[5-8] 우리말과 일치하도록 주어진 단어를 사용하여 문장을 완성하세요. (필요시 형태를 바꿀 것)

5
> 잔디 위에 누워있는 몇몇 사람들이 있다.
> (the grass, be, there, lie, some people)

→ ______________________________

6
> 버스를 기다리고 있는 그 소녀는 초조하게 그녀의 시계를 확인했다.
> (wait for, watch, the girl, check, the bus)

→ ______________________________

______________________________ nervously.

7
> 내 남동생은 내 방에 설치된 스피커를 망가뜨렸다.
> (install, little brother, in, break, the speakers)

→ ______________________________

____

8
> 비평가들에 의해 찬사를 받은 이 그림은 높은 가격에 팔렸다.
> (admire, sell, by, painting, critics, be)

→ ______________________________

______________________________ for a high price.

기출: 조건 영작

9 **우리말과 일치하도록 〈조건〉에 맞게 문장을 완성하세요.**

> 〈조건〉
> • 주어진 단어를 사용할 것
> • 분사를 사용할 것
> • 8 단어로 쓸 것

> 모자를 쓰고 있는 남자들이 포장된 상자들을 새집으로 옮겼다.

→ ______________________________

______________________________ to the new house.
(the men, wear, pack, caps, carry)

glow 빛나다 chase 뒤쫓다 nervously 초조하게 install 설치하다 speaker 스피커 admire 칭찬하다, 감탄하다 critic 비평가

Unit 02+

분사의 보어 역할

배열 영작

[1-3] 우리말과 일치하도록 주어진 단어를 올바르게 배열하세요.

1
그녀는 요리 쇼에 출연한 후 사람들에게 알려졌다.
(known / became / people / to / she)

→ _______________________________________
     after she appeared on a cooking show.

2
그 식당은 수리를 위해 문을 닫은 상태이다.
(repairs / remains / for / the restaurant / closed)

→ _______________________________________
     _______________________________________ .

3
그 마술사의 트릭은 모두에게 놀라웠다.
(surprising / everyone / the magician's / was / trick / to)

→ _______________________________________
     _______________________________________ .

빈칸 완성

[4-5] 우리말과 일치하도록 주어진 단어와 분사를 사용하여 빈칸에 알맞은 말을 쓰세요.

4
그는 멀리서 폭풍이 다가오고 있는 것을 보았다.
(the storm, watch, approach)

→ _______________ _______________ _______________
     _______________ from a
     distance.

5
내가 집에 돌아왔을 때 문이 잠겨 있지 않은 것을 발견했다. (the door, unlock, find)

→ _______________ _______________ _______________
     _______________ when
     I returned home.

주어진 단어로 영작

[6-8] 우리말과 일치하도록 주어진 단어를 사용하여 문장을 완성하세요. (필요시 형태를 바꿀 것)

6
승객들은 갑작스러운 게이트 변동에 혼란스러워 했다.
(confuse, the passengers, feel)

→ _______________________________________
     by the sudden gate change.

7
그 이탈리안 셰프의 요리는 만족스러웠다.
(dishes, satisfy, be, the Italian chef's)

→ _______________________________________
     ____

8
그녀는 바람에 커튼이 날리도록 두었다.
(the wind, blow, leave, in, the curtains)

→ _______________________________________
     ____

기출: 조건 영작

9 다음 글을 읽고 〈조건〉에 맞게 우리말을 영작하세요.

My brother is a university student. This summer, he left for Jeju island to stay for a month. He got a part-time job at a guest house. 직원으로서, 그는 손님들을 위해 방이 청소되도록 한다. He enjoys the job because he can make various friends there.

〈조건〉
• 8 단어로 쓸 것
• clean, have, the guests, the rooms를 사용할 것

→ As a staff member, _______________________
     _______________________________________ .

appear 출연하다; 나타나다 repair 수리; 수리하다 approach 다가오다. 접근하다 from a distance 저 멀리서 unlock (열쇠로) 열다 passenger 승객 sudden 갑작스러운
part-time job 시간제 근무, 아르바이트

Unit 03+ 분사구문

[1-3] 우리말과 일치하도록 주어진 단어를 올바르게 배열하세요.

1
> 빠르게 달려서, 그녀는 때마침 버스를 잡았다.
> (the bus / running / she / quickly / caught)

→ ______________________________,
________________________ just in time.

2
> 무엇을 말해야 할지 몰라서, 그는 침묵한 채 있었다.
> (to say / silent / not / what / remained / he / knowing)

→ ______________________________,
______________________________.

3
> 비가 내리는 채로 학생들은 밖에서 축구를 했다.
> (falling / soccer / with / played / outside / the rain / the students)

→ ______________________________,
______________________________.

[6-8] 우리말과 일치하도록 주어진 단어를 사용하여 문장을 완성하세요. (단, 접속사를 쓰지 말 것)

6
> 열심히 하면, 그들은 제시간에 프로젝트를 완료할 것이다.
> (the project, hard, will, on time, work, complete)

→ ______________________________,
______________________________.

7
> 눈을 반짝이면서, 그녀는 흥미진진한 이야기를 했다.
> (her eyes, an exciting story, with, sparkle, tell)

→ ______________________________,
______________________________.

8
> 잘못된 방향을 안내받아서, 우리는 길을 잃었다.
> (lost, give, the wrong directions, get)

→ ______________________________,
______________________________.

[4-5] 다음 밑줄 친 부분을 분사구문으로 알맞게 바꿔 쓰세요.

4
> While she was listening to the lecture, she took notes.

→ ______________ ______________ ______________
______________, she took notes.

5
> Because he was encouraged by his friends, he decided to audition again.

→ ______________ ______________ ______________
______________ ______________, he decided to
audition again.

9 〈보기〉에서 알맞은 접속사를 골라 분사구문을 접속사가 있는 부사절로 바꿔 쓰세요.

> 〈보기〉 while   since   though

(1) Cooking dinner, I chatted with my friend on the phone.

→ ______________________________,
I chatted with my friend on the phone.

(2) Recognizing her talent, he asked her to join the team.

→ ______________________________,
he asked her to join the team.

---

just in time 마침 좋은 때에 silent 침묵을 지키는 lecture 강의 take notes 필기하다, 기록하다 audition 오디션을 보다; 오디션 sparkle 반짝이다 direction 방향
recognize 알아보다, 인식하다 talent 재능

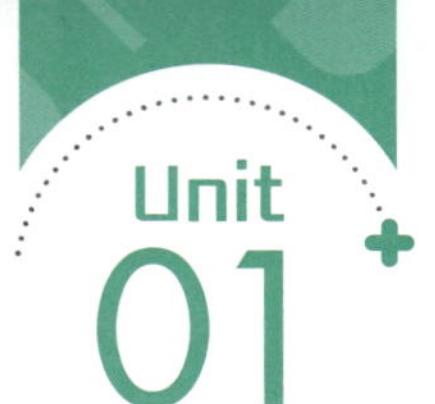

Unit 01 원급

정답 및 해설 p.36

배열 영작

[1-3] 우리말과 일치하도록 주어진 단어를 올바르게 배열하세요.

1
> 그녀는 태양만큼 환하게 웃었다.
> (as / smiled / the Sun / as / she / brightly)

→ _______________________________________

_______________________________________ .

2
> 그는 예전만큼 많이 먹지 않는다.
> (used to / he / eat / much / doesn't / as / as / he)

→ _______________________________________

_______________________________________ .

3
> Greg는 가능한 한 빨리 그의 고장 난 노트북 컴퓨터를 수리했다.
> (as / his / could / broken laptop / he / Greg / as / quickly / fixed)

→ _______________________________________

_______________________________________ .

문장 전환

[4-5] 다음 문장과 같은 의미가 되도록 원급 비교를 사용하여 문장을 완성하세요.

4
> My room is wider than my sister's room.

→ My sister's room _______________________

_______________________________________ .

5
> Chemistry is more difficult than biology to me.

→ Biology _______________________________

_______________________________ to me.

주어진 단어로 영작

[6-8] 우리말과 일치하도록 주어진 단어를 사용하여 문장을 완성하세요.

6
> 그 경기는 세계 선수권 대회만큼 흥미진진했다.
> (a world championship, as, the game, exciting)

→ _______________________________________

____

7
> Alice는 SNS 상에서 그녀의 친구들만큼 활동적이지 않았다. (friends, active, as)

→ _______________________________________

_______________________ on social media.

8
> 그의 여행 가방은 내것보다 세 배 더 무거웠다.
> (suitcase, as, mine, heavy)

→ _______________________________________

____

기출: 조건 영작

9 다음 대화의 내용과 일치하도록 〈조건〉에 맞게 문장을 완성하세요.

> 〈조건〉
> • as ~ as 표현을 쓸 것
> • 대화에 쓰인 단어를 사용하되 필요시 단어를 추가할 것

> A: Which is cheaper, chocolate cake or strawberry cake?
> B: Chocolate cake is cheaper than strawberry cake.

→ Strawberry cake _________________________

_______________________________________ .

brightly 환하게, 밝게 chemistry 화학 biology 생물학 championship 선수권 대회 active 활동적인

Unit 02 

비교급

○ 배열 영작

[1-3] 우리말과 일치하도록 주어진 단어를 올바르게 배열하세요.

1

태양 에너지는 석유보다 더 친환경적이다.
(more / oil / solar energy / than / is / eco-friendly)

→ _______________________________

_______________________________.

2

그의 조리법이 내 것보다 훨씬 더 간단하다.
(than / mine / simpler / much / recipe / is / his)

→ _______________________________

_______________________________.

3

그녀는 한국사에 점점 더 관심이 많아졌다.
(interested / and / more / more / she / in / Korean history / became)

→ _______________________________

_______________________________.

○ 문장 전환

[4-5] 주어진 문장을 「The+비교급 ~, the+비교급 …」을 사용하여 바꿔 쓸 때, 빈칸에 알맞은 말을 쓰세요.

4

If you exercise more, you will be healthier.

→ _______________________________,

_______________________________ you will be.

5

When you eat more vegetables, you can lose more weight.

→ _______________________________,

_______________________________ you can lose.

○ 주어진 단어로 영작

[6-8] 우리말과 일치하도록 주어진 단어를 사용하여 문장을 완성하세요.

6

오늘의 교통은 평소보다 더 좋지 않다.
(bad, traffic, usual days, today's, be)

→ _______________________________

____

7

봄이 다가오면서 날씨가 점점 더 따뜻해지고 있다.
(be getting, warm, the weather)

→ _______________________________

_______________________________ as spring comes.

8

수제 가방은 공장제보다 훨씬 더 비싸다.
(expensive, be, factory-made ones, far, the handmade bags)

→ _______________________________

____

○ 기출: 조건 영작

9 다음 글을 읽고 〈조건〉에 맞게 우리말을 영작하세요.

I moved to a new school because our family moved to another city. I was really nervous about the first day of school. I talked to Dad about my worries, and he said, "네가 변화를 더 적극적으로 받아들일수록, 너는 더 많이 성장할 수 있단다."

〈조건〉
· 「The+비교급 ~, the+비교급 …」을 사용할 것
· actively, much, accept, grow, can, change를 사용할 것

→ " _______________________________

_______________________________ "

---

solar energy 태양 에너지 eco-friendly 친환경적인 traffic 교통(량) usual day 평소 factory-made 공장제의 handmade 손으로 만든 actively 적극적으로 accept 받아들이다

Unit 03⁺ 

최상급

배열 영작

[1-3] 우리말과 일치하도록 주어진 단어를 올바르게 배열하세요.
(필요시 형태를 바꿀 것)

1

이 축제는 이 지역에서 가장 큰 행사 중 하나이다.
(of / events / large / one / this festival / the / is)

→ ___________________________________

___________________________ in this region.

2

그는 그의 배구팀에서 가장 높이 뛴다.
(volleyball team / he / high / the / his / in / jumps)

→ ___________________________________

___________________________________ .

3

그녀는 그 대회에서 가장 재능 있는 가수이다.
(talented / in / she / the / is / singer / the competition)

→ ___________________________________

___________________________________ .

빈칸 완성

[4-5] 우리말과 일치하도록 빈칸에 알맞은 말을 쓰세요.

4

Brian만큼 웃긴 친구는 없다.

→ ___________ ___________ friend is as
funny as Brian.

5

나에게는 이 그림이 미술관에서 다른 어떤 예술 작품보다 더 아름답게 보인다.

→ To me, this painting looks more beautiful

___________ ___________ ___________

artwork in the gallery.

주어진 단어로 영작

[6-8] 우리말과 일치하도록 주어진 단어를 사용하여 문장을 완성하세요.

6

그녀는 영화 산업에서 가장 영향력 있는 인물 중 한 명이다.
(one, figures, influential)

→ ___________________________________

___________________________ in the film industry.

7

아마존 열대 우림은 세계에서 가장 큰 열대 우림이다.
(big, the Amazon rainforest, the world, rainforest)

→ ___________________________________

____

8

태양계에서 수성만큼 작은 행성은 없다.
(Mercury, than, no, small, planet, other)

→ ___________________________________

___________________________ in the solar system.

기출: 조건 영작

9 우리말과 일치하도록 〈조건〉에 맞게 문장을 완성하세요.

〈조건〉
• 주어진 단어를 사용할 것
• 비교 표현을 사용하여 각각 7 단어로 쓸 것

바티칸 시국은 세계에서 가장 작은 나라이다.

(1) The Vatican City ___________________

___________________ . (small, the world)

(2) ___________________________________

___________________ the Vatican City in the world.
(no, as, small, other)

region 지역, 지방 volleyball 배구 competition 대회; 경쟁 artwork 예술 작품 figure 인물; 수치, 숫자 influential 영향력 있는 industry 산업 rainforest 열대 우림 Mercury 수성

[1-5] 우리말과 일치하도록 주어진 단어를 올바르게 배열하세요.

1

나는 이 책상을 내 방 어디에 둘지 결정을 못하겠다.
(desk / I / put / where / decide / to / this / can't)

→ ______________________________

______________________________ in my room.

2

Ryan이 어르신들을 위해 봉사활동을 하는 것은 매우 친절하다.
(to / volunteer work / do / kind / Ryan / is / of / very)

→ It ______________________________

______________________________ for the elderly.

3

우리 선생님은 우리에게 줄을 서라고 지시하셨다.
(ordered / our / in line / stand / to / teacher / us)

→ ______________________________

______________________________ .

4

그는 가족들과 시간을 보내기 위해서 퇴근 후에 외출하는 것을 피한다.
(time / avoids / spend / he / after / to / work / going out)

→ ______________________________

______________________________ with his family.

5

Nick은 그의 눈을 뜨지 않고 음악을 듣고 있었다.
(music / eyes / Nick / without / his / was / opening / listening to)

→ ______________________________

______________________________ .

[6-7] 우리말과 일치하도록 주어진 단어를 사용하여 문장을 완성하세요. (필요시 단어를 추가하거나 형태를 바꿀 것)

6

그 탑 꼭대기에서 바라본 전망은 내가 기대했던 것만큼 환상적이지는 않았다.
(fantastic, be, as)

→ The view from the top of the tower

____

I had expected.

7

롤러코스터가 더 높이 올라갈수록, 나는 더 신이 나게 된다.
(go up, thrilled, the roller coaster, high, much)

→ ______________________________ ,

______________________________ I become.

[8-9] 우리말과 일치하도록 주어진 단어를 사용하여 빈칸에 알맞은 분사구문을 쓰세요. (필요시 형태를 바꿀 것)

8

나는 팔짱을 낀 채로, 조용히 그 대화 내용을 들었다.
(fold, with, my arms)

→ ______________________________

______________________________ , I listened to the conversation quietly.

9

소방관에 의해 구조되고 나서 그 여자아이는 병원으로 이송되었다. (a firefighter, save)

→ ______________________________

______________________________ , the girl was taken to the hospital.

[10-14] 주어진 단어를 사용하여 어법상 알맞은 형태로 각 문장을 완성하세요.

10

My brother noticed that his shoelace was untied. He stopped ________________
________________. (tie, his shoelace)

11

Can you lend me ________________
________________? (write, a pen)
I didn't bring my pencil case.

12

Minsu always looks tired and sleepy.
I ________________.
(exercise, advised, every day, him)

13

The girl is very kind. I ________________
________________ many times.
(her, watched, help, old people)

14

Manage your time well. Don't ________________
________________.
(lots of, games, spend, time, play)

[15-19] 주어진 단어를 사용하여 각 대화를 완성하세요.

15

A: What do you think is the most interesting book in the world?
B: I think *Harry Potter* is one ________________
________________ in the world.
(interesting, book)

16

A: What is the biggest state in the United States?
B: Alaska is ________________
________________ state in the United States.
(other, than)

17

A: What are you ________________
________________?
(do, in high school, look forward to)
B: I really want to make new friends and learn new subjects.

18

A: Did you give the invitation card to Robin?
B: No, I brought it with me, but I forgot
____
________________. (to him, it, give)
I will give it to him tomorrow.

19

A: Where is Becky? I haven't seen her all day.
B: Oh, she is ________________
________________.
(prepare, the school festival, busy, for)

20 〈보기 A〉와 〈보기 B〉에서 관련된 내용의 문장을 하나씩 골라, 〈조건〉에 맞게 문장을 완성하세요.

> 〈보기 A〉
> • He felt hungry.
> • He was surprised by the barking dog.
> • He didn't finish his work.

> 〈보기 B〉
> • He dropped his cell phone.
> • He didn't go out.
> • He went out for lunch.

> 〈조건〉
> • 각 문장은 한 번씩만 사용할 것
> • 〈보기 A〉를 분사구문으로 바꿔 먼저 나오도록 쓸 것
> • 〈보기 A〉의 제시 순서대로 쓸 것

(1) ______________________________________

(2) ______________________________________

____

(3) ______________________________________

____

[21-22] 주어진 접속사 중 가장 알맞은 것을 골라 분사구문을 접속사가 있는 부사절로 바꿔 쓰세요.

21

because	as	since

Talking on the phone, she washed the dishes.

→ ______________________________________ ,

she washed the dishes.

22

because	when	after

Not liking sports, we usually go to movies together.

→ ______________________________________ ,

we usually go to movies together.

[23-26] 다음 각 문장에서 어법상 <u>틀린</u> 부분을 찾아 바르게 고쳐 쓰세요.

23 I was amazing when I first saw the magic show.

______________ → ______________

24 The tent was enough big for all of us to sleep comfortably.

______________ → ______________

25 Taking vitamins every day helps you staying healthy.

______________ → ______________

26 He had all his money stealing on his trip.

______________ → ______________

27 다음 환경 보호에 관한 글을 읽고, ⓐ~ⓔ 중 어법상 <u>틀린</u> 두 개를 찾아 그 기호를 쓰고 바르게 고쳐 쓰세요.

> ⓐ <u>In order to save</u> the environment, you must not ⓑ <u>forget to turn off</u> your computer when it's not in use. When you go to supermarkets, bring your own bag ⓒ <u>instead of to buy plastic bags</u>. If your school isn't that far, walk or ride a bike to school.
>
> You may ⓓ <u>find it difficult follow these suggestions</u> at first. However, when we think about the future, ⓔ <u>we cannot help wanting to keep</u> the environment clean.

______ → ______________________________

______ → ______________________________

[28-29] 다음 두 문장의 의미가 같도록 원급 비교를 사용하여 빈칸에 알맞은 말을 쓰세요.

28

You should wash your hands and face as often as possible.

→ You should wash your hands and face

__________ __________ __________

__________ __________ .

29

Riley runs faster than Stella.

→ Stella __________ __________

__________ __________ __________

Riley.

고난도

30 다음 글을 읽고 각 지시에 따라 답을 쓰세요.

A woman ⓐ name Linda borrowed her neighbor's car. There was a beautiful gift box on the back seat of the car. ⓑ While she drove along, she hit a branch. The car shook for a second. ⓒ When she turned back to look at the back seat, she saw that the gift box had fallen on the floor. Linda opened up the box and saw a beautiful vase ⓓ break into several pieces.

(1) ⓐ와 ⓓ를 어법상 알맞은 형태로 고쳐 쓰세요.

ⓐ __________   ⓓ __________

(2) ⓑ와 ⓒ를 분사구문으로 바꿔 쓰세요.
(단, 접속사는 포함하지 말 것)

ⓑ __________

____

ⓒ __________

____

고난도

31 다음 글의 내용과 일치하도록 주어진 단어와 to부정사를 사용하여 Jake의 일기를 완성하세요.

Summer vacation started from last week. Jake decided to learn something new. Since he can't swim, he signed up for a swimming class today. He had a hard time learning to swim at first. The swim teacher told him not to practice in the huge pool, because it was too deep for him.

↓

<Jake's Diary>

Today, I (1) __________

__________ . (learn, start, swim, how)

It (2) __________

__________ at first. (easy, not, swim, me)

The swim teacher told me that the huge pool was (3) __________

__________ . (deep, swim in, too, me)

I'll keep practicing until I can swim well!

Unit 01 짝으로 이루어진 접속사

배열 영작

[1-3] 우리말과 일치하도록 주어진 단어를 올바르게 배열하세요.

1
> 커피와 녹차 둘 중 하나가 디저트와 함께 제공된다.
> (dessert / served / green tea / either / is / or / coffee / with)

→ ____________________________________

____________________________________ .

2
> 그는 그 영화를 극장이 아니라 집에서 보았다.
> (but / at / in / he / the movie / saw / home / the theater / not)

→ ____________________________________

____________________________________ .

3
> 이 책은 유용할 뿐만 아니라 읽기에도 즐겁다.
> (useful / read / but also / is / book / enjoyable / this / to / not only)

→ ____________________________________

____________________________________ .

주어진 단어로 영작

[4-7] 우리말과 일치하도록 주어진 단어를 사용하여 문장을 완성하세요.

4
> 노트북 컴퓨터와 태블릿 PC 둘 다 이번 주에 할인 중이다.
> (the laptop, both, on sale, the tablet PC, be)

→ ____________________________________

____________________________________ this week.

5
> 유람선 여행 동안 날씨뿐만 아니라 경치도 아름다웠다.
> (beautiful, but also, the scenery, be, the weather)

→ ____________________________________

____________________________________ during the cruise.

6
> 나의 아빠는 그의 자전거를 타는 것뿐만 아니라 캠핑하러 가는 것을 아주 좋아하신다.
> (going camping, dad, bicycle, love, as, riding)

→ ____________________________________

____

7
> 선수들과 코치들 둘 다 심판의 결정에 만족하지 못했다.
> (the coaches, the players, nor, satisfied)

→ ____________________________________

____________________________________ with the referee's decisions.

기출: 조건 영작

8 우리말과 일치하도록 〈조건〉에 맞게 문장을 완성하세요.

> 그 호텔의 방들뿐만 아니라 시설들도 훌륭했다.

> 〈조건〉
> • the rooms, excellent, be, the facilities를 사용할 것
> • 주어진 단어를 사용할 것

(1) ____________________________________

____________________________________ at the hotel. (but also)

(2) ____________________________________

____________________________________ at the hotel. (as)

tablet PC 태블릿 PC cruise 유람선 여행 referee (스포츠 경기의) 심판 facility 시설

Unit 02+ 부사절을 이끄는 접속사

배열 영작

[1-3] 우리말과 일치하도록 주어진 단어를 올바르게 배열하세요.

1
> 비가 내리기 시작했을 때, 우리는 서둘러 우리 차로 갔다.
> (started / hurried to / we / cars / the rain / when / our)

→ ______________________________,

______________________________.

2
> 나는 교통체증을 피할 수 있도록 일찍 출발했다.
> (that / I / traffic jam / left / so / avoid / could / early / I)

→ ______________________________

______________________________.

3
> 우리가 적절한 장소를 찾지 못한다면, 그 행사는 취소될 것이다.
> (we / will / a suitable place / canceled / unless / find / be)

→ The event ______________________________

______________________________.

주어진 단어로 영작

[4-7] 우리말과 일치하도록 주어진 단어를 사용하여 문장을 완성하세요.

4
> 그녀는 견과류 알레르기가 있어서, 견과류 토핑이 있는 간식은 피한다.
> (be allergic to, since, snacks, avoid, nuts)

→ ______________________________,

______________________________ with nut toppings.

5
> 네가 네 목표를 구체적으로 세운다면, 너는 그것들을 달성하게 될 것이다.
> (will, if, goals, set, achieve)

→ ______________________________ specifically,

______________________________.

6
> 나는 너무 피곤해서 소파에서 잠들었다.
> (tired, be, the sofa, so, fall asleep)

→ ______________________________

______________________________.

7
> 비록 그는 다른 의견을 가지고 있었지만, 다른 사람들의 견해를 존중했다.
> (the views of others, opinions, have, although, different, respect)

→ He ______________________________

______________________________.

기출: 조건 영작

8 우리말과 일치하도록 〈조건〉에 맞게 문장을 완성하세요.

> 나는 제시간에 일어날 수 있도록 일찍 잠자리에 들었다.

〈조건〉
- 13 단어로 쓸 것
- so that을 사용할 것
- 주어진 단어를 사용하되 필요시 형태를 바꿀 것

→ ______________________________

____

(can, on time, wake up)

---

hurry (to) (~로) 서둘러 가다 traffic jam 교통체증 suitable 적절한 be allergic to ~에 알레르기가 있다 nut 견과 topping (음식 위에 얹는) 고명, 토핑 specifically 구체적으로 view 견해; 경관

명사절을 이끄는 접속사

배열 영작

[1-2] 우리말과 일치하도록 주어진 단어를 올바르게 배열하세요.

1
> 중요한 점은 모든 활동 중에 안전이 우선이라는 것이다.
> (is / that / the important thing / first / is / safety)

→ ______________________________
______________________________ during all activities.

2
> 선생님께서는 내가 토론 대회에 참가할 것인지 물으셨다.
> (whether / the debate competition / asked / would / the teacher / I / join)

→ ______________________________
______________________________ .

한 문장으로 영작

[3-5] 주어진 두 문장을 한 문장으로 바꿔 쓰세요.

3
> I wonder.
> Who left this gift on my desk?

→ ______________________________
____

4
> Do you know?
> Does Jane like watching horror movies?

→ ______________________________
____

5
> Let me know.
> How did you train your puppy so well?

→ ______________________________
____

주어진 단어로 영작

[6-8] 우리말과 일치하도록 주어진 단어를 사용하여 문장을 완성하세요.

6
> 너는 여행하기에 가장 좋은 장소는 어디라고 생각하니?
> (to travel, the best place, be, think)

→ ______________________________
____

7
> Ethan이 다음 주에 다른 학교로 전학을 갈 것이라는 것은 믿기 어렵다.
> (be, move to, unbelievable, another school, it, will)

→ ______________________________
____

8
> 그녀는 여기서 해변이 얼마나 먼지 알고 싶어 한다.
> (know, want, the beach, from, be)

→ ______________________________
____

기출: 조건 영작

9 우리말과 일치하도록 〈조건〉에 맞게 문장을 완성하세요.

> 〈조건〉
> • 간접의문문을 사용할 것
> • 주어진 단어를 사용할 것

> Ron은 그의 친구들이 적극적으로 학생회 행사에 함께해줄지 궁금하다.

→ ______________________________
______________________________ actively.
(the student council event, join, friends, wonder, will)

debate 토론, 토의 unbelievable 믿기 어려운 student council 학생회 actively 적극적으로

Unit 01 

관계대명사

[1-3] 주어진 두 문장을 관계대명사를 사용하여 한 문장으로 바꿔 쓰세요. (단, that은 제외)

1

> The man is a lifeguard.
> He monitors the beach.

→ The man ________________________

________________________ .

2

> The teacher praised the science report.
> You submitted it.

→ The teacher ________________________

________________________ .

3

> The singer is on a world tour.
> Her song topped the charts.

→ The singer ________________________

________________________ .

[4-5] 우리말과 일치하도록 주어진 단어를 올바르게 배열하세요.

4

> 네가 상담했던 그 의사는 매우 경험이 많다.
> (you / experienced / is / the doctor / very / consulted / whom)

→ ________________________

________________________ .

5

> 정직이 대인 관계에서 가장 중요한 것이다.
> (most / in / matters / honesty / what / a relationship / is)

→ ________________________

________________________ .

[6-8] 우리말과 일치하도록 주어진 단어와 관계대명사 which 또는 what을 사용하여 문장을 완성하세요.

6

> Julie는 그녀가 본 것을 믿을 수 없었다.
> (can, believe, see)

→ ________________________

____

7

> Leo가 표현했던 것은 그의 부모님에 대한 진심 어린 감사였다.
> (sincere thanks, be, parents, expressed, to)

→ ________________________

____

8

> 나의 삼촌은 태국 음식을 제공하는 식당을 열 것이다.
> (a restaurant, will, Thai food, serve, open, uncle)

→ ________________________

____

9 우리말과 일치하도록 주어진 단어와 알맞은 관계대명사를 사용하여 다음의 대화를 완성하세요.

> A: Whose smartphone is this? It's a new model!
> B: 책상 위에 있는 그 전화는 내 거야.
> A: Wow! Does it have any special features?
> B: It has upgraded cameras and speakers.

→ ________________________

____

(me, be, the phone, belong to, on the desk)

---

lifeguard 안전요원 monitor 감시하다, 지켜보다 submit 제출하다 top the chart 인기 순위표에서 1위를 하다 experienced 경험이 있는, 숙련된 consult 상담하다
matter 중요하다; 일 honesty 정직함 sincere 진심 어린 Thai 태국의 feature 특징, 특색

Unit 02

주의해야 할 관계대명사의 쓰임

정답 및 해설 p.38

배열 영작

[1-3] 우리말과 일치하도록 주어진 단어를 올바르게 배열하세요.

1

> 나는 내 친구로부터 선물을 받았는데, 그는 휴가에서 막 돌아왔다.
> (got back / who / vacation / just / from)

→ I got a gift from my friend, ____________

____________ .

2

> 그 책은 내가 도서관에서 빌렸는데, 다음 주 금요일까지 반납되어야 한다.
> (from / which / the library / I / borrowed)

→ The book, ____________

____________ , has to be returned next Friday.

3

> 내가 감명 받았던 그 영화는 여러 상을 받았다.
> (impressed / was / which / with / I)

→ The movie ____________

____________ won several awards.

한 문장으로 영작

[4-7] 다음 각 두 문장을 〈조건〉에 맞게 한 문장으로 바꿔 쓰세요.

> 〈조건〉
> • 관계대명사의 계속적 용법으로 쓸 것

4

> Our city has an ancient historical site.
> It attracts many tourists.

→ Our city has ____________

____________ .

5

> The athlete broke the world record last week.
> He trains every day.

→ ____________

broke the world record last week.

> 〈조건〉
> • 「전치사+관계대명사」를 사용할 것

6

> What is the topic?
> You are interested in the topic.

→ What is the topic ____________

____________ ?

7

> The chair was made by my father.
> I'm sitting on it.

→ The chair ____________
was made by my father.

기출: 대화문 완성

[8-9] 주어진 단어와 알맞은 관계대명사를 사용하여 각 대화를 완성하세요.

8

> A: Look at the girl dancing on the stage.
> B: The girl with the blonde hair?
> A: Yes. She is the girl ____________
>
> ____________ ____________ ____________
>
> you yesterday. (tell, about, I)

9

> A: What happened to Paul? Did you do anything wrong?
> B: I told him a lie, ____________ ____________
>
> ____________ ____________ .
>
> (make, angry, he)

---

ancient 고대의 historical site 유적지 attract 끌어들이다 athlete 운동선수 break the world record 세계신기록을 경신하다 blonde 금발인

Unit 03 관계부사

정답 및 해설 p.39

한 문장으로 영작

[1-3] 다음 두 문장을 관계부사를 사용하여 한 문장으로 바꿔 쓰세요.

1
> She didn't explain the reason.
> She changed her mind for the reason.

→ ______________________________

____

2
> He showed me the way.
> He prepared for exams in the way.

→ ______________________________

____

3
> I will never forget the moment.
> I met my favorite singer at that moment.

→ ______________________________

____

주어진 단어로 영작

[4-6] 우리말과 일치하도록 주어진 단어와 관계부사를 사용하여 문장을 완성하세요.

4
> 부산은 내가 태어난 도시이다.
> (born, the city, be, Busan, be)

→ ______________________________

5
> 나의 할머니는 꽃이 피는 계절을 아주 좋아하신다.
> (bloom, love, grandmother, the season, the flowers)

→ ______________________________

____

bloom 꽃이 피다 exhibition 전시회, 박람회

6
> 그는 내게 어젯밤에 왜 파티에 참석하지 않았는지 물었다. (attend, last night, the party, ask)

→ ______________________________

____

어법 오류 수정

[7-9] 다음 각 문장에서 어법상 틀린 부분을 찾아 바르게 고쳐 쓰세요.

7 Do you remember the day where we first met?

______________ → ______________

8 Timmy shared the way how he improved his writing skills.

______________ → ______________

9 This is the museum when the art exhibition is held.

______________ → ______________

기출: 대화문 완성

10 우리말과 일치하도록 주어진 단어와 알맞은 관계부사를 사용하여 다음의 대화를 완성하세요.

> A: Bill, did you say you visited Gangneung last summer?
> B: Yes! I spent an enjoyable time there.
> A: I'm planning to go to Gangneung.
> 네가 작년에 머물렀던 호텔을 내게 알려줄 수 있니?
> B: Sure. I'll send you the link to the hotel website.

→ ______________________________

______________________________ last year?
(tell, stay, the hotel, can)

if 가정법 과거, if 가정법 과거완료

◯ 배열 영작

[1-2] 우리말과 일치하도록 주어진 단어를 올바르게 배열하세요.

1
> 내가 더 용감하다면, 스카이다이빙을 해볼 텐데.
> (would / were / I / skydiving / braver / try)

→ If I ________________________________ ,

________________________________ .

2
> 우리가 방향을 물어봤더라면, 그 장소를 쉽게 찾았을 텐데.
> (directions / we / the place / found / have / had / would / asked for)

→ If we ________________________________ ,

________________________________ easily.

◯ 문장 전환

[3-4] 주어진 문장과 같은 의미가 되도록 〈보기〉와 같이 바꿔 쓰세요.

> 〈보기〉
> As I don't prepare for the exam in advance, I won't get a satisfying result.
> → If I prepared for the exam in advance, I would get a satisfying result.

3
> Because I'm full now, I can't eat up my food.

→ If ________________________________

________________________________ .

4
> As she doesn't have her own car, she will take the subway to go to work.

→ If ________________________________

________________________________ .

◯ 주어진 단어로 영작

[5-7] 우리말과 일치하도록 주어진 단어를 사용하여 문장을 완성하세요.

5
> 내가 시간을 거슬러 여행한다면, 역사적인 사건들을 볼 수 있을 텐데.
> (see, travel, historical events, can)

→ If ________________________ back in time,

________________________________ .

6
> Max가 감정적이지 않았더라면, 그는 말다툼을 피할 수 있었을 텐데.
> (avoid, emotional, the argument, be, can)

→ If ________________________________ ,

________________________________ .

7
> Susan이 내 조언을 들었더라면, 그녀는 그런 실수를 하지 않았을 텐데.
> (advice, that mistake, listen to, make, will)

→ If ________________________________ ,

________________________________ .

◯ 기출: 어법 오류 수정

8 다음 글을 읽고 어법상 틀린 부분 두 개를 찾아 바르게 고쳐 쓰세요.

> Last weekend, I planned to visit the zoo, but I didn't have enough time. If I had woken up earlier, I would go. I love animals, and if I were a little older, I will volunteer there. Maybe next time, I'll make sure to go!

(1) ________________ → ________________

(2) ________________ → ________________

---

skydiving 스카이다이빙 direction 방향 in advance 미리 eat up (~을) 다 먹다 travel back in time 시간을 거슬러 여행하다 historical 역사적인 emotional 감정적인 argument 말다툼; 논쟁

Unit 02

I wish/as if 가정법

[1-3] 우리말과 일치하도록 주어진 단어를 올바르게 배열하세요.

1
> 내가 서핑을 배울 수 있다면 좋을 텐데.
> (to / I / surf / could / wish / I / learn)

→ ___________________________________

___________________________________ .

2
> 내가 새로운 것들을 시도할 용기가 있으면 좋을 텐데.
> (to / I / new / the courage / wish / I / try /
> had / things)

→ ___________________________________

___________________________________ .

3
> Alice는 마치 그녀가 팀의 리더인 것처럼 행동한다.
> (she / acts / of the team / as if / were / Alice
> / the leader)

→ ___________________________________

___________________________________ .

**[4-7] 주어진 문장과 같은 의미가 되도록 〈보기〉와 같이 바꿔
쓰세요.**

> 〈보기〉
> • I want to be good at speaking English,
>   but I'm not.
>   → I wish I were good at speaking English.
> • In fact, she doesn't like eating vegetables.
>   → She talks as if she liked eating vegetables.

4
> I want to be close to Erin, but I'm not.

→ I wish ___________________________ Erin.

5
> I want to solve complex math problems in
> the textbook, but I can't.

→ I wish ___________________________

___________________________ in the textbook.

6
> In fact, my brother doesn't have specific
> plans for our family trip.

→ My brother behaves as if ______________

___________________ for our family trip.

7
> In fact, Katie wasn't an expert on the topic.

→ Katie convinced others as if ___________

___________________________________ .

8 다음 글을 읽고 〈조건〉에 맞게 우리말을 영작하세요.

> My elder sister, Jimin, is a university student
> who studies world history. She enjoys
> studying various cultures. 그녀는 가끔씩 마치
> <u>그녀가 모든 문화의 차이점들을 이해하고 있는 것처럼</u>
> <u>말한다.</u> She is really into them!

> 〈조건〉
> • differences, understand, all the cultures,
>   as if를 사용할 것
> • 필요시 형태를 바꿀 것

→ She sometimes talks _________________

___________________________________ .

---

surf 서핑을 하다 courage 용기 complex 복잡한 specific 구체적인 expert 전문가 convince 설득시키다 be into ~에 관심이 많다, ~을 좋아하다

수일치

○ 배열 영작

[1-2] 우리말과 일치하도록 주어진 단어를 올바르게 배열하세요.
(필요시 형태를 바꿀 것)

1
> 내 용돈의 30%는 옷에 소비된다.
> (be / thirty / percent / pocket money / my / of)

→ ______________________________________

______________________________ spent on clothes.

2
> 폐기물의 4분의 1이 환경을 위해 재활용된다.
> (be / one-fourth / of / the waste)

→ ______________________________________

recycled for the environment.

○ 주어진 단어로 영작

[3-8] 우리말과 일치하도록 주어진 단어를 사용하여 문장을 완성하세요.

3
> 노인들은 그들의 과거에 관한 이야기들을 더 젊은 사람들과 자주 나눈다.
> (stories, the elderly, share, often, past)

→ ______________________________________

______________________________ with younger people.

4
> 윤리학은 타당한 결정을 내리는 데 기반이 된다.
> (become, fair, the basis, ethics, for, decisions, make)

→ ______________________________________

____

5
> 그가 필요한 것은 그의 가족의 지지이다.
> (support, need, family, what, be, from)

→ ______________________________________

6
> 새로운 문화를 탐구하는 것은 우리가 세상을 이해하는 것을 돕는다.
> (new cultures, exploring, the world, help, understand)

→ ______________________________________

____

7
> 모든 참가자는 행사 동안 설문을 완료해야 한다.
> (participant, the survey, complete, every, have to)

→ ______________________________________

______________________________ during the event.

8
> 사과파이와 초콜릿케이크 둘 다 그 가게에서 가장 잘 팔리는 디저트이다.
> (the chocolate cake, the apple pie, be, both, the bestselling desserts)

→ ______________________________________

______________________________ in the shop.

○ 기출: 조건 영작

9 다음 글을 읽고 〈조건〉에 맞게 우리말을 영작하세요.

> I like reading historical stories. <u>또한, 주말 동안 내 시간의 대부분은 역사에 관한 다큐멘터리들을 보는 데 쓰인다.</u>

〈조건〉
- time, of, watch, be spent, documentaries, most를 사용할 것
- 8 단어로 쓸 것

→ Also, during the weekend, ______________

______________________________ on history.

---

fair 타당한; 공정한   basis 기반, 기초   support 지지, 지원; 지지하다   explore 탐구하다; 탐험하다   survey (설문) 조사   bestselling 가장 잘 팔리는, 베스트셀러의
historical 역사적, 역사상의

Unit 02⁺ 시제 일치

○━ 문장 전환

[1-3] 다음 문장의 주절을 과거시제로 바꿔 쓸 때 빈칸에 알맞은 말을 쓰세요.

1

> We think that he will tell the truth about what happened.

→ We ______________ that he ______________ ______________ the truth about what happened.

2

> I know that my father checks his emails every morning.

→ I ______________ that my father ______________ his emails every morning.

3

> I hear that Logan has lived in our neighborhood since 2020.

→ I ______________ that Logan ______________ ______________ in our neighborhood since 2020.

○━ 배열 영작

[4-7] 우리말과 일치하도록 주어진 단어를 올바르게 배열하세요. (필요시 형태를 바꿀 것)

4

> 나는 모두가 행복할 자격이 있다고 믿는다.
> (that / happiness / everyone / believe / I / deserve)

→ ______________________________
______________________________ .

5

> Brian은 네가 어제 그에게 전화했던 것을 기억한다.
> (that / call / you / remembers / him / Brian)

→ ______________________________
______________________________ yesterday.

6

> 선생님께서는 지구가 태양계의 행성 중 하나라고 말씀하셨다.
> (the Earth / that / the teacher / one / said / be / of the planets)

→ ______________________________
______________________________ in the solar system.

7

> 역사 기록은 조선 왕조가 1392년에 세워졌음을 보여준다.
> (the Joseon Dynasty / show / that / in 1392 / historical records / be established)

→ ______________________________
______________________________ .

○━ 기출: 조건 영작

8 다음 대화를 읽고 〈조건〉에 맞게 우리말을 영작하세요.

> A: How was the concert yesterday?
> B: On the way to the concert, 난 내 티켓을 가져오지 않았다는 것을 깨달았어.
> A: Oh no! You must have been so embarrassed!
> B: Fortunately, I had enough time to go back home.

> 〈조건〉
> • 8 단어로 쓸 것
> • bring, realize, ticket, that을 사용할 것

→ ______________________________
____

---

neighborhood 동네, 이웃 happiness 행복 deserve ~을 받을 만하다 dynasty 왕조 record 기록 establish 세우다, 설립하다

Unit 03

화법 전환

○ 문장 전환

[1-4] 다음 문장을 간접화법으로 바꿔 쓸 때 빈칸에 알맞은 말을 쓰세요.

1
> The teacher said to me, "You have a great talent for painting."

→ The teacher __________ me that __________ __________ a great talent for painting.

2
> Bora said, "I'm going to school earlier tomorrow."

→ Bora __________ that __________ __________ going to school earlier __________ __________ __________.

3
> Josh said to us, "Have you seen my cell phone?"

→ Josh asked us __________ __________ __________ __________ cell phone.

4
> Dad said to me, "Check your answers once more before submitting them."

→ Dad advised me __________ __________ __________ answers once more before submitting them.

○ 문장 전환

[5-8] 다음 문장을 각 사람들의 말을 참고하여 바꿔 쓰세요.

5
> The lifeguard: Don't swim in the deep area.

→ The lifeguard told us __________ __________.

6
> Bella: How often do you work out in a week?

→ Bella asked me __________ __________.

7
> David: I attended the job fair yesterday.

→ David told me that __________ __________.

8
> Jina: I will travel to Busan next week.

→ Jina said that __________ __________.

○ 기출: 문장 전환

9 다음 글을 읽고 각 밑줄 친 문장을 간접화법으로 바꿔 쓰세요.

> Hani and I are best friends. We have had lots of talks. One day, (1) I said to her, "Can you recommend an exciting book?" With a bright smile, (2) she said to me, "Try reading this book."

(1) __________ __________.

(2) __________ __________.

talent 재능, 재주 submit 제출하다 lifeguard 안전요원 area 구역, 지역 work out 운동하다 attend 참석하다 job fair 직업 박람회

Unit 04

강조 구문

○─(문장 전환)

[1-6] 「It is[was] ～ that ...」을 사용하여 주어진 문장의 밑줄 친 부분을 강조하는 문장으로 바꿔 쓰세요.

1 My sister entered the university <u>last month</u>.

→ ______________________________

____

2 Aiden went fishing with his dad <u>last Sunday</u>.

→ ______________________________

____

3 The chef prepares <u>fresh sushi</u>.

→ ______________________________

____

4 <u>Leah</u> led the photography club successfully.

→ ______________________________

____

5 He practices <u>his coding skills</u> every day.

→ ______________________________

____

6 My mom and I traveled to Taiwan <u>2 years ago</u>.

→ ______________________________

____

○─(문장 전환)

[7-9] 주어진 문장의 밑줄 친 동사를 강조하는 문장으로 바꿔 쓰세요.

7 She <u>passed</u> the English speaking test.

→ ______________________________

____

8 The baseball team <u>won</u> the gold medal.

→ ______________________________

____

9 He <u>likes</u> studying science.

→ ______________________________

○─(주어진 단어로 영작)

[10-12] 우리말과 일치하도록 주어진 단어를 사용하여 문장을 완성하세요.

10

> 그녀는 매운 음식을 정말로 좋아한다.
> (like, spicy food, do)

→ ______________________________

11

> 그의 남동생에게 선물을 사준 사람은 바로 Gary였다.
> (that, a present, it, buy, for his brother)

→ ______________________________

____

12

> 그가 주말마다 봉사하는 곳은 바로 동물 보호소이다.
> (volunteer, it, at the animal shelter, that, every weekend)

→ ______________________________

____

○─(기출: 문장 전환)

13 다음 문장의 밑줄 친 부분을 강조하는 각각의 문장을 It ～ that을 사용하여 쓰세요.

> <u>Julia</u> <u>visited</u> <u>her cousin</u> <u>last weekend</u>.
>   (1)   (2)   (3)

(1) ______________________________

____

(2) ______________________________

____

(3) ______________________________

____

sushi 초밥 photography 사진술, 사진촬영 successfully 성공적으로 coding 코딩 ((정보를 계산 조작에 편리한 부호로 바꾸기)) skill 기술 Taiwan 대만

[1-5] 우리말과 일치하도록 주어진 단어를 올바르게 배열하세요.

1

내가 사고 싶어 했던 그 재킷은 이미 다 팔렸다.
(I / wanted / has / the jacket / that / been /
already / to buy / sold out)

→ ____

____.

2

나는 직업이 옷을 디자인하는 것인 멋진 여성을 만났다.
(job / met / clothes / is / whose / I /
designing / a wonderful woman)

→ ____

____.

3

그 팀이 더 나은 소통이 필요하다는 것은 분명하다.
(needs / is / that / better communication /
the team / clear / it)

→ ____

____.

4

나는 프랑스어로 노래를 부를 수 있도록 프랑스어를
배우는 중이다.
(that / French / in French / sing / I'm / so / I /
can / learning)

→ ____

____.

5

비록 내 사촌은 멀리 살지만, 우리는 한 달에 한 번씩
서로를 방문한다.
(lives / my / each other / far away / we /
though / cousin / visit)

→ ____,

________________________________ once a month.

[6-10] 우리말과 일치하도록 주어진 단어를 사용하여 문장을
완성하세요. (필요시 형태를 바꿀 것)

6

모든 꽃은 각자의 시기에 꽃을 피운다.
(in, flower, its own time, bloom, every)

→ ____

____

7

Tina는 식당에서 그녀가 먹고 싶었던 것을 주문했다.
(want, order, to eat, what)

→ ____

________________________ in the restaurant.

8

우리 할아버지는 차를 한 대 가지고 계시는데, 그것은
1990년대에 만들어진 것이다.
(in, make, the 1990s, be, which)

→ My grandfather has a car, ________________

____.

9

나의 가족이 머물렀던 그 호텔은 환상적인 전망을
가지고 있었다.
(family, have, the hotel, stay, where,
a fantastic view)

→ ____

____

10

너의 의견을 표현하는 것은 문제를 해결하는 데
도움이 된다.
(useful, expressing, be, in solving problems,
opinions)

→ ____

____

11 다음은 친구 세 명의 생활을 비교한 표입니다. 표의 내용과 일치하도록 알맞은 상관접속사를 사용하여 문장을 완성하세요.

	Jinsu	Mina	Yena
live in Seoul	○	×	○
like reading	○	×	×
go to school by bus	×	○	×
play the violin	×	○	○

(1) Q: Who lives in Seoul?

A: ______________ Jinsu ______________ Yena live in Seoul.

(2) Q: Who doesn't like reading?

A: ______________ Mina ______________ Yena likes reading.

(3) Q: Who goes to school by bus?

A: ______________ Jinsu ______________ Mina goes to school by bus.

(4) Q: Who plays the violin?

A: ______________ ______________ Mina ______________ ______________ Yena plays the violin.

[12-16] 주어진 두 문장을 〈보기〉와 같이 한 문장으로 바꿔 쓰세요.

〈보기〉
I wonder.
When will Mike move his house?
→ I wonder when Mike will move his house.

12 Please tell me.
Do you need any help?

→ ____________________________________

____

13 Do you know?
Does the museum open on Saturdays?

→ ____________________________________

____

14 Do you know?
How can I get to City Hall quickly?

→ ____________________________________

____

15 Do you think?
Where did you lose your bag?

→ ____________________________________

____

16 Can you tell me?
How long does it take to the subway station?

→ ____________________________________

____

[17-19] 주어진 문장과 같은 의미가 되도록 〈조건〉에 맞게 바꿔 쓰세요.

〈조건〉
• 관계대명사의 계속적 용법으로 쓸 것

17 Josh found a new bookstore, and it opened a week ago.

→ Josh found ____________________________________ .

18 I respect my mother because she donates every month.

→ I respect ____________________________________ .

19 There was an old bridge, but it was destroyed by the storm.

→ There was ____________________________________ .

[20-26] 다음 각 문장에서 어법상 **틀린** 부분을 찾아 바르게
고쳐 쓰세요.

20 Almost 90 percent of the shoes in this store
was sold out.

_________________ → _________________

21 My older sister is reading *Sherlock Holmes*,
that was written in English.

_________________ → _________________

22 What I want to do with my friends are
traveling to other countries.

_________________ → _________________

23 The girl who glasses were broken by my
brother forgave him.

_________________ → _________________

24 This is the cap what I've been looking for.

_________________ → _________________

25 Lizzy as well as her friends were excited about
their picnic.

_________________ → _________________

26 Each student participates actively and share
their thoughts during the discussion.

_________________ → _________________

[27-29] 주어진 문장과 같은 의미가 되도록 가정법을 사용하여
문장을 바꿔 쓰세요.

27

In fact, Marina knows how to play the
guitar.

→ Marina acts as if _________________

_________________.

28

I can't fix the computer because I am not an
engineer.

→ If _________________,

_________________.

29

I'm sorry that I can't go to your graduation
ceremony.

→ I wish _________________

_________________.

고난도
30 다음 민지와 수미의 대화를 읽고 〈조건〉에 맞게 문장을
완성하세요.

Minji: You look happy. What's up?
Sumi: (1) Do you remember the day?
　　　We traveled to Jeju Island on that
　　　day.
Minji: Of course, I remember! Jeju Island is
　　　the most beautiful island in Korea.
Sumi: Right. (2) I liked the museum. We saw
　　　a lot of teddy bears there.
Minji: Me too. I want to go there again.
Sumi: Actually, I'm going to visit Jeju Island
　　　this summer.
Minji: Oh, that's why you look happy.

〈조건〉
• 관계부사를 사용할 것
• 주어와 동사를 포함한 문장으로 쓸 것

(1) _________________

____

(2) _________________

____

31 다음 문장의 밑줄 친 부분을 강조하는 각각의 문장을 It ~ that을 사용하여 쓰세요.

> Mark won the first prize in the competition.
>   (1)   (2)   (3)

(1) _______________________________________

____

(2) _______________________________________

____

(3) _______________________________________

____

[32-35] 다음 문장을 간접화법으로 바꿔 쓸 때, 빈칸에 알맞은 말을 쓰세요.

32

> Jinju said to Mom, "I don't want to eat these broccoli anymore."

→ Jinju told Mom that _______________

_______________________________________ .

33

> He said to me, "Do you know this boy named Paul?"

→ He asked me _______________

_______________________________________ .

34

> Our teacher said, "Who can clean our classroom today?"

→ Our teacher asked _______________

_______________________________________ .

35

> The principal said to us, "Don't scream in the hallway."

→ The principal ordered us _______________

_______________________________________ .

36 다음 글을 읽고 어법상 틀린 문장 두 개를 찾아 그 기호를 쓰고, 문장 전체를 바르게 고쳐 쓰세요.

> Tom told me that he wanted to visit a modern art museum downtown. He asked me to visit there with him. I was not really interested in art. ⓐ But I started to wonder what was modern art. So I decided to visit the museum with him.
> ⓑ When I entered there, I was surprised. ⓒ The first thing that caught my attention were the toilet! ⓓ I asked why a toilet was there. Tom explained that it was artwork. ⓔ I thought that modern art was too difficult for me to understand.

_______ → _______________________________

____

_______ → _______________________________

____

37 다음 Janice의 새해 다짐을 읽고 주어진 단어를 사용하여 문장을 완성하세요.

> Today is the last day of this year.
> I looked back on what I did in this year first. I started to study Japanese to take the Japanese test, but I failed. (1) _______________
> _______________, _______________
> _______________ .
> (practice, can, if, the Japanese test, harder, pass)
> Also, I decided what to do next year. My mom loves going bowling, and she wants to go with me. (2) _______________
> _______________, _______________ .
> (know, with my mom, if, how to bowl, can, go)
> So I'll learn about it from next week. It will be fun!

천일문 중등 WRITING
영작 집중 훈련으로 서술형 완벽 대비 (천일문 GRAMMAR와 목차 연계)

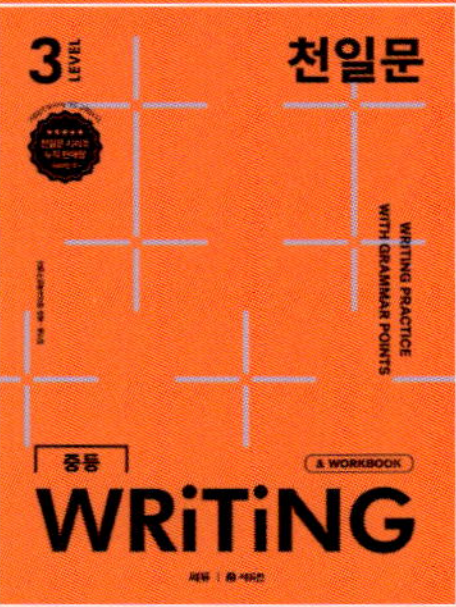

<천일문 중등 WRITING>은 <거침없이 Writing>의 개정 교재입니다.

천일문 중등 GRAMMAR
1001개 예문으로 완성하는 필수 영문법

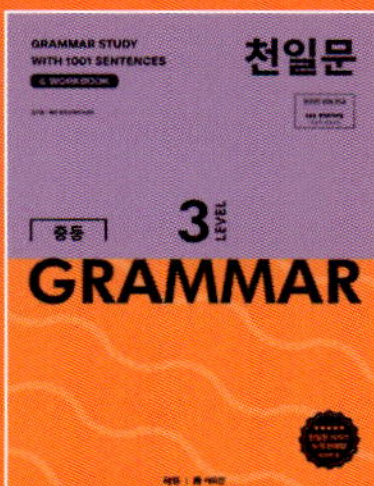

www.cedubook.com

쎄듀 초·중등 커리큘럼

초등

	예비초	초1	초2	초3	초4	초5	초6
구문		천일문 365 일력 | 초1-3 | 교육부 지정 초등 필수 영어 문장		개정 초등 천일문 SENTENCE 1 / 2 / 3 1001개 통문장 암기로 완성하는 초등 영어의 기초			
문법				왓츠 Grammar		Start (초등 기초 영문법) / Plus (초등 영문법 마무리)	C
독해			왓츠 리딩 30·40 / 50 / 60 / 70 / 80 / 90 / 100			쉽고 재미있게 완성되는 영어 독해력	
어휘				개정 초등 천일문 VOCA&STORY 한 권으로 끝내는 초등 필수 영단어 1000개			
		패턴으로 말하는 초등 필수 영단어 1 / 2		문장 패턴으로 완성하는 초등 필수 영단어			
ELT	Oh! My PHONICS 1 / 2 / 3 / 4		유·초등학생을 위한 첫 영어 파닉스				
	Oh! My SPEAKING 1 / 2 / 3 / 4 / 5 / 6 핵심 문장 패턴으로 더욱 쉬운 영어 말하기						
	Oh! My GRAMMAR 1 / 2 / 3 쓰기로 완성하는 첫 초등 영문법						

중등

	예비중	중1	중2	중3
구문		천일문 STARTER 1 / 2		중등 필수 구문 & 문법 총정리
문법		천일문 중등 GRAMMAR LEVEL 1 / 2 / 3		예문 중심 문법 기본서
		GRAMMAR Q Starter 1, 2 / Intermediate 1, 2 / Advanced 1, 2		학기별 문법 기본서
		잘 풀리는 영문법 1 / 2 / 3		문제 중심 문법 적용서
		GRAMMAR PIC 1 / 2 / 3 / 4		이해가 쉬운 도식화된 문법서
			1센치 영문법	1권으로 핵심 문법 정리
문법+어법			개정 미리 수능 영어 문법·어법 1, 2 *첫단추 BASIC 개정 중학생을 위한 수능 문법·어법 입문	
문법+쓰기		EGU 영단어&품사 / 문장 형식 / 동사 써먹기 / 문법 써먹기 / 구문 써먹기		서술형 기초 세우기와 문법 다지기
쓰기		개정 천일문 중등 WRITING LEVEL 1 / 2 / 3 *거침없이 Writing 개정		중등 교과서 내신 기출 서술형
		중학 영어 쓰작 1 / 2 / 3		중등 교과서 패턴 드릴 서술형
어휘		개정 천일문 VOCA 중등 스타트 / 필수 / 마스터		2800개 중등 3개년 필수 어휘
		개정 어휘끝 중학 필수편 중학 필수어휘 1000개	개정 어휘끝 중학 마스터편 고난도 중학어휘 +고등기초 어휘 1000개	
독해		ReadingGraphy LEVEL 1 / 2 / 3 / 4 / 신간 5 / 신간 6		중·고등 필수 구문까지 잡는 흥미로운 소재 독해
		Reading Relay Starter 1, 2 / Challenger 1, 2 / Master 1, 2		타교과 연계 배경 지식 독해
		READING Q Starter 1, 2 / Intermediate 1, 2 / Advanced 1, 2		예측/추론/요약 사고력 독해
독해전략			리딩 플랫폼 1 / 2 / 3	논픽션 지문 독해
독해유형			Reading 16 LEVEL 1 / 2 / 3	수능 유형 맛보기 + 내신 대비
			개정 미리 수능 영어 기초 독해 / 유형 독해 *첫단추 BASIC 개정 중학생을 위한 수능 독해 입문	
듣기		Listening Q 유형편 / 1 / 2 / 3		유형별 듣기 전략 및 실전 대비
		쎄듀 빠르게 중학영어듣기 모의고사 1 / 2 / 3		교육청 듣기평가 대비